U0632454

国家出版基金项目

分卷主编　杜继东

中华民国时期外交文献汇编

1911—1949

第五卷

上

中华书局

本卷说明

本书系《中华民国时期外交文献汇编 1911—1949》之第五卷，主要反映 1928 年国民政府成立至 1931 年"九一八"事变前的中国外交。

1928 年 6 月，南京国民政府成为全国性政权，并陆续得到各国的外交承认。在外交政策、方针和实践上，南京国民政府既继承了北京政府的传统，又有所创新，尤其是在反对帝国主义理论的指导下，采取各种措施争取收回因不平等条约而失去的利权。

南京国民政府的外交首先在关税自主问题上取得了突破。不平等条约规定的"协定关税"不仅对中国主权造成损害，而且影响到中国的经济发展。南京国民政府成立伊始，即以实现关税自主作为重要目标。1928 年 6 月，中美之间开始谈判订立关税新约。7 月 25 日，中美关税新约订立，中国关税自主得到确认，这是南京国民政府在废除关税协定权上取得的第一个成果。中美关税条约的达成，对中国与其他各国谈判关税新约产生了一定的促进作用。

1928 年 7 月 1 日，南京国民政府向条约期满国丹麦和意大利发出照会，要求废除旧约，另立平等新约。此后，又向法国、日本、比利时、西班牙等条约期满国发出类似照会。南京国民政府此举遭到列强驻华外交使团的强烈反对，其中日本的反对态度最为强硬。但在外交部门的不懈努力下，到 1928 年底，中国与条约期满国比利时、西班牙、意大利、葡萄牙、丹麦五国，以及条约尚未期满国挪威、瑞典、荷兰、英国、法国分别签订了友好通商条约。

1929 年 3 月 28 日"济案"解决后，南京国民政府开始着手与列强进行撤废治外法权的交涉，在方法上依然将有约各国区分为条约期满国和条约尚未期满国，并与这两类国家分别交涉。中国与条约期满国家的谈判相对顺利，与比、意、丹、葡、西等国订立了新友好通商条约，废除了这些国家的在华治外法权。英、美、日等国则强烈反对，找出各样理由来推迟和延缓中国收回司法主权的进程。南京国民政府为争取主动起见，于 1929 年底发表声明，如果各国再拖延不决，中国政府将于1930 年元旦单方面宣布废除领事裁判权。这使列强不得不回到谈判桌上。虽然谈判很不顺利，但南京国民政府还是于 1931 年 6 月与英国达成撤废领事裁判权的条约草案，并于 7 月中旬与美国达成初步协议。中日之间的交涉始于 1931 年 3 月，日本一直坚持以开放内地作为撤废治外法权的条件，中日之间多次商讨无果。可惜的是，"九一八"事变的爆发，中断了国民政府废弃领事裁判权的交涉进程，使得南京国民政府与列强达成的初步协定猝然夭折。

南京国民政府还将收回租界和租借地作为改订新约运动的重要内容。鉴于租界和租借地问题的特殊性和复杂性，南京国民政府并未提出全面收回租界和租借地计划，而是先选择一些较易着力的目标做努力，并最终收回威海卫租借地、镇江英租界、天津比租界及厦门英租界。

南京国民政府成立后，对内厉行反共，对外积极反苏。1927 年 12 月，国民党二届四中全会通过《对苏绝交决议》，国民政府旋即在全国范围内查抄、关闭俄苏领事馆，中苏关系几至决裂。1929 年，张学良在南京政府的支持下采取反苏措施，查抄苏联驻哈尔滨领事馆，武力接管中东路，挑起"中东路事件"。在外交谈判无果后，苏军于 10 月发起进攻，东北军败绩连连，难以抵挡。南京国民政府请美、英、法等"非战公约"签字国出面调解，但苏联要求中苏直接谈判。12 月，中苏代表在伯力举行谈判，最后签署《中苏伯力会议议定书》，中东路恢复原状，苏联撤军。

南京国民政府为尽快建立与列强之间的外交关系，加快了处理积案交涉的步伐。中日两国先后在南京、上海进行多次谈判，最终达成济案之协议。在"宁案"交涉中，南京国民政府亦委曲求全，做出种种让步，答应赔偿与道歉，先后与英、美、日、法、意各国达成协议。

1930 年代初期,日本加紧向中国东北地区的扩张行动,一是在日本国内掀起"满蒙危机"的大肆喧嚣,二是由日本军部制订《解决满蒙问题的方策大纲》,规定在一年左右的时间里,对中国东北地区采取军事行动。在这种形势下,驻扎在中国东北的关东军磨刀霍霍、蠢蠢欲动,先后制造了"万宝山事件"和"中村事件"。这是日本阴谋侵占中国东北的两个重要事件,也是"九一八"事变的前奏和预演。随着"九一八"事变的爆发,中华民国外交进入以处理中日关系为重要内容的新时期。

本卷的编纂宗旨就是要以大量的中外外交档案为主,辅以其他相关历史资料,力图全面、系统、完整地反映国民政府成立至"九一八"事变前的中国外交历程。

收入本卷的中文史料,主要有中国第二历史档案馆馆藏、编纂、出版的相关外交档案和资料,辽宁省档案馆和其他一些档案部门编纂出版的资料集,以及台湾方面编辑出版的相关档案史料。国外史料则主要有美国、英国等国的外交文献及其中文翻译资料。详见各章的资料来源说明。

本卷主编为杜继东,具体编辑分工如下:

一,侯中军

二,李兆祥

三、四,赵玲燕

五,李 珊

六,陈开科

七,张志勇

八,臧运祜

由于水平与能力所限,再加上时间的关系,本卷的不足与错误之处在所难免。我们诚挚地期待各位方家和读者的批评与指正。

目　录

一、南京国民政府初期外交工作概况
（外交部工作报告）

说明：本部分资料以南京第二历史档案馆未曾公开的外交部工作报告为主，该部分报告主要是 1929 年、1930 年、1931 年三个年度，其中 1929 年度缺少 1 月、2 月两个月，1931 年度缺少 1 月。报告以月为节点，每月总结一次外交部所经手的外交事务。透过这些报告，可以概括了解南京国民政府成立初期发生的具体外交事务的进展情形。

本章主要资料来源：

中国第二历史档案馆藏行政院档案

（一）外交部 1929 年度工作报告

说明：1929 年度，外交部每个月均有多项重要交涉案件处理，有些属于中外交涉的具体案例，有些属于长期交涉案件的某个环节，从中可概见此一时期国民政府外交的方方面面。1929 年度，南京国民政府所发起的关税自主交涉继续进行，经努力，相继与一批无约国订立友好通商条约，在实现关税自主方面取得一定进展。与条约尚未届期国的废除领事裁判权交涉未见成效。

1. 外交部 1929 年 3 月份工作报告（1929 年 3 月）

三月份工作报告

甲、关于国际方面者

一、川楚木船生计维持会呈请恢复航业案

二、天津港务局拟划收理船厅案

三、商品出口检验规则案

四、九江小鄱乐馆贩卖洋酒抗税案（续前月）

五、东三省日领抗议土货出口附税案

六、批准非战公约案（三月份续前）

七、采用禁止伪造货币公约会议派员案（三月份）

八、裁减军备委员会派员案（三月份）

九、取缔旅欧小贩案

十、基隆日警凶殴留日学生李兆辉叶航民案（续二月份）

十一、驻港秘领勒索华人赴秘签证费案

十二、驻港巴拿马领事苛索华人签照费案

十三、上海公共租界工部局增加华董案（续二月份）

十四、上海公共租界工部局出售电气处案（续二月份）

十五、斐人安大雅请在中国军队服务案（续二月份）

十六、法人白彝飞行来华游历案

十七、英商安利洋行试行飞蛾小飞艇由沪飞津案

十八、外轮出入吴淞口应遵要塞旗炮警告停轮听候检查案

川楚木船生计维持会呈请恢复航业案

本年三月十八日接据川楚木船生计维持会呈称：帝国肆毒，民命倒悬，吸髓吮膏，生计断绝，吁恳拯念民生，提出抗议，恢复川楚木船，以保主权而雪奇耻等情，并准国民政府文官处函称奉主席发下湖北宜昌庙宜帮代表等呈同前因，经部以交通事业力求迅捷，自无废止轮运改用木

船之理。惟原呈所陈川楚航界失业情形，自应亟谋救济，除原呈所请取缔外轮一节，本为现在修约要点之一，将来本部当力加注意外，至拟照从前规定，洪水、枯水分期行驶各节，应如何予以维护之处，既据分呈交通部应由该部核办，经分别函行交通部并复文官处查照。旋准该部复称：外轮行驶内河航权被夺不独川江一隅为然设法收回应俟通盘筹划。惟交通事业与日俱新，外轮即使停航，吾国商轮亦难概令废止救济之策，亟待另谋。至洪水、枯水分期行驶办法，当日如何拟订，现时是否可行，已分令重庆、宜昌两关详查具复，云云。

天津港务局拟划收理船厅案

本年二月二十五日准天津特别市市政府函称：据港务局呈请拟将前隶津海关之理船厅拨归该局管理，请签核，提交市政会议公决施行等情，经将提交市政会议佥认为切要，除指令该局预为妥筹办法并呈行政院暨分函财、交两部外，应请察照核允等因，当以理船厅应否拨归港务局管理，本部并无成见，惟以上海特别市市长请核该市港务局组织细则案内曾奉国民政府交关系各部审查会议结果，佥以理船厅所管各项，现由海关兼理，未经变更制度以前未便局部移转，至如何改拨应有全国一致之通盘计划，将来中央自当通筹办法，以图解决函复该市政府查照。

商品出口检验规则案

本年三月十九日准工商部咨，称拟订商品出口检验暂行规则及检验局暂行章程呈奉行政院指令准予备案，并由本部公布施行各在案。兹依照检验规则，于上海、汉口先行设局实施商品出口检验，一俟办有成效再行扩充，检验特种进口商品特检同前项章则咨请查照分别通知各国驻华公使转饬各该领事知照等因，经部照会各使知照各该国领事并训令各处交涉员遵照。

九江小鄱乐馆贩卖洋酒抗税案（续前月）

此案续据江西交涉员来呈，以准驻浔英领函称：本埠英海军俱乐部从未于一月之中运酒至三十箱以上之多，因欲供驻浔海军及其他来浔暂留兵舰之用，不得不存大宗酒类以备不时之需，且所有酒类概为自用并严禁出售,如有水军及佣仆破坏此例,一经查出,必受重罚,贵当局如将阴为贩卖情形见示,甚乐于会同舰长办理此事,等情,呈请核办前来。当经本部以此事既经英领事一再证明确系自用并严禁出售,语气甚为切实,如果嗣后查出贩卖确据自可随时向该领交涉,目前似可免予置议,咨行财政部查核。

东三省日领抗议土货出口附税案

准东北政务委员会代电称:据辽宁交涉员呈称:日领抗议否认海关征收出口附税等因,经复以出口附税早经内地税局征收,现只收归海关经征并非新增之税,各国商人一律遵纳,日本无独持反对之理,应由交涉员酌本此意,婉予解释。

批准非战公约案(三月份续前)

旋奉国民政府令开准中央政治会议咨批准加入非战公约事,决议通过,请查照办理,经国务会议决议照批准检发批准文件令仰转送存案,等因。当经将批准书令交驻美公使转送美外交部存案并照会驻华美使声明该约业已批准,请其转达该国政府。

采用禁止伪造货币公约会议派员案(三月份)

上年十一月间,国际联合会秘书长来函,以采用禁止伪造货币公约之国际会议定本年四月九日在日来弗①开会,中国是否拟派代表参与,请即示,知该项约本议定后或须在会签字,故所派代表应有签字之权,等语。当经本部函达财政部核办,旋准复称拟请在驻欧各使馆内选派熟悉币制人员与会,本部随即派定驻德使馆一等秘书梁龙充任代表,电由联合会代表办事处转知联合会秘书厅,一面径电秘书厅声明梁代表有权签字该项公约。

裁减军备委员会派员案(三月份)

上年九月间,据国际联合会代表王景岐电称行政院议决出院各国仍得继续参预裁减军备筹备委员会联合会秘书长函询中国是否仍愿列

---

① 即日内瓦。

席,乞电示,等情,经复以应仍参预。本年一月间,又据该代表函称:该委员会定四月十五日在日来拂召集,我国应派人员请早派定,等情。本部以驻德公使蒋作宾熟谙韬略,当经函准军政部暨参谋本部即派该公使为代表于本月二十一日电联合国代表办事处通知秘书厅并电知蒋公使。

取缔旅欧小贩案

迭据驻法奥各使馆呈报:以旅欧小贩千余人,本皆贫窭,散居各处,形同乞丐,且皆不明所在国法令,动辄被拘被逐,有辱国体,经指令切商各该当地政府暂予维持生计,一面劝令回国并经通令各省交涉员限制发给该项出洋护照。又据驻德公使呈请整顿侨务,正本清源各节,并称有沈鹤鸣在沪专引青田失业愚民,使之倾产借贷,凑资办照出洋,一面勾通船上水手私行搭送,以法国马赛为总汇,上岸后潜行分往各国。闻沈每送一人,可赚资数十元或百元,等语,并据全国商会联合会电同前因后准行政院秘书处交谕会同工商部核办,等因。除经令特派江苏交涉员向法领交涉,将沈鹤鸣拘案法办外,并会同工商部商由全国商会联合会设法筹垫资助遣回,一面由部函复行政院秘书处并指令蒋使在遣回办法未筹定以前,对于此等小贩仍应联合驻欧各馆随时匡助,免滋事端。

基隆日警凶殴留日学生李兆辉叶航民案(续二月份)

旋准中央执委会秘书处来函交办经复已电驻日使馆办理。又准福建省发函称:据集美学校校董叶渊呈报前情,除令厦门交涉员会同驻厦日领验明伤痕取具诊断书呈候核办外,请查核办理见复等因,经函复并加令厦门交涉员切实交涉。又准教育部及国立中央大学与国府文官处中执委会秘书处先后函交叶航民等原呈及厦门党军政联席会议电请交涉,复经分别函复并令驻日汪公使催办,据呈复称:此事经向日政府严重质问并备文抗议,彼方称中国人在台湾与日本人均受法律上平等待遇,毫无区别,惟李叶二生在台湾倡言独立,妨碍公安,故按本国治安法令,其出境基隆警官对李叶二生用强力束缚,乃因该二生狂暴反抗以及冀图投海为保护上及制止上而取之措置等语,请鉴核等情,到部。经抄录原呈分别函复国府文官处、中央执委会秘书处、教育部及中央大学。

驻港秘领勒索华人赴秘签证费案

准侨务委员会函称:据秘鲁通惠总局总理关汝荣等呈为香港奸商邓坤亮等串同秘领及书记劳仲明勒索签照费,列举罪状请转请交涉引渡归案严惩抄录原件,请严重交涉等因,经训令驻秘鲁使馆迅商秘外部训令该领毋得再有勒索留难情事。其关于该领索贿及法外留难证据文件,务即密为搜集,以资佐证,并将办理情形具报。续准国府文官处来函交办称同前因,当已令驻秘使馆办理等语函复。又据出席三全大会代表陈安仁面称:旅秘侨民往来困苦,请设法交涉改善待遇等情,并转送秘侨呈文一件到部,经抄发来件训令驻秘使馆汇案办理并商秘外部添派驻粤领事。

驻港巴拿马领事苛索华人签照费案

准侨务委员会函称:据委京民国民惠总局函转汤知竞呈称留居南美哥伦比亚(Colombia)及委内瑞拉(Venezuela)两国之华侨凡由香港来者,必须假道巴拿马,而驻港巴领苛索签照费港币一百元至一百五十元之巨,请为交涉铲除此种苛索恶例等语,函请查酌交涉等因。经训令驻巴拿马使馆迅商巴外部训令该领对于华人赴巴或过境护照签证毋得再行勒索留难,其该领索贿及法外留难证据文件,务设法密为搜集,以资佐证,并将办理情形具报。

上海公共租界工部局增加华董案(续二月份)

又据上海租界纳税华人会来电以华董增加问题经贝、袁、赵三华董根据上年交涉时两方口头谅解函致工部局总董请向一九二九年纳税华人年会提出增加华董两席之议案。该总董拒绝不允,华市民愤慨异常,请迅赐交涉等情。本部以纳税华人会原请增加华董六席,此次提议于本年增加二席已属让步,且经各方谅解,乃该总董不践前言,殊有未合再令该交涉员遵照继续向领团切实协商,务达增加华董两席之目的,以洽舆情。仍将办理情形具复核夺。

上海公共租界工部局出售电气处案（续二月份）

又据上海租界纳税华人会及各路商界总联合会先后来电，请向各国声明该电气处无论何国人民承购，非得该纳税华人会同意，不生效力，等语。本部以此案前经令饬特派员江苏交涉员查明交涉阻止，现在交涉结果如何？未据呈报，经再令该交涉员继续向领团提出交涉，并分别电复各该会查照。旋准行政院秘书处函称奉交建设委员会呈为上海公共租界工部局出售电气处请饬外交部会同派员交涉收回，并咨请美使转呈该国政府令美商注意呈二件。又交通、财政两部呈复案同前情呈两件谕并交建委会会同外交部筹议抄同原件函达查照等因。

斐人安大雅请在中国军队服务案（续二月份）

准军政部复称外人投效本国军队服务向无先例，所请未便准行等因，经指令驻斐总领事遵照饬知。

法人白彝飞行来华游历案

准驻华法玛使函称：法人白彝拟乘飞机于三月二十二日起程，由安南河内至中国境内游历飞行广州、福州、上海、北平、奉天等处，可否允准，祈示复，等语。经函复转饬遵照临时特许外国飞机飞航国境暂行办法第三款所载各节开送过部，以完手续，一面函航空署核办，准复称外国飞机飞航入境必须先由各该国公使照会贵部，并叙明来华目的，由敝署审查。今该公使对于上项手续均付阙如，殊嫌未合，请电询该飞机来华目的，在未得正式答复之先，并请转饬暂行停止来华，等语。同时，适准法使函送该法人遵章补具手续前来，经将原送中法文清单函送航空署请转行该飞机经过各地方官依法检查，照例接待。

英商安利洋行试行飞蛾小飞艇由沪飞津案

据河北交涉员电称：准驻津英领函称：英商安利洋行拟于三月间试行飞蛾小飞艇由沪飞津，请转咨发给通过证书。此项飞行，无关军事行动，乞核示等情。本部以外国飞机飞航国境前经订有特许暂行办法，惟对于外商之内地飞行，该法未有明文。经函请航空署核办，一面并电询该交涉员该机是否已到沪，且既称由沪飞津，何以不经驻沪英领转请办理,嘱先查复旋准航空署复称外商航空器在国内飞行,向无惯例,如此端一开,各国商人援例要求,势将难于应付。该商所请,虽无军事行动,亦难照准,等因。经本部指令河北交涉员据复驻津英领转饬停办。

外轮出入吴淞口应遵要塞旗炮警告停轮听候检查案

准军政部函称:进口外轮时有不遵吴淞要塞旗炮警告停轮,请转令上海交涉公署通知驻沪各领馆,嗣后外商船舶经过炮台应遵旗炮警告停轮听候检查,等因。经令饬该交涉员遵照办理。旋又准军政部函催严重交涉,亦经录函令行该交涉员继续向领团切商,并饬将办理情形迅速具报,一面函复军政部查照。

乙、关于亚洲方面者

一、济案

二、日轮厚田丸撞沉新大明轮船案

三、济南日军拘捕党员工会会员案

四、芜湖日商前田一二洋行拒贴印花案

五、波兰派员来华案

六、俄人伪造执照案

七、中爱订约案

八、伊宁被逮俄人案

九、信义会呈请饬发还教产案

十、土代办来华案

十一、中暹订约案

十二、中波订约案

济案

济案交涉自日使芳泽回华后叠经非正式谈判中因日政府推翻成议,遂致停顿。嗣后继续交换意见始渐接近,遂于三月二十四日在沪签定草案,二十八日在京正式签字解决(本案解决文件见附录一至四)。

日轮厚田丸撞沉新大明轮船案

此案前经本部令饬江苏交涉员续向日领交涉生命损失各节,业经报告在案，嗣据江苏交涉员呈报交涉情形，并称佐藤商会延不履行公断，对于日领已失其信仰，请向日使提出交涉，以期速结（附录五）。复据大通公司总理杨锦龙呈称：日人设词图赖当地交涉，势难结案，请向日使严重交涉（附录六），各等情。本部以此案公断员之裁判有最后拘束效力，日领且有书面保证，自应由日领负责严令该日轮公司迅将赔款交付。至生命损失，应即查明死伤人数及财物损失确数提向日领交涉。当经指令该交涉员遵照办理（附录七）。旋又据该交涉员呈称生命损失。据家属代表陈述索偿数目情形，请核示，等情（附录八）。复经指令以索偿数目可按照被难者各个人之身份与生活状况而定，应与被难家属代表商洽后，连同其他财物损失一并提出交涉（附录九）。

济南日军拘捕党员工会会员案

此案前经本部电询山东交涉员如案中人物尚有被扣者，应再向日领交涉释还各节，已详前期报告中。嗣据山东交涉员复称被捕诸人均已先后释放，日军此种不法行动，并已向日领抗议要求予以惩处，所有搜去各件，一并交还，俟日领复到，再行呈报云。

芜湖日商前田一二洋行拒贴印花案

三月十九日，准财政部咨称芜湖日商前田一二洋行公然于刊就之发票书明一概不贴印花字样，经芜南印花税分局函由安徽交涉员转请当地日领严令该行遵章贴用。讵料该日领竟行否认，请转饬严重交涉等因，当经据令安徽交涉员查照办理。

波兰派员来华案

三月二十日驻法公使电称波兰驻法大使函称该国政府拟派大使馆一等参赞为驻华外代表，并偕秘书二人，特请我国同意，并予以外交常例待遇及便利等语。我方是否同意，乞电示遵等情，当电复可予接待云。

俄人伪造执照案

三月十六日据东北政务委会主席张学良电称：现充哈埠特警处居留执照股主任入华籍俄人别里次基因伪造多数居留执照案发潜逃，经王局长振邦追踪至沪侦缉，请由总巡捕房护送临时法院，并依法向院移提陪审。美领司蒂芬执不移交，竟予释放，该犯现仍在沪，请电驻沪外交员转请美领将逃犯缉交王局长解哈等因。经令江苏交涉员妥商美领饬缉去后，二十一日又据张主席电称：该逃犯已由上海法巡捕房缉获，恳即电驻沪外交员交涉将逃犯传交王局长解哈迅办等情。业再电令江苏交涉员遵照前令妥商该管领事办理，并电复张主席查照。

中爱订约案

本案已详二月份报告，三月二十日奉行政院令开派高鲁为中华民国与爱沙尼亚国商订友好通商条约全权代表，希饬知照等因。当即检同简派状暨汉英法文条约草案各一份。据令，高公使与驻法爱公使接洽进行，并令一俟商订就绪电知本部，再行呈请颁给全权签证。

伊宁被逮俄人案

俄人（Captain Popeliarsky）于民国十一年间在伊宁地方被逮，迄未释放。现据驻北平英使馆私函，据该犯之妇呈称：前已遵判缴纳半数赔偿款，兹拟集款营释等情。当据电新疆省政府转饬查明能否释放电复，尚未准复。

信义会呈请饬发还教产案

据湖南永顺信义会傅咏泉呈称该会福音堂自民元开设传教，其龙保铜、瓦溪二处之百石谷田为教友所捐助，且书卖契投税永作教师薪金，并非归芬兰教会。本年该地教育局长张炳炽以拨归教育经费为名，竟思霸占，恳请转饬发还等由。本部以事属内政，已批令该会呈候湖南省政府办理矣。

土代办来华案

去年十月间，据驻日汪公使电称：土耳其代理大使 Foud Bey 奉命调充驻华代办，拟即驻扎南京等语。本年三月二十二日，又据该使电称：驻华土代办奉该国政府命即赴新任，拟不日来华，未知土政府已否径电南京接洽，嘱转询盼复等语。当经电复中土订约，现正由驻美伍使与驻美土使进行商订，该代办来华应电请土政府来电接洽，以便接待。

旋据汪使电称：土代办定二十五日由日动身来华，等语。据报载：该代办业于四月一日抵沪，本部已电令驻沪办事处以非正式接待矣。

中暹订约案

此案已详上月报告。兹据程特派员函电报告：暹政府对于中暹订约意须正式派员商订，并称暹侨党派纷歧，就地订约或不无意外枝节，等语。当经电令驻法暹使接洽，在法正式商订，现尚未据电复。

中波订约案

此案已详上月报告，现由本部呈请政府简派驻意公使郭泰祺为商订中波商约全权代表。

附录第一号

芳泽公使致王部长照会

为照会事。山东日军撤去后，国民政府以全责保障在华日侨生命财产之安全，则帝国政府拟自关于解决本案文件互换签字之日起至多两个月内将山东现有日本军队全部撤去，本公使特向贵部长通知，并关于日军撤去前后之措置应由中日两国各派委员就地商议办理。本公使兹特向贵部长提议，相应照请查照，须至照会者。

附录第二号

王部长复芳泽公使照会

为照会事。准本日贵公使照会内开：山东日军撤去后，国民政府以全责保障在华日侨生命财产之安全，则帝国政府拟自关于解决本案文件互换签字之日起，至多两个月内将山东现有日本军队全部撤去，本公使向贵部长通知并关于日军撤去前后之措置应由中日两国各派委员就地商议办理，本公使兹特向贵部长提议，等因。查在华外人国民政府依照国际公法，负责保护，向有声明，故此后国民政府对于日侨之保护，实为当然之事。来照所开撤兵日期及期间，业经知悉。关于日军撤去时之接收办法，贵公使提议由两国政府各任命委员就地商议办理，本部长表示同意，相应照复查照，须至照会者。

附录第三号

议定书

关于去年五月三日济案发生中日两国所受之损害问题，双方各任命同数委员设立中日共同调查委员会实地调查决定之。

中华民国十八年三月二十八日在南京

中华民国外交部长王正廷

日本帝国特命全权公使芳泽谦吉

附录第四号

声明书

中日两国政府对于去年五月三日济南所发生之事件，鉴于两国国民固有之友谊虽觉为不幸，悲痛已极，但两国政府与国民现颇切望增进睦谊，故视此不快之感情悉成过去，以期两国国交益臻敦厚，为此声明。

附录第五号

呈为续陈新大明案轮船生命损失交涉情形，请向日使提出，以期速结事案。查大通协记航业有限公司新大明轮被日轮厚田第二丸撞沉一案，业将轮船损失已经公断裁决，生命损失拟即庚续交涉情形呈报钧鉴，并奉指令在案。惟查前项轮船损失自经公断决定：以后日本佐藤商会应负赔偿款项，送经大通公司代表暨职署方面向日领事馆一再催促履行，或以书面，或以谈话，几致笔秃唇焦。虽承允许转催，迄尚未得要领。而领事暨佐藤商会代表有谓公断合同事前未经司法审查者，有以生命船货损失要求并案解决，而赔偿总数又与我方希望相距过远者。有谓佐藤商会资产薄弱，无力照赔者，种种强词夺理，无非故意纠缠实行其延宕手段。至生命损失问题，虽已依日总领事上年三月二十八日来函提出决定最后办法第二条所称（关于溺毙者之吊慰金及抚恤问题依据当事者双方间或两国官宪间之交涉作为决定）等语。继续提出交涉，并以被难家属情状可悯要求于旧历年前先付相当之吊慰金，俾济目前之急，日领方面亦无诚意表示，特派员窃以轮船损失已经公断决定，且有日总领事上年三月二十日保证函件（保证日本方面确有过失时，当令关系者担负赔偿损失之责），自应完全负责使佐藤商会履行公断，以践前言，乃阅时已将三月，交涉又经多次，依然徒托空言，是已失其保证能力，且佐藤商会一方面不听官宪劝告，对于日领又已失其信仰，纵使续与谈判，其效亦等于零。长此迁延，势必生命船货损失均无解决之期，筹思至再，除继续就近切实交涉外，惟有仰乞钧部向日使芳泽提出交涉，以期速结。兹摘录职署与日领谈话纪要，具文呈送伏候鉴赐核办，训示祗遵。谨呈

国民政府行政院外交部

计呈送谈话纪要一份

特派江苏交涉员金问泗印
中华民国十八年二月六日

照抄新大明轮案访日本矢田总领事谈话经过纪要

金谓，新大明轮案屡承贵总领事帮忙，至为感谢。今公断部分业已公平解决，责任全在贵国船公司方面，则全案解决当无难事，船体损失自经公断判决，至今已将两月，屡经本署及大通公司请贵馆通令佐藤商会履行赔偿，但尚无见诸事实。现大通公司为此颇为焦急。该公司自经沉船以来接近一年，所有船货暨溺毙船员船客之损失极大。现值旧年关，在迩待款甚急，既经贵馆保证赔偿在前，应请贵馆速电贵国外务省令知佐藤商会，从速履行赔偿，至迟旧历年内将款清付，以免纠葛。矢谓此案自经公断判决之后，屡经向佐藤商会代表人催其履行赔偿，足见本馆已极尽力。现大通公司既极需款，当再向佐藤商会催询，使其年内将赔款交付，至致电外务省一节，因此属于民事恐有不便且官宪地位，亦只能尽劝告之责，殊无法强制。此案前经本馆清水领事办理，现本总领事委任清水副领事办理此案。故最近日船公司情形可请清水略述一二。清本馆对佐藤商会已屡令其赔偿，奈据该公司代表云公司资本有限，船体损失虽经决定，然生命货物损失仍不知为数若干，现生命损失既经贵交涉员提出赔偿交涉，不知人数究系多少，每人应赔偿若干，公司方面甚愿得知以便考量。

金谓,生命损失之赔偿金额,自当根据被难家属全体之意旨,提出赔偿。惟船体损失系已确定,不能因生命及其他损失而受任何影响,务请贵总领事继续设法令佐藤商会至迟在旧历年内付款,至为盼切。生命损失现虽未将赔偿金额提出交涉,但被难家属来沪呼吁已久,情形极为可悯,且值旧历年关,在即势极紧张,果日本公司方面能于旧历年前先将吊慰金交付,可稍救孤儿寡妇之穷况,尤为本交涉员所希望。矢谓,付吊慰金是否即算解决。

金谓,固不能作为生命问题全部之解决,但亦看吊慰金额之大小,如能先付吊慰以相当之金额,总可使生命问题之全部解决格外容易。矢谓,此层亦可与佐藤商会商量。

附录第六号

具呈人年五十四岁江苏海门人

住上海南市大通码头业大通协记航业股份有限公司总理

呈为新大明案,日人设词图赖当地交涉,势难结案,恳请向日使芳泽严重交涉事。查敝公司向有新大明轮一艘,行驶沪扬间。上年二月十八日晚,被日人小樽佐藤商会合资会社所有厚田第二丸走错航线,由左舷撞入中心,按照航章该丸应立刻停轮帮助敝轮驶向沙滩或将敝轮船员坐客救护出险。乃该丸于肇祸后,立图逃避。虽由后到之大吉轮用探险灯追回,按照该丸大副官野宇平在公断会口供,该丸驶离敝轮至十九分钟之久,实则该丸驶离敝轮为时甚久,且其驶回时亦不靠进敝轮,船员旅客本可不死而竟致惨遭灭顶者致三百六十五人之多。日本人之残酷卑怯灭绝人道国人莫不指发。敝公司得讯后,立派专轮驶往出事地点,打捞尸体,购备衣服棺木妥为收殓,并拍照登记,一面即与日领署交涉。日署清水领事主张圆满解决,敝公司曲从该领主张提议公断,所拟条件务求简单,冀少争执。乃日方代表西野武佐衙门多方挑剔,磋商多日,迄不成议。其时,郭前交涉员业已下令停止该丸出口。日方藉为口实,肆言无忌,卒于上年三月二十日由日本矢田总领事具函保证通告江苏交涉公署为对于我方轮船货物人命三项损失之概括保证

（原函已由交署转呈备案），钩部认该函为日本国家机关之保证，饶有信用，下令释放该丸，其后又经长期之磋商，所有公断条件均由交署与日领议有眉目，遂由敝代表律师杨镜斌面承钩长之许诺，与日方代表河端勘佐卫门正式签定合同，并交换函件，约定公断宣判后应各自以诚心体面履行判决（合同及原函已由交署转呈备案）。旋于八九月间开始公断开庭十四次，传讯证人数十人，经详细之审讯辩驳，更由双方提出辩论理由书，各自申述其主张，始于九月十五日由公断员宣告判决（判决原文已由交署转呈备案），细阅该判决，论断结果什九根据日方证人之口供。但按照判决撞船责任完全属于日轮佐藤商会，应赔偿敝公司船体损失墨西银二十六万三千一百五十九员三角四分暨利息常年八厘，自上年二月十八日起算，至付款之日为止，又应付还敝公司预存之第五公断员公费上海规银二千五百两及垫付之公断费用上海规银一千七百五十两，日人如稍顾体面并顾全其总领事之面目，自应立即付款，同时并应将货物损失人命损失克期与我方磋商，一俟决定金额后立即支付。不料宣判后，日代表河端勘佐卫门避不见面。故于经过相当犹豫期间后，由敝代表律师杨景斌径向日馆交涉。矢田总领事委其事于僚属，迭晤清水领事、上村领事、清水副领事，虽三人措词不同，其为搪塞推委则一，旋又屡晤其代表河端勘佐卫门，虽无不履行契约之表示，而无付款之实际。乃事有出人意外者，一月来佐藤商会另派其会计吉水正胜来沪秘密活动，希冀破坏公断，计不得逞，则向敝代表要求将人命货物损失并案解决，再行付款。敝代表请其顾念契约，并询日代表河端有无解决人命损失权限。该代表则竟称尚无此项权限。此计又不得逞。则又由吉清水向敝代表危词恐吓，要求以二十万日金解决船体人命货物三项，全部赔偿，否则即破坏公断。敝代表询以契约之效力何在，总领事保证之效力何在。则称佐藤商会资财业已二重抵押，并无余剩财产，保险会社不肯付足保险金二十万日金，故实际只有此项办法。敝代表请以佐藤商会资产目录见示，则又不肯交出，谓此种财产目录本无足观，盖已自括面目决心图赖矣。敝代表所撰交涉经过日记，则日人之不顾信义，蔑视契约，不顾其总领事保证之信用，赫然现于纸上。然据交署转告，则称日领馆亦曾非正式以三十万元请求料理船体人命货物三项赔偿，同为非正式表示，而数额之相差如此，则其存心之诡诈更可概见。查本案经金交涉员亲向矢田总领事谈判，并由交署秘书屡往交涉，均无结果。敝公司窃谓矢田总领事对于驻在本国之佐藤商会究属鞭长莫及，倘非由其本国政府严切命令该商会付款以崇国信，仅赖当地交涉，恐有未易结案者，且如根据双方契约及日领保证立言，日方无论如何绝无置办余地。为此呈请钧部迅赐向日使芳泽严重交涉，务令早日结案，以崇国信，而维人权。抑更有进者，现在海禁大通，中外贸易每年毋虑数万万所凭者，信用所赖者契约，使尽如佐藤商会不顾脸面，信口图赖，置契约及官方文书之保证于不顾，此端一开，试问华商尚有何对外贸易可言，履霜坚冰，此又钧部所不可不未雨绸缪者，伏唯钧核，不胜迫切，待命之至。除抄呈敝代表所撰日记一扣外，谨呈

国民政府外交部长王

附呈敝代表日记一扣

具呈人大通协记航业股份有限公司杨锦龙呈印

中华民国十八年一月三十日

照抄新大明案交涉付款经过日记

谨将新大明案公断宣判后交涉经过日记录呈钧览

民国十七年十一月十五日宣判

民国十七年十一月十七日送达公断裁决书，公断费上海规银一千七百五十两由我方垫付

民国十七年十二月七日代表偕同罗杰律师赴日本领事署请见矢田总领事，结果会见清水领事，当请转嘱佐藤商会赶紧付款，由罗君告以（一）本案于宣判后已逾相当犹豫期间；（二）本案裁决本极公平；（三）矢田总领事于本年三月二十日对于江苏交涉公署有保证之函件，故请贵署转告佐藤商会从速按照裁决书付款。清水领事答：裁决究竟是否

公平？罗君答：既如此请贵署将本案全卷详细审查，如所得结果与鄙人意见相同，贵署自应代为催告。遂约定下星期五再行会面，代表并告以鄙人曾三次往访日本方面之代表河端勘佐卫门于本埠蓬路江星馆，每次留有名片及字条，该代表均规避不见，故尤不得不请求贵署履行保证义务。民国十七年十二月十四日代表偕同罗君前赴日领事署时，该署已散值。

民国十七年十二月十五日代表赴日领事署会见清水领事，据告本案全卷已由矢田总领事嘱咐上村领事审查，应请会晤上村领事。旋又会见上村领事。据称余受命审查本案得下列结果：（一）本事件既经公断，以后不作为交涉事件；（二）对于本案公断裁决书内容未便表示意见；（三）但本案公断裁决书系经多数公断员签字宣判，按照公断合同应有最后拘束效力。代表答：既如此应请贵署发电催告，且贵总领事本年三月二十日尚有保证之函件，故也。上村领事允许发电代表谓：余将于下星期一再行奉访上村领事答此间发电系拍致外务省再由外务省转达佐藤商会，故星期一未必有回音。遂定星期三会晤。

民国十七年十二月十九日代表赴日领事署访上村领事，上村领事偕清水领事同至客座。上村领事未发言即去，当由清水领事告称本案已由我们命令他们从速付款。我们态度系极公正的，并云此间如得回音，代表方面必先已知道，阁下尽可与代表接洽。代表称谢而别。

民国十七年十二月二十日至二十七日，此数日中代表屡访日本代表河端勘佐卫门，并新来代表吉水氏。有时会见，有时规避不见，据称佐藤商会并无电复，交涉不得要领。

民国十七年十二月二十日代表往访清水领事，询以贵署命令他们究竟有无答复。据称尚无答复。又询以此项命令用何种方式，据称余实在系招代表前来当面严重劝导，电告佐藤商会从速付款，当告以上村领事已允发电致外务省转催自应照办。据答本日当再约代表前来，严重劝导，未得结果而散。

民国十八年一月五日，代表约同江苏交涉公署秘书陈景虞君偕同访清水领事,清水领事对于从前会谈情形,并不否认,并谓对于本案公断裁决,既无特别理由可以反对,自应从速付款。但一星期以来尚未会见代表。未审经过如何,现已将该代表等招来,由余询问后,再行奉告。时清水领事即与该代表等会谈。陈君先去,代表坐待片刻,旋由清水领事见告,现已催代表等从速付款,并称余日内即回东京,届时可面见佐藤氏代为催告,代表称谢,并告以仍应按照上村领事所允许之言,即行电致外务省转催方为正当办法。清水领事答可改为如下办法,先由代表电告该商会约两日即可得复,该代表等应即将去电及来电送呈本署审阅,如无佳果,即以矢田总领事名义电致外务省可也。

民国十八年一月六日起至十日代表卧病。

民国十八年一月十日下午三时半代表电江星馆询问日代表河端氏逾五分钟,答称已出门。

民国十八年一月十一日上午代表往访清水领事,藉以话别,据称余明日即赴东京届时当面见佐藤氏嘱其从速付款,代表两度询以日本代表电催情形及总领事曾否致电外务省均含糊其词,并无切实答复。

民国十八年一月十四日偕同罗杰君赴日领事署见清水副领事,据称据彼个人意见公断合同必有不合法之条款,君等当时何不将此项合同交由司法领事官审查,则此中不生效之条款不致加入此项合同。问此项合同中何条系不合法者? 答称:此系个人意见,不能正式答复。告以此项合同曾经贵领事馆证明,且此项合同各条款均系贵领事馆与交涉公署早经商定之各问题。据称:领事馆证明与司法领事审查当然不同,如经司法领事审查,则此项合同当然有执行力,问然则此次公断是否无效,答此又不然。此项公断在日本法庭上有极强之证据力。又称据彼个人所知日方代表已得佐藤商会通知,日方对于此项赔款并非不付,但须与贷款及生命赔款同时清付,但生命赔偿之计算须经法庭之判断,此项消息虽据日方代表通知今日谈话系非正式的,余明日将访交涉公署陈君正式通知当告以合同签字系在七月十四日,而总领事保证之公函系三月二十日发出,我侪信赖总领事,故签订公断合同,开始公断。

曾开庭十四次，证人数十人，各种问题均经提出讨论，无论公断合同有何法律上之瑕疵，日方尽可提出讨论，当时既未提出讨论，则公断合同即有或种之瑕疵，日方早经抛弃不能再行提出，答称，公断判决系非正式的法庭判决，系正式的，且总领事保证在文义上各有解释上之不同公等，如以为总领事应负责任，尽可对总领事起诉可也。告以我侨原系和平解决，故有公断手续，既经公断，以后日方但有按照公断履行义务之一法，总领事尤应设法使佐藤商会履行义务。据答我人极愿努力调停，但如佐藤商会不肯付款，则公等唯有付诸法律解决，不得结果而散（现查日本民诉律第八编仲裁裁判项下并无公断合同，应由法庭先行审查之规定）。是日访问日方代表不遇。

民国十八年一月十五日往访日代表。据称已赴日领署，当即折赴日领署，遇见吉水氏及副领事清水亨氏，河端氏未在座。据告金交涉员陈秘书今日已与矢田总领事及余会晤，当问吉水氏前次发往佐藤商会之电报，究竟有无回复，当据清水副领事释称：所得回复即余昨日转告阁下者，告以此则碍难同意，因余与河端君于上年七月十四日交换函件，彼此切实约明公断判决后必须诚心体面履行义务，要知公断开庭约在六礼拜之后，故履行公断裁判佐藤商会早经同意，不特河端君所签之函件有拘束佐藤商会之效力也。吉水又问此项赔款可否展期，告以不能，因阳历年关，日本商家银根紧急，我侨容许佐藤商会过年后付款，惟阴历年关中国商家银根紧急，自应彼此体谅迅速付款。清水副领事答称：年关一层，金交涉员亦经切实道及。吉水氏答称：余非正式代表，河端氏为正式代表，余今日不能正式答复。当请吉水氏代约河端氏定期会面。吉水氏有难色，转请清水副领事，清水氏允诺遂约定十六日下午三时在日领事署会面，余又询所谓佐藤商会之复电，日方代表究于何日通知清水领事。据称约在一月七日，余谓余于一月十一日尚与清水领事会面，蒙清水领事见告，一到东京后，即行劝告佐藤氏从速付款，并无此等说话，可见此等说话在清水领事之见解，原系说不出口者也。

民国十八年一月十六日下午三时，晤日方代表河端氏于日领署，清水亨副领事在座。据副领事声称：君等既已会面，自可自由谈话，余等即商量谈话地点，余请赴江星馆亦可。副领事谓何不即在此间。余谓余或须请阅日方代表所发之函电及其复电。副领事谓此间亦有抄本，当即取出日代表于一月五日所发之去电，大致谓：大明赔款我方催促甚急，又生命赔偿我方亦经来电催促，应如何办法，云云。其七日来电大致谓：来电已悉，生命赔偿应设法解决，其轮船赔偿可于生命赔偿及货物赔偿同时付价，云云（该电内并无生命问题须在法庭解决之语，如副领事所，云云）。余当即正式询问日代表上年七月十四日所交换之函件，君是否记得。余曰：此项函件为公断合同之一部。日代表曰：然。余曰：此项函件中共约明两事：一生命问题，不加入公断；二公断判决后无论何方失败，均应诚意体面履行此项约束。佐藤商会早经同意，因公断系在合同签字六礼拜之后，彼等果有异议，自可在公断开庭十四次之久，证明人无虑数十人，无非两方抱有满腔热诚以期和平解决。今于公断开庭前，贵方主张生命问题须另行解决，而于公断判决后，则谓轮船赔款须与生命赔偿同时偿付，其理由安在，且与交换函件显然抵触。日方代表作一苦脸曰：其如我所得之训令，系如此何。余曰：君不承受此项训令，君应电催佐藤商会从速付款，君将复电交总领事馆而不通告鄙人，徒然拖宕时间，尤为不合。副领事屦言曰：此层余应代清水领事道歉，因代表已将去电抄本及来电送呈本署，而清水领事未向阁下声明，余曰阁下无须代清水领事道歉，因鄙人于十一日向清水领事送别时曾两度询问关于电报事项，而清水领事则告我明日即赴东京，届时即当面见佐藤氏，催其从速付款。余以为清水领事之见解，实以为此种说话原系说不出口，故不复向敝人提及也。余向代表云我侪均系正人君子，均抱十二分热忱，将此事和平解决，故关于法庭云云碍难提及，日代表曰：余始终未尝有此言。余曰：如此甚好。惟副领事尝提及之。然上村领事及清水领事则从不提及，且公等请求总领事发出保证函件，总领事在上海于日侨中处于第一人地位，无论中外对于总领事皆有十二分信仰，凡总领事所许诺之言，向来皆能实践。今公等违背约束，则总领事之保证将归无效，公等为正人君子，应顾及总领事之颜面，因总领事在上海日侨中处于第一人地位故也。且总领事向有信用故也，故为信用计，为责任计，为善意计，君等应即从速付款，须知阳历年底为公等为难时期，故鄙人虽催促付款，究未十分严催俾君等得度过年关，现距阴历年关不远，此为华商十分紧急之时，自应彼此体谅，即日付款，以示好意，所谓俟生命赔偿解决后，一同付款云云，办法固极巧妙，其如有伤信用何？鄙人与阁下于七月十四日交换函件时未尝有此等约束，假使鄙人今日向阁下询问，阁下能否与鄙人解决生命赔偿问题，阁下必答我以并无代表权。日代表曰：否，余实不能谓余已有代表权。余曰：如何华方要求付款，则日方要求于生命问题解决后，同时付款，若使华方要求解决生命问题，则阁下又谓无代表权。须知在轮船赔款未付以前，纵使费时半年将生命赔偿问题商妥，贵方对于付款亦必有种种延宕方法，故贵方必先行付款，以示信用。假使贵方欲将贷款三万余元同时支付，鄙人亦甚所乐闻，现在请阁下发电请佐藤商会即行付款，维持信用，履行义务，维持两方好感，方为正办。日代表曰：诺。问以何时可得回音，答明日下午五六时，余曰：余当于后日上午十时赴江星馆访问阁下，当即会同日代表河端氏向副领事申述两方会商之结果，并谢其调停之好意而别（查日方复电系与吴凯声催告解决生命问题之函件粘附一处）。

民国十八年一月十八日上午十时赴江星馆访日代表河端，据告前途并无回电，余谓可否将去电见示，当请吉水氏入座。吉水以电稿两通见示，系于十六日所发大致谓轮船赔偿与人命赔偿同时给付之旨，已转告领事馆，听候核办。但按照判决契约无同时给付之必要，应如何回复候电示云云。又一电系十八日早晨所发者，大致谓闻保险会社之决意后，前途颇致疑于我侨之诚意，请将协议电复，云云。余谓三月二十日总领事保证之函件当系出于西野氏之请求，此事在阁下充代表之前，则佐藤商会于公断判决应负过失责任时，应即付款。佐藤商会早经彻底明了，今忽有此枝节，殊属费解，且吉清水君既不携赔款而来，请问吉水氏之来，究负何种使命，日代表河端氏答曰：吉水君之来，并未带有何种函件证明伊来沪之地位及目的。自吉水君到后，佐藤商会来电均系拍致吉水君者，并非直接拍致鄙人。余曰：然。则一月七号之电亦系拍致吉水君者。曰：然。余曰：此当然为非正式之复电，余于该电所云更可置诸不理，故候至今日晚上，如佐藤商会仍无切实复电，阁下应另发一电严重催告，同时阁下应另缮一函说明鄙人反对于生命问题解决后付款之意见，而关于维持信用遵守契约保全总领事面目保持两方好感之旨亦须痛切说明。河端允即照办，并云阁下所言各节，余皆完全了解，余亦正人君子，诚不解佐藤商会何为而有此态度也。余当与约明翌晨十时由日代表电话通知有何复电，余旋即往访金交涉员据告余于礼拜一往晤矢田氏，矢田氏对于此事并不十分接头，故由清水副领事及景虞陪座四人共同谈话，阁下在电话上所称清水副领事所谈各节是日均未提及，矢田不允发电致外务省，唯称愿尽力调停此事，令佐藤商会从速付款，并称已嘱清水领事于到东京后面见佐藤催其从速付款。余当派景虞再往日领署催告。

民国十八年一月十九日上午九时半河端来电谓佐藤商会尚无复电。

民国十八年一月二十二日往访河端。据称渠于二十一日又发一电催告佐藤商会。该电内容谓叠电谅已到达，支那方面因旧历年关迫近通告领事馆请依照公断判决为损害赔偿之给付，每日催促尊处何以竟无复电，现在我辈立场极为困难，究竟何时给付望即电复，云云，并称此电去后尚无回音。余谓现在情形竟与去年年底情形一样，阁下虽称屡次发电催促而佐藤商会无一回电，岂非与去年年底情形同出一辙，现在并无别法，如今日再无回电，惟有再请阁下发电催促。河端曰：诺。余即告别。下午接河端电话，称吉水将于二十四日回国，请阁下带一翻译与吉水谈，余以十五日在领馆，吉水曾约余作私人谈话，故允伊翌晨前往会晤。

民国十八年一月二十三日约大通公司董事沈中将偕同前往。当由沈君告以今日系杨代表约我同来。我为公司董事，因另有任务，向不顾问公司事务,惟今日则专为杨君作通译而来。余谓闻阁下明日回国,余愿将本案交涉经过情形与阁下细谈,吉水于我侪言毕,即变色谓经过情形应与代表会谈方为正式。且经过情形余均明了。余谓如此则更好。公等应按时付款,多方延宕,实所费解。彼谓论手续论一切书面吾侪自应付款,无可反对,合同上固有领事馆之朱印在也。余曰然则延宕何为其时? 河端已经吉水请入座中。吉水答称:实不相瞒,公司毫无资产,只有请求免除赔款之一部分,始可设法。余问河端阁下前称佐藤商会共有商船四只,均系租赁而来。余谓然则厚田第二丸当然亦为佐藤商会所租赁,余真不解佐藤商会何以为吾侪之对手,方其时,河端取出一九二六年十二月三井所发行之日本船只调查表一册,内载佐藤商会共有船只两艘,一石狩丸计四千余吨,一即厚田第二丸计二千余吨。余谓按照此册有六千余吨船只之公司,不能为毫无资产,且此两轮岂得谓租赁而来。吉水答称:此类财产均经二重抵押,佐藤商会仅有佐藤父子六人。欧战后事业失败,北海道之营业早经收歇,另有别墅一所,亦经抵押。余谓:究竟阁下意思如何? 厚田丸之保险金究竟如何? 吉水谓:保险金不过日洋二十万元,保险公司恐不能付足此数,大约不过十五万元,须另筹五万元方满二十万之数。现在应将家属问题同时解决。余谓:如将生命赔偿同时解决,则贵方应预备三笔款子,一赔偿船体损害,二货物损害,三人命赔偿,究竟贵方有何准备? 吉水谓三项总数不得逾二十万元。余谓:今日不能代货主及家属发言,至若请求大通公司减付赔偿金,则阁下应将佐藤商会财产目录表见示,阁下系佐藤商会会计,对于佐藤商会财产状况应最详晰。吉水发言甚多,面红耳赤,不解所谓。沈君与河端皆不肯翻译。余问河端,河端推委于沈君,余询河端吉水究竟如何答复? 河端答我不能再任通译,公等去后,我将与之细谈,照现在情形,我但有与之挥拳一法。余又询沈君,沈君笑谓彼自称系日本男儿,重尚武士魂,对于彼所说各节不应怀疑,如有怀疑,即属侮辱。余正式告以二重抵押不能谓系必不可有之事,但二重抵押后,尚应有余胜资产,二十万之保险金自应以之赔偿新大明之损失,绝不得移作别用。故赔偿船体损害尚非难事，而请求减付赔偿金额则甚不可解要之；如请求减少赔款，则必以佐藤商会资产目录见示。吉水谓：我之来沪，系由佐藤商会及保险公司委托调查而来，往返电报不下二三百通，但其内容不能奉告，且亦不能告河端代表。总之，我已得有证据，备反对公断之用，故公等如允许减付赔款为三项一并解决之磋商，则我明日即中止回国，我且有权付款，请以一言为决，否则，我明日即回国反对公断也。余答称：付款手续及请减赔款均系正式代表之事，余但请阁下于回国后转告佐藤商会从速付款而已。吉水答称：此层余不能照办。余曰：然则多谈无益。遂告别。是日自上午十一时起谈至下午三时止，毫无结果。是晚七时，河端来电谓：吉水去后，则我之地位更为困难，现我坚留吉水在沪，与之剀切谈话，倘有结果，即行奉告，否则我明日奉约两位谈话。

民国十八年一月二十四日，余将与吉水谈话情形报告金交涉员，蒙告领馆中曾有人非正式询问能否以三十万元三项一并了结。余即婉为声明大通公司款应全部收足。

民国十八年一月二十五日，余偕罗杰律师同访金交涉员请求将本案移归部办，重申旬日前之请求（余旬日前曾向交涉员提及）。

民国十八年一月二十六日，河端上午来电，余因公他出，下午去电，河端不在江星馆，自二十三日晚起直至现在尚未与日代表通讯。

律师杨景斌记

附录第七号

外交部指令第七八八号
令特派江苏交涉员

呈一件为续陈新大明轮船生命损失交涉情形，请向日使提出交涉，以期速结由，呈悉，并据上海大通协记航业股份有限公司总理杨锦龙呈为日本佐藤商会不付赔偿款项，恳向日使严重交涉等情到部。查此案公断员之裁判，有最后拘束效力，在执行上，在中日两国相当法院有充分之效力，与该法院正式判决同载在公断合同，双方自应切实遵守，且日领方面在公断以前并以书面保证于决定日本轮船方面确有过失时，当令日本方面之关系者担负赔偿损失立即交付。至生命财产损失问题，既定有由两国官宪交涉办法，即应由该交涉员切实查明死伤人上数及财产损失，酌定补偿确数，提向日领交涉，并将办理情形一并具报为要。此令。

附录第八号

呈为新大明案生命损失，据家属代表陈述意见密陈鉴核事案。照新大明轮被日轮厚田第二丸撞沉一案，前以轮船船体损失公断数目日方延不照付，而生命损失等日方延不解决，业经详叙经过呈请钧部径向日使提出交涉在案。兹以生命损失问题亟待具体提出交涉索偿额数亦待规定约同被难家属代表吴凯声、杨景斌律师暨大通公司经理杨锦龙等来署征求意见，杨律师则请每人索偿最高一万二千元最低二千四百元，吴律师始则表示每人索偿最高二千元最低一千元，继又附和杨律师之主张，杨经理则请船员每人一千元，乘客每人五百元，意见不一，数目各异。至被难人数，据各方面调查报告，互有参差，各代表暂请以三百五十六人为准。特派员窃以该轮被难各家属呼号奔走已及一年，艰困情形至堪怜悯，此次抚恤款项果能多多益善，畴不乐予赞成。惟主张要在贯彻有初尤贵有终，况被难人命既多，合计即成具数，比较被害一二人之少数，索偿其难易不可同日而语。若不于可能范围以内力求解决之方，窃恐徒托空言，无裨实际，抑有进者，日人办理交涉狡猾，拖延是其惯技，设以提出赔偿为数过多，而对方鉴于事难接近，转致延搁不理，是欲爱护各家属而反无以对。各家属等一片热诚，当亦不愿有此不良结果。兹就各代表要求详加考量，似以杨经理暨吴律师最初之主张较易就范，应否折中，假定不分船员乘客，每人索偿一千五百元，先以此数提出最低限度，让至每人七百五十元，抑或根据杨律师之主张，每人索偿一万二千元结果减至二千四百元，理合具文密呈仰祈钧部鉴核训示祗遵。谨呈
文件部

特派江苏交涉员金问泗印

中华民国十八年三月一日

附录第九号

外交部指令第七九八号

特派江苏交涉员金问泗

呈一件。呈为新大明案生命损失,据家属代表陈述意见密陈鉴核由。呈悉。查此案被难人数各方调查报告,虽互有参差,而当时轮局所售客票数目或出事后捞获之尸身,当有确数可查,应先以此为标准,确定死亡数目,提出交涉,并保留续提之权。至每人如何偿恤,可按照被难者各人之身份与生活状况酌定应偿数目连同其他财物损失一并提出,仰本此旨与被难家属代表商洽后,迅向日领交涉并具报为要。此令。

丙、关于欧美方面者

一、中外新约批准案(续二月份)

二、英商吉和轮船撞沉逍遥津小轮案(续上年四月份)

三、九江特区英侨抗不纳税案(续上年十月份)

四、那人哈而复生及牧师艾香德请求赔偿宁案损失案

五、德教士温开曼失踪案

六、意侨穆安素鸦片公债受损失案

七、比国医生高凡希望回路供职案

八、无为县天主堂芦田滩地案

九、美使馆汽车轧毙王仁格案

十、扬州友基学校被当地教育局干涉停办案

十一、委厄两国华侨请与各该国迅订友好通商条约案

中外新约批准案(续二月份)

本部与欧美各国签定之新约除中德等六国条约业经双方政府先后批准并分别相互声明发生效力日期外,兹查中国与瑞典及中国与葡萄牙所订关税条约亦经双方政府批准并均于本月二十七日互相通知即于是日起发生效力。

英商吉和轮船撞沉逍遥津小轮案(续上年四月份)

关于吉和轮撞沉逍遥津小轮一案,前经本部迭令特派安徽交涉员

与英领交涉并先行解决恤金部分，嗣据交涉员呈报，英领于本年一月二十一日派员到芜面为商洽，仍无圆满结果。本部以此案交涉年余，迄无头绪，英领始终延宕，殊属不合，当于本月二日照会驻华英使转饬驻宁英领依法惩凶，并偿付公私损失及受害人恤金在案。

九江特区英侨抗不纳税案（续上年十月份）

关于九江特区英侨抗不纳税一案经本部于上年十月十八日致函驻华英使转饬该处侨民遵章缴税去后，兹据驻宁英总领事声称：九江特区英人纳税一事，可由该处英领与当地官厅妥定相当税率，收支帐目尤须按时公布等语。当经本部电令九江交涉员与驻浔英领接洽办理在案。

那①人哈而复生及牧师艾香德请求赔偿宁案损失案

查宁案发生之际，有服务海关寓居萨家湾海关宿舍之那人哈而复生被迫离宁，所有什物被劫一空。又同时挪威牧师艾香德办理之丰润门佛教丛林及个人物件亦遭抢劫，其柏固山休息室被匪徒纵火焚毁。以上二案迭经驻沪挪威领事函由特派江苏交涉员请求赔偿。嗣于上年十二月六日接准驻平挪威使馆照会，以关于宁案挪威人要求赔偿之事件不多，数目亦小，不必特委专员磋商，请以此事委诸特派江苏交涉员及驻沪挪威领事就近接洽办理。本部以南京事件业与英美等国先后解决，挪威部分数目较微自应一律早日结束，当即令行特派江苏交涉员遵守照办理。旋据该交涉员呈称哈而复生一案那领要求赔偿一万一千元，现允减为二千元。艾香德一案要求赔偿五千六百三十元，现允减为三千九百六十元。经本部派员复查该那人等所受实在损失情形尚非过分要求，当即指令照准以资结束，并于本月十三日呈请行政院转饬财政部照拨矣。

德教士温开曼失踪案

三月十一日准德国使馆节略内开：德国天主教神甫温开曼于去年十一月二十日自贵州石阡驻所拟经湘省往沪，迄未抵沪，其滞留何处既

---

① “那”，今译“挪”。

未得知而时间已久,因恐该教士或于途中遇害。据调查所悉:该教士于十一月底经过贵州铜仁而途中必经之湖南麻阳县或未达到。兹以湘黔边界匪炽,惨杀劫掠,交通断绝,该教士单身路过该区被害系意中事,拟请对于该教士究竟滞留何处加以调查等由,经电请湖南、贵州省政府查明见复矣。

意侨穆安素鸦片公债受损失案

前准驻华意使函开:意侨穆安素鸦片公债被中政府强迫换领元年公债,所受损失应中政府负责等因。经转咨财政部查核见复。旋准该部复开:民国十年整理内国公债办法第三条之规定,每旧元年债票百元得换新债票四十元,其不愿者听现在。该意侨既已自愿换领新票,中政府自无负责之可言等由。业函复意使查照矣。

比国医生高凡希望回路供职案

关于比国医生高凡希望回路供职一案,前据驻比使馆函请转咨主管机关核办,当经转咨铁道部令饬主管机关查复。旋准平汉铁路管理局复称:该医生系于一九〇三年至〇七年京汉建筑时代职路未收回前曾在职路服务,嗣后即供汴洛陇海垂二十年,是该医生与职路脱离关系系已二十余年。现职路各院医生均已有人,似无须该医生回路供职等情。查该医生离开该路已二十余年,现医生缺额已有人补充,自未便准其回路供职,咨复查照等由,经令行该馆即便转知矣。

无为县天主堂芦田滩地案

关于无为县天主堂与乡民争执神圩芦滩地产权一案,迭据特派安徽交涉员呈请究竟如何办理,乞鉴核示遵,经指令呈悉。查该天主堂既持有官文书证明其管业范围自不能仅以行政处分,否认其已得权利。惟查无为县垦务局初认该堂执业地亩系属无权占有,致筑地成圩,发放开垦业已成为事实,且该当时以些微之价领地至一千六百余亩之多,历年获利甚巨,核与传教宗旨究有未合,如现在酌量收买,以杜日后流弊,未始非正当办法应由该交涉员选派专员并呈请省政府转饬主管机关同时派员会同该天主堂代表前往该地履勘丈量,除溢出原证书所载范围之滩地，当然作为公有，该堂不得执业外，其在原证书范围内之滩地得向该堂商议酌量收归公有，但须给予相当价额，其未收归之部分仍以永租名义另发新据，由该堂领用，俟各方议妥后，即行呈请本部及省政府核准备案仰遵照办理云。

美使馆汽车轧毙王仁格案

关于美使馆汽车轧毙王仁格一案，前准美使照称：此项要求恤金之提议已经提交众议院海军事务委员会私人议案委员分会之内等因。经即函复北平特别市市政府在案。兹又转据该死者家属王王氏呈请转催迅与赔偿前来，当又函催美使馆就近催询该会对于此项恤金之确实消息矣。

扬州友基学校被当地教育局干涉停办案

关于扬州友基学校被当地教育局干涉停办一案，迭准美使照请注意迅予恢复等由，业经咨行江苏省政府查询取缔原因，并训令镇江交涉员及函中央大学告以该案如无充分理由，应即准其恢复等语。

委厄两国华侨请与各该国迅订友好通商条约案

二月十三日驻美使馆函称：据委京中国惠民总局请与委国议订通商条约。又二月十五日全国商会联合会代电，称华人旅居南美厄瓜多国备受苛虐，近该国国议会议决禁止华人入境，华侨商务一落千丈，恳速与议订条约。俾资保护各等情。业经本部电令驻美公使就近探询各该国驻美公使是否同意，并能否即在美京开议，尚未据呈复。

（下略）

中国第二历史档案馆藏行政院档案

2. 外交部 1929 年 4 月份工作报告（1929 年 4 月）

四月份工作报告

甲、关于国际方面者

一、和属东印度增加入境税案

二、上海公共租界工部局增加华董案(续三月份)

三、采用禁止伪造货币公约会议派员案(续三月份)

四、裁减军备筹备委员会派员案(续三月份)

五、德女与华人离婚,请解释法律案

六、内政部咨询旅美华人是否享有著作权案

七、美国人 Van Loar Blach 乘飞机来华游历案

八、资遣留法勤工俭学生案

九、批准国际无线电公约案

十、丹麦代办抗议满洲关征收大豆出口二五附税案

十一、德国来布次西市举行万国毛皮展览会案

十二、天津棉花检验所案

和①属东印度增加入境税案

据旅京和属华侨林有壬等呈称:和属东印度参事院,近有关于增加外人入境税,至每人一百五十盾之议决,定自本年七月一日起实行。华侨议员曾提抗议无效,其他各国人,因入境人数无几,暂持观望态度,该项入境税自二十五盾增至五十盾一百盾,为数甚巨,若再继续增加,华侨将无立足之地,恳请交涉。等情。查该项税额本背平等原则,从前一再递增至一百盾,已极诛求能事,何得再有不恤侨情之议决,华侨人数最多,关系最切,经即训令驻和使馆及驻爪畦总领事,查明向和政府暨该地政府切实交涉,或联同联系各国使领,一致抗争,期将该项议案打消,以彰公道而敦睦谊。

上海公共租界工部局增加华董案(续三月份)

旋据特派江苏交涉员先后呈报,奉令本年工部局增加华董问题,饬向领团切商具报。但近来彼方空气,未能表示赞同,与领团非正式讨论,据称时机未至,工部局且谓此项议案提出,必遭否决,因与纳税华人会商定向领袖领事提议,本年增加华董二席,以示让步,请其迅商工部

---

① "和",今译"荷"。

局,于本届纳税人年会,提出前项议案。即与领袖美领晤谈,该领谓就现时状况,本案恐无结果,若提出而不通过,转恐激起华人反动,不如待至明年期满前三个月,再行提议,届时自当考虑各等情。

采用禁止伪造货币公约会议派员案(续三月份)

该会议如期于四月九日开会,本部迭据梁代表及驻德蒋公使先后电陈会议情形,并公约重要条款,其中引渡外犯一条,经梁代表提出保留,在领事裁判权未取消以前不能接收,当经通过十七日闭会,该代表初以未奉训条未签字,嗣经本部征得财政部同意电令照签,当于四月二十日由该代表签字。

裁减军备筹备委员会派员案(续三月份)

旋蒋公使在会议席上提出废除征兵制度案,其大意如下,"各缔约国认定征兵制度,造成军国主义,而与建立国际联盟之原则及各国签订非战公约之精神相抵触,约定此后在各国领土及其属地,不适用此种制度"。各国代表对于该案多数同意,嗣因法国代表竭力表示反对,故无结果。

德女与华人离婚,请解释法律案

准驻华德使函称,奉本国外交部令开:一九二三年七月,有华人某与德女某在亨堡市结婚,次年春,该华人被驱出境,不知去向,现其妇请求法庭准予离婚,请将中国法律对于此种离婚之规定咨行司法机关,查明核复等因。经抄录原文,函询司法行政部,去后准复称按照中国法律离婚之诉,专属夫之普通审判籍所在地之地方法院管辖,前项审判籍,依住址定之,若其夫在中国无住址,或住址无可考者,以最后之住址为其住址。又离婚案件,按照最高法院新解释不必具备如何条件,等因,经部函复德使查照。

内政部咨询旅美华人是否享有著作权案

准内政部咨称,据美国人 Mrs Cahl de Wilt Tnimem 呈送其亡夫遗著英文诗存,请予注册。查著作权法施行细则第十四条第一项规定,外国人有专供中国人应用之著作物时,得依本法呈请注册,第二项规定,前项外国人以其本国承认中国人民得在该国享有著作权者为限,究竟中国人民在美国是否享有著作权,请查明见复等因。本部当以美国版权法规定,以相当限制,给与外国人民,中国人民包括其中,当然亦得在同一情形之下,享有著作权,经摘译该项法规原文,抄送内政部查照。

美国人 Van Loar Blach 乘飞机来华游历案

准驻宁英国领事略称,奉本国驻华公使训令,奉本国外部来电美国人 Van Loar Blach 拟乘飞机,于四月十八日左右,由英国出发,经河内、香港、厦门、上海、威海卫、汉城等处至日本,此系私家飞行,并无军事行动,请中国政府准其航入境等语。经将该节略内所开各节开列清单,函达军政部航空署请转知该机所到各地,依法检查,照例接待。旋准复称该美人既系私人游历飞行,自可准其来华,惟该机在华停留日期未据叙明,应请转行询明见复等因。经转询该英领准复称,该飞机来华日期,约在五月初六日左右,其停留地点,先于福建厦门,最后即飞往日本,在华无多耽搁,如有迟延,当再报闻,等语。经据函航空署查照矣。

资遣留法勤工俭学生案

据驻法使馆电称,留法勤工俭学生,尚有百余人,生计困难,迭经公推代表,要求设法资遣回国,查陈公使任内,曾由政府遣送数次,为数达百七十余人,当时以中央经济困难,遂由使馆商同法外部,与法国邮船公司交涉,由该公司交涉,由该公司暂为垫付,该生等既感经济困难,然中途辍学,亦属可情,如无款接济,莫若仍照旧例,对于志愿返国者,仍由中央政府陆续资送,庶免久延乞裁示等情,经咨请教育部,提请政府设法维持,或援照旧例,由政府资遣回国,旋准教育部咨覆此事经拟定办法提出行政会议决议,应资送回国,查明人数,及需费确数,并拟定资送办法,再交财政部汇款济用等因,并准行政院秘书处函同前因,经电知驻法使馆照办。

批准国际无线电公约案

本年二月间,准建设委员会咨开:十六年十月,华盛顿召集国际无线电会议,我国曾派员参加,其所订立之公约,并经我国代表签字,惟照章尚须经政府批准手续，方为完备，请核办等因。本部覆加审核，亦以为应予批准，当经缮具批准书，并检同约本等件，于本月二十二日呈请国民政府查照批准条约成例办理。

丹麦代办抗议满洲关征收大豆出口二五附税案

准丹麦代办照称：满洲关对于丹商从海参崴输出之大豆一宗，征收二五出口附税，并未事先通知，实违国际惯例，请退还税款并予展期两月等因。经咨准财政部覆称：此项附税各关早经次第施行，此次推行东省系为划一全国税收，与举办新税不同，来照所请，不免误会等语，去后，复准该代办来照，仍以事先未经通知，有违惯例为言，并引津海关施行先例为证要求退还税款，已再咨财部核覆。

德国来布次西市举行万国毛皮展览会案

准驻华德代办照称：奉本国外交部令，于一九三〇年六月至九月，在本国来布次西市（Keiyzig）开万国毛皮展览会，该会系由私人组织，国家委员出席，并希望所有出产毛皮各国，相与加入，特以本国政府名义，敦请国民政府搜罗展览物品，由国家处理，展时参加，并希转请有关系各机关参加等因；当经分别据行工商部，暨辽吉黑三省省政府核办，尚未准复。

天津棉花检验所案

准工商部咨称：天津毛革肉类出口检查所所长呈报，兼办天津棉花检查进行情形案内，以天津棉花烤潮所，系民国初元由万国商会与中国数家棉商议定设立，曾在天津领事团、北京公使团并前外交、农商两部立案，并由总税务司饬津海关查照，该项非正式检查机关，究系如何情形，应考查明白，除咨请财政部查案，并派员赴农矿部调阅前档外，请将该所立案情形查明见复等。当查民国元年六月间，并外交部准驻京领衔英使节略，以天津运出棉花之洋商，与该口华商会定立天津禁止棉花掺合会，以便禁止将水或他物掺合棉花之内，所拟办法，经由驻津各领赞成重订章程，亦经驻京各使认允，按照章程，该所由海关管理，特请咨行税务处札知总税务司照办等因。当时前外交部，以年前上海设立禁止掺合棉花总会,并设试验棉花厂,曾经英使请为襄助,经咨准前农工商部,饬由沪关切实查验在案。此次天津设立棉花掺合会,重订章程,核与上海办法大致相同,且其查验之范围,亦仅在该会内各商所购或经手之棉花,自可援案照准,分咨前税务处工商部暨直隶都督查照。嗣见德华电载,上海华商,反对该埠禁止棉花掺合会,而天津组织此会已克期成立,究竟此会之设,商界舆论如何,于商务利权有无妨碍,函行前直隶都督查复酌核。旋准复称:此会之设,系力除弊端起见,对于商务利权,颇获补益,即商界舆论亦无阻力等语。十一年十一月间,前外交部准驻京领衔葡使照会,以天津禁止棉花掺合会修改会章,业经领事团赞成外交团核准,请转行协助等因。经前外交部查阅该会修改章程,拟将向由海关管理之查验所直接归董事会管,应否准予施行,分行前税务处、农商部暨直隶省长查照核办。嗣准该部复称该会条陈修改会章,尚属可行,等因。惟前税务处及直隶省长,有无咨复暨前外交部曾否据复葡使,调阅原档,无卷可稽,咨复该部查照。

乙、关于亚洲方面者

一、重订条约案

二、日使要求引渡李泰龙案

三、查缉严慎之案

四、日轮代运反动宣传品案

五、北平俄国东正教堂教产案

六、哈尔滨道胜银行存户催还存款案

七、扣留苏俄报纸及公报案

八、中拉订约案

九、芬兰外交递信员在哈埠被捕案

十、外蒙主席丹巴被害案

重订条约案

案查光绪二十三年,中日通商行船条约,及光绪廿九年,中日通商行船续约,于上年七月二十日又届展限期满,当经本部于上年七月十九日照会日使根据平等相互原则，商订新约。日政府对于我方旧约失效之主张，坚不承认，最近复与日使芳泽，一再切商，始告解决当于本月二十六日准日使来照（附录第一号）声明，应允我方改订新约之提议，本部即于是月二十七日，照复日使（附录第二号）即日开始协议，于最短期间，订成新约。

日使要求引渡李泰龙案

此案日本方面坚执李泰龙与李祁宪系属两人，复经本部据函司法行政部，再行饬查核复各节业经报告在案。四月二十日，准司法行政部咨复，以此案复经令据河北高等法院第一分院复称：查李海鸣在历审均称伊即李祁宪，曾未供过伊又名李泰龙，被害人家属及各关系人到庭，亦均未供李祁宪即李泰龙。兹复将李海鸣提出讯问，据称伊不叫李泰龙，与李祁宪实系一人等语。请查照转行等因。当即据函日使查照。

查缉严慎之案

前准司法行政部函称：鄱阳轮船茶房王金枝携带金条九件，在沪体育会路被人枪杀一案，严慎之涉有重大嫌疑，兹闻逃往日本，曾寓神户复和旅馆，目前尚在日本，特检同相片，请转行日本官署查缉引渡等因。当经本部令饬驻日公使暨驻神户总领事遵照办理。嗣据该总领事复称：此事据日本兵库县知事复称，上年十二月有自称皮商之王圣翘由沪来神，寄寓复和旅馆，带有金条多件，全部在神变换现钞，此人或即王某变名。惟查王某在该旅馆仅住五天，即搭船前往香港，已行知各埠调查，如仍潜留日本，当即查获引渡，并饬所辖各警署注意等语。请鉴核转咨等情到部，当即据函司法行政部查照。

日轮代运反动宣传品案

前准中央执行委员会宣传部函，据上海特别市党部宣传部呈称：据密报，张逆宗昌寄出反动宣传品数千份，由日本商船神丸，自大连运沪，业已进口，一俟报关手续完备，即可起货。当经函由江海关监督，转饬税务司，悉数扣获。并派员查系大连周荣光，由某日籍报关行交某日人收领者，除函请江苏交涉员，向日领交涉没收，并根究代运日人外，祈示遵等情；请转饬该交涉员，迅向驻沪日领，据理交涉，彻查究办，务将是项反动传单，悉行没收销毁，以绝乱萌等因。当经电饬江苏交涉员遵照办理。嗣据该交涉员电复称，日轮运沪之反动宣传品，已交沪市党部收领，并向日领交涉，俟复到，再行呈报等语。

附录第一号

汉译日本公使致外交部节略　四月二十六日

本公使对于昭和三年八月十四日国民政府外交部关于中日通商行船条约节略，兹根据帝国政府训令，答复国民政府如下：

（一）国民政府援引中日通商行船条约第二十六条汉文约文，以为该条之趣旨，在十年期间满了后六个月内经一方提议声明改订，并已实行改订商议，则该约效力不再延长。在北京政府时代，于大正十五年十月二十日备文提议，改订中日通商行船条约，同时声明，在条约规定六个月期间内，新条约不能成立时，保留其当然应有权，主张不能同意条约效力之延长等因。关于第二十六条之解释，业如上年七月三十一日本使馆节略所述，按照该条日文约文及英文约文，自十年期满之日起算，在六个月以内，未能完成改订商议时，该约及税则当然继续有效十年，甚为明显，对于此项明了规定，而解释竟有不同，帝国政府固引为遗憾。纵使日文约文与汉文约文之间解释不同，然在该约第二十八条规定，解释不同时，应依英文约文裁决之规定，故在日本政府深信其主张之正当也。又对于北京政府之提议，帝国政府于大正十五年十一月十日，以节略允认条约改订提议，同时对于上述保留权利一节，按照现行条约第二十六条之规定，声明不能承认其后于每次延长商议期间时，迭经声明此项见解，上年七月三十一日节略内，业经申述在案。故中国方面所谓权利保留之声明，不能认为于条约规定有所变更，或于条约效力，予以如何之影响。

（二）国民政府根据情势变迁原则，以条约废止或中止在法理上、国际惯例上为绝对之可能。关于中日通商行船条约，一方提议，根本改订，同时似仍根据上述原则，维持上年七月十九日外交部照会中所述，该条约失效之主张。查情势变迁原则，在国际间为法规至上原则，并非确定且若承认此种原则时，则一切条约，无论何时，殆将按照缔约国一方之意思得以废弃，必至国际法根本动摇。征诸先例，亦未有承认适用该原则者，矧中日条约，特规定条约效力之条款，固已预为情势变迁之设想，且情势变迁，当然不能使条约无效，甚为明显。

（三）总之，帝国政府对于中日通商行船条约废弃问题不能改易向来之主张，固如上述，然对于国民政府，从速改订中日通商行船条约，以副中日两国亲善本旨之希望，并非有所吝于同情之考虑，而尤切望国民政府早日完成稳健建设之大业，以举内而和平、外而敦厚中日邦交之实。故若国民政府顾虑中日两国友好善邻关系，披露在新约未完全成立前，中日两国关系依中日条约规定之诚意，以为条约改订之提议，帝国政府对于应允国民政府提议，而开始其认为适当改订之交涉，具有充分之诚意与同情，特为声明。

附录第二号

　　　　外交部长复日本公使节略　　四月二十七日

接准四月二十六日节略所称各节，确经阅悉，关于中日通商航海条约约文解释，所有国民政府之见解，及一切主张已于十七年八月十四日本部长致贵公使节略内详悉申述，该条约之效力问题，仍如前述，极为明了，无庸再赘。关于本问题法理上争执，既经彼此谅解，存而不论。故国民政府，当以至诚即行从事开始协议，切望于最短期间以平等及互尊主权为原则，重订新约，并盼克日进行，相应复请贵公使查照为荷。

北平俄国东正教堂教产案

三月八日，据侨平无国籍人直菲列夫等呈称：北平俄国东正教堂主教音诺耿提，系旧俄政府所委派，旧俄政府推翻之后，未得新俄及中国政府之承认，擅自售卖教产，该主教有无管理教产之权，呈请解释等情。本部以按照民国十三年中俄协定，俄国在华教产，应归中国教府保管。当经据函北平市政府及河北省政府，请其转饬先将所有教产收回，酌定简章，暂责成该主教管理，但不得有处理教产之权，其一切传教事宜，仍应维持现状,以免信众发生误会。至该主教有无擅售教产各情,并请于收回时,彻底查究。四月三日,准北平市政府函称已饬市公安局遵照先行收回,并彻查该主教有无擅售教产情事云。

哈尔滨道胜银行存户催还存款案

四月四日,准行政院秘书处函称,奉院长发下俄亚银行存户克鲁格洛夫等历陈哈尔滨道胜银行存户等,困苦情形,请依法办理,并将存款发还一案,谕交外交、财政两部核办等因。经函准财政部咨称,已令中国境内华俄道胜银行总清理处,迅即转行查明,切实具复,以凭核办等语。当于四月十六日,据情函复行政院秘书处查照矣。

扣留苏俄报纸及公报案

此案已详二月份报告。四月十六日,准吉林省政府咨称,关于邮寄入境之苏联官报,前为便于稽查起见,经特区长官公署规定,令其标明官报字样,以资识别,在案。现据该长官公署查复,检查邮件,始终未见有特种标识之苏联登载命令之政府公报,自无扣留情事等语。当于四月二十日训令兼驻苏联大使馆朱代办,据情酌复苏联政府矣。

中拉订约案

本案已详二月份报告。四月十三日,据伦敦陈代办电称,拉使赞同,以相互平等协商订约,并请以中德或中芬条约为蓝本等语。当即电复该代办,以拉使既赞同相互平等订约,可予商订,惟不得以中德或中芬条约为蓝本,一面检寄汉英法文中拉条约草案,令由该代办与驻英拉使拉洽进行商订。

芬兰外交递信员在哈埠被捕案

上年十二月间,据江苏交涉员电称,准驻沪芬领函,芬兰外交递信员史戴伦在哈被捕,请予释放,并提出抗议,请核办等情。当经据电哈尔滨交涉员据覆称,业已补签放行在案。本年四月,据江苏交涉员呈,以准芬兰驻沪总领事韦美基函,以该国外交递信员史戴伦拘禁,备受种种痛苦侮辱,当华警未检查前,该史戴伦曾将外交递信护照,暨信件说明表,呈验,请求免予查验,乃该警察等不惟不允免验,且将一信件火漆官印毁坏，并将其所携物暨护照公文悉行扣留，其中一部分至今无着，并有需索运动费情事。对于此种违犯国际公法之暴行，特申抗议，保留要求赔偿，及严惩负责者之权等情。本部以此事因该递信员未将所持护照送由中国该管官署加签，致被查询，其责自不在我。惟该递信员，当哈埠巡警向彼查询时，既将外交递信护照暨信件说明表呈验，何以竟将所持信件毁坏，所扣物件亦未完全发还，且有需索款项情事，如属确实，自应予以相当惩处，并将未发还各件，查明发还，训令哈尔滨交涉员，查明办理，现尚未据呈复。

外蒙主席丹巴被害案

四月二十六日，准行政院秘书处函称，奉院长发下蒙藏委员会呈，据驻平办事处报告，外蒙政府主席丹巴被俄人杀害一案，请严重交涉，呈一件。奉谕，交外交部提出交涉等因。

当经本部据电兼驻苏联大使馆朱代办暨驻特罗邑领事馆密查电覆，现尚未据声复。

丙、关于欧美方面者

一、西北科学考查团瑞典团员往新考查科学案

二、撤废领事裁判权案

三、中比庚款案

四、法国天主堂占夺民有杉木案

五、天津法营占用塘沽民地案

六、中美宁案调查案

七、美国中亚调查团安得思等赴蒙采集标本案

八、美外部照请我国公断条约案

九、美孚行丹水池地契请印税案

西北科学考查团瑞典团员往新考查科学案

三月十五日，准教育部咨开：查西北考查团，系中国科学家与（端）〔瑞〕典科学家，共同组织，其目的在于中国西北一带作科学上之考查，现有瑞典团员四人，拟乘欧亚通车，由赤塔入新，请电知新疆省政府，转

饬赤塔地方官厅,验照,准予入境,等由。本部以该团员等此次入新系以考查科学为目的,与寻常游历不同,自应准予入境,惟入新以后,或不免有采集古物标本情事,本部为预防纠纷起见,当即拟定限制办法如下:(一)外国人采集古物标本,中国政府得派员参加或监视之;(二)外国人采集之古物标本,中国政府有命留置中国之权,如未经中国政府特许,不得运出国境;(三)外国人采集古物标本,应遵守中国政府,对于此类事件,现在或将来颁布之法规,业已咨复教育部转知,一面电达新疆省政府查照,并准予入境在案。

撤废领事裁判权案

查中外间所订条约,内容繁复,综其不平等之要点,不外片面关税协定、领事裁判权、租界租借地内河航行权、海陆军驻屯权五种,而其中最关重要者,尤在协定税则与领事裁判权。关于废除领判权一案,原系分条约已满期及未满期国家,分别办理,其中如比利时、意大利、葡萄牙、西班牙、丹麦五国,与吾国所订条约,前经满期,即已另订新约,明白规定废除领判权之办法。瑞典条约本年亦届期满,自当援照比、义等五国办理。余如墨西哥、秘鲁二国,亦正在商订新约。故目下极宜努力交涉者,实为英吉利、美利坚、法兰西、和兰、那威、巴西六国,本部业于四月二十七日正式照会六国,撤废领事裁判权,誓以奋斗精神,积极进行,预期本年内当可成功,领判权一经撤销,租界之收回即不成问题,其余不平等各点自更可迎刃而解矣。

中比庚款案

关于组织中比庚款委员会一案,前准比国公使照请,派定中比庚款委员会中国委员,后当经本部呈请行政院核办在案,旋奉令开:查此案经提出本院第十八次会议议决,外交、财政、铁道、内政、教育、卫生各部各派一人,已分令各该部遵照,派定通知。等因。我方委员,现已派定褚民谊君、胡世泽君、曾容浦君、徐照寰君、杜曜箕君、蔡鸿君为委员,并以褚民谊君为委员长,比方委员为Hers,J. Lambert、H. Saint-Hubert、G. de Strastmaus、Q. Verbaegar. Father,业已互相通知,不日当可举行正式会议。

法国天主堂占夺民有杉木案

据广西上思县黄有璞等呈称:法国天主堂扣留民等管有山场内出产之杉木,并将民等莫烟山场之杉树私砍盗卖,请转饬放行,并交还等情。当经本部函请广西省政府转饬查明办理在案。旋准复开,该天主堂在上思县属买受山场种植杉木,既于条约不合,且碍本国主权,自应设法收回,以重国土。经将本案全案卷宗令发广西交涉员遵照查明核办具报各在案,等由。已令仰该交涉员遵照省令,迅予办理,并呈复矣。

天津法营占用塘沽民地案

关于法人占用塘沽民地一案,据塘沽各界民众电称:塘沽法人占地,业有交还之意,乃闻本国浪人近与某国资本家勾结,将法人霸占之民地、轮船码头,全部租与某公司,意在偷卖国土,继承管辖,深恐演成事实,用特预先声明,无论本国外国人民,盗买法占塘地,伏乞立案,一律认为无效,等情。经训令特派河北交涉员查明制止,并将是案近日交涉情形呈报核夺云。

中美宁案调查案

中美宁案,自上年三月二十日解决后,组织中美调查委员会,该会共开会议四十次(自十七年八月二十七日起,至十八年三月十三日止),所有美方损失要求,均经分别证实,审查估计完毕,已编具英文总报告书及译文,呈由行政院转呈国民政府核示矣。

美国中亚调查团安得思等赴蒙采集标本案

美国纽约天产博物院,于去年派安得思赴蒙采集标本一次,曾与北平文物临时维护会订立办法七条,本年二月,安氏代表谷兰阶氏,复通知该会,拟再赴蒙采集,并声明悉照前定办法办理。正接洽间,适津报披露,有新立合同之说。本部以事关我国文化,去电制止,复会同内政、教育两部兼征求各方意见,以保存学术上重要材料及维护国权为原则,商订采掘古物条例,以便呈由行政院转呈国民政府核准施行。

美外部照请我国公断条约案

本年一月三十日,驻美使馆陈称,以据美外部照开,前中美公断条约业已期满失效,请续订等情,并呈送该约草案到部。经本部电令该使馆,邮寄美德、美法及其他已签订之同样条约,以供参考,现该约草案,已经本部条委会研究修正,并已呈请国民政府特派驻美伍公使为订约全权代表矣。

美孚行丹水池地契请印税案

关于美孚行在夏口丹水池购买地亩请予税契一案,据湖北交涉员呈称,经职署以外人在内地无购置土地权,迭次驳复。但该美领常曲解约文,并根据湖北前督军兼省长萧耀南致韩领事一函,喋喋不休等情,本部已详释约文真意,及力辟其错误之点,令该交涉员,据约驳复矣。

中国第二历史档案馆藏行政院档案

3. 外交部 1929 年 5 月份工作报告(1929 年 5 月)

五月份工作报告

甲、关于国际方面者

一、关于收回琼州海峡木兰头海权案

二、关于除鼠证明书暨船只健康证明书案

三、修改日来弗公约外交会议派员案

四、第十二届国际劳工大会派员案

五、法派越南航空队飞机来华案

六、美国人 Van Loar Blach 乘飞机来华游历案(续四月份)

七、法飞机来粤游历案

八、机制货物特别纳税案

九、严查各海口华工受骗出洋案

十、本党海外宣传案

关于收回琼州海峡木兰头海权案

准国民政府文官处函称：奉发广东省政府呈，据驻港南方引水部代表梁孟英等电请收回琼州海峡木兰头海权，各国轮船经行该处，必须雇用该部人员引水，等情；交部核办，等因。当以收回海权及修改引水章程，现正由关系各机关会商办法，该代表等所请各节自应通盘筹划后再行并案办理，函复转陈。

关于除鼠证明书暨船只健康证明书案

准卫生部咨称：准驻法公使转来国际卫生局来函，以该局常川委员会提出卫生公约第二十八条海港检疫机关所发之船只除鼠证明书及免予除鼠证明书，非经该寄港国领事盖印后不为有效。此种手续，有背公约本意。又卫生公约第四十九条，关于船只之健康证明书，可免费发给或减收领事盖印费，请各国互订条约，并请各关系国答复。惟我国驻外领事对于此项证明书历求办法如何，是否收费，或可免减，咨请查复，等因。当以我国船只向鲜航行外洋，即各国海港亦未遍设驻领，故对于上项证明书签印与否暨是否收费或免减之处，历来均无定章，如果将来规定办法，自可通饬遵照办理，函复该部查照。

修改日来弗公约外交会议派员案

迭据驻瑞士代办萧继荣电称：瑞士政府订于本年七月一日在日来弗召集外交会议修改一九零六年七月六日日来弗救护陆战时受伤患病兵士公约，并编纂战时俘虏法，请政府简派全权代表赴会，等因。经与军政部暨中国红十字总会商定派萧代办为政府代表，另由红十字会推举留美法学博士王耀堂为该会代表，电饬该代办一并通知瑞士政府。嗣据该代办呈称，此次会议以政府代表为限，故王耀堂君亦用政府代表名义出席，已商得瑞士政府同意，等语。

第十二届国际劳工大会派员案

前据驻瑞士代办兼国际劳工代表处处长萧继荣呈转国际劳工局函，以第十二届国际劳工大会定于本年五月三十日开会，请派代表出席，等因。当经函准工商部复称，经呈奉国府明令派陈维城、朱懋澄为政府代表,富纲侯为顾问兼秘书,陈先甫为雇主代表,夏奇峰为顾问,马超俊为劳工代表,桂崇基为顾问,请转知等因。当即电令萧代办通知劳工局。嗣据陈维城来电,以事繁不克离英,请另行派员等情。复经据函工商部呈准改派萧继荣接充,并由本部会同工商部呈请以朱懋澄为第一代表。

法派越南航空队飞机来华案

准驻华法使函称:法国政府拟派越南航空队乘飞机来华作长途飞行游历,各航空重要地点如上海、广州、南京等处,其目的专为与中国航空界作友谊之联络,自当遵照中国政府所定航空规则办理,请核复,等因。当以该航空队为越南政府所属,自与普通外机入境不同,惟日本海军飞机来华,从前亦有核准先例,此次该使既称当遵中国政府规则办理,似可予以核准等语。函请航空署核复。

美国人 Van Loar Blach 乘飞机来华游历案(续四月份)

旋准航空署函称:据陈季良司令电称,厦门飞机降落场,系水田填筑,时间未久,土质松软,深恐美人所乘之机体质过重,降落时机轮陷入土中,发生危险,转失我国接待之意,请转达慎重,等因。经函请驻宁英领转电注意。

法飞机来粤游历案

准驻京法领函称:法国飞机二架,拟于五月中旬由越南驶至广东,游历经驻粤法领商得地方官许可等语。当以外机来华,应由驻使或领事先期商请中央特许,方准入境。由部电询广东交涉员,此次法领商请法机来华已否报明航空署核准。旋据驻沪办事处电称,法领催部速复。经复以法领函请飞机游粤因与向例不符,已电广东查复希转告该领,如法机来粤应照上月核准白彝飞机入境案,详细函部俾转行航空署核准,等语。去后据电复,已面告法领,该领因时间匆促请求先行入境后再补函,经即驳复,应先得特许,碍难于入境后补函。嗣据广东交涉署电复,此事前由驻广州法领函托转询本省军事当局,认为必须得中央许可,外机始准入境,广东各部队编遣特派员亦因特别情形转知于两月后方可来粤。经据复法领,等情。

机制货物特别纳税案

准英蓝使先后文称:上海英商肥皂公司在沪厂所制甘油以及上海英商纶昌公司在沪厂所制漂染货物,请转财政部援例予以机制货物之特别优待等因,即经咨准财部核复,称机器仿制洋货,准予特别纳税,原为奖励华商工业起见,外商不能援用,应毋庸议,等语。当以商约修订方在进行,此项外人利益所在事件倘操之过急,恐反惹关系国注意,至碍进展,不若暂仍旧贯,再商该部,业准复称暂予照准,饬关照办,并由部函复英使。

严查各海口华工受骗出洋案

前据驻温哥华领事呈称:近来国内生计难窘,小民每听信各海口包工人,骗至外洋轮船充任船役,请转知各海口地方官厅先行严查保护,等情。经抄录原呈,通函奉天、河北、山东、江苏、浙江、福建、广东各省政府酌饬查明,随时保护。旋又据驻釜山领事呈称:近来华工取道釜山,前往日本方面日有数起,其间有一二头目通晓日语,往来照料,时有诈欺取财,中途逃逸情事,致多数同伙流落异乡不能归国。此类华工半系浙江温州等籍,由上海出发,经烟台、仁川、釜山,雇船偷渡日本。现日政府取缔华工异常严厉,多被遣回,请转咨浙省政府并饬上海、烟台交涉员出示晓谕,于出口时详细查问,严行禁止,俾免流落,等语。复经咨行浙江省政府并训令山东、上海特派员设法申禁。

本党海外宣传案

奉国民政府令开:准中央执行委员会函,以中央宣传部提议。迭据海外各级党部及海外归国同志,先后报告共产党、国家主义派等近在海外肆行反动宣传,本党新闻记者每因当地政府无理摧残,无法纠正,请饬外交部速与各国商定不得妨碍本党海外宣传,其反对党之非法宣传并须代为取缔,以免淆惑,等由。当经议决:照办。抄发附件,仰遵照办理,等因。并准中央宣传部函同前因,并附送海外报纸一览表到部。经抄发原表训令驻外各使领馆遵照办理,并分别函复。嗣又奉国民政府令开,准中央执行委员会函,据中央宣传部呈称,中国宪政党及致公堂在美国发行世界日报、公论晨报等诋毁党国,肆行反动,煽惑侨胞,为害綦烈,请查禁等情。经常会决议:照办。仰转饬驻美公使遵照办理,并饬驻外各使领一体查禁,等因。经抄录原令,令发驻外各使领遵照办理。

乙、关于亚洲方面者

一、汉案

二、宁案

三、沙市驻军误击日轮涪陵丸案

四、日轮厚田丸撞沉新大明轮船案

五、日使要求引渡李泰龙案

六、俄人别里次基伪造执照案

七、海参崴领馆抗议俄法庭检举案

八、烟台汉口俄领馆被华军占据案

九、苏联派林德为驻天津总领事案

十、打捞俄轮列宁号案

十一、中土订约案

十二、附录七件

汉案

十六年四月三日发生之汉口事件,经本部与日本公使迭次磋商,对于日本官民身体财产所受损失,组织中日调查委员会审定确数,予以赔偿;中国人民之被伤害者,亦请日本政府予以相当抚恤,当于五月二日双方换文(附录第一、二号)正式解决。

宁案

十六年三月二十四日所发生之南京事件,关于日本部分者,经本部迭与日本公使磋商,业已双方议定并组织中日调查委员会,估计赔偿数目当于五月二日互换公文(附录第三、四号)正式解决。

沙市驻军误击日轮涪陵丸案

此案发生后,迭据宜沙交涉员呈报当日肇事情形,并日领提出道歉处罚及损害赔偿三项要求各等情(附录第五、六号);本部以此事因日轮涪陵丸在作战区域任意行驶,乃致引起误会,对于日领所提交涉,自应根据事实予以驳复,当经令饬该交涉员遵照办理。

日轮厚田丸撞沉新大明轮船案

此案生命损失,前经本部令饬江苏交涉员按照被难者各个人之身分与生活状况,与被难家属商定索偿数目,连同其他财物损失一并提出交涉,各节业经报告在案。嗣据江苏交涉员呈称:生命损失提出交涉后,旋接日领函复佐藤商会不允承认等语,又经去函驳复。又据被难家属会代电请转饬按照前次生命赔偿人名数目迅向驻沪日领提出交涉,要求从优赔偿,并制止大通公司代延律师办理登记,在交涉未解决前,应由大通公司提出相当救济费,各等情。本部以佐藤商会对于船货损失既已赔偿解决,则于生命损失自亦绝无推诿余地,当经令饬该交涉员再催日领责令佐藤商会迅予赔偿,对于被难家属会所请制止大通公司代延律师办理登记暨先由该公司提出相当救济费各节,并饬查明核办。旋据律师陈则民等函称:受大通协记公司董事长杨在田暨被难家属居德宽等委托办理,新大明轮生命损失问题,请准予备案并饬转知日领查照,等语。复经本部令饬江苏交涉员并案查明核办。

日使要求引渡李泰龙案

此案本部据司法行政部查复情形函复日使各节已详四月份报告中,嗣后准日使馆节略仍坚执杀害朴容万之李海鸣与李祁宪系属两人,并称李祁宪之归化执照,现由北平日本官宪保管,可以证明,等语(附录第七号)。复经本部据函司法行政部再行饬查核复。

俄人别里次基伪造执照案

本案已详三月份报告。五月三日据江苏交涉员呈称:此案先据王局长来署声称该入籍俄员已由法捕房缉获解廨,请交涉引渡,等语。节经令行法租界会审公廨将该入籍俄员讯明交由王局长带回东省讯办。旋据王局长函称:闻该俄员在保脱逃责在公廨,请令该公廨迅速缉获引渡。又经令行法公廨遵照，一面与法总领事交涉。兹据法领声称，已嘱法公廨严限保人者交该俄员一俟到案，即由法捕房解交东特区警察管理处收讯等语。五月二十七日准东北政委会主席张学良电称该犯已于五月十二日在哈埠江北太阳岛缉获，业交特区法院收讯矣。

海参崴领馆抗议俄法庭检举案

五月三日，报载驻崴领馆书记将判徒刑等语，当经本部据电驻海参崴总领馆查询，据复称崴埠华共党刘双尔奸匿幼女夏莲英，寻获后，其母恐复被抢，请求偕同其女暂住领馆。迨离馆，其女竟被奸夫掳去，并诬其母，该共党等复串通法庭抹煞事实，置中俄法律于不顾，认为馆员应负侵犯他人婚姻自由刑事责任，闻法庭已请由俄检察厅检举领馆当向交涉员抗议力争，等情。五月四日，又据报载苏联乌苏里政厅派军警包围驻在当地之我国领馆擅行逮捕领事，并判处徒刑，等语。复经据电驻崴领馆查询实情。五月八日，据该总领馆电称，报载包围领馆，逮捕领事，并无其事云。

烟台汉口俄领馆被华军占据案

本案已详二月份报告。五月十八日，据驻苏联大使馆电称，准苏联外交部远东司面称，汉口苏联领馆房屋财产曾托注汉德领事保护，为桂军军官占住，现中央既平武汉，请饬速将该房屋交还汉德馆事保护。再烟台苏联领馆房屋财产除租出一部份外，其余为刘珍年占住，现中央已接收，山东请饬速将该房屋交还苏联原托看管之人，等语。当经据电湖北省政府方主席暨山东省政府陈主席请饬查明迁让，并电复驻苏联大使馆酌复苏联外部。去后，旋准山东陈主席电称已令烟台刘师长珍年饬将占住苏联领馆房屋迅予交还矣。

苏联派林德为驻天津总领事案

五月二十日，据驻苏联大使馆电称，准苏联外部函称：兹派林德（Linde）为驻天津总领事，特函送该员护照，请给予外交签证及优待券等语。本部当电复令，仰遵照上年八月十八日部电办法办理。去后，旋据复电称，已遵照部电给予林德领事护照签证矣。

打捞俄轮列宁号案

本案已详一月份报告。五月十七日，据驻苏联大使馆电称：准苏联外部远东司面称，打捞列宁号轮船事，苏联政府仍坚决主张由苏联商船会社自办，现外国报纸宣传中国有炸毁该船，以免阻碍行船或出卖之计划，倘系事实，苏联决不能承认等情。当经据函交通部询问打捞该轮情形及苏联远东司所称报载各节是否事实。去后旋准咨复称，列宁沉船因妨碍津浦铁路码头，迭经该路局来部协商打捞办法，经咨商铁道部，尚未准复，请径与铁道部接洽，等因。复经据函铁道部请将打捞该轮进行情形暨报载各节是否属实，分别查复，尚未准复。

中土订约案

此案已详上月报告。兹据驻美伍使函电报告，土耳其大使只有全权签订友好条约，不能同时签订通商条约。惟土政府在批准友好条约之后，亦愿准备商订商约，但我国须将友好通商两约同时签订，而彼方只许先订友好，续订通商，以致谈判无从进行。如彼方坚持商约之商订，只能在友好条约批准之后，应如何办理，请电示，等语。本部以政府对外订约方针，系以友好通商同时商订为原则，若对土先订友好，深恐他国相继效尤，故仍以友好通商同时商订为宜，当经电令伍使再向土使接洽，嘱其转请土政府给予同时商订商约全权，倘或土政府仍坚持先订友好，而其主张确有充分理由，届时可再予考虑。

附录第一号

外交部长致日本公使照会　五月二日

为照会事。关于民国十六年四月三日发生之汉口事件，兹本部长以国民政府名义向贵公使声明，本案虽经查明，证实因共产党煽动而发生。但鉴于中日友好关系，对于本案殊为惋惜，所有日本领事馆员、海军军人及日侨身体财产所受之损害，兹拟准据国际公法在合理及必要范围内者，予以赔偿，并组织中日调查委员会实地调查，日本人民所受之损失，以审定赔偿之确数。对于本案发生之始，中国人民之被伤害者，亦请予以相当之抚恤，俾本案得以圆满解决，相应照会贵公使查照见复为荷,须至照会者。

附录第二号

日本公使复外交部长照会

为照会事。关于昭和二年四月三日汉口发生之事件,准五月二日贵部长照开,等因。业经阅悉,本公使对于设立中日调查委员会,其委员由双方选定,以审查及估计各日本臣民所受身体财产上一切损失,以备赔偿各节,表示同意,本公使认定贵国政府于最短期内履行此项责任,即可作为根本解决因汉口事件而发生之各问题也相应照复,即请查照为荷。须至照会者。

附录第三号

外交部长致日本公使照会　五月二日

为照会事。关于前年三月二十四日所发生之南京事件,本部长兹特向贵公使声明,国民政府为欲增进中日两国人民固有之友谊起见,准备将该事件从速解决之,兹本部长以国民政府名义对于在本事件日本国领事馆官吏及其他日本人所被加之慢侮非礼并其财产上之损失及身体上之伤害,以极诚恳之态度,向贵国政府深示歉意。至该事件经调查证实完全为共产党于国民政府迁都南京以前所煽动而发生,惟国民政府担负其责任。

国民政府对于在华日本人之生命财产,已本其所持之政策,迭次通令军民长官继续切实保护。现共产党及其足以破坏关于中日人民友谊之恶势力,已经消灭,故国民政府此后保护外人自较易为力。惟国民政府特担任对于日本人之生命财产及其正当事业不至再有同样之暴行及煽动发生,合并声明。至当时被共产党煽动而参加之不幸事件之该军队,业已解散,国民政府且已施行切实办法,以惩办肇事兵卒及其他有关系之人。此则本部长堪为贵公使附带通知者也。

国民政府准备依照国际公法通行原则,对于日本国领事馆、日本国官吏及其他日本人所受身体上之伤害及财产上之损失,应从速予以充分之赔偿。为此国民政府提议组织中日调查委员会,以便证实日本人从中国人方面所受之伤害及损失，并估计每件中所应赔偿之数目，相应照请查照见复为荷。须至照会者。

附录第四号

日本公使复外交部长照会　五月二日

为照复事。接准本日照会内开：关于前年三月二十四日所发生之南京事件，本部长兹特向贵公使声明，国民政府为欲增进中日两国人民固有之友谊起见，准备将该事件从速解决之，兹本部长以国民政府名义对于在本事件日本国领事馆官吏及其他日本人所被加之慢侮非礼并其财产上之损失及身体上之伤害，以极诚恳之态度向贵国政府深示歉意。至该事件经调查证实，完全为共产党于国民政府迁都南京以前所煽动而发生，惟国民政府担负其责任，国民政府对于在华日本人之生命财产，已本其所持之政策迭次通令军民长官，继续切实保护。现共产党及其足以破坏关于中日人民友谊之恶势力已经消灭，故国民政府此后保护外人自较易为力，惟国民政府特担任对于日本人之生命财产及其正当事业不至再有同样之暴行及煽动发生。合并声明：至当时被共产党煽动而参加之不幸事件之该军队，业已解散，国民政府且已施行切实办法，以惩办肇事兵卒及其他有关系之人，此则本部长堪为贵公使附带通知者也。国民政府准备依照国际公法通行原则，对于日本国领事馆、日本国官吏及其他日本人所受身体上之伤害及财产上之损失，应从速予以充分之赔偿，为此国民政府提议组织中日调查委员会，以便证实日本人从中国人方面所受之伤害及损失，并估计每件中所应赔之数目，相应照请查照，见复为荷。须至照会者等因，业经阅悉。查本公使对于上述来文所表示之提议，应表同意，且于国民政府在最短期内完全履行上述来文所示之责任时，本公使认定即可作为根本解决因南京事件而发生之各种问题也。相应照复，查照为荷。须至照会者。

附录第五号

呈为呈报事。案据属署派驻沙市交涉委员熊举贤敬日快邮代电呈称：宜昌宜沙交涉员李钧鉴本月二十一日案准驻沙日本领事官宫城平兵卫函开:敬启者:兹有敝国日清公司之涪陵丸本月十九日距沙市下流七公里之地点上行,被贵国之军队炮击,不能继续航行,不得已回航避难下流。如此举动违背日支条约之行为,请严诫不法之攻击,万一发生种种事端,应负其责任,特此声明。至于涪陵丸之损失尚在调查中,一俟判明,再行交涉,相应函达,贵交涉委员烦为查照办理,以顾国际,实纫公谊等因。来处。准此,当即驰往荆沙警备司令部面告程司令。(第五十五师师长)旋准荆沙警备司令部函开:径启者:倾接日本领事函开:敬启者:兹有敝国日清轮船公司之涪陵丸本月十九日距沙市下流七公里之地点上行,被贵国之军队炮击,不能继续航行,不得已回航避难下流。如此举动,违背日支条约之行为,请严饬部下不法之攻击,万一发生种种事端应负其责任。特此声明。至于涪陵丸之损失,尚在调查中,一俟判明再行交涉,相应函达贵司令,烦为查照办理,以顾国际,实纫公谊,等因。准此,查本部职权在维持地方公安,不负前线军事上之责任,惟此军事期间对于对方兵舰发炮阻止前进,为当然应有之事实。至于是否误向日商轮射击,业经分途调查,俾明真相,并通告各友军,对于外国商船兵舰一律留意,免生误会,相应函请贵署转知日本领事,以重国交为荷等因。准此,即录函转致日领。二十二日日领偕日本乌羽兵舰舰长胜野来处面称:涪陵丸被炮击后当即下驶回汉,顷得来电计死四名,重伤三名,轻伤二名,并称对于此事,须面谒程司令有所问答,等语。即由职偕往警备司令部晤程司令谈话数小时。最后日舰长胜野提出三点:(一)炮击军何名;(二)炮击命令者;(三)炮击之理由。以上三点程司令允为一一答覆。二十三日,接准国民革命军第五十五师司令部函开:径启者:案准日本驻沙领事函开:查敝国日清公司涪陵丸被贵军炮击一节昨已函致贵司令查照在案,兹据敝国兵舰舰长胜野口述该涪陵丸被炮击,结果死伤有九名之多云云。兹事体重大,并关国际问题,除详报本国政府外,兹特要求贵司令承认此次炮击涪陵丸确系贵部下之所为,并请担负全责,速谋适切妥当之措置,并希查照见复为荷等因。兹将调查情形函达贵交涉委员据理答覆。该国领事函计开:

（一）炮击日本商船为第十六师炮兵营第三连；（二）炮兵连连长为金昌福；（三）炮击日本商船确为误会。查其原因：于四月十九日上午十时，见有上驶之兵舰三四艘到观音寺上方江岸，向我炮兵阵地射击，我亦向之还击，该兵舰随即下驶。又同日上午十一时许，见有上驶之轮船一艘，船头有许多持枪兵士，疑为下游上驶之兵舰，遂用二千八百米达之距离射击四发，欲使该船停驶，然该船仍然上驶，且船头持枪兵士向我射击。认为敌人用商船运送军队，又用二千四百米达之距离对该船照旧射击一发，见该船用机关枪向我岸上射击，我阵地前方之监视士兵受伤五名。迨该船下驶时，始见该船烟筒为日本商船之模样。按以上情形确系误会，该涪陵商船在兵舰于江面作战之时，同在江面弋驶，实为误会之由等因。过处，准此。当即函转日领窃查。此案关系国际交涉，应请示办法。谨将经过情形电呈钧署转呈外交部候令祗遵。谨此电呈，等情。据此，窃查此案关系国际交涉，理合备文呈报鉴核，恳示祗遵，实为公便。谨呈

外交部部长王

宜沙交涉员李翊东章

附录第六号

呈为续报驻沙市日本领事以日轮涪陵丸被炮射击提出要求条件交涉情形，仰祈鉴核示遵事。案准驻沙市日本领事官宫城平兵卫函：以日清公司之商轮涪陵丸于四月十九日在距沙市下流七公里之地点，向上游行驶，被驻防该地军队炮击，等由。交涉到署，当经派员向荆沙警备司令即陆军第五十五师程师长汝怀查询，准函，以炮击日本商船为陆军第十六师炮兵营第三连，确为误会等由。案关国际交涉，业将经过情形呈请钧部核示在案。正候令间，本月七日复据职署派驻沙市交涉委员熊举贤代电转呈沙市日领事函开：查敝国日清公司涪陵丸被炮击事件早已通知在案，贵国军队不法炮击之事实亦甚明了，更无再议之必要，是贵方应有责任。敝领事现奉本国之训令，对于贵司令提出要求之事件如左：（一）对于涪陵丸炮击事件须表示道歉；（二）对于涪陵丸不法

炮击者严重处罚;(三)涪陵丸被炮击之损失应行赔偿。以上三条应即行承认,速为解决,明白答复,将来不得再有如此举动,特此声明,相应函达贵交涉员查照。等由。前来。查核涪陵轮此次被击之因,实由于处置失当,以致引起误会,兹将误会之原因分别于后:(一)该轮于作战区域内不应任意行驶,即有行驶之必要,应于事前请由该领事通知敝署函军事当局,以便转饬前方部队注意,而免发生误会;(二)该轮既深入战线,即应鸣笛或摇旗及以其他方法表示系属外人商轮,乃挺而走险,绝无顾忌,无怪驻军误认为对方,致遭还击;(三)是日上午十时,上游军队见下游兵舰三四艘到观音寺上方向炮兵阵地射击,上游军队即向还击,兵舰甫退,该轮不应在江面行驶且船头复有多数持枪兵士,实为惹起误会之尤;(四)当上游军队疑系下游上驶之兵舰,用二千八百米达之距离甚远时射击四发警告,欲使该轮停驶。乃该轮不独不停轮,并令持枪兵士于船头射击复于二千四百米达之距离用机关枪扫射,重伤我国前方之监视士兵五名,上游军队因对该轮还击一发。综此四点,除函复沙市日领事以该轮应负相当责任并应候钧部核示再行答复外,理合备文续报,伏乞钧长俯赐鉴核训示祇遵。再该日领事于四月二十二日偕该国鸟羽兵舰舰长胜野至职署驻沙委员熊举贤处面称:涪陵丸被炮击后当即下驶回汉,倾得来电:计死四名,重伤三名,轻伤二名。复据致陆军第五十五师司令部函称:以据舰长胜野口述,该涪陵丸被炮击,结果死伤有九名之多,各等语。此间交涉当事各方并无人目击,无从证实,合并声明。谨呈

外交部部长王

　　　　　　　　　　　　　　宜沙交涉员李翊东章

附录第七号

日本使馆节略

关于引渡李海鸣问题。准四月十日外交部复函,以据河北高等法院第一分院所呈,司法行政部复文称:李海鸣在历审均称伊即李祁宪,并未供过伊又名李泰龙,被害人家属及各关系人到庭亦均未供李祁宪

即李泰龙。兹复将李海鸣提出讯问。据称：伊不叫李泰龙，与李祁宪实系一人等，因业已备悉。查李海鸣之来历，业详二月十五日本馆节略。与李祁宪系属两人，即李祁宪乃籍居朝鲜京畿道振威郡浦升面内基里四百九十号之李祖宪，大正十四年在大兴县所领归化执照上之名义，该朝鲜人大正十五年归韩，目下在韩京居住，此项归化执照，李祁宪于归韩之际，寄存于其侨居北平之友人处。上年四月韩人袁世勋自称为归化入籍者，拟利用该执照，曾被查觉，现为北平日本官宪所保管。是以杀害朴容万之罪犯李海鸣与上开现在韩京居住之李祁宪完全系两人，乃属明白之事实，其间并无丝毫疑虑余地，而司法行政部仍以李海鸣为李祁宪，乃毫无根据之谈，是以以之为根据之外交部答复，不足以否定本馆主张之事实，因之本使馆再行唤起外交部之深切注意，迅饬关系当局将朝鲜人李海鸣引渡于日本该管官宪为荷。

丙、关于欧美方面者

一、那威①宁案（续三月份）

二、英商吉和轮撞沉逍遥津小轮案（续三月份）

三、互换中英关税条约案

四、收回天津比商电车电灯公司案

五、中义条约生效日期案

六、处理法天主堂所置田亩案

七、外国教会租用土地房屋契约式样案

八、德华银行借款职权事案

九、修订中秘条约案

十、美兵击毙张林及汤唤牙抚恤案

十一、美孚行请在浦口续建油池案

十二、取缔上海字林西报案

---

① 即挪威。

十三、美教士赛波特等三人在辰被匪戕害案

十四、安得思赴蒙采掘古物标本案

那威宁案（续三月份）

关于赔偿那威人哈而复生及牧师艾香德宁案损失计，共洋五千九百六十元一案，前由本部呈奉行政院令饬财政部照拨在案。旋经本部派员前往财政部领到该案损失费，计洋五千九百六十元支票一纸，业于本月十五日检同该项支票令行特派江苏交涉员转送驻沪那威领事查收矣。

英商吉和轮撞沉逍遥津小轮案（续三月份）

关于吉和轮撞沉逍遥津小轮一案，近据特派安徽交涉员呈称：此案迭与驻宁英领交涉，迄无相当解决办法，兹拟以公断办法解决，请转函英使训示该领遵办等情。本部查此案交涉已二年有余。现在被害人方面对于怡和公司赔偿洋壹万元，以数目少，不愿收受，而司法起诉因有领事裁判权关系，亦难得公平之解决，舍此以外，固惟有将该案交付公断之一法。惟公断，以事实证据为重，被害人方面须有充分准备，方可立于不败之地。至公断费用，依照通例由败诉者担负。但关于聘请公断员及律师之费用，则须由双面各自担负，此项费用亦须先行筹备，且英方对于公断一层有无异议，尚不可知。以上各节不可不先向被害人方面剀切说明。如果被害人方面愿将该案交付公断，自应正式呈请交涉署转报本部，以便与英使接洽，业经本部于本月二十四日电令特派安徽交涉员转饬知照矣。

互换中英关税条约案

查互换中英关税条约一事，前经本部呈奉国民政府令派驻英代办陈维城为换约全权代表，并将约本及全权证书寄交该代表遵照办理在案。兹据该代表三月十四日呈称：本日午前赴英外部当与换约全权代表英外相将互换批准约本证书签印，旋即互换约本。外相甚盼我国政府日益巩固，所有中英问题不难解决。至英国对华政策仍照一九二六年十二月宣言，毫无变更，城亦略致答辞，希望中英邦交日加亲密。至所换约本由代行英皇职权之英皇后、英皇太子暨首相签字,盖用国玺等语。并附送英国批准约本一册,并换约文据一纸,到部。除将约本及换约文据留部存案外,已于本月十六日将互换中英关税条约情形具文呈行政院转呈国民政府备案矣。

收回天津比商电车电灯公司案

迭准天津特别市市政府函开:天津比商电车电灯公司于一九〇四年与北洋大臣订立之合同及民国十六年该公司与天津当局所订之追加合同损失权利不一而足,自应收回市办。现市政府正在筹设收回电车电灯公司委员会,以利进行,相应附送原合同暨追加合同及解决办法研究天津电车电灯公司之说略及筹备收回天津电车电灯公司委员会组织大纲,函请核复等由。经即函复。查原合同中损失吾国权利甚巨,且电车电灯均系公用事业,于市政最有关系,自应依照贵市政府所拟办法,会同河北交涉员迅予设法收回,以保利权。再比公司与法义日三国租界工部局所订侵害吾方权利之合同,在法律上自无限制吾方收回之能力。准函前由,除训令河北交涉员会同贵市政府办理外,相应函复查照。等语。

中义条约生效日期案

民国十七年十一月二十七日签订之中义友好通商条约,批准书经交外交委员会审查。据复:对于附件四、附件三拟一种补救方法,由外交部照会该订约国。又经中央政治会议第一七三次会议议决,该条约交国府批准。旋经提出国府第十八次国务会议议决:该条约批准书及其附件先送存外交部,令俟该订约国对于外交委员会所拟照会以书面表示同意后,再发出云。本部遵即与该订约国接洽。兹义国政府对于我方照会,几经磋商,始表赞同,于五月二十一日正式照复本部,同时该国驻华使馆一等秘书查脑奉该国政府电令签订施行本约之文件,遂于是日与该代表各以本国政府名义签订议定书,声明上年十一月二十七日签订之中义友好通商条约,自本议定书签订之日起发生效力等语。

处理法天主堂所置田亩案

据湖南交涉员呈称:关于测勘湖田征费发照,对于法籍教会购置之田可否允许给照,请示遵等情。经指令该交涉员查该天主堂所置垸田竟有一万余亩,无论当时所置之手续是否完善,究与传教宗旨有所未合,且与内地外国教会租用土地房屋暂行章程第四及第五两条之规定亦不符合。再查前清咸丰十年,西历一八六〇年中法续约第六款法文原文并无任法国教士在各省租买田地建造自便之文义,是该堂所置如许垸田实无条约根据。仰即会同主管测丈机关选派专员前往该地履勘丈量,除已经给照之垸实田二千七百余亩,以永租名义另给新据,由该堂领用外,其珊珀湖等处待测之八千余亩,若其所置之手续发现法律上重大瑕疵,自可否认其产权。若所置之手续果属完善,亦应向该堂商议酌量收归公有,俾杜日后流弊。但仍须给予相当价格,以昭公允。仰该交涉员详细查明,遵照办理,并呈复云。

外国教会租用土地房屋契约式样案

准内政部咨开:甘肃省政府咨称:据财政厅转呈请颁发外国教会租用土地房屋契约式样等情,请查照颁发等语。相应咨达查核,见复,等由。经即咨复,查外国教会租用土地房屋,其租用契约式样固应有划一办法,以便查核。但租用土地房屋,其情形至为复杂,此种契约式样如规定过为严密,恐于事实反感不便,不若仍由当事人依照习惯自由订立租用契约。惟该项租契内似得强制其载明下列各项:(一)租用期间或永租之约定;(二)土地四至及面积或房屋大小及式样;(三)土地或房屋在传教宗旨范围以内之用途(如设立教堂医院学校等等)。上列数项,究竟是否妥善之处,除咨请司法行政部查复外,相应咨复,查核见复云。

德华银行借款职权事案

接准德国驻华艾代办照称:奉本国外务部令开,国民政府财政部以中国借款德国部份债票之责任界予中国银行,实与一九二四年六月六日中德照会换文相反,希望中国按照换文仍界予德华银行借款之职务,等因。应请贵部长转达,等由。经本部咨请财政部查照核复去后,旋准复开:德华银行对于中国政府因有问题尚未解决,自不能恢复该行原有经理借款之地位。至本部此次将英德两次借款德国部分债票事项委托中国银行,亦曾声明系在中国政府与德华银行问题尚未解决以前暂行委托办理,是与一九二四年六月六日中德协定并无相反等由。经照复德国公使查照矣。

修订中秘条约案

准中央组织部函开:以据秘鲁利马代表大会电称,中秘旧约早已满期失效,请续订新约等由。本部以该项新约稿已于十四年由前驻秘代办提出秘政府,因训令施公使重申前议,嗣据呈复秘外部,已允于最近期内商订。本部当即重新拟具条约草案,令仰该使积极进行,俾早观成。

美兵击毙张林及汤唤牙抚恤案

四月三十日美马使来照内开:关于张林在滦县雷庄地方被美兵哥劳耳击毙抚恤问题及汤唤牙偶被美海军打靶流弹击毙抚恤问题,现奉本国政府训令通知贵部长,该两案已由本国国会批准恤金分别发给美金一千元及一百元。是以本公使先送上该款正副凭单各一纸,由贵国管理官员照格签押,送还本馆,并经本国政府饬知,俟接到该项凭单适宜签押后,再行奉上付款支票,等由。经本部部长签押,正副凭单备文送还。

美孚行请在浦口续建油池案

关于美孚行请在浦口续建油池一案。本部以该地接近首都,又系交通重要区域,是项含有爆烈性之建筑物,尤非所宜。曾经迭次驳复在案,并饬江宁交涉员前往勘查绘图具报。其结果亦以距离火车站过近,殊多危险。又迭准江苏省政府咨该行原建筑油池之租地合同业已满期,据建设厅派往勘查之技士王伊曾所报告,亦有取消之必要,请本部力为交涉等情。惟美领以日商在该处亦购有地亩,如对该美商独施取缔,未免意存歧视,等语。现本部已训令江宁交涉员,查明美领所称各节是否属实,及作何用途,俟呈复,再行核办。

取缔上海字林西报案

关于索克斯基(Goorge E. Sobo Loshy)在上海字林西报言论记载诋毁本党造谣惑众,并挑拨金融界及商人反抗本党,由中央宣传部及邝世昭等呈请取缔与驱逐一案,已奉国府通令扣留。复奉行政院训令本部交涉。业经本部抄同原件训令特派江苏交涉员遵照办理去后。旋据该交涉员呈复:英领面称该报主笔格林(Green)极愿向中国政府解释,以求和平解决。当答以该报对于已往之态度及行为,须先向我政府正式道歉,始有商量余地。该英领已允为转商该报等情。

美教士赛波特等三人在辰被匪戕害案

关于美教士赛波特(Seybold)等三人在辰被匪戕害一事,本部接准湖南省政府电及驻宁美领函,业已证实。当即电请该省政府派得力军队痛剿缉凶严办,以昭国家威信。并训令特派湖南交涉员将经过情形报在案。嗣准该省政府电开:已由第二警备司令陈汉章协同辰溪县政府派队追剿,已拿获要犯瞿嘉才、瞿昌南二名,讯供确凿,比即就地正法,并获得辰芷联合守望队长路生龙、花园团总董紫云、怀花团总郝庆祥、伙店聂尹氏等跟踪余匪,悬赏三千元,严缉匪首毛启荣、陈子明二名归案办理等由。嗣又准该省政府电开:该匪首等潜逃于辰芷交界之黄石山,由芷江县长赵蓉生饬队追捕,已被当场击毙等由。本部已据情转知美领矣。

安得思赴蒙采掘古物标本案

关于安得思赴蒙采掘古物标本一案,本部以事关我国主权及文化,一面会同内政、教育两部商订暂行条例,以昭慎重,并电北平古物保管委员会,迅派员来京参加,俾收集思广益之效。一面提出采掘条件,以为此案之临时办法。惟关前次所扣留之化石品三十五箱一节,以驻美伍公使电陈美国纽约博物院将十五年来在华采得化石及生物送副本或制本与中国成立博物院。又顾送一书,关于蒙古地盾及古生物学凡十二本,等情,已奉蒋主席及谭、胡、戴三院长面谕转饬放行。经本部及教育部会电北平古物保管委员会照办。

中国第二历史档案馆藏行政院档案

4. 外交部 1929 年 6 月份工作报告(1929 年 6 月)

六月份工作报告

甲、关于国际方面者

一、扣留在斐飞机等件案

二、南斐华人前往刚果案

三、采用禁止伪造货币公约会议派员案(续四月份)

四、批准国际无线电公约案(续四月份)

五、萨国驱逐华侨案

六、外轮行驶湘西内河案

七、法派越南航空队飞机来华案(续五月份)

八、波兰军事飞行家 D. Pierre 等乘飞机来华案

九、义国废止护照签证案

十、海牙国际法庭裁判官遗缺补充案

十一、暹罗干涉奉安公祭及五一纪念会案

十二、日本驱逐华侨案

十三、和属东印度增加入境税案(续四月份)

扣留在斐飞机等件案

准中央编遣区办事处咨,以冯玉祥前向德国定购容克飞机 33 号两架,及军火甚多,上月在马尼拉下船,请迅电驻斐领事,与当地长官交涉,运归中央处理。经电据驻斐总领事复称,奉电遵赴海关密查,确有飞机机件六箱,另件数箱,军火未见。旋往商斐督,彼愿帮忙,允先扣留。惟云事关外交,是否有权办理,尚须研究等语。已电复编遣办事处,并将本案经过情形,函请军政部查照。

南斐华人前往刚果案

据驻南斐洲总领事呈称：南斐华商，拟往刚果，该地比领染南斐排华习气，不肯签照，请交涉，等情。当以刚果地方虽小，然少数殷实华商，前往经营正当商业，于当地经济及治安并无关系，训令驻比使馆妥商比政府具报。

采用禁止伪造货币公约会议派员案（续四月份）

嗣据该代表将参加该项公约会议之报告书及签订公约原本汉译等件，呈送到部，当经检同公约原本译文抄本，并抄录报告书，分函财政部及司法行政部查照备案。

批准国际无线电公约案（续四月份）

旋准国府文官处函称：奉交下立法院呈复，关于呈请批准无线电公约案，经该院会议决议照外交委员会审查报告通过一案，经国务会议决议照准，请查照等因，并附送批准书及附带声明书等件到部。其附带声明书内，有中国政府不承认亦不让与任何外国或其人民在租借地居留地、租界、使馆界、铁路地界，及其他同样界内，未经政府许可，而有安设或使用无线电台之权等语。

萨国驱逐华侨案

据萨京华侨团体会电：萨国驱逐华侨，我国尚无使领在彼驻扎，经转请美使保护，美使因未有授权，不能交涉，请电驻美伍使商美政府转令该使办理等语。经电据伍使复称，已商允美外部令驻萨美使相机设法等语。

外轮行驶湘西内河案

准交通部咨称：据招商局总管理处呈，为扩充湘西航线，行驶常德、津市、益阳、沅江、湘潭等埠，惟太古日清各外轮公司，已先有船行驶其间，拟请交涉制止等情。本部查前清光绪二十八年续改内港行轮章程第八款内载：非奉中国政府允准，外轮不得由此不通商口岸之内地，至彼不通商口岸之内地，专行往来。又光绪二十九年，前外务部核定内港行轮暂行试办章程第一条内载，须先将详细情形，报明最近口岸之税务司,转禀政府允准后,方可发给专照前往各等语。该太古日清各外轮公司,是否经上项规定手续,呈准立案,经分行湖南省政府暨江汉、长岳两关监督查覆核办。

法派越南航空队飞机来华案（续五月份）

旋准航空署复称:该航空队为越南政府所属,自与普通外机入境不同。惟法使既称其目的专为联络航空界友谊,能使中法邦交,益加亲善,且愿遵照中国政府所定航空规则办理。为敦睦邦交起见,可予通融,请转知即查照临时特许外机入境暂行办法办理,俾便审核,等因。已函达法使。

波兰军事飞行家 D. Pierre 等乘飞机来华案

据驻法高公使呈称,准波兰驻法大使馆函称:有波兰军事飞行家D. Pierre 等三人,偕机师一人,定七月间乘飞机由波京出发,飞往安南、香港、上海、长崎等处,道经上海时,拟停机上油。机中携带无线电机及自卫用枪支等,请中国政府准其飞航入境,抄录来函,请监核,等情。经商准航空署,以该军事飞行家等飞行目的,既未具报,且携有无线电机军器等违禁物品,核与临时特许外国飞机飞航国境暂行办法第七条,显有抵触,碍难准其入境,电复该公使转告,应由波兰驻华代表照特许外机入境办法,正式请求核准。

义国废止护照签证案

据新加坡总领事呈报:驻新义领宣称奉政府命令,此后各国赴义护照,毋庸经义领签证,并列举国名。惟中国未经列入,请交涉,等语。当以所称各节,如果属实,于国际待遇,殊欠平等。经令驻义使馆查明,向义外交部交涉具复。

海牙国际法庭裁判官遗缺补充案

国际联合会秘书长,前以国际法庭裁判官法人 Andre Weiss 及英人Lord Finlay 先后出缺,应遵照该庭裁判官选举法,选员补替。经备函送请本部,转致我国海牙公断院公断员王宠惠、伍朝枢、王世杰、李锦纶等,当将各该函分别转交,五月二十七日本部接伍朝枢公使来电,嘱商王宠惠院长等办理。适王院长前赴欧洲出席国际法庭,即请其就近酌办。六月二十九日,接王院长与伍公使会衔来电,称本届公断员任期只余一年,明年即须总选举,拟赞同英法两国所推举之候补员,以中国公断员团名义通知联合会,等因;当经抄送王委员得复赞成。

遏罗干涉奉安公祭及五一纪念会案

准国府文官处、中央组织部、中央秘书处先后来函,遏罗各地六月一日举行奉安公祭,被当地政府强迫解散,并勒令拆除遗像。又五月一日,世界劳动节,华侨开会,亦被勒令解散,各等因。当以总理奉安,各国均派专使参与,致国际上最高敬礼,遏政府此项举动,实为重大失礼。五一开会,与当地法令及治安,亦无抵触,不应干涉,电令驻日汪使,汇向驻东京遏使交涉,请其转达政府,并分别函复。

日本驱逐华侨案

准侨务委员会函,据驻日华侨联合会呈称:华侨薛昌全及其他多数侨胞,被日本警视厅无故押送回国,经电驻日汪公使抗议,旋据呈报,薛昌全等均因窃物被拘,及赌博滋事,遣送归国,日本警视厅有案可稽。至翁徐氏不能登岸,因到达时声称其夫在东作厨役,不能举出姓名,令退回,现只须其夫或雇用之店出为担保,仍可令登岸,等语。已转复该会。

和属东印度增加入境税案(续四月份)

嗣据驻爪哇总领事电,以四月十三日起,禁止无线电用品进口命令,事前未有通知,以致已到埠,及已在途中之美商大批货品,概遭禁口。且禁令原意,似不包含娱乐用品在内。但以缺乏解释明文,海关一律禁绝。美商极感困难。兹奉本国使馆训令,请从缓实行。俾上述货品得以进口,等因。经咨准财政部复称:军政部前为慎重军讯起见,会同参谋本部拟定限制无线电器材料输入办法,规定购买或销售者,必须持有军政部护照,并须将输入用途,详细呈报,以便稽考。经呈奉国府核准,由本部通饬各关遵照办理在案。该项办法,系为限制运输,并非禁止进口。现军政部护照,业已奉令废止。本部对于前项限制办法,正拟酌予变通，一俟拟定办法呈奉核准，即当令饬各关遵行，俾便商运，等因。已转复美领。

乙、关于亚洲方面者

一、日本运动满蒙自卫权案

二、芜湖菜子出口案

三、青岛日人小谷殴毙车夫马洪成案

四、北平俄国东正教堂教产案

五、沪茶商陈兆焘等请准俄商永远购运华茶案

六、打捞俄轮列宁号案

七、中波订约案

日本运动满蒙自卫权案

此案准辽宁省政府张委员学良寒电称：日本对于非战公约问题，正向英美进行保留满蒙卫权运动等情。当经本部分电驻英、美、日各使，详探英美态度及日政府计划，以资应付。十八日据驻日使馆电称：经向日外务省密探，据称并无此项运动及计划，等情。翌日，又据该使馆电称：日枢密院开非战公约审查会，富井委员向政府质问，对于满蒙自卫权，何以无表示。政府答以本条约自卫权，如以广义解释，虽在领土范围以外，果有关系特殊权利问题，当然可以行使自卫权，故无须表示等语。本部又据电驻英美两使，嘱其探询各该政府对此持何意见。二十六日，据驻美伍使电称：昨晤外交次长，关于日本在满蒙自卫权事，据称并无所闻，或系日政府对内作用，经向申述此事一方关系中国，一方关系签非战公约各国，尤其是美国，渠允考虑等语。

芜湖菜子出口案

查此案，本部据芜湖皖省商联会常务委员吴兴周等电称：菜子为安徽农产出口之大宗，商界以生计攸关，急于出口，恐反日会阻止，酿成极大风潮。并据日方报告，反日会与商会间因菜子出口问题，形势甚为紧张，等情。本部以菜子出口，既于该省金融，及地方工商各界生计攸关，自应由该省政府对于反日会予以劝导，免滋事端，致酿交涉。当经训令

安徽交涉员,秉此意旨,商承该省政府妥为办理。去后,兹据该员复称,菜子出口一案,遵经密电省府核示,业由省府令委邵逸周、彭振球二员来芜会同办理,并令江委员玮就近督同处理,一面函请省党部严行制止芜湖反日会干涉行为,等语。

青岛日人小谷殴毙车夫马洪成案

据青岛接收专员报告,旅青日人小谷太一郎等,因车赀细故,将车夫马洪成殴伤身死,业经提出交涉等情。当经电复,饬将本案肇事详情暨交涉经过,电部核办。尚未据复。

北平俄国东正教堂教产案

本案已详四月份报告。六月四日,据侨平俄人自卫列夫呈称:自中俄协定成立后,主教殷诺肯提乙是否尚有权代表驻华教会诉讼,恳请迅予批示,等情。当经据函北平市政府查询办理此案情形,俟复到再行核办。

沪茶商陈兆焘等请准俄商永远购运华茶案

六月四日,据上海茶董陈兆焘等电称,中俄交涉严重,恐致断绝国交,拟恳保留申汉俄商协助会洋行,准其自由购运华茶,以恤商艰等情。本部以此次哈尔滨搜查苏联领馆,迭据驻苏联大使馆报告,彼方先后提出抗议,现正电由地方将查获各证,详细研究,送部核办。将来万一出于绝交一途,所有申汉之俄商协助会洋行,是否有继续保留之必要,事关商政,已于十六日据函工商部查酌核办矣。

打捞俄轮列宁号案

本案已详五月份报告。六月二十二日,准铁道部函称,打捞苏联商轮列宁号一案,俟津浦路局将欧洲打捞公司详细情形查明呈报后,再行核办云。

中波订约案

本案已详十七年十二月份报告。六月二十二日,接波兰代表照会称,波兰政府已训令本代表全权商订两国间友好通商新约,请示知会议日期及其地点,等情。当经函复该代表关于商订中波友好通商条约事本部现派亚洲司司长周龙光与该代表在京商议。

丙、关于欧美方面者

一、英商吉和轮撞沉逍遥津小轮案（续五月份）

二、英兵殴毙张学亮案

三、中丹商约发生效力日期案

四、重订中瑞友好商约案

五、天津法营占用塘沽民地案

六、中匈订约案

七、中希订约案

八、法亚银行案

九、中秘缔结新约案

十、中美中菲无线电合同案

十一、美孚及亚细亚两公司浦口油池租约期满不准续租案

十二、美教士 Seybold、Coveyou、Holbein 等三人在湖南辰溪被害案

十三、美医生 Holleman 在福建龙岩被掳案

十四、美人温弼希强奸少女案

十五、美教士 Harry Schwendener 在贵州松桃被掳案

十六、中亚调查团（即安得思采掘标本）案

英商吉和轮撞沉逍遥津小轮案（续五月份）

关于吉和轮撞沉逍遥津小轮案，迭经本部派员向英方非正式提议，将该案交付公断。据英方表示，怡和公司对于公断一节，可予同意，并主张由中英各派海军军官一员，会同裁判。如果该案应由吉和负责，怡和公司愿赔偿洋一万元，倘认一万元不够赔偿，由公断员指定一上海外国法律家估定损失，等语。当即电令特派安徽交涉员询明被害人方面意见，复候核办。

英兵殴毙张学亮案

五月二十五日，据上海租界纳税华人会代电，以英兵殴毙张学亮，请严重交涉等情。正核办间。据特派江苏交涉员电称：此案已向英领

提出抗议,要求严惩凶手,优恤尸属,保证以后不再发生此等事件,并撤退驻沪英兵等语。当经本部电令该交涉员对于此案积极办理在案。

中丹商约发生效力日期案

上年十二月十二日签订之中丹友好通商条约,业经双方政府批准,并于本月八日互相通知,即于是日起发生效力。业经本部呈报行政院转呈国民政府备案矣。

重订中瑞友好商约案

查前清光绪三十四年六月四日即西历一九〇八年七月二日,中瑞两国在北京签订之友好通商行船条约第十五款,订明本约条款,彼此两国若欲修改,自本约互换之日起,以十年为限,期满须于六个月之内,先行知照,若彼此未于六个月内声明修改,则本约仍照旧施行,复俟十年再行修改,以后均照此限办理,等语。该项条约经两国政府批准后,于宣统元年四月二十七日即西历一九〇九年六月十四日,在北京互换,算至本年六月十四日,为第二届十年期满。本部以现在两国政治经济商务情形,与二十年前订约时迥异,认为该约已不适用,经于本月十九日正式照会驻华瑞典代办,转达该国政府,由中瑞两国,即日各派专员以平等及互相尊重领土主权为基础,重行修订新约在案。

天津法营占用塘沽民地案

关于天津法营占用塘沽民地一案,经照会法国公使如下:查庚子年各国军队,将塘沽民地分段占据,以作屯驻之用。嗣军队撤退之后,英、德、日本诸国所占用之民地,早已无条件交还,由原业主领回管业,各在案。惟贵国所占民地三百余亩,迄今已历三十年,未见交还,各地主对于其所有业产,因贵国之占用未还,不能行使其产权,致所受损失愈积愈大,各该地主及公共团体,呈请迅予交涉,俾复原状,等情。前来。相应照请贵公使,转令贵国驻津司令官,迅将前项占据塘沽之民地,全部交还,以重民业,而昭公道,并希见复云。

中匈订约案

关于中匈订约一案,准驻德蒋公使电称:匈牙利商约,已开始谈判,匈代表对第十条、第十三条，稍持己见，谓限制外国工人入境，乃欧战后欧洲各国普通办法，匈牙利恐难独异。关税一项，则欲申明与第三国货物纳税同等，其余以书面答复，等由。经即电复，中匈约第十条，似可迁就，惟应坚持匈对于华工入境，应适用最惠国待遇第十三条关税最惠国待遇，如限于两国输入输出已制或未制之货物，亦可同意，惟应声明中国给予他国之特殊利益。其附有条件者，匈国亦须满足同样条件，方可取得此项利益。第十三条修正文，已邮寄，希本此意旨，与匈方接洽，随时电核云。

中希订约案

关于中希通好条约批准问题，前准国民政府秘书处函开：中希通好条约，经国府第八十一次委员会议议决，条约可批准，声明应删去，由外交部交涉，等因。相应函达，希查照办理，等由。经由本部向希方提出交涉，几经磋商，希方始允删去声明文件。准该项文件，原系附于通好条约组成条约之一部分，今该文件既已删去，则前签之约，应行重签，以杜日后发生误会。经呈请国府特派驻法全权公使高鲁为签订中希通好条约全权代表，并请颁给该代表全权证书在案。一面将关于续订商约换文中法文稿及中法文原约抄本，邮寄驻法高公使检收，并电令与希使接洽矣。

法亚银行案

前据驻法公使高鲁电称：法亚银行经理，呈请商庭拟以正太存款作为法方还付本息之用，如不速筹办法，再迟更难挽救，乞速电示方针，以便应付，等情。经咨请铁道部对于法亚经理此次所取态度，究应如何办理之处，希核定见复在案。旋准开：查正太铁道借款案，经由本部会同贵部及山西省政府委派各员，详加讨论，拟以正太路所存巴黎之款拨还，余欠借款，废除合同，方能断绝一切葛藤。请转电高公使根据原案，对于法亚银行继承道胜银行经理正太路借款还本付息，提出抗议，仍令将正太路存款，拨交中交两行之代理店赫希银公司付给债票本息，等因。经电令驻法高公使照办矣。

中秘缔结新约案

中秘缔结新约一案,据驻秘鲁代办魏子京电称:秘总统对于修改条约,表示赞同,并允饬部办理,等语。经呈奉国民政府给予该代办签订中秘友好通商航行条约之权,俾便与秘鲁政府开始商办。

中美中菲无线电合同案

前准美国驻华公使照询关于中美中菲无线电合同一案,该合同是否呈奉国民政府核准备案,又将来如将无线电管理权移交其他部署,是否仍应遵守,等因。经本部咨准建设委员会复称:本会于上年十一月,与美国无线电合组公司,签订购机暨报务合同,先后呈奉国民政府核准备案。又于本年二月十五日与菲律宾无线电合组公司,订立国际转报合同,亦经呈奉行政院指令准予备案,各在案,等因。当经本部转复美国驻华公使,并附带声明,将来如将无线电管理权移交其他部署,其如何履行合同之处,原合同已有规定,自应按照合同办理。

美孚及亚细亚两公司浦口油池租约期满不准续租案

美孚及亚细亚两公司浦口油池租约期满不准续租一案,准江苏省政府咨,以查津浦铁路管理局,与该两公司续订租地合同第十款载明,合同期满,租商应将租地交还路局,并自行拆除油池房屋。根据上项租约,交涉拆除理由极为充分,咨请转饬据约分别交涉收回,以重主权,等因。本部随即咨请江苏省政府抄送津浦路局与各该公司所订租地合同,以凭核办在案。

美教士 Seybold、Coveyou、Holbein 等三人在湖南辰溪被害案

美教士 Seybold、Coveyou、Holbein 等三人,在湖南辰溪被害一案,本部迭电湖南省政府缉凶惩办。兹准先后电称:匪首陈子明,潜逃在辰芷交界之黄石山。当饬队严缉。讵该匪开枪拒捕,被队兵当场击毙。又陈司令汉章部第二团易连长怀玉,率队在便家冲地方围剿股匪姚继虞,当毙匪徒数名。杀害美教士之匪首毛启荣,亦击毙在内,即希察照,各等由。经据情函达驻宁美领矣。

美医生 Holleman 在福建龙岩被掳案

美医生 Holleman 于五月二十三日在龙岩县被朱毛共匪掳去，后本部迭电福建省政府设法营救。兹据厦门交涉员刘光谦呈准美领面称：该 Holleman 经由匪地出险回厦等情。又准福建省政府电同前由。

美人温弼希强奸少女案

准安徽交涉员呈称：英美烟公司美人温弼希假游历为名，于五月九日傍晚，在深渡河边舟中，用美术画片为饵，诱河滨居户年仅十五岁之少女汪惠芳登舟，关闭舱内，历数十时，逞强奸淫，以从兽欲，等情。据此，除指令该文涉员查明，曾否将该美人拘送美领按法惩办，呈部候核外，照录原呈训令江苏交涉员遵照，先行转知驻沪美领。

美教士 Harry Schwendener 在贵州松桃被掳案

美教士 Harry Schwendener 在贵州松桃县被匪掳去后，本部迭电贵州省政府，设法营救，并电松桃县县长，协同军警竭力营救。去后，兹据该县代电称：该教士在县属木耳溪，被匪掳至川黔交界洞中，闻警即率队驰往营救，该教士业已出险回松桃，等语。经据情函达美领矣。

中亚调查团（即安得思采掘标本）案

中亚调查团赴蒙采掘标本一案，本部商同内政、教育两部，准其由中国政府指定专家会同前往采掘，将来掘得之物，应照我国现正议订之条例办理。据驻美伍公使电称：美方愿意遵照。惟去年四月间，美探采队赴蒙所得石化品三十五箱，在平津被扣，请发还，等语。旋奉蒋主席、谭、胡、戴三院长面谕，转饬放行，当即会同教育部电古物保管委员会查照办理。旋准复称，已转交安得思将化石起运出口。又本会嘱中亚调查团，系按照本会前与安得思所商条件，即（一）中亚调查团，受本会委托；（二）团员人数中美各半，各任一团长，本会此次要求与原议并无不符，等语。嗣据驻美伍公使电称：美国国务卿对此事，颇为重视，如双方坚持，各趋极端，恐外交上发生影响，恳电蒋主席转知古物保管委员会，此次准予通融办理，免伤情感，等语。经分别据情呈转蒋主席暨张委员长。

中国第二历史档案馆藏行政院档案

5. 外交部 1929 年 7 月份工作报告（1929 年 7 月）

七月份工作报告

甲、关于国际方面者

一、美使抗议汉口征收美商桐油特税案

二、驻港墨领勒索华人赴墨签照费案

三、海牙国际法庭裁判官遗缺补充案（续六月份）

四、修改日来弗公约外交会议派员案（续五月份）

五、扣留在斐飞机等件案（续六月份）

六、英海军测量香港西岸海面案

七、美领请求开放监利案

八、法飞行家雅拉沙等乘飞机来华案

九、美使抗议苏州美商棉花被扣案

十、行政机关不能直接派人前往海外党部接洽及宣慰华侨案

十一、驻港智领勒索华人赴智签照费案

十二、派员出席国际联合会俄难民会议案

十三、加入非战公约案（续三月份）

十四、德飞船齐柏林号飞经中国北部案

十五、美国人 Van Loar Blach 乘飞机来华游历案（续五月份）

美使抗议汉口征收美商桐油特税案

准驻宁美领函转美使抗议，汉口美商施美洋行存贮美孚油池桐油，被征每吨一元之特税。税关通知，若不于本月十五日前付税，即取消存贮之特许，华人油商，并不须付，实为对美差别待遇，等因。经转行财政部核复称：鄂省所征桐油特别税自经明令取消，已无征收情事。此外查有池捐一项，系因施美洋行，近在汉口丹水池地方，承租油池，以为存贮桐油之用，按成例应由关监督署征收池捐，兹以原拟按吨收捐办法，与关税易滋混淆，业由部核定，毋庸由关署收捐，俾免误会。惟为预防危

险,此项池捐,如有必要,应由该管地方长官酌定征收,以供避险设备之用,等语。已函美领转复美使查照。

驻港墨领勒索华人赴墨签照费案

前准国府文官处函交中国国民党第三次全墨代表大会原尔勤等呈,以驻港墨领对于回墨华侨多方留难,并串同棍徒,任意勒索,请训令驻墨公使速向墨政府交涉,等因。经令据驻墨公使呈复称,此事仅据华侨报告,未能取得确实证据,难以提出交涉,且回墨华侨,在港签照,均亲笔签具正副字据,声明照章缴费,并未多纳分文,等语。彼方转有书面保障,似应由来墨华侨,将各本人被留难及勒索情形,切实详报使馆。据函墨外部彻查,等语。经部训令广东特派员就近筹商彻底办法,嗣后由发照机关,直接送驻港墨领签证,寄还转发,以除积弊,并函复文官处。去后,又准函交旅墨华侨总会电一件,经再抄发原文,令仰广东特派员遵照前令,并案办理,并函复。

海牙国际法庭裁判官遗缺补充案（续六月份）

嗣准王委员世杰函复赞同,即由王院长以代表团名义,答复国际联合国秘书厅,当经电达查照办理。

修改日来弗公约外交会议派员案（续五月份）

旋据该代办电称:外交会议,已将修正日来弗公约及战时俘虏法通过,二十七日签字,同签者三十二国。

扣留在斐飞机等件案（续六月份）

旋据驻斐总领事呈报,致斐督照会底稿到部。当以此项机件,原系从德国购运,斐督权限,只能办至扣留。如欲运来中国,应先查明发运此项机件之厂名及经手人,并其提单所在,径向接洽运交中央办法。即指令该领在斐设法查明,并函请军政部,依据原订合同,电向该发运厂交涉。去后,选据该领电呈称,此项机件共四十三箱,为德国 Siemssen 公司定购,运往吴淞交货,提单或在该公司。据斐督接华盛顿令,军火运华,不在禁例,允予放行,请向定货公司交涉提货。并准该部函称,此项机件,系上海禅臣洋行承办,已致函该洋行转知,迅速运沪交货,以便派员前往提取,各等语。

英海军测量香港西岸海面案

准驻华英国公使照称:本国海军测量香港西岸海面一事,本国政府现拟派 Herold 号测量舰,于本年测量时季,继续施行,请查照旧案,对于施行测量人员之便利,及附近群岛之登陆,予以惠允。倘中国政府,仍欲派员于该舰居住,则该舰可为备置居处,以便中国官厅参加此次测量,而享利益。如获同意,则拟在本年十月开始测量。关于计划之细节,当由本国海军当道,将来通知中国海道测量局,或其他指定之官署,等因。当以此事原属有案,经咨行海军部核办。旋准复称,已饬海道测量局遵照派员驻舰,以便带领登陆,并参加测量,等语。已照复英馆查照。

美领请求开放监利案

准湖北省政府咨称:据代理湖北交涉员呈,以驻汉美总领事,函请援江汉关迭次放行华洋轮只行驶监利例,准许美孚洋行汽船前往。经查明民国八年英、美各商,请以小轮装货,运销内港,经省议会议决禁止。嗣后英、美两领,相继要求开放监利等处。迭经历任前特派交涉员先后呈奉部省令饬,未准。虽领事方面始终坚持要求开放,我方多属设词延缓,并无具体办法,以致此项问题,迄未解决。兹美领又有此请,究应如何办理,请鉴核令遵等情。查此案既经部省先后令饬未准,何以江汉关竟历次放行,致予该总领事以再行请求之口实,事关外轮内港航权,应归中央主管,咨请核覆,并饬该代理交涉员遵照,以重航权,等因。并据代理湖北交涉员呈同前因,当经本部以前次英美汽船,拟行驶监利,既经始终未予照准。值此正在筹划收回内港航权之时,美领又申前请,自应仍予拒驳,以重航权。惟美孚既已拒绝,则对于其他外轮,应一并禁止行驶,方足以昭公允而杜口实,分别咨令查照办理。

法飞行家雅拉沙等乘飞机来华案

准驻京法领函,以法飞行家雅拉沙及李诺两人,于七月初起程,由越南飞驶来华。兹开单请准在广州、南京、汉口、北平、奉天等处沿途停顿，等因。当以该机来华游历，既经遵章填报，似可准其入境，经函航空署核覆照准，并指定广州大沙头、南京明故宫、汉口王家墩、北平南苑、奉天东塔等飞行场，为该机降落地点，由部函达法领查照。去后。据该馆派员面称，该机拟不来京，改在上海降落，复经往商航空署照准，并各派员接招待。旋据江苏交涉员电报，该机到沪，经检查所带护照，未经中国驻法使馆加签，又未随带适航证书、胜任证书及准许状，且行李中有手枪一支各情形。当以该机既经由粤到沪，所有手续不合各节，为优待专家起见，暂不深求，即商准航空署由部函嘱法领转饬注意，并电复该交涉员。

美使抗议苏州美商棉花被扣案

准美使电称，苏州江苏棉花特税局，因落地税事，扣留美商公司所运棉花，请迅饬释放，等因。经转行财政部核复称，美商所运棉花，如果向海关遵章完纳子口税，自可不再征落地税，已领行江苏财政厅查明转饬放行，等因。业复该使查照。

行政机关不能直接派人前往海外党部接洽及宣慰华侨案

奉国府训令，准中央执行委员会第二十二次常务会议议决，各行政机关，嗣后非经中央核准，不得接派人前往海外向党部接洽，及宣慰华侨。除分令外，仰转饬所属遵照，等因。经照录原文，通令驻外使领各馆及各省交涉员遵照。

驻港智领勒索华人赴智签照费案

前准侨委会函转驻智利意基忌名誉领事函陈，驻港智领，苛索照费情形。同时并据驻智利代办呈报侨民来智困难情形，并建议根本办法，谓港中奸商，串通智领，狼狈为奸，侨民赴智，非经该领签字，则到智不准登岸。虽由日本出口，经驻日智使签证者，亦不生效，任意敲诈，每人竟勒签照费至四百余外，并须缴纳美金一百八十五元，并闻有人费至数千元者，请向驻华智使交涉。一面慎发护照。若粤客则由广州出口，他处则由津沪出口，须在政府及交涉员处领取护照。一面应将港中奸商禁止拿办，并谕告商民，不得再受其骗，等语。经即照会驻日本智利兼使交涉,提出三项:(一)此后华人赴智,持有本国地方官,或交涉员护照,经出发地点,或经过最近地点智领签证,即属有效,不得无故阻止登岸,其原在智利华侨,重行返智,即凭原照签证,尤不得加以留难;(二)签证费应照通例征收,勿再有额外需索情事;(三)保证金应即蠲除,并切望在本国辖境内广州地方添设领事一员,或将签证事务,委托他国驻该地领事代为办理,并抄录照稿,指人充该代办同时向智外部提出。旋据该代办呈复,已照会智外部,催其从速答覆,并准驻日智利兼使照复,已转达本国政府在案。本月复准中央侨委会函转智利中华会馆等函交涉,经再电该代办切催智外部答覆。

派员出席国际联合会俄难民会议案

上年国际联合国行政院,根据大会决议,任命一救济俄亚等国难民顾问委员会,请关系各国政府遣派代表参加,我国亦在被请之列。当经令行联合会代表处派员出席。嗣据该处将会议报告呈送前来,并称该顾问委员会,每年开会两次,拟请将散居我国境内之俄难民生计情形,及请求归化者之人数,先予查明,以便下次开会时发言有所依据,等因。经即据咨辽宁、吉林、黑龙江、新疆、察哈尔、绥远、河北、山东各省政府,上海、天津、青岛、汉口各特别市政府,暨哈尔滨特别区长官公署查明办理。

加入非战公约案(续三月份)

准驻华美使电称:日本政府已于一九二九年七月二十四日,将非战公约批准书存入美政府,其他签字各国之批准书,均已先期存入,手续业已完备。按照约文,应以是日(本年七月二十四日)为本公约在各该国间发生效力之日期。至加入该公约之阿富汗等国(中国在内),批准书亦均先期存入。故同日发生效力,仅波斯一国,因于本年七月二十五日始将批准书存入,故应以本年七月二十五日为发生效力之日期,等因。当经覆以中国人民向来主张和平,故对于该公约之成功,深为欣悦,并致贺忱云。

德飞船齐柏林号飞经中国北部案

准驻沪办事处转到驻华德使馆来电，以德飞船齐柏林号，本年八月间环绕地球飞行，或须经由中国北部，请准通过。经部函请航空署复称：外机入境，照例不得携带照相机及违禁物品。该机是否携有照相器具等物，无从察考。应由该机造具证书，送驻德中国公使签字，并将飞经地点时间开列送部，以便饬属保护，经司函该办事处转复。

美国人 Van Loar Blach 乘飞机来华游历案（续五月份）

旋准英使馆函称：该机现因出有事故，本年不克来华，拟于明年早期举行等语，已函航空署查照。

乙、关于亚洲方面者

一、汉口日本海军陆战队炮车轧毙车夫水杏林案

二、青岛日纱厂联盟停业案

三、日本军警拆毁北宁铁路北陵支路案

四、青岛日人小谷殴毙马洪成案（续六月份）

五、苏联在哈埠宣传赤化案

六、沪茶商陈兆焘等请准俄商永远购运华茶案（续六月份）

七、调查比德交涉马克纸币案

八、中芬订约案

九、租与俄商华轮案

十、外蒙主席丹巴被害案

十一、中暹订约案

十二、附录八件

汉口日本海军陆战队炮车轧毙车夫水杏林案

去年十二月间，日本驻汉海军陆战队，演习巷战，炮车将我国车夫水杏林轧毙，迭经本部电饬湖北交涉员，向驻汉日领，严切交涉。旋据呈称：该人力车夫水杏林，越日即因伤毙命，已严函日领迅撤水兵，并提出解决办法，对于死者从优棺殓埋葬，赔偿死者家属，严惩肇事人员等三条，请核示，等情。即经本部电示方略，饬由该员与驻汉日领交涉解决。历时数月，迄未就范。部以日本在汉之陆战队，为本案肇事起因，

欲谋根本解决,应先由日方撤退该项陆战队。当经商由日方速撤陆战队,以示诚意,一面仍由该交涉员与日领赓续交涉。旋据呈报:日方已于五月三十一日,将陆战队实行撤退,其余解决条件如:(一)日领书面向我方道歉;(二)抚恤三千六百元;(三)交还水杏林尸体;(四)复工等项,亦于本月六日在汉口正式解决(附件第一号)。

青岛日纱厂联盟停业案

此案准中央执行委员会秘书处函:据青岛市党部电陈,青岛日纱厂联名通知本月二十六日起,全体停业,拟开除工友二百余人,手续完结,始行开工,等语。当经本部电饬山东交涉员查明日纱厂联合停业,开除工友缘由,迅向日领交涉。本月二十六日,复准中央训练部函:据青岛特别市党务指委会来电称,日本铃木丝厂,皓日封闭,余厂即将一致行动,当地党政军皓晚会议结果,无具体办法,等因。当即再电该交涉员,遵照前电,会同该市党政负责人员,相机调处。三十一日,据该交涉员电呈,本案调解结果,作为修理机械停工三日,于第二日即照常开工,工潮已息,等语。

日本军警拆毁北宁铁路北陵支路案

此案据辽宁交涉员呈称:日人榊原租种沈阳郊外北陵附近水田,拖欠租金,延不缴纳,我方声明撤租,日人狡展拖赖,不允退地,迭经交涉,迄未解决。该地段内,筑有北宁铁路岔道一条。六月二十七日,有日人及武装军警等,将该地段内铁路岔道拆毁。经向日领提出抗议,请其查明拆路军警,从严处分,责令榊原迅将拆毁路段,照旧修复,并赔偿损失等情。(附录第二号)本月十一日,复据该交涉员呈报本案交涉情形(附录第三号),当经本部以日本军警,帮同榊原拆毁北陵路道,似此越轨行为,应再严重抗议。所提严处军警,恢复铁道,赔偿损失,自系正当要求,应仍继续切实交涉。至日领所称本案商租权一节,关系尤重,务将撤租问题,趁此同时解决,以杜日后纠葛,等语。电令该交涉员遵照办理。

青岛日人小谷殴毙马洪成案(续六月份)

本案前据青岛接收专员报告，当经电复，饬将肇事详情，暨交涉经过，电部核办，各第已详上月工作报告。旋于七月八日，准青岛特别市政府，将本案经过情形暨全案文件，咨送到部。当经抄发全卷，令饬山东交涉员，向日领继续交涉。

苏联在哈埠宣传赤化案

五月卅日，据驻联大使电称：苏联外部，以哈尔滨地方官，无故派警搜索驻哈苏联总领事馆，特提出严重抗议（附录第四号）。并准辽宁张委员电称，哈埠特警处，侦悉五月廿七日，有赤党八十余人，携带宣传文件，在该埠苏联领馆，秘密集会，影响地方治安，驻奉库总领事，亦在其内，当场查获人证，请为交涉。本部以苏联宣传赤化，违反中俄协定，对于苏联政府所提抗议，不能承认。于五月卅一日，电令驻苏联大使馆，向苏联外部声明，并保留继续交涉之权。同时并电辽宁张委员饬将查获一切汉俄文件，迅派干员送部，以凭办理。七月十四日，据苏联大使馆电呈，苏联外部通牒（附录第五号），限日答复。十六日，本部牒复苏联外部（附录第六号）。十九日，又据该使馆电呈，苏联外部二次通牒（附录第七号）。本部以此次苏联牒文，仍以乖讳事实，绝无根据之词，故相诘难，当将所有查获文证公布，并由政府胪列事实，发表对外宣言（附录第八号）。

沪茶商陈兆焘等请准俄商永远购运华茶案（续六月份）

本案已详六月份报告。七月二十二日，据茶商陈兆焘等呈称：俄商协助洋行经理，因恐俄商购茶，不能运俄，坚求令准购运备足取信，请赐批准，等语。本部以中俄两国，现已实行断绝邦交，该商等所请准俄商协会洋行，照旧购运华茶，是否可行，事关商政，当于二十四日，据函工商部查酌核办。旋准该部覆称，吾华输俄货物，向以茶叶为大宗，万一通商绝交，实足使华茶在俄市场地位衰落无余。俄商协助会洋行，系属中间贸易之商营机关，并无政治色彩，似可准其保留，等由。二十六日，又据陈兆寿等电称，俄实行止办华茶，利权全归英日荷，吾华茶农工商，束手待毙，乞赐拯救，等情。复经据函工商部核办，尚未准覆。

调查比德交涉马克纸币案

七月六日,准辽宁张委员电称:闻德国现与列强商议赔款,内有德国前在此国境内,发行马克纸币,致比民受损案,亦将同时解决。此事与俄国前在我国境内发行纸卢布,致华民受损失事情形相同,似应电嘱驻比使馆,详查比德交涉,调抄文牍,俾得根据是案,以备与俄交涉等由。当经据电驻比使馆详查电复。十二日,据复称,德国战时在比国发行之马克纸币案,最近巴黎赔款会中德国表示愿与比国直接磋商。现两国代表,迭在比京柏林接洽,闻谈判进行,尚称顺利,等语。十五日,又据该使馆电称,比德十三日议妥签约,文件另寄云。

中芬订约案

本案已详一月份报告。本部迭据驻芬兰公使朱绍阳电称,前外部以中芬两国,邦交素笃,表示好意,愿与我国订立中芬平等通商条约,等情。当以芬国位于波罗的海北岸,为欧战后独立之新邦。前为俄国之附庸,故彼我两国人民,仍旧通商往来。现拟与我正式修订商约,似可酌予商订。当于七月八日,具呈行政院转呈国府,请简派驻芬公使朱绍阳为全权代表,与芬国全权代表商订两国通商航海条约。二十九日奉行政院令开,派朱绍阳为中华民国与芬兰国商订通商航海条约全权代表,并颁给全权证书到部,当即转交该公使具领遵照办理矣。

租与俄商华轮案

七月二十一日据上海航业公会主席委员虞和德等电称:三北、平安等公司轮船,先后租与苏俄商务舰队行驶。近因俄国挑衅,形势紧急,所有出租与俄商各轮,应如何办理之处,乞迅示办法,等语。本部以东路交涉,现未中止进行。惟俄方二次复文,有声明实行断绝中苏铁路交通之办法。所有租与俄商各轮,应由各该公司径向该俄商质询苏联政府,是否有断绝中苏海路交通之意。如有此举,则租俄商各轮,受有损失,自当完全由该俄商负责,当即电该委员转知办理矣。

外蒙主席丹巴被害案

本案已详四月份报告。七月八日,据驻特罗邑领馆密呈称,外蒙自独立后,其政府主席,原系车林多尔济,于上年二月间,车氏病故后,外蒙政府中央执行委员会,于是年二月二十一日,开非常会议,选举新任主席。经该会推选由任副主席兼经济委员会委员长阿穆尔为主席,原任财政部长兼蒙古银行理事会委员多勃称为副主席。至钧电所开之丹巴,谅系蒙人扎丹巴,曾任外交部长,善操俄语,于前年十一月间,外蒙开第四次国民代表大会,扎丹巴改选为陆军部长。上年十一月间,盛传丹巴被俄人拘留。旋于十二月十九日,苏联第三国际代表团俄人施缅拉尔多克、唐纳尔特及阿墨格也夫等,自库伦赴莫,道经乌金斯克,闻内有外蒙国民革命党重要人物二名,一名扎丹巴,他一人名丹巴多尔济同行,据闻因某事意见不洽,似有放逐意味。到乌后,行踪诡秘,概不见客,旋即西行,消息遂杳。至现在状况如何,是否被杀,容俟再行密探,等情。当经据函行政院秘书处查照矣。

中暹订约案

此案已详三月报告。七月八日据驻法高使电称,暹使奉到彼国政府训令,中暹议约事,拟由驻日暹使接洽,等情。当经电复高使,可在东京商议,应由暹使转电彼国政府,训令驻日暹使办理。一面由部电驻日汪使,径与驻日暹使接洽。旋接汪使电称:顷访暹使面询,据称此事曾得暹政府通知,惟尚无令其即行开议之特别委任。兹拟电询政府,一面详函请示,俟得复函,再行商办,等语。

附录第一号

呈为职署解决水案条件,及交涉经过情形,具文缕陈,仰祈鉴核事。窃查车夫水杏林,前被日本驻汉陆战队机关枪车轧伤毙命一案,职于本年四月间莅任后,秉承钧部与湖北省政府暨党部之指导,后会商钧部朱科长,察酌本案之事实,于甘前交涉员原提之条件,略加增改,赓续交涉,反复谈判,已历数十次之多,舌敝唇焦,始得就范。先将陆战队撤退,而后道歉抚恤,妥还水杏林尸体,暨复工四条。经我方迭具严厉之交涉,彼方始有胚诚之接受,均已先后呈电钧部鉴核在案。旋奉钧部东电,水案条件复工一项,如已磋商就绪,各方均无异词,自可就此解决,等因。职即遵与日领定期签字,以冀早日解决。而日领又复对于条件内之第三项,妥还水杏林尸体一条,不愿列入条件,声请另文协定。职以事经呈报,未便更改。而日领答称此系事实关系,既非日方不愿交出,自无列条之必要。职窃思此案发生之重要原因,在该陆战队,今已撤退,并于道歉抚恤复工,均经照办,似未便再事坚持,徒致迁延,有负钧座殷殷解决悬案之至意。乃就近商承党部,亦已同意。遂将条件协定及互换函件,一字一句,均经职磋商再四,求臻妥善,并由日领事署。先日将水杏林之棺加以油漆,于本月六日下午四时,双方正式签字后,即于四时半由日领署将水杏林之枢,雇车送由职署转交水杏林之父水德炳具领,所有抚恤洋三千六百元,及丧葬费五十元,一并交由该尸亲具领,并出具切结,不再有何种要求。此外尚有由其他日商筹助之洋一千元,送由汉口特别市党部,作为残废工人调养之资。此乃职解决水案之经过实在情形也,谨呈。

外交部部长王

外交部特派湖北交涉员李芳印

中华民国十八年七月十日

附录第二号

外交部钧鉴。查日人榊原租种沈阳郊外北陵附近水田,拖欠租金,延不缴纳。经我方声明撤租,日人狡展拖赖,迄不退地一案。迭经交涉,迄未解决。该地段内筑有北宁铁路岔道一条。迭据日领照会,声称该日人等以为此项道岔通过榊原农场,侵占该民权利,或将自由撤去铁道等语。均经先后严驳,并呈报辽宁省政府查核有案。前、昨两日,迭据日方情报,称榊原果已雇佣多人,日内即将实行拆毁,等情。当经通知北宁路局,严加防范,并令沈阳县派警逻巡,相机制止。去后,旋于六月二十七日晨四旬余钟,接据北宁路局沈阳县先后电话称:据派警报称,该日人等果已前来毁道,武装军警,数居大半,蛮横狂妄,不可理喻,殊难制止,等语。交涉员当即派遣职署第三科长曹承宗驰往勘查情形,相机制止。旋据覆称,奉派后,当即会同沈阳县王县长乘车驰抵肇事地点，除遇有类似工头之日人一名，正乘脚踏车驰向日界归途者外，当场已无日人。询据北陵车站张站长，声称该日人等系四点来到，五点半事竟，即已离此他去。科长等辗转得信，至已无及。当经察看拆毁情况，北陵车站北端双轨处，各被拆毁钢轨两段，稍北有货车一辆，南半已离轨脱落。再北双轨并连之道岔，亦被损毁。搬道闸楼一座，推倒于路台西侧。又北行约二十丈许，拆毁单线钢轨两段，两端拆道之外方，均有枕木堆积如栏，均绊有绊铁丝，并植木牌，书有禁止通行榊原农场等字样，当时均经冒雨摄有照片，等语。前来。查榊原农场一案，历经交涉，日方迄惟狡展不应我方正当主张，兹竟出此无理取闹，举动实厉蔑理，蛮横已极。除已照会日领，略谓查榊原农场案，经多年交涉，种种经过事理本不难覆按而知，贵方过信榊原片面之词，全不顾及已往交涉经过，致双方意向难于一致，迄未解决。而敝方于事实上，仍委曲求全，希望全部解决，以了悬案。且一再声明，并非无解决途径。今贵国方面不此之图，不顾历来经过，不求正当解决，竟出此蛮妄无理行为。该榊原等个人无知，不识大体，或不免无理取闹。而贵方军警，为贵国国家公人，竟以不愿体面，蔑视邦交，私袒顽民，加入此项无赖行为，实大有损于贵国军警之令誉。且似此蛮不知理，益足以深滋两国民间之误会。本署长至为抱憾，兹特提出抗议，照请贵总领事，即希查明各该军警，从严处分，并责令该榊原迅将拆毁路段照旧修复，并赔偿损失，依法严处，以儆将来。至于本案土地问题，仍由贵、我两方，妥商解决，以杜纠纷，等因。严重抗议俟得结果，另文详报外，谨先电请核示，辽宁交涉员王镜寰感叩。

附录第三号

为呈报事，窃查日本军警拆毁北陵铁道一案，业将交涉大概情形，先行电陈在案。兹接日领照会内开，查本案之商租权，已由敝方尽为反复郑重声明，求贵方之反省。浦本方面，断行撤去贵方不当敷设之铁道，为不得已之事，业由我方屡次通告在案。但以贵方无何等满足之答复，浦本方面不得已仍按通告情形，于二十七早晨，使工人二十二名，敢行撤去铁道工程，以确保权利，以上可谓正当之措置。事至如此，其责任全在贵方，勿庸待言。至由敝馆派遣警察官若十名于现场，虽为事实，系恐贵方误解，发生纷争，为保护日人生命，及防止纷争而派者，当时警察官不过在附近警戒于万一而已，无干与工程情事。再有军队，当时为充满铁线路守备者，未有到农场内现场者。况军队为应付本案工程事实，全然无有，因警官干部乘马，恐将该警察官误认为军警。要之浦本方面，及敝馆所取之措置，系为正当之途，无受贵方抗议要求之道理，相应照复贵署，请烦查照，希即对于贵方不当敷设之铁道用地，速与代偿，以期圆满解决，等因。除照复查来照所云，军队全无应付本案工程事实，或者将警察误认为军队，云云。按此案发生后，本署接路局电报，是日贵国武装军警，及便衣工人八十余名，集于一处，拆毁铁道等语，事实具在，军警主易辨明，岂能诿为无有。让一步言之，即使军队无参加情事，而贵国警察，亦属公人之一种，照约只能在领事馆内行使职权，何得集合多名，擅入我境。试问黎明之时，农场无人往来，有何危险。而用许多警察从事警戒，是侵权违约，已毫无容疑。继属如何饰词，不但不能自圆其说，愈显其理由不充。本署长前尚以警察之越轨行为，或受榊原个人指使，今仍知完全出于贵馆命令，是则此次责任，自应由贵总领事负担。敝方认此事为非常失态，现在民情愤激，不可遏止，应请贵总领事顾念邦交，考察民意，容纳敝方要求，迅将军警从严处分，恢复铁道，赔偿损失，或者舆论尚可缓和，否则将来万一不幸，惹起重大纠纷，应由贵方负责。用再郑重声明，且贵我交涉之案正多，自宜循外交常轨，磋商解决，动以武力出之，实足滋国人之反感，往事可为殷鉴，前途允宜考量，相应照复贵总领事查照，希即圆满解决见复，等因。印发并分呈外，理合具文呈请钧部鉴核。谨呈

外交部

　　　　　　　　　　　　　　　外交部特派辽宁交涉员王镜寰

　　　　　　　　　　　　　　　中华民国十八年七月五日

附录第四号

苏联代理外交部长喀拉罕致代理驻莫斯科
中国代办夏维崧抗议书（一九二九年五月三十一日）

本年五月二十七日午后二钟，哈尔滨苏联总领事馆，忽有一队警察，突入搜查六点钟之久，并剥夺总领事梅里科甫及馆员等之自由，不准与外间通消息。对于副领事直拉勉斯齐，并施以强力之压制。该警察等置领事之严重抗议而不顾，搜去领馆文件一部份，并将领馆各房间之来宾逮捕三十九人，系属居住满洲之苏联人民，其中多系苏联国家经济机关，及苏联方面在哈尔滨中东路局办事人员，均因主管公事而至领馆者，有一部份系因接洽护照事务而至领馆者，尚有领馆额外办事员三人。中国警察及警署之俄白党，公然将领馆及馆员之财物掠去。

搜查后次日，警察方面公布，仿佛查出在领馆地窖内开第三国际共产党会议，云云，实属鲜耻无识之谈。因此地方华报及白党报纸，继续登载虚构事实之煽动文字，藉以解除警察当局之非法行为。警察之袭击及搜查在国际公法保护下之苏联领馆，实属违背国际公法之原则，拘留领事及其馆员六小时之久，逮捕领馆来宾，搜去按照国际公法不可侵犯之领馆文件，以及种种强横无理之行为，完全为警察当局藐视国际公法，及国际往来之原则。警察搜查之直接无礼行动，如掠夺钱物，及对副领事之强横行为。而此种行为之发动，系完全为警察当局，对于苏联总领事所持态度之表现。

哈尔滨警察当局，在各报之宣传及诬赖领馆行为，决不能认为合理。至公布领馆开第三国际会议一节，显属妄诞无稽之谈。此种无智识之虚构行为，决不能免除该地方当局所造成之两国邦交上新交涉之责任。

苏联政府迫不得已请中国政府注意者，此种侵袭领馆举动，系有长时间之准备而发动。于反对苏联及其领馆代表之团体，此团体不独表现其意见于不负责之报纸，并常流露于国民政府各机关官吏，与半正式人员之演说中。上述之反苏联团体与警察合作，侵袭哈尔滨之苏联领馆,其所造成之情形,致使苏联领馆代表,在中国领土上之正式工作,发生极大困难。此种情形,更严重于一千九百二十七年四月六日北京侵袭苏联大使馆,十月二十五日上海白党侵袭苏联领馆,十二月广东蹂躏苏联领馆,并害馆员五人,及屡呈强力之行为于中东路。凡此各节,皆归中国各机关负责,至今尚未赔偿,致阻碍中苏正式邦交之恢复。

虽中国当局,对于苏联在华使领各馆,屡有煽动行为,而苏联政府,以最大之忍耐,从未施以报复手段。对于中国驻苏联领土内之使领各馆,仍继续予以国际公法之保护,使其正式行使职权,而待遇驻苏联华人,与对于有正轨邦交国家之人民,毫无差异。苏联所持之镇静及友谊态度,反为仇视苏联之势力所利用,藉以对驻华苏联领馆代表作不断之煽动行为。

苏联政府对于此次侵袭行为,迫不得已提出严重抗议,要求从速释放在领馆被捕之苏联人民,发还被搜之公文,及所掠去之物件钱财。

苏联政府迫不得已有所声明者,因中国当局之行为,已证实不愿并不知介意公认之国际公法。则苏联政府从今起,对于驻莫中国代表处及其驻苏联领土上之各领馆,亦不问国际公法之拘束,而不承认其享有国际公法所赋之治外法权。

苏联政府对于中国人民处各种情况之下,仍不变更维持其友善之关系,而对于南京政府,及其司事之机关,则极力严防其再尝试苏联政府之永久忍耐,而作违约及煽动之行为。

附录第五号（略）

附录第六号（略）

附录第七号（略）

附录第八号（略）

丙、关于欧美方面者

一、招商局爱仁轮被英舰击沉案（续二月份）

二、重订中瑞友好商约案（续六月份）

三、无线电台案

四、英商吉和轮撞沉逍遥津小轮案（续六月份）

五、安得思赴蒙采掘古物案

六、美使署卫兵殴伤孙瑞芹案

七、解释民事法律及婚姻财产制度案

八、更换中法实业银行华董案

九、互换中法关税条约案

十、外人在内地购置地产事案

十一、限制搜觅古代遗物及动植矿标本案

招商局爱仁轮被英舰击沉案（续二月份）

关于爱仁轮被英舰击沉案，迭经本部照会英使从速解决，迄今未得正式答复。本部以此案发生瞬及二载，被难家属含痛日深，哀求抚恤，惨迫情形，不忍殚举。而该轮自被击沉后，招商局缺乏船只驶用，二年之中，所受损失，尤为重大。当于本月二十二日，续行照请英使按照本部前送损失清单，迅予赔偿，并依法惩罚本案负责人员在案。

重订中瑞友好商约案（续六月份）

关于重订中瑞友好商约一案，前经本部照会瑞典驻华代办，转达该国政府去后。兹准照复，现奉本国政府训令，瑞典政府极愿与中国开议修订一九〇八年七月二日北京签订之中瑞友好通商行船条约。又新任公使哈忒曼博士大约可于九月间来递国书，并与国民政府讨论此事，等语。

无线电台案

准中央执行委员会秘书处函称：据本党上海特别市执行委员会呈，为法领在顾家宅设无线电台三座，侵我主权，请饬抗议，等情。奉常务委员批交外交部，相应函请查照核办，等由。经即训令特派江苏交涉员向法领提出抗议，并将交涉情形呈覆云。

英商吉和轮撞沉逍遥津小轮案（续六月份）

关于吉和轮撞沉逍遥津小轮案交付公断一节，迭经本部令行特派安徽交涉员转询被难家属意见。本月六日，据该员呈称：被难家属，以公断系航线问题,能否付之公断,应由利济公司负责答复,业经转知利济轮局,等情。当即指令,应俟该局呈复,再行核办在案。旋卷英方公断员,业经派定,并拟以九月一日为公断开始之期。本部以此案交付公断,其第一步为解决责任问题。逍遥津航线有无差误,关系至为重大。该利济轮局,究持何种态度,理应早日表示。当于本月二十七日电令该交涉员转催从速呈复在案。

安得思赴蒙采掘古物案

关于安得思赴蒙采掘古物一案,其经过情形,已详前数月之工作报告书内,兹不再赘。近据驻美伍公使报告,称美国自然历史博物院董事会提议,愿照下列办法办理:(一)由中国教育部或地质学会,指派专家二人,偕安氏前往蒙古采集,其费用由该院负担;(二)由中国教育部派一专家来纽约自然历史博物院研究,该院负担一年费用;(三)愿助中国成立一博物院,将该院前在中国十五年内所采之石化品及现代动物品之原物或模型,送回陈列;(四)愿将所费不赀,现正编辑之蒙古古生物,及地质巨著,赠与中国本部。当即根据北平保管古物委员会函称不能通融之理由,电知伍公使查照。

美使署卫兵殴伤孙瑞芹案

民国十二年六月十一日下午九时半,英文华北正报编辑孙瑞芹,由住宅前往报馆,无故被美兵殴伤一案,曾经前外交部根据受伤人之请求,向美使交涉。结果将该凶犯交军事高等审判处讯办。认为确系有罪,除惩办外,应赔偿损失美金二百四十元五角五分,已由美国国会议决允准。经去年十二月二十八日,美使照送该项款额正副凭单各一纸,请本部部长签印寄还。当即照办。现该款已由部领到,转发该受伤人矣。

解释民事法律及婚姻财产制度案

据驻比使馆呈称:关于民事法律及婚姻财产制度各节,请转询示遵,等情。经转咨司法行政部查复,兹准复开:(一)关于民事,前清之现行律,除制裁部分,及与国体党纲党义相抵触者外,仍可暂行援用。其余民事之单行法尚多,民事案件,应先依法律所规定。其法律无明文者，目可依照新颁民法总则第一条之规定办理，法律所未规定者，依习惯，无习惯者依法理；（二）（甲）中国婚姻财产制度，为人妻者得有私财，妻以自己名义所得之财产，为其特有财产；（乙）中国民法总则已于本年五月二十三日公布，关于妇人行为能力，并未设有限制，该法虽尚未达施行日期（施行日期定于本年十月十日），然依据党纲，对内政策第十二条，确认男女平等之原则，及第二次全国代表大会妇女运动决议案第十一条第三款，男女在法律上绝对平等各原则，从前关于妇人行为能力制限之各判例，已难适用；（丙）中国妇人与男子同有财产继承权；（丁）中国未成年子女法定监护人之顺序，先为父，次及于母，庶出子女之父及嫡母均故或失权者，生母即为其所生子女之法定监护人；（戊）其他关于身份问题，应依前述第一项之原则办理，等因。经令行驻比使馆查照转知矣。

更换中法实业银行华董案

案奉行政院训令内开，本院第十五次会议，据教育部蒋部长、建设委员会张委员长提案，称巴黎中法实业银行华董事戴明辅，拟请令调回国，改以萧文熙为中法实业银行华董事等语。经决议照办，在案。合行令仰该部转令遵办，等因。奉此。经即训令驻和兰代办戴明辅，遵令交卸，俾完手续矣。

互换中法关税条约案

关于互换中法关税条约一事，前经本部呈奉国政府令派驻法代办齐致为换约全权代表，并将全权证书一纸，寄交该代表遵照办理。嗣以此项全权证书到法时，新任公使高鲁已经就职，前代办齐致不能再任换约之责。又经本部呈奉国民政府改派驻法公使高鲁为换约全权代表，颁发全权证书一纸，并将前代办齐致之全权证书令饬取销，各在案。兹准该代表四月二十二日电称，中法关税条约批准文件，业于本日互换，等语。经备文呈报行政院鉴核，转呈国民政府备案矣。

外人在内地购置地产事案

准上海特别市政府咨开，据土地局呈称：窃职局以本市政府内华洋杂处,土地买卖出入极繁。曾闻外交部对于改订新约各国,已准其人民在内地购置地产。但究竟有无其事,未见明文,理合呈请核咨外交部明白指示,等情。相应咨请明示,以资转饬遵照,等由。经即咨复。查新订各条约内虽有数约附有准外人于中国法律章程限制之下,在中国各地享有土地权之声明书,但该声明书内(戴)〔载〕明,此项土地权之实行时期,须在外国人民在中国享受之各种特权悉数停止,并中国与外国之关系,达于完全平等地位之后。现在中外关系,尚未如声明书内所言。则外人在内地置地一事,自难实现。在未实现之前,所有外人土地权,仍以现有通商口岸为限,且只得永租地亩,不得有绝买情事。惟各处通商口岸范围,事实上殊不一致,遇有疑难问题,仍须根据条约,参照当地情状酌量办理云。

限制搜觅古代遗物及动植矿标本案

查中国为东亚数千年古国,近数年来,世界人类学家及动物学家,先后结合团体,深入中国西北各部,如新疆、蒙古等处。其重要目的,在搜觅各项古代遗物及动植矿等标本,以供考证上古文化,并研究其变迁之用。揆之学术无国界之说,对于此等人类学家及动物学家之来华,固不宜深闭固拒。惟各种古代遗物及动植矿等标本,或与一国历史文化有密切之关系,或为世界上希有之珍品。比来中国各方面对于考古之学,日益重视,深知此种古物及标本,一旦流入外国,不特在国粹方面,受重大之损失,即在学术方面,亦失研究之便利。是以对于外人在华采取各物时,有加以扣留之事。如北平安得露斯,及新疆德林开案,为近来最著之例。日后此类事件,恐不免继续发生。本部以为与其临时引起纠纷,不若先以法律明定限制,第此类事件,又非单纯之对外事件,其与内政及学术方面,关系尤巨。且对于本国人民,关于此类事件,亦须有相当之规定。当经本部咨请内政、教育两部,派员会商详细办法。旋各部派员送经讨论,结果拟定意见八条,已于本月会呈行政院转送立法院参考矣。

中国第二历史档案馆藏行政院档案

6. 外交部 1929 年 8 月份工作报告（1929 年 8 月）

八月份工作报告

甲、关于国际方面者

一、资遣留法勤工俭学生案（续四月份）

二、华侨由厦门去斐不准入口案

三、美国璧斯波大学拟建中国纪念室案

四、驻华外交官领事官用品免税办法

五、德飞船齐柏林号飞经中国北部案（续七月份）

六、法飞行家马尔尼亚挨等飞行来华案

七、驻津法领否认自卫枪炮条例适用于该国商民案

八、禁止外洋赛跑之狗进口案

九、国际联合会第十届大会代表遴员派充案

十、国际联合会本年会费先缴半数案

十一、加入禁用化学及霉菌作战议定书案

资遣留法勤工俭学生案（续四月份）

续准教育部咨称，现在该项留法学生，困难情形，较前益甚，亟应早谋解决。驻法使馆对于资送办法，如尚未拟定，请电催迅办，等因。复经电该使馆遵照前电详查迅复。旋据呈复称：该项勤工俭学生，全体人数，尚有二百余人，拟分为三期遣回，每期六十人，每人减价船票二百元，火车四十元，共二百四十元，共约五万元左右。惟款项则不能不预事筹齐，一次汇下，请转商教育部速定办法汇寄等语。因据咨教育部查照办理。

华侨由厦门去斐不准入口案

据斐律滨总领事电称，旅斐华侨什九由厦门直航来斐，今美总统下令，只准上海、香港两口岸之人赴美及其属地，不啻断绝旅斐华侨往来。其所感痛苦，不可言谕。请速向美使抗议或疏通，俾厦门亦在准予出口

之列,等语。经电令邝总领事查复美总统令内容如何,何时公布,是否因防疫临时取缔。旋据电复称,美总统因防 Meningitis 疫症起见,除财政部之规定办法外,不许客人从中国或斐律滨口岸往美及美属。七月十一日财政部令,中国口岸客人,只许由上海及香港上船往美及美属。此令于八月十七日,在斐实行等语。经电邝总领事,该症今春偶有,旋即消灭。厦斐间交通,自应恢复。除电驻美公使切商取消外,仰仍就地疏通,并电驻美伍公使交涉取消。

美国璧斯波大学拟建中国纪念室案

据驻美伍公使呈称:据留璧城中国学生会筹办中国纪念室委员会主席赖其芳函,以璧斯波大学为美国最高学府之一,此次建立博学府,拟设各国纪念室,先后担任捐设者,已有十余国之多。吾国尚未加入,揆之表彰文化,敦睦邦交之旨,不无遗憾,为此有筹备中国纪念室委员会之组织,请转陈国民政府捐助美金一万元,共襄盛举,据情转呈,准予捐助,以扬国光,等语。并寄照片一纸到部。经转呈国民政府核办。

驻华外交官领事官用品免税办法

准财政部咨称,驻在本国外交官及领事官用品免税办法,现经本部订定,请照会各国公使,等因。查外交官领事官自用公用各物品,得分别免税,原系国际通例。兹经财政部规定办法,其内容计分两项,一为免税标准,一为免税办法,期符国际间平等相互之待遇。业经本部照会驻华各国公使查照矣。

德飞船齐柏林号飞经中国北部案(续七月份)

旋准驻德蒋公使电称,德外部称齐柏林飞船,八月十五日由德经过苏俄赴日。如气候适宜,拟先到南京。该船带有照相机,如不许其照相,只须船主负责封固,不用请电示,等因,经复以该飞船来华,应先具证书,送我使馆签字,并照外国飞机飞航国境暂行办法办理,并电驻沪办事处转知在沪德国代表。嗣准该代表略称,奉该国外部电令,齐柏林飞船,现以天气恶劣及暴风危险,飞经中国之举,或须作罢,转达查照,等语。

法飞行家马尔尼亚埃等飞行来华案

据驻京法领函称，奉法使电开，法飞行家 Marnior 等拟飞航来华，请予核准。经函据航空署先后复称，该飞行家等来华，核与国府颁布临时特许外机入境暂行办法相符，自应准其入境。惟值中俄交涉吃紧之际，诚恐发生误会，似难予以安全保障，请转电暂缓来华，经部函请法使查照。

驻津法领否认自卫枪炮条例适用于该国商民案

据特派河北交涉员呈称，奉令颁发查验自卫枪驳及给照暂行条例，当经照抄分函驻津各国领事查照。兹准法领梅礼蔼来函，以外人游历携带枪械问题，应由中国政府与外交团核办。此事未经商定以前，未便将此新章适用于本国商民，请查照，等因。呈祈鉴核，等情。本部当以此项条例，旨在保卫治安，中外人民，自应一律待遇，外人携带枪械，从前亦须申告，此不过变更手续，略收照费，该法领何得独持异议，等语。指令该交涉员遵照驳复。

禁止外洋赛跑之狗进口案

据特派江苏交涉员呈称：上海租界创行赛狗，系无聊外人，利用市民心理，特设此种赌博场所，来相引诱。人民以其券价低廉，且有侥幸之望，无不趋之若鹜，费时荒业，倾家荡产，甚或流为盗贼绑票，遗害社会，莫此为甚。迭据上海各团体来函，并迭奉令饬交涉禁止，即经分函各领，不得要领。查前项赛狗，均系外洋进口。因上海气候土地不宜豢养，于最短期内，即须调换新狗。窃以禁止是项赌博式之赛狗，与其取外交手续，至今尚无结果。莫如釜底抽薪，行使我海关固有之权，禁止此种赛狗入口，以为根本铲除之计。请咨商财政部，训令各海关查照，嗣后如有该项赛狗，由外洋入口，应即与其他赌具，予以同样没收处分，等情。本部当据情并加以上海赛狗遗害社会，迭经令行该交涉员交涉禁止。兹该员对于此项赌赛，釜底抽薪，拟请由各海关禁止，由外洋入口之赛狗。诚以狗之本身，于法虽非禁品，而以其多流为赌具，自可以行政命令，予以处分。故在租界内赛狗未禁止以前，本部以为对于该员所请,应即通令照办,等语。咨行政部查核,令饬各海关办理,并指令该交涉员,对于禁止赛狗,仍应继续交涉。

国际联合会第十届大会代表遴员派充案

国际联合会第十届大会,循例于九月第一星期一日,即九月二日开会,我国应派赴会代表。当经呈奉国民政府令,派驻美公使伍朝枢、驻德公使蒋作宾、驻法公使高鲁等三人充任,除电知该使等遵照届时前往列席外,并电达联合会秘书长查照。

国际联合会本年会费先缴半数案

我国历年积欠国际联合会会费,为数颇巨。上次该会爱副秘书长来华时,曾拟有分年分期摊缴办法,旧欠分十五年清还,此后会费每年分两期交付,经本部提出行政院会议通过。本年应缴第一期会费半数,计美金十一万余,迭经函请财政部照拨。本月底始由该部拨到,当即汇寄日来弗代表办事处转交该会。

加入禁用化学及霉菌作战议定书案

本年五月间,准国际红十字干事会来函,请批准或加入一九二五年六月十七日,在日来弗签订之关于禁用化学霉菌方法作战议定书。当以该项议定书,曾于民国十六年,由北京前外交部呈准加入,并函驻法使馆备具加入公文,通知法国政府有案。何以该会又函请加入,经令行驻法使馆查复。旋据复称,此案前任公使未遵办,等语。经再电该馆,饬其用政府名义,补具加入文件,送交法政府存案。与该议定书同日签订者,尚有关于夷福尼地域宣言一件。我国以前,亦未加入,并令同时加入。

乙、关于亚洲方面者

一、日使要求引渡李泰龙案

二、日轮龙野丸撞沉新康轮案

三、沪茶商陈兆焘等请准俄商购运华茶案

四、俄国虐待华侨案

五、撤回使领案

六、检查关系苏联邮件案

七、苏联扣留华船案

八、新边中苏驻领暂维现状案

九、中波订约案

十、留俄华侨及留华俄侨由德代为保护案

十一、俄军侵扰沿边案

十二、附录三件

日使要求引渡李泰龙案

此案迭准日使馆节略，坚执杀害朴容万之李海鸣与李祁宪系属两人。经部据函司法行政部再行饬查各节，已详五月份报告中。八月三日准司法行政部来咨，据河北高等法院呈复，李海鸣即李祁宪，于民国十四年归化大兴县，经该县发给入籍执照，并查核入籍原卷，与所供各节，均相符合。至日使馆节略所称，李祁宪籍居朝鲜京畿道振威郡，核与县卷所载籍贯不符，等因，当即函复日使查照。

日轮龙野丸撞沉新康轮案

七月二十九日，准交通部函称：招商局新康轮，于七月二十一日，在成山角，被日轮龙野丸撞沉，溺毙船员搭客数十人，其被救之船员搭客，由该日轮带往神户。该局已电聘神户验船师劳氏，亲往勘验。并派龙霞举委员前往接回得救之船员搭客，等因。当经本部电令驻日汪公使，知照外务省，转饬邮船会社，于该日轮抵埠时，须俟劳氏查勘后，始得开行，并保留继续交涉，要求赔偿之权。并电神户总领事龙委员到神户予以协助。旋据该总领事呈称：该龙野丸于七月二十五日，驶抵神户，所有救起船员搭客，已派员照料送沪。八月六日复据呈称：龙委员到神户调查当时肇事情形，并将该日轮船首受损处摄影（附录第一号）。八月七日又准交通部咨开：据招商局总办电陈新康轮被难乘客回沪，佥称新康轮在雾中按章频拉回声，而龙野丸未发微响，以致新康轮被撞沉没，事后复不尽力援救，等情，请严重交涉，责令赔偿等因（附录第二号）。经部抄发交通部先后来咨，令饬江苏交涉员，就近与招商局接洽，将日方应负本案责任,向驻沪日领声明,并保留继续交涉要求赔偿之权。八月二十一日,准交通部咨订于二十八日,由部会同有关系各机关,讨论进行办法,请派员列席,经派亚洲司帮办江华本前往列席。

沪茶商陈兆焘等请准俄商购运华茶案

本案已详七月份报告。八月四日复据陈兆焘等电称,苏俄政府宣传禁止华茶进口,制我茶业农工商死命,出口年减一千四百万两,请明令保护协助会,并恳严重质问苏俄政府,要求立即取消禁令,等情。当经据电驻德蒋公使详查,一面咨请工商部对于对俄贸易,统筹因应,以资抵制。并于八月十五日,函达行政院秘书处查照。八月十六日,准财政部咨称,以据上海茶商会馆陈兆焘等,迭次电呈请核办等因。复经将办理经过情形,咨复该部查照。

俄国虐待华侨案

七月二十九日准辽宁张委员学良电称,俄国逮捕阿省华商数百人,恳严重交涉释放。并准行政院秘书处、国府文官处、中央执行委员会秘书处先后函同前因,经本部先后据电蒋公使告德政府转行抗议,设法保护,一面密呈政府设法救济。旋奉指令开:已函达侨委会,妥筹办法。

撤回使领案

准七月十九日国民政府密令开:据东北边防军司令长官张学良巧电,经提出本府第三十六次国务会议,决议所有苏俄驻华使领馆人员,一律护送出境,我国驻苏俄使领馆人员,一律召回本国。旋居苏俄华侨,托由驻苏俄德国使馆代为保护,令外交部负责办理,等因。当经本部据电驻苏联使领各馆遵照。据驻苏联大使馆参赞夏维崧电称,已遵命率同馆员,前赴芬兰待命。所有使馆文件,均交由驻苏联德国大使,并酌留馆员一人,协助办理华侨事务。并先后据驻海参崴、双城子、伯利、黑河、赤搭、上乌金斯克、特罗邑各领馆呈电报告,由俄撤退情形。并据察哈尔特派交涉员及河北特派交涉员呈,驻津及驻察哈尔各苏联领馆职员撤退,均假道日本返国。

检查关系苏联邮件案

八月十日,准交通部函开:据邮政总局呈,据上海邮务局长呈称,保险邮件处,呈请对于俄人邮件,规定统一办法,除国际联运邮件总包外,(一)华人寄俄人信件;(二)在华俄人寄俄信件;(三)华人寄俄政府各机关信件;(四)中国政府所属各机关,寄俄政府所属各机关信件,应予检查。惟驻在他国之俄国使馆,寄来我国,或由我国寄与驻在他国之俄使馆邮件,是否亦可检查,请查照国际惯例,迅予分别核复,以便饬遵,等因。本部以此次中俄绝交,由于俄人宣传赤化。故检查邮件,即所以预防宣传,制止泄漏。除各国使馆邮件,及国际联运之邮件总包,可以不受检查外,其未行离华之俄国使领邮件,及驻在他国及俄国使领寄来我国,或由我国寄与驻在他国之俄使领邮件,自应一体检查。至保险邮件处所拟四项办法,其第四中国政府所属各机关,寄俄政府所属各机关信件一节,既为政府所属机关所发寄,似应不在检查之列,业函复交通部酌核转饬遵照办理矣。

苏联扣留华船案

七月二十六日,准沈阳张委员学良电称:据黑龙江万主席电,转据瑷珲交涉员张寿增电称,俄方于二十日扣留海城、宜兴两船,及该船客货。当经向俄领交涉。适俄领下旗回国,复派员与阿省委员长交涉。据称此次扣留华船,实由东路冲突而起,退还轮船人货,须请示莫斯科政府办理。二十八日,复接沈阳张委员电称,旬日内苏联扣留我国商轮,计海城、宜兴、铜岳、威通、同丰、海昌、庆林、洪泰、瑷珲、沈阳等十艘,船员乘客达二千人,均行囚闭底舱,断绝饮食,生命极形危险。由蔡交涉员与梅领面商,由彼到赤塔后,电达该国政府,设法放还。八月一日,准张委员电称,据张寿增电俄方释回搭客一百八十二名,此外风船木排被扣者无数,等语。均经本部先后据电驻德蒋公使,告德政府转行交涉释放。八月十六日,接呼伦贝尔交涉员电称,由奇乾开往室韦商船一只,满载人货,在五须罗夫地方,被俄兵鸣枪截扣。复经本部据电驻德蒋公使告德政府,转行抗议,交涉释放,均未据复。

新边中苏驻领暂维现状案

自本部遵照国府密令通电召回驻苏使领,新边五领,亦经同时去电,嘱令即日下旗回国。乃迭准新疆金主席电称:驻新苏联总领事,屡以保持原状,双方五领,各不召回为请。新疆与苏联接壤数千里,因种种特别情形,不得不维持原状。今俄方既请照旧,我方似未便固执,两方驻领,可暂行照常居留,各不召回。当由本部于八月二十九日电复新边五领,暂不召回,维持现状。

中波订约案

本案已详六月份报告。由本部迭与波兰代表会议,将约文议定,由波兰代表电彼政府请示。本部乃于八月十六日呈请行政院国民政府简派全权代表,签订新约。八月二十六日,奉国府指令照准,简派本部部长为商订中波友好通商航海条约全权代表,并颁给全权代表证书,及简派状到部。

留俄华侨及留华俄侨由德代为保护案

自奉国府密令我国旅居苏俄华侨,托由驻苏俄德国使馆代为保护。当由本部据电驻德蒋公使,转商德国政府。旋据复称,德国政府业已应允,并已正式公布。并准驻华德使电称,奉政府训令,准俄国政府请求,所有俄国在华侨民,代为保护,业已执行此种任务,等因。当经本部电复,并通电各省政府、市政府、各交涉员署遵照。

俄军侵扰沿边案

自中俄交涉发生以来,迭据辽宁报告,俄军侵扰沿边情形(附录第三号)。经先后电驻德蒋公使,告德政府转行驻俄德大使,质询苏联政府,迅电制止,并分电我国驻在签订非战公约各使,转告所驻国政府。

附录第一号

呈为呈报事。顷奉钧电内开:交通部函称,招商局新康轮,个日在成山角被龙野丸撞沉,溺毙船员搭客数十人,其被救之船员搭客,一百二十余人,均由该日轮带往神户。该局已聘神户验船师劳氏,亲往勘验,以备公判,并派委员龙霞举,赶往神户,接回得救之船员搭客等语。龙委员到神户时,仰妥为照料,予以协助,并盼电复,等因。奉此。窃查此次日本邮船会社龙野丸，先后救起船员搭客共计一百三十一人。嗣救起之乘客内，又死去五人。前项被救之船客及尸体五具，均由该日轮运载来日。于七月二十五日，行抵神户。总领事得讯后，即派员携带食物药品，前往龙野丸慰问照料，并令邮船会社先将搭客船员一百十人，及尸体五具，送登日轮三笠丸，即日开沪。其余有外人船长一名，大副一名，机关长一名，及中国二副一名，水上十二人，因候招商局派员前来调查，命其留神数日，现亦已于七月二十七日，乘上海丸返沪。至招商局派来之委员龙霞举，于七月二十五日晚到神，当经总领事派员协同办理一切。此次龙委员调查冲突情形，甚为详细，并经将龙野丸船首冲突破损状况摄影多张，以备参证，将来于审判此案时，必多裨益。除分呈交通部外，理合具文呈复伏乞钧鉴。谨呈

部长次长

驻神户总领事周珏

中华民国十八年八月一日

附录第二号

为咨请事。查招商局新康轮船，此次在山东成山角附近被日轮龙野丸撞沉一案，前据该局总办赵铁桥呈报，即经据情咨请贵部查照办理在案。兹复据该总办电称，新康遇难乘客，已于上月二十八日，由三笠丸载回一百十六人。职局当即派员招待安顿，并询问被撞情形，众言一辞，均谓新康在雾中，按照航行规则，频拉回声，而龙野丸则始终未发微响等语，并有船长请各乘客签证为据。龙野丸撞沉新康后，并不立即尽力拯救人命，遇救诸人，以渔船之力最多。该船长竟私制证明单，诱迫被救诸人签字。幸多明大义，拒绝照签。只有一人为其所愚，现将该人扣留，以作诱签之证。足征日人暴厉狡诈，均达极点。不仅草芥人命，直系蔑视我国，设不严重交涉，国航皆将消灭，等情。查新康船于惨案发生之前，在雾中航行，减少速度，并按照避碰章程，频拉回声，以示警戒。而龙野丸则始终未发微响，以致新康惨遭碰撞，仅十分钟左右，即行沉没。而龙野丸船身，大于新康四倍，仅船鼻微受轻伤，足证龙野丸

船体之坚速,碰撞之猛烈,其责任所在,至为明显。且年来日船在我国领水,迭生事端,新大明案,尚未完全解决,而新康惨剧复继之矣。据该局电陈各节,是日轮于事前既不谨慎预防,临事又不尽力救护,事后复图狡赖卸责,且将遇救船员乘客,带往神户,其为诱迫签字,图赖责任,尤足证明。若不严重交涉,责令赔偿,则日轮之任意横行,将无法制止,航业前途,影响甚巨。除令招商局再行搜集各项证物,以为交涉根据外,相应咨请贵部严重交涉,先行照会日使,声明保留赔偿损失,以便查明责任,依法处断,至纫公谊。并希见复为荷。此咨
外交部

交通部长王伯群

中华民国十八年八月五日

附录第三号

七月十六日十时十五分,有苏联飞机四架,在绥芬市街空中飞翔约一点余钟。七月十八日电。

七月十一日早八点三十分,中东路由绥开崴车内,有华人一百三十余名,行到俄夺四站,全被俄人扣留,使筑战壕。又中东路瓦罐车被俄扣留四百八十辆。七月十八日电。

七月十九日早八时,苏俄在绥芬河用炮向我军射击。七月十九日电。

七月十九日早八时,有俄飞机五架入绥芬市飞翔。七月十九日电。

七月二十一日夜二时,阿省华商数百人悉被逮捕。七月二十五日电。

七月二十日,苏俄扣留海城、宜兴两船及人货。七月二十五日电。

七月二十九日,俄释放搭客男女百八十二名。八月一日电。

旬日内扣留我国商轮计海城、宜兴、铜岳、威通、同丰、海昌、庆林、洪泰、爱珲、沈阳等十艘,船员乘客达二千人。均行囚闭底舱,继绝饮食。七月二十七日电。

七月二十五日七时,在十八里站北方高地俄炮兵射击百余发,落我

阵地。又六时俄飞机十七架，在我阵地上方侦察。七月二十九日电。

七月二十八日下午三时，苏俄边防司令带甲车一列，到十八里小站下车后，即派兵一名，将我电话线割断，勒令我住在小站队伍，于十五分钟内全行退出。否则以武力驱逐，所有物品，令列单点交俄方代为保存。我方翻译与陈排长，不得已即将物品点交，率队退回。七月三十一日电。

爱珲船内有换防华军数十名，亦被扣去，并扣去风船木排甚多。八月一日电。

七月二十八日早十时，俄边防司令带少将二员，校官五员，到十八里小站下车，侦察我阵地，并向我驻站兵摄影。八月三日电。

七月二十九日湖冈俄军，以山炮一门，向当壁镇我军发炮三响，发枪五响。又八月一日俄飞机二十九架，飞到东宁盘旋侦察。八月四日电。

伊兰镇守使署少将团副刘英祥，奉令赴饶河查案，乘同丰轮船，中途被俄舰将船劫留，连同乘客运往伯力，至今未回。八月六日电。

伯力释放搭客百六十名，黑河释回三百名，尚有千余名在伯力，驱使作工，不予食饱。所扣钱货，为数甚巨。扣华船五艘在伯力，三艘在黑河。八月六日电。

八月八日午后，配什河与帽儿山间之城葶子小站，列车行至该站，因道钉被匪拔去，铁轨分离，遂至出轨，颠覆货车四辆，压死华工一名，受伤者若干。又博克图站附近，被俄破坏电线杆三根，铁轨钉数条，现已修复。又苏联员工将制麻工厂之麻烧毁两垛。八月十一日电。

八月四日夜二时，距东宁县城东约里许，俄界高地附近，有俄兵向县城射击三四发。又同时俄兵越界将大乌蛇沟警察所，及民团防所用房一处，一并烧毁，并将团丁二名炸伤。八月十日电。

支夜二时，俄军向东宁城继续发射机关枪七八次，至四时，约共四五百发，空炮六发，将城内贾姓屋瓦击碎。俄兵于歌晨将大乌蛇沟警所草房焚毁五间，并用手榴弹炸伤我民团团丁二名，烧毁民房一所。东北政委会八月二十六日代电。

细鳞河桥被炸，现已修复。惟轧麻厂被烧损失约金洋一万五千余元。八月十二日电。

八月九日早三时半，在扎兰诺尔二十里民店我军阵地前方，发现俄步探七八名，逐次向我阵地接迫。令其停止置之不理。行距我阵地约二十米达处，忽向我军鸣枪十余发，逃回俄境。当即检查守兵王连生左右手各受伤一处。八月十三日电。

八月八日午后四时，俄兵百余骑，由道开至红山咀子屯，限商民十六钟出境，掳去快枪二支，并马匹货物等项。夜间进至三卡，将商货一律抢掳。俄兵现仍占据红山咀子，迄未退出。九月十四日呼伦贝尔交涉员电。

八月十四日，由奇开往室韦商船一只，满载人货。行抵三十里之五须罗夫地方，被俄兵鸣枪截扣。查船载男女二十余人，内有公务员解款票照等项。八月十四日海拉交涉员电。

八月十五日午前，在三五道洞子附近，俄飞机陆续增至三十四架，在国境上空盘旋，掷下炸弹数枚，均行暴发。并炮兵向我实弹射击百余发，落于国境内外。八月十五日电。

绥滨县属中兴镇，刻被苏俄炮舰一只，载兵上陆，占领镇西三十里之李家油房。已到俄兵五六十人，击毙人民六七人。八月十五日电。

八月十二日俄军占领该二处，击毙人民甚众，于十三日退去。八月十六日电。

八月九日胪滨县境闹尔屯窜来俄军百余名，带机枪六架，炮六门，并手榴弹等，以寻白党为名，侵入我境。于十日限三卡人员，于八小时内退出。并该卡住房石青山房屋，于九日被对岸俄官趁晚偷过，带兵四名，放火焚烧，掠去食粮。又十三日满洲里及扎兰诺尔我阵地上方，来俄飞机一架，盘旋四小时始去。又十二日晚，在赫勒洪德发现骑兵十余名，向我射击十余发。八月十六日电。

八月十二日早，密山县荒冈，突来俄兵三十余名，韩人二三名，冲入四道河子,将东发隆号烧抢,炸毙执事三人。又虎林县南山咀子福兴商号,被俄人抢却绑去巨伙。八月二十二日电。

　　文日,突有俄军三十余名,韩人二三名,闯入四道河子商号东发隆院内,焚烧该商号房子六十七间,马五匹,炸毙执事及柜伙二名,击伤柜伙一名,绑去人票三名,抢去大小枪五枝,货物尽数抢去。东北政委会八月二十六日代电。

　　乌云县属江沿常家屯,突来俄兵数十名,袭击该屯,击毙人民张昌厚、焦宝善三名,抢去财物枪械,枪伤保卫团七八名。八月二十日电。

　　八月十四日早,满洲里发现俄步探六名,向我射击,守兵康王臣腿部负伤。又四十三团第二连连附张兴麟,于六月带兵一名,赴阵地前方,我国境内,猝遇俄骑兵数名,该连附遂被掳去,迄今未回,生死不明。又呼伦第二卡俄兵侵入后抢掠而去。八月二十日。

　　八月十九日,南行货车行至顾乡屯站外约二里余,苏联党人抛掷炸弹,当将正司机及火夫均行炸毙,副司机亦受重伤。又本日晚十点四十分,第三号客车行至东线细麟河太平岭之间,机车之下发生炸弹,当将连贯两机车司机炸伤四人。又前日路警人员,正在察路之时,竟被党人以扎枪刺毙,又破坏电线。八月二十一日电。

　　八月二十日早六时,满洲里方面,俄军铁甲车一列,向我骑兵团阵地前进,至十米突处,当有步兵二百余人,下车向我射击,一小时始退。但炮兵仍在国门附近,向我射击。八月二十一日电。

　　八月十八日二时,俄军五百余名,向密山县城我防线攻击三小时,我军退至邢家棚房。八月二十二日电。

　　八月十八日俄军窜入密山县,并向岭东射击,该县俄军营部及第九连营房,均被焚烧。又二十一日满洲里方面俄军,于早九时炮击八九十发。八月二十三日电。

　　俄军到我岸劫去风船三只,民人孙玉成等十三名。八月九日夜,扎兰诺尔我军阵地哨兵,被俄兵击毙二名。又扎铲煤窿被淹,闻系赤党破坏所致。八月十七日代电。

八月八日早五时,发现俄飞机三十二架,侵入绥境飞翔。同时三道河子,及东北沟等处,俄军数百,距我阵地一华里许,向我方用野炮射击数十发,至十时飞机始去。又苏联职工地在包厂内,推翻车头转盘轴,装置炸药,烧毁正阳河西岸之东铁轧麻厂,割断各处电线,破坏各处桥梁等。八月二十日代电。

八月八日早,呼玛漠河间与交界之倭西门,窜来俄兵百余名,击毙我军排长一员,伤士兵十余名。又十三日晚,俄方又增重炮攻城,我军不支,县长带全城百姓退归富拉罕广信金矿。八月二十九日电。

俄人劫去威通、沈阳两只江轮,以威通作江舰司令部,将两轮中所载之华人二百四十五名,载于沈阳轮内,均发往伯力。又电称,于沁晨南江船有华船来街,俄方遥击十余枪,伤农人郑纯钧左胸。丁总指挥超,于本月微亥电称,据报东南三十里王义沟保卫团防所,突被俄兵袭击,伤团丁五名,焚警察防所五间,民房三间。

俄兵三十名,于支晚十时,越界攻入龙王庙子义盛东院内,绑去人票四名,伙夫受伤一名,掠物焚房而去。又据齐电称,密虎交界嘎拉通地方,由俄回国之华侨,被俄军奴获及枪毙者各三名,并击毙住户牛十余头。

据虎林县真日电称,赤俄前在驿站,将圈禁正当营业之华侨十二三人,已发往伯力。又歌电称上月三十一日,俄方枪击我岸,伤渔人王金海腿部。

青日密山老渔背附近高力营突来俄兵三十余名,攻入刘宝清院内,焚毁草房二间,击毙男女孩子各一名,击伤工人腿部,毙马二匹。

真夜十二时,俄党忽来当壁镇,将东源茂、永发公、三益、东震、昌海等商号包围,每处有俄人五十人,抛放炸弹,焚毁房屋。并将看守营底上士金东初,及十一连兵一名击毙,九连兵受伤一名,炸战马二匹,掳去套筒枪二支,子弹四百粒,击毙民团团丁二名,各商号枪枝货物均被抢掠一空。

据报快当别湖沁沿福昌隆商号,于三日晚四时,被俄军攻入院内,抢去连珠枪两枝，三八式及七星手枪各一枝，子弹三百余粒，现洋一千余元，抢去货物价值哈洋二千余元，遂逃回俄境。东北政委会八月二十六日代电。

丙、关于欧美方面者

一、英兵殴毙张学亮案（续六月份）

二、英商公和轮装运烟土案

三、中西商约案

四、黄清安贩售烟土案

五、海门天主堂圈占地亩案

六、德华银行借款职权案

七、陇海铁路借款案

八、天利洋行货款案

九、华法银行借款案

十、收回天津比国租界案

十一、苏州市政府征收住户房捐案

十二、美孚行在浦口建筑油池案

十三、美鱼雷艇撞坏费根福驳船案

英兵殴毙张学亮案（续六月份）

关于英兵殴毙张学亮一案，前经本部电令特派江苏交涉员积极办理在案。兹据该交涉员电称：张学亮抚恤金，英领允结五千元，经再三要求加增，彼方坚持此系最多数目，此案可否就此结束，请示遵，等语。本部以英方既承认此数，坚持无益。业经电令该交涉员，将该款收领转发矣。

英商公和轮装运烟土案

上月十日，据特派江西交涉员兼九江特别区市政管理局长钱天任电称，英商公和轮运大宗烟土来浔，侦悉九江海关职员受贿买放。职面晤驻浔英领，并会同军警督监处派警登轮检查属实，将受贿之海关职员俄人安达生、华人鲍法舜，及包运水手头目于邦普五人，一并拘获，并获烟土十四袋,重八千余两,当众检封。鱼日会同督察处,亲自审询。该安达生等供称受贿不讳,并案涉税务司日人江原忠。当即录供签字存案,各犯暂押警署。查九江自禁烟会撤消后,烟禁事宜,概由督察处办理。本案系会同查获,准该处处长会商拟择期,请各机关监视,将烟土全数焚烧。受贿各犯,督察处拟会同职局法办。惟案情重大,究应如何办理,乞示遵,等情。本部以此案属于司法范围,当即电令该交涉员,将包运受贿各犯,移送法院,依法讯究。至涉及税务司日人江原忠一节,如有重大关系,应详叙案情,径电财政部核结。旋据呈复,遵即将全案人犯暨亲笔签字供词一本,九江关税务司保条一纸,连同查获之烟土,计重连包皮共六百零三斤半,本月十五日一并派员解送九江地方法院,分别检收。现准该院函知,业经检察官侦查终结,提起公诉等情在案。

中西商约案

查上年十二月二日,中国与西班牙国签订之中西商约,业经中国政府批准。惟对于第三附件,尚须另加声明文件。其内容为此缔约国人民,在彼缔约国领土内,关于居住营商,及土地权等事,悉依所在国法律及章程之规定。但关于此等事情,此缔约国人民在彼缔约国土内所受之待遇,不得逊于第三国人民所受之待遇,等语。此项声明文件,前经本部向驻华西使非正式接洽,西使欲以关税最惠国待遇除外办法交换条件。经吾方拒绝。但西班牙政府,对于该新约迄未批准。本部以此项新约,及上述声明文件,亟应分别批准互换。当于本月二十四日电令驻西使馆,与西班牙政府接洽矣。

黄清安贩售烟土案

本月二十三日,据厦门交涉员电称,鼓浪屿西班牙籍民黄清安,因售烟土,当经会同法领搜获二千余镑,分别拘存工部局。奉闽省政府电令,将人犯物证引渡解办。惟查西班牙旧约已废,应如何办理,请示遵,等语。本部以中西新约,尚未批准,在该约未发生效力以前,关于中西法权问题,自应适用临时办法。且该民黄清安,如父系华人,未依国籍法正式脱离中国国籍,不应视为西籍。当即电令该交涉员根据上述意旨，查明办理。旋据电复，此案经向法兼领事严重交涉，现已将黄清安引渡解省法办等语在案。

海门天主堂圈占地亩案

据浙江交涉员呈称，关于定海法籍天主堂强买海门地产一案，海门各里委员会，呈请收回天主堂圈占地亩。如何办理，请鉴核示遵等情。经指令该交涉员，呈悉，查海门天主堂圈占地亩，建造轮埠，添僻街道，建筑市房，招租营业，究与传教宗旨不相符合。依照内地教会租用土地房屋章程，及为免除日后之流弊起见，来呈所称估价购回一节，尚无不合。惟在交涉赎回之前，应先查明：（一）该天主堂价买及圈占之地亩究有若干；（二）该天主堂售剩之地亩，及房屋建筑，在价买地亩，抑或圈占地亩之上，仰即查明呈候核夺云。

德华银行借款职权案

准驻华德国公使照开，奉本国政府令，所有中国政府及德华银行间之问题，均于一九二四年六月六日之换文确定解决无余，并中政府亦经允许恢复德华银行之借款职务，初无若何条件之规定，等因。本公使特为声明，应请查照，等由。当经本部咨请财政部查照核复去后。旋准复开：查德华银行，对于中国政府成未解决之问题，关系于该行经理借款，尚未了清事件。此等事件，系在民国十三年六月六日，中德协定换文内所解决各事之范围以外，不能不另候解决。而在未经解决以前，该行原有经理借款地位，暂难恢复，自属当然之事实，德外部乃以中国政府，及德华银行间之问题，均于一千九百二十四年六月六日及七日之换文确定解决无余，未免误会。至原照内称德国公使曾于一千九百二十七年三月十八日照会前北京政府，郑重声明，如德华银行以前担任各种借款合同内发行银行之职务，曾发生纠葛，则因换文业已完全解决，等语。不知换文内所解决者，以中国政府与德华银行间彼此之直接债务为限。至该行经理借款，尚未了清事件，既非彼此直接债务，当然为另一问题，北平旧财政部，曾于民国十六年五月二日，详细咨复旧外交部转复有案。是原照会内，所谓中国政府，对于从前条约，正式所定责任，托故稽延一节,根据本部上述事实情形观之,显属误解,殊难承认等因,经即照复德国公使查照矣。

陇海铁路借款案

关于拨付陇海铁路借款到期本息一事,准驻华法比和公使会衔节请将拖欠到期本息,速予清付等由。当经本部咨请铁道部核办去后,旋准该部咨复,查陇海铁路,近年来因受时局影响,收入锐减,致借款本息未能如期照付。现本部对于各路债务,正筹划整理,上项借款,亦在整理之内,不久当有妥善办法,等因。合即复达驻华法比和公使矣。

天利洋行货款案

据江苏交涉员呈称,前上海电料管理局欠付德商天利洋行货款一事,续准德领函询交通部已否整理完竣,乞鉴核转咨,等情。当经本部转咨交通部查核办理。去后。旋准咨开,查旧交通部所欠外商料款,本部现正汇案提交清理内外债委员会整理,究应如何拨还,应俟该会议有办法后,再行奉达,希即令饬江苏交涉员转致等由。经指令该交涉员即便转知可也。

华法银行借款案

关于华法银行借与中国财政部款项一事,准法国使馆节请转询财政部,对于该项借款,如何清偿,希示知,等由。当经本部转咨财政部核复在案。旋准该部咨开,旧财政部所欠各银行借款,将来均应送请整理内外债委员会审核整理,华法银行借款,事同一律,应俟汇案核办,等由。合即复达法国使馆查照矣。

收回天津比国租界案

关于收回天津比国租界一案,前经本部与各关系机关,派定委员,与比方委员会商收还办法。迄时二月有半,正式会议,经八次之多,结果尚称圆满,业于本月三十一日双方正式签字,实为外人自动交还租界之先声。

苏州市政府征收住户房捐案

据苏州交涉员呈及江苏省政府函称,以据苏州市市长陆权呈称,本市征收住户房捐章程改订后,奉江苏省政府核准施行在案。查本市章程第一条,凡在市区内有房屋林园产权者,均应尽缴纳房捐之义务。但问其所居住之房屋,是否在市区之内,而不问其所住之为中国人或外国人,规定明白。但外人常常多方推诿,或谓房主在沪,或谓西教士住户,章程未有专条,致不能确凿调查,有碍税收。又驻沪美领向本府询问:(一)此项房捐依何捐率征收;(二)房捐是否一律,即对于居民无证系何国籍,是否划一通用;(三)此项收入专为何项用途。查本市以该项房捐,以十分之七作建筑费,以十分之三作补助教育费,等情。苏州市征收房捐中,外人是否一律,应请钧部解释见覆,等由,到部。本部以苏州虽系通商口岸,外人自应一律征收,与内政部所公布内地外国教会租用土地房屋暂行章程无涉。经指人充苏州交涉员,并函复江苏省政府矣。

美孚行在浦口建筑油池案

关于美商美孚油行,请求在浦口续建油池一案,迭经本部驳拒,并查得该行租用津浦路余地建筑之旧油池,其合同亦已满期。曾训令江宁交涉员,着令速行拆除还地各在案。乃八月一日接准南京特别市市政府咨开,准江苏省政府咨开,奉行政院令据铁道部呈称,据美孚公司来函译称,该公司一时无地迁移,仍请延长租期十八个月等情。除经指令该部如一时实难迁移,暂为酌展租期外,合行令仰知照等因。咨行查照核办前来,抄录原咨,并合同二份,一并查照等因。并附抄津浦铁路管理局与美孚亚细亚两煤油公司续订租地合同一份到部,本部以外商在我国境内租地建筑油池案件,向归本部核办,今铁路部忽徇美孚公司之请,与历来办法,殊属不符,已呈请行政院鉴核矣。

美鱼雷艇撞坏费根福驳船案

据特派江苏交涉员呈称:上年十月间,据船户费根福呈称,本年十月二十三日上午九时,民船停泊大来码头,拟装载煤油之际,忽有美国三四六号鱼雷艇,捷驶前来,事先并无警告,致将民船撞成二段。当即投报陆家嘴捕房备案。民大小多口,居食如斯,受此损害,生计顿绝。

查民船装载货物有二十六吨重量,船价值洋一千六百元,每月运费约得洋一百六十元,若不请求救济,冻馁堪虞,请向美领交涉赔偿等情。经职署迭次函请美领转行赔偿,无如美领每次函复称,美国亚细亚舰队总司令柏上将 Bristol 不认美国海军当局为此意外之事,负担何项责任,最后并谓此案因有柏上将之主张,本署无可再行办理。如以费根福有正当理由,可呈报外交部转行美国公使署核办等由。理合据情呈请鉴核前来。本部以此案事实上该驳船为美国三四六鱼雷所撞坏,如果有警告在先,该船户断无以性命所依赖之驳船,甘蹈不测之理,照请美使切实查明平情处理,俾该船户得有相当之赔偿。

中国第二历史档案馆藏行政院档案

7. 外交部 1929 年 9 月份工作报告(1929 年 9 月)

九月份工作报告

甲、关于国际方面者

一、另设留美学生监督案

二、关于海防华侨举行国庆交涉案

三、美国璧斯波大学拟建中国纪念堂案

四、国际联合会行政院院席案

五、第十三届劳工大会案

六、禁止外洋赛跑之狗进口案(续八月份)

七、广州英领请解释外人请领狩猎证书规费案

八、交通部拟将上海租界电话收归国有案

九、驻美伍公使呈请设置商务随员案

十、裁并仁川领馆案

十一、台湾设立领馆案

另设留美学生监督案

本年二月间,据驻美伍公使函称,吾国留美学生,除清华派送者不

计外，公私费生，不下一千余人。使馆事繁人少，兼顾难周，留美学务，似应归并教育机关管理，拟请转行教育部，遴选监督来美，以专责成，等情。经咨准教育部复称，拟暂令清华留美学生监督兼管等因。当即函复该公使去后。现复据该使呈报，兼顾为难情形，并拟请裁撤清华学校铁道部监督二缺，另设中国留学生监督一人，以一事权，请转呈行政院察核施行，等情。经据咨教育部查照办理。

关于海防华侨举行国庆交涉案

准文官处函称：奉主席交下驻海防支部呈，为党部未得当地政府许可注册，及公开各团体，对于双十节国庆及革命各纪念日，庆祝提灯，均具热诚。惟居留政府，每因误会，加以禁止。请转商法政府准许举行，等情。经略请法玛使电转该地官厅，届时对于华侨庆祝举动，勿事干涉，并函复文官处。

美国璧斯波大学拟建中国纪念堂案

前据驻美伍公使呈称：美国璧斯波大学，新设博学府，拟建中国纪念室，请予捐助美金一万圆，以扬国光而示敦睦等情。经呈奉行政院指令，已转呈国府核准。旋又奉训令，此案已奉国府指令照准，令行财政部拨发，等因。经咨行财政部照拨，并指令该使知照。

国际联合会行政院院席案

国际联合会行政院非常任院席，本年共出三缺。选据出席本届大会伍、蒋、高三代表来电报告，继任均已前定，中国仍难获选，等语。当以中国疆域之广、户口之众，及在国际上之重要，均应得常任院席。经于本月三日，电饬该代表等应从此点下功夫，纵难立即成功，亦可先树根基。至本届非常任院席，虽大致已定，在我仍当努力勿懈，以求一当。

第十三届劳工大会案

第十三届劳工大会所议问题，侧重海员事项。准工商部来咨，以外轮行驶中国领海内河，所雇中国海员，不能与外国海员受同等之待遇。且因领事裁判权之存在，不能得中国法律之保障。为保护中国海员权利起见，应请大会议决，使各该船主尊重中国劳动法，中外海员，应受同等待遇。当由本部电达高鲁、吴凯声两出席代表,作成提案,交付大会。

禁止外洋赛跑之狗进口案(续八月份)

旋准财政部称:外洋输运入口之赛狗,既经流为赌具,遗害社会,自应禁运入口。已据令各海关监督,转饬各该关税务司,于各项船只入口时,严切查禁,并由各该税务司预行通告各船只,一律不准载运此项赛狗,以杜来源,等因。业经令行特派江苏交涉员知照。

广州英领请解释外人请领狩猎证书规费案

据广州交涉公署电称:关于外人请领狩猎证书事,先后奉省政府令发广东暂行狩猎条例及狩猎证书图式。并转钧部咨开,应照民三公布之狩猎法,及民十公布之狩猎法施行细则办理。又准广东民政厅函送狩猎法及施行细则,当经分别函达各国领事查照。现准英领函称:奉本国公使令,据驻京英领报以乙种证书规费行将取消,甲种证书,中外人民,一律适用。又准驻沪英领函称,江苏外人狩猎证书费照常征收,拟请以后英人请领前项证书,予以江苏外人同样待遇,应如何办理,迄示遵,等因。经复以苏省前定狩猎条例,准该省政府来咨,业经废止。民十狩猎法施行细则第一条,甲乙两种狩猎证书,系对中外人民,一律通行适用。乙种征费三十元,以外国猎枪器具精良,猎获较多,故取费较巨,在未奉明文改章以前,自应照旧征收等语。

交通部拟将上海租界电话收归国有案

准交通部函称,据闻上海公共租界工部局,以华洋德律风公司,所办电话,成绩不良,有取消其承办权,另行招商投标之说。本部为挽回国家主权,便利民众通信起见,允宜乘此时机,将上海租界电话,收归国有。应请贵部即与上海公共租界工部局交涉,将租界电话承办权,移归本部。至华洋德律风公司原有资产,自可估计现值,由本部筹措发还等因。当以该部所称,拟乘此时机,收归国有,自属正当办法。惟上海公共租界工部局,究竟有无将租界电话另行招商承办之议,经令行特派江苏交涉员查明交涉,并具报。

驻美伍公使呈请设置商务随员案

设置商务随员案,业详上年十二月份报告。现据驻美伍公使呈称,两国交谊,与两国商务,息息相关,商务继长增高,则国交愈形亲善。中美相需至殷,关系至切。倘于商务方面,力求发展,外交形势,裨益良多。职馆员少事繁,且无商业专门人才,势难兼顾,应请转呈准设该职,受职馆指挥,由钧部会同工商部遴委熟悉中美两国商务之专门人才任之,薪俸则照各国通例,由工商部筹拨,请核办等情。经抄同原呈,函请工商部并案核办。

裁并仁川领馆案

准中央侨务委员会函,据仁川中华总商会呈,为据报载外交部整理使领计划中,拟将仁川领馆裁并汉城,群情惶惧,呈请设法援助保留,抄同原件,函请酌核办理,等因。本部以仁川与汉城相距密迩,遇事由朝鲜总领事馆兼理,自能措置妥协,该总商会所请保留仁川领馆一节,实难照允,函复该会查照。

台湾设立领馆案

近以整理驻外领馆,经将台湾旧设领事,并案训令驻日汪公使,向日外部要求同意。旋据复称:日外部须俟讨论完结,即行函复等语。复又电令汪公使催日外部答复。嗣据复称,设领问题,迭经催促日外部从速解决。据该部派员到馆复称,已屡电台湾总督征求同意,至今尚未得复,顷又去电。

乙、关于亚洲方面者

一、青岛日纱厂联盟停业案

二、青岛日人殴毙车夫马洪成案

三、日人增兵南满案

四、日本派员来华调查长江一带水动物案

五、沧石铁路借款案

六、日轮龙野丸撞沉新康轮案

七、日轮登安丸载运私盐案

八、苏联无理滋扰据电驻德蒋公使抗议案

九、取缔苏联在华通讯社案

十、中波订约案

十一、德国赔偿比国马克案

十二、俄人雅各案

十三、苏联诬我国虐待俄侨案

十四、苏联逮捕华侨案

十五、无领事裁判权国律师出庭案

十六、芦林教产案

十七、广州市政厅请制止陈水长在暹招股案

十八、附录二件

青岛日纱厂联盟停业案

本案前据特派山东交涉员电呈,本案调解结果,作为修理机械,停工三日,于第二日即照常开工,已详七月份报告中。本月五日,据日方报告,有不良工人,从中煽动,殴打勤业职工,蹂躏公司规则,工厂无可如何,遂于八月四日,再行停工等语。当经据电青岛市政府,询问日厂停工情形。旋据复称工潮已稍平静,请商日方转饬早日开工。当即转告日方转电办理,并电饬特派山东交涉员赴青商同市政府设法了处。九日该员电呈,已遵令前往,商同吴市长办理等语。

青岛日人殴毙车夫马洪成案

本案前据青岛特别市市政府将本案经过情形,暨全案文件,咨送到部,当经抄发全卷,令饬特派山东交涉员,向驻青日领,继续交涉,已详七月份报告中。兹据该交涉员呈报,已提出道歉、惩凶、赔偿、保障四条,向日领赓续交涉。

日人增兵南满案

此案据报载日本在南满增兵两联队新闻一则。当即电令驻日汪使,向日本外务省诘问。据复称币原外相,特派有田来馆说明日政府于大正十二年间,曾将满铁护路兵额酌量裁减。嗣因不敷分布,仍议复旧。本年预算案内,有补充三百名计划,经议会通过在案,绝无增兵两联队之事。

日本派员来华调查长江一带水动物案

此案准国立中央研究院函开：据报称日本对华文化事业局，派帝大教授岸上谦吉等五人来华调查水动物（附录第一号），请向日本交涉，令饬该局派员或径函来院接洽，以便派员参加审查，除分函教育部外，并请迅电沿江各省政府，扣留护照，等因。同日并准教育部咨称，业由该部电由沿江各省政府扣留已发该员护照，等因。当经本部转告日方迅与中央研究院接洽办理。

沧石铁路借款案

此案准铁道部咨开：沧石铁路局长何澄，未奉部令，擅与日商华昌公司签订借款合同（附录第二号）。按诸借款合同规定原则，当然无效。除严令该局长向该公司声明取消外，咨请行知日使转饬日商知照，等因。当即据函日使转饬该日商知照。

日轮龙野丸撞沉新康轮案

本案准交通部咨，订于上月二十八日，由部会同有关各机关讨论进行办法，请派员列席，经派亚洲司帮办江华本前往列席，已详八月份报告中。会议结果先从外交方式积极进行。本月十三日复准该部咨：据招商局呈称，该局致函日本邮船会社，要求损害赔偿。该会社复信，竟不承认龙野丸之过失，检同该局所呈各项证据，请向日方正式交涉，等因。当即抄发原咨，连同所附证据，令饬特派江苏交涉员，将新康船货人命及业务上各项损失，切向日领交涉，务令日本邮船会社负责赔偿。

日轮登安丸载运私盐案

此案据特派湖北交涉员呈称，上年九月间，鄂岸榷运局，派缉务股长，会同当地缉私队，缉获日轮登安丸，载运私盐一千零九十七包。经江汉关将该轮扣留，迭向日领交涉。该日领藉口旧约，迄未解决，等语。本部以该日轮既经江汉关扣留，可即由海关办理。至于中日旧约之时效问题，该日领不得藉为要挟，当即电饬遵照办理。

苏联无理滋扰据电驻德蒋公使抗议案

苏联横暴无理,日肆侵扰。本部迭据各方报告,转电驻德蒋公使,告德政府,转向苏联政府抗议。兹将本月份经办各件,分别列陈如左。

一、军事抗议

准辽宁张委员迭电称:迭据各方报告,俄方时时分途向我扎兰诺尔、绥芬、满洲里、萍镇岩等处袭击,常有激战发生。本部当于十日据电蒋使严重抗议,并声明因此所生一切结果,应由俄方负责。并同时照会驻华德使查照,电达该国政府,向苏联抗议。

二、侵略外蒙抗议

准工商部二十五日咨,据北平外馆商帮协会呈称,俄人实行侵略外蒙,近将库伦政府机关均换俄人任职,一切制度,均依俄式,调军驻扎俄蒙交界,扣留张库路汽车,禁止在蒙华商人货出境,通蒙电报,限用英文,并藉故驱逐华人出境,等语。本部当于三十日,据电蒋使抗议。

三、虐待华侨抗议

准辽宁张委员二十五日电称,据自海参崴逃出华侨声称,苏俄对我侨民,苛待异常,经德领交涉,而俄方避不予见,被拘者先令忍饥三日,始给黑面包四两,亲友或赠饮食一概不准,等语。本部当于二十七日,据电蒋使抗议。

四、扣船劫货骚扰边民抗议

据奇乾县商会呈称:该会长与茂奎等乘船出外,购办赈粮,于七月二十四日,被俄兵扣留。同船有县政府公务员,及商民十余人,均被拘禁,财物搜索一空。又二十一日,贝尔斯河口渡夫在途被俄兵击毙。又二十四日温河卡伦上游对岸俄兵,无故向我工人射击十余发等语。本部当于十九日据电蒋使抗议。

取缔苏联在华通讯社案

本月二十三日,准国民政府文官处函送主席发下张学良巧电,请转令各主管机关,迅将苏联在华通讯社查封,以遏乱源。本部当据令江苏、湖北、河北三省特派交涉员,协同地方主管官厅,妥洽办理。

中波订约案

本案已详八月份报告。九月十八日本部部长与波兰政府所派全权代表，将商定各条，缮成正文，正式签字，并呈报国民政府与行政院鉴核。九月二十日复由本部呈请国民政府，依法批准，盖用国玺，以便互换，一面分电驻外各使。

德国赔偿比国马克案

本案已详七月份报告。八月十四日，据驻比兼代馆务罗怀，呈送此次巴黎解决赔款专家会议，所议定总赔偿计划内，关于马克案各文件。并于八月二十八，复据呈报，比德间马克赔偿案、伊洪计划等件，业将各件抄送辽宁张委员矣。

俄人雅各案

八月二十六日，准中央执行委员会秘书处函开，奉常务委员交下福建省当务指导委员会八月十日呈，据将东县独立区分部呈，并准该省政府函，为俄人雅各持年久失效之护照，潜行内地，形迹可疑，业经转辗递送到省，暂由福州市公安局扣留，等语。奉批交外交部核办等因。当由本部一面电达福建省政府主席，及特派福建交涉员，以该俄人所持护照，既已失效，又兼形迹可疑，应即驱逐出境，勿令逗留，查明办理见复。旋接福建省政府特派福建交涉员，先后电复，以该俄人患病颇重，现由市公安局延医调治，并加以监视，俟病体稍愈，即行资遣出境，云云。

苏联诬我国虐待俄侨案

准驻华德使馆交来苏联政府致驻苏联德大使节略内开，苏联在华侨民，备受中国官厅虐待，并声明苏联迫不得已，对于华侨施行报复，等因。当即据电辽宁张委员查复。旋据覆称，东北为维护路电交通，不得已仅将煽惑罢工，以及确有破坏证据之少数暴徒暂行看押。彼方所称俄侨被逮捕者数千人，无故被拘者二千余人，实无其事。看守所内一切设置均甚完善，凡有被拘俄人之眷属，来所看视者，均可到招待处接洽，并由官厅专派医官，逐日诊视病者，迄无一人死亡。所有妇孺，业经分别准予保释。驻哈德领及中外新闻记者，均时往参观。事实昭然，有目共瞩。至云被捕俄犯有被捆打或不经法庭审判手续，而被枭首者，尤属任意诬蔑。总之，苏联此举，实以我方因华侨受彼种种虐待，屡提抗议，彼遂望风捉影，捏造事实，希图掩饰，以为将来卸责之地步，等语。业据复德使，并电蒋使告德外部，转覆苏联政府矣。

苏联逮捕华侨案

接驻德蒋使电称，据德外部照会，称俄政府对于华侨开始实行报复行为，六、七两日，在莫斯科拘去三百人，大部分为小店主，鞋匠洗衣工人，并无拘票，货物查封，银钱没收，家属待毙。八日仍继续逮捕。现已达三百二十九人之多，未查悉者，尚不止此数。已提出抗议。九日俄照会内称，中国应将白党军队，立即缴械。又德外部问在俄华人，欲由新疆返国，应否照准，等语。查苏联无故逮捕华侨数百人，并没收财货，亟应继续抗议，释放无辜，发还财产。中国对于白党军队，决不许一兵一卒入境，早有声明，已电蒋使转告德政府。至在俄华侨，欲由新疆返国一节，应由驻苏德使，径与我驻新边各该领接洽办理，一面并由本部电新疆金主席转饬各该领遵照。

无领事裁判权国律师出庭案

九月二日，准司法行政部咨，请查明无领事裁判权国律师出庭暂行章程，曾否载在协定，请查明见复。本部以我国与无领事裁判权国所订条约，关于律师出庭一节，除民国十年，中德协约所附换文，关于司法保障规定，德籍律师及翻译，如经法庭正式认可者，得用为辅助。民国十四年中奥通商条约第四条第三段，奥籍及他国国籍之律师、翻译，如经法庭正当之承认者，得许其出庭。民国十五年中芬通好条约第一声明附件，芬兰籍律师、翻译，经法庭正式认可者，得用为辅助外，其余无领事裁判权国，并无特别规定，咨复该部。

芦林教产案

本案于三月间，奉行政院发下江西省政府呈，以九江芦林地方原有俄国东正教堂租地一处。于军阀时代，为鄂接管，经该省府派员向鄂当局接洽收回，鄂当局以接收芦林负担万余元之债务为词，拒绝交。以甲省之土地人民，受治于乙省，破坏行政区域，妨碍政务进行，恳饬令鄂省府交还，以清界限等情，交外交内政两部查明议复，等因。本月十二日，据内政部咨称，奉行政院发下汉口特别市市政府呈送芦林地产卷宗，经查得芦林确属江西九江县境，民国八年该教堂以缺乏经费，由俄工部局给银一万余两，转租于俄工部局。民十三湖北省公署，根据中俄协定，收回汉俄租界。民十四汉特区管理局成立，继续前俄工部局之权利义务，因取得芦林之管理权。嗣后汉管理局撤销，遂归市府承受，等情。经本部会同内部详为检核，以芦林既为九江县属，自应由赣省收回接管，至承租代价，俟赣省府于接收时，与鄂省府移转偿还。业已会同内部拟文呈复矣。

广州市政厅请制止陈水长在暹招股案

此案据特派广东交涉员来呈称，据广州市政厅函请制止陈水长冒籍官厅，在暹招股等情。当经据行驻日汪使知照驻日暹使，转行暹政府查明办理，去后。旋准驻日汪使复称，已与驻日暹使磋商，允转暹政府照办，等语。业据令特派广东交涉员知照矣。

附录第一号

径启者。顷据报称日本对支文化事业局，派遣东京帝大教授岸上谦吉氏一行五人，来华调查长江一带水动物，随带用具多种，业已首途向四川前进，作详密之探查，以期深悉该流域之渔业等语。查此举关系学术研究，应由日本方面，先与敝院会同教育部商定调查范围，颁布取缔条例后，始得准其在中国境内为学术上种种探查工作，庶足以明主权而杜纠纷。为此函请贵部，迅向日本交涉，令饬该局派员，或径函来院，将此次调查主旨及区域，明白宣示，由敝院遴员参加。至所得标本，应全数先送敝院，由专家审查，认为确在范围内者，始得去，并须仿照年来在北平对西北科学考查团外国团长斯文赫定及美国人安特路斯入境考查先例，应将调查所得标本，留存中国一份，以备参考。在此项交涉未得圆满解决，敝院尚未派员参加以前，应请贵部迅电沿江各省政府，将已发该员等护照，暂予扣留，其所有调查工作，悉予制止，事关主权，除分函教育部外，相应函请查照，盼即施行见复。此致

外交部

院长蔡元培

中华民国十八年九月十九日

附录第二号

为咨行事。本部为兴修沧石铁路起见，经于本年间饬由该路局长何澄筹拟借款办法，呈候核办。乃该局长未奉本部命令，擅与日商华昌公司代表市吉彻夫于七月三十一日，签订该路借款合同，尤复隐匿。延至本月十七日，始将该件呈报到部。查关于国家各机关一切借款，均须呈奉国民政府核准，方生效力，久经规定通令遵行在案。此次沧石路何局长不谙中央规定借款重要程序，径自与日商华昌公司签订合同，并无草约字样，按诸借款规定原则上，当然不能成立，该项合同，当然无效，除由本部严令该局长限日径向该公司声明取消外，相应咨请贵部迅为行知日本公使，转饬日商华昌公司知照，至纫公谊。此咨

外交部

铁道部长孙科

中华民国十八年九月二十日

丙、关于欧美方面者

一、中西商约案（续八月份）

二、那威 BOTNIA 船船主大副等被掳案

三、汉口英兵舰运烟土案

四、津浦铁路积欠该路前法律顾问法克斯案

五、美轮吉川号在黄浦时被检查案

六、义品公司债款案

七、CITROEN 汽车旅行团案

八、无为县天主堂芦田滩地案

九、中比庚款案

中西商约案（续八月份）

关于中国与西班牙签订之商约及声明文件批准案，前曾电令驻西

使馆与西班牙政府接洽。兹接该使馆电称，西外部现允将关税最惠国待遇除外之条件撤消，改为声明西班牙给与其保护国摩洛哥关税优待条件除外，如得我国同意，新约即日批准，等语。本部以西国与他国所订税约是否均有此项保留，不可不先事调查，与电令驻西使馆详查具报矣。

那威 BOTNIA 船船主大副等被掳案

本月十四日，据上海交涉员电称：据那威领事面称：那威船鲍铁尼BOTNIA 装载盐斤，于十二日甫出于黄河口，因水浅阻搁，下午一时，来匪船二只，绑去船主大副二人，索洋五十万元，限期十日，否则撕票，等语。请转电江苏省政府，迅速设法营救。十五日复接那威代办电同前情。当经本部迭电江苏省政府军政部及海军部，迅速设法营救。去后。二十一日接江苏省政府电称，那威船主已在灌云县起获。又据陈家港缉私局陆警第二大队电称，那威船大副，于二十七日夜救获出险，各等语。业经本部电达北平那代办知照在案。

汉口英兵舰运烟土案

迭据特派湖北交涉员呈报，本年七月五日，英兵舰 H. M. S. PETREL 由重庆开抵汉口。事前经两湖特税处转据密报，该舰装运私土多件来汉。遂于是日由交涉署派员，会同英副领事，及特税处驻关检查员，往晤该舰大尉舰长后，即与海关中外抄班，在舰内施行检查。在该舰储食物房舱内，查获烟土九饼。复会同英副领事，在舰首内铁链下，又查获烟土两箱又六饼，共抄获两箱又十五饼，计毛重九十一斤半。询系何人所带，并无人承认。随将烟土由海关带回，交特税处照章处分，等情。前来。本部以此案由本国官厅，会同英副领事，在英国兵舰上抄获大宗烟土，殊与中国烟禁前途，大有关系，当即向驻华英使，提出严重抗议，要求依法严办本案负责人员。并请转饬驻汉英领知照，以后中国官厅，如查得英国军舰有藏置烟土之重大嫌疑时，得随时派员会同英领登舰检查，并指令特派湖北交涉员知照在案。

津浦铁路积欠该路前法律顾问法克斯案

准津浦铁路前法律顾问法克斯函称，津浦路积欠薪金三千四百元，请设法筹付等情。当经转函铁道部复称,经令据津浦路局查复,查核欠薪数目,尚属相符,特援照该路洋员瓦特斯等成例,按照实欠数目,自本年十月份起,分六个月,由该路按期缴部转发,请查照转知等由。准此。本部函知法克斯矣。

美轮吉川号在黄浦时被检查案

美使照称,美轮吉川号驶进黄浦时,被上海某军事长官,擅自登轮检查,请查明惩办,俾免再有发生此种不法举动,等由。本部经即训令特派江苏交涉员查明具报,以凭核办。

义品公司债款案

准比国公使照开,关于义品公司债款,事前在南京曾与贵国教育部长及铁道部长晤谈,并承其认可关于左列事项,庚子赔款利息,一俟教育部及铁道部互相决定办法,由铁道部拨交教育部时,教育部允在此款中,提出二十万元,专备偿还北京大学前欠义品公司债款之一部分。此外再在协助各大学款中,提扣一部分,以代北京大学及北京女子师范大学偿还前欠义品公司款项等语。本公使兹特照请贵部长转请教育部长,将以上诸点示证同意,等由。经咨请教育部查核见复,俾便转知云。

CITROEN 汽车旅行团案

迭准驻华法国公使照开,法国 CITROEN 汽车公司,拟在亚细亚组一长途汽车旅行团,经过中国全部。海军上尉 POINT 奉法国政府命令,研究此项旅行团,在中国所取之路程。该上尉已与中国文化研究联合会,订立合同,会同中国博学家,组织学术考查团。兹将该上尉介绍前来,务希接见,并请对于前项团体,准予维持等由。复经该员面称,此项旅行团,专以研究学术为目的,等情。并附呈合同前来。查此项团体,对于吾国文化、国防、内政、交通诸问题,颇有关系,本部未便擅自准许,经咨请交通、教育、内政、参谋四部查核见复矣。

无为县天主堂芦田滩地案

据安徽交涉员呈报,驳复天主堂对于神塘圩芦滩地来函情形,抄呈附件请鉴核等情。经指令该交涉员呈及附件均悉。正核办间,接据芜湖天主堂呈称，敝堂买章、龚两姓滩地时，章姓缴出上契十一纸，计地四百七十七亩零，龚姓缴出上契十纸，计地五百四十七亩零。民国二年验契时，验契员以为验契只在引证本契所购不伪，而坐落四至，均已分别载明本契，或于契内载明，照上契执业，毋容全数税验。故惟择取字迹清楚，纸张完好之章姓上契一纸，计地四亩，又龚姓上契一纸，计地四十亩，其余诸契，因当时双方未尽一切法律手续，致今日成为互相争论之焦点。但除章、龚二姓已验过上契所载之地共四十四亩外，尚有别种确实契据，虽未检验，已足证明，敝堂购自章、龚二姓之地，不止此四十四亩，请将敝堂坐落无四汛神塘圩之芦田滩地渔套洲厂等，共计二千七百六十七亩一分九厘，断归敝堂执业，并附呈契据等情。查核该堂来呈，堪足注意者，有下列数点，（一）宣统三年章、龚二姓卖契内，并未将缴出之上契数目，详细注明。现在该堂所缴出之上契，有无凭空捏造情事；（二）该堂呈称验契时，呈验章姓上契一纸，计地四亩，龚姓上契一纸，计地四十亩，依照验契简则第二项，原有契纸，应与新契粘合。今查验契内，并未粘合上列二契。是否该堂鉴于卖契内有"悉照上契执业"字样，恐仅粘合上契一纸，反限制其执业范围，因之故意除下，杂于未呈验之上契纸中，希图混淆；（三）光绪三十四年，及宣统元年间，吴盛全等卖与龚姓滩地，先后共立契纸十张，其中字迹清晰之六张，内所载地亩，合计二百数十亩，价洋二百八十七元，又三十二两，何以宣统三年，龚姓卖与天主堂时，地亩增至五百四十七亩，地价反仅一百三十元。该堂呈称"当龚姓出卖滩地时，业已崩坍大半，故地价较原价为小，为时仅隔二三年，何以地势变迁如是之速"；（四）查芦课与银糟，似应有别，完纳芦课者，未必即可视为芦滩地之业主；（五）查该堂致该交涉员函中，对于并无合法契据之芦地一千一百六十七亩，谓系陆续添购，而呈部函中，乃谓宣统三年间同时买自章、龚两姓。所陈事实，前后不符。除该堂有据，及有营业证书之滩地，仍照前令办理外，所有其余一千一百六十七亩，疑窦颇多，合亟抄发原函，并检同原附件，令仰该交涉员遵照详细查明。如该堂所呈之证物，认为不能充分有效，仍应予以适当处分，以重公产，并呈复云。

中比庚款案

据驻比使馆电称,留比各大学专门学生,呈请转商中比庚款委员会,核定津贴,平允办法,乞核转该委员会核办电示饬知,等情。经函请中比庚款委员会查核去复。旋准函复。查中比庚款补助留比学生,系经中比双方委员会议议决,就本委员会直接支配之款项内,以百分之二十,用于留比学费。至补助办法,分为二种:(一)补助业已留比之学生,择其中成绩优异,家境清寒者,予以补助;(二)派遣国内赴比之学生,采用考试制度,由本委员会推举两委员同教育部特派员组织考试委员会考试之学生,考试及格后,由本委员会资遣赴比留学。以上两种办法,业已见诸实行,尽为拔取真材计,非此不足以宏造就。若漫无限制,普遍津贴,曷足以资奖励。且以上两种办法,业经中比双方委员会议议决,无复变更之余地,等由。经电驻比使馆仰即转知矣。

中国第二历史档案馆藏行政院档案

8. 外交部 1929 年 10 月份工作报告(1929 年 10 月)

外交部民国十八年十月份工作报告表

承办处所	工作类别	事由	办法
国际司	关于查禁私发纸币事项。	准财政部咨复称:上海市民银行,未经注册,私发银铜辅币各券,显违法令,请令饬江苏交涉员迅商驻沪领袖领事,转行工部局切实查禁。	经据令特派江苏交涉员遵照办理。
	关于推销商货事项。	据特派广东交涉员呈转英领函据渣甸洋行询问承销湖南慈利矿务局所产雄黄办法。	经咨请湖南省政府令行该局查照,直接通知渣甸洋行。
	关于领馆管辖区域事项。	据驻英陈代办电称,英属设领,遵向英外部催复。据称吉隆坡领事管辖范围,请函示,等语。请示复。	经电复,新加坡领馆管辖柔佛马六甲,槟榔屿管辖吉打玻璃市北海亭丁市,吉隆坡管辖马来联邦丁加奴吉兰丹,仰即知照英外部。

承办处所	工作类别	事由	办法
国际司	关于设领事项。	据驻墨李公使呈称旅墨华侨众多，散居各省，舍顺新两省派有驻领外，其余均无驻领保护，拟请援驻古巴领馆例，设总领事署于使馆。其馆员则由使馆职员暂兼，请裁示。	经指令准如所拟办理，馆员即由该使馆职员中选派兼充，不另支薪津，其有因公必要费用，准在另款项下开支。
	关于税务交涉事项。	一、越南加征货税各地商民纷请交涉。 一、美使请予豁免面粉特捐。 一、长沙英舰自用洋酒案。 一、美商美孚洋行在浦东制造厂所制造夜灯，由美使函请准予按照机制货物纳税办理。 一、日美驻厦领署建筑材料由各该国使署函请免税。 一、抗议法使为越南海关扣留华侨物品事。	此案迭经本部根据条约，向法使严重抗议之结果。本月接准该使复文称，已将本部意见转达本国政府，云云。当即再电驻法高公使切向该政府努力抗争，以期达到目的。此案业经本部以此项特捐，其性质与进口关税有别，未便停征各理由照复美使。至广东交涉员来电请示，对于日本商民征收此项面粉特捐办法，亦经本部指示机宜，电复遵照。 此案据长沙交涉员电请英舰报运洋酒设法征税等情，经本部以外国在华兵舰，其自用物品，按照公法及成例，应予免税。惟为防弊起见，可由该交涉员于此项酒类进口之时，请英领证明确属兵舰自用，不得有包庇私贩情事，指令该交涉员遵照。 此案已由部函达关务署核办。 此等案件，均经本部函达关务署按照成例准予免税，以敦友好。准中央执委会秘书处来函，以据驻海防支部来呈，华侨携带物品，屡被越南关员扣留或罚办等情，函达查照前来。经本部照会法使切实抗议。彼已复文允即转行越督注意。

续表

承办处所	工作类别	事由	办法
国际司	关于海外党务事项。	准中央执行委员会组织部函称,据报芝加高埠反动份子,假冒本党名义,召集全体党员会议改组分部,希图捣乱等因。	经部令行驻美使馆,并转饬驻纽约、金山两总领馆,通告侨胞,切勿为该芝城伪分部所淆惑,并随时严加制裁,以遏反动。
		准中央执行委员会宣传部函称,巴城新报捏造谣言,淆惑侨胞,应设法取缔,等因。	本部当即据令驻爪哇总领事,会同和属总支部,就地设法取缔。嗣据该总领事呈报,经与该总支部执行委员会函警告该报,此后对于专电社论新闻,均须慎重登载。
	关于侨务事项。	驻把东领事呈报和属邦加岛锡矿华工备受苛待情形,请交涉改善待遇等由。	本部以和属利用失业华人充当苦役,实系有伤人道。此种苛待情事,不止邦加一处,勿里洞岛锡矿华工情形亦同。经令驻和代向和政府切实交涉,改善待遇,以维睦谊。
	关于游学事项。	准训练总监部咨,中央军校考选第六期正取备取学生,拟派赴英美留学,请转饬驻英美公使,向各该国政府先事协商等因。	本部当即分别电令驻英美公使,向各该驻在国政府切商办理,先后据复英美各国政府均表同意。惟英之中央战车学校,及美之国立军校,限制綦严,已再令分向各该国政府交涉,允许我国派送学生及入队见习。
	关于公会事项。	一、中国红十字会会长颜惠庆未就职,驻沪副会长虞洽卿又辞职,会务陷于停顿状态。迭据该副会长及该会职员函电,会章修订在前,不合现情,亟应修改等由。	本部以该会有国际关系,应加维护,经拟具整顿办法,提出行政院会议议决,由本部会同内政、卫生两部调查,派员整理。

续表

承办处所	工作类别	事由	办法
国际司		一、万国侨务会议,在巴黎开会,驻法高公使电请派员出席。 一、工商部拟具关于保护中国海员权利之提案,咨请转电出席第十三次国际劳工大会代表提出会议。	由部商准中央侨务委员会,即派该使就近代表出席。 由部据电高代表鲁吴代表凯声遵照办理。
	关于禁烟事项。	一、驻厦门兼代西班牙领事花粉嫩于该处地方官拘获烟犯黄清安之时,藉口该犯系西班牙籍,拒绝签字,擅为释放。由福建省党部指委会呈请中央执行委员会,转达国府,奉谕交本部核办等由。 一、驻纽约总领事密报,瑞士药商将鸦片替代物两种,推销中国。当经密函禁烟委员会关务署核办。旋接驻沪瑞士总领事来函,以上海申报登载,有前项报告,认为有损该国名誉,提出抗议,等由。	经部电饬驻西班牙王代办,商请西政府另派领事,或请他国领事兼代,并略达驻华西使查照,转该国政府。本部以总领事向无与驻在国外部直接交涉之例,故搁置未理。惟案关外人私运麻醉毒药,办理极应严密,当即函达禁烟委员会关务署,以后关于此类公文,须慎重发表,免伤睦谊。
	关于上海公共租界交涉事项。	一、江苏交涉员呈复上海租界电话拟收归国有一案,交涉情形。 一、军政部咨请转饬抗议领团干涉上海飞机工厂在虹桥路建立木栅。	经据函交通部查照。 经令江苏交涉员并案交涉。旋据呈复再请核示。经咨军政部核复。
	关于航空交涉事项。	驻京法领来函法人 Costes 等乘飞机,因迷途降落齐齐哈尔,请准飞归原路。旋因变更计划,请取道上海等处飞向安南。	经函请航空署及黑省政府核办。复以该机不待核准,即飞抵上海。准航空署函驳,经转请法使嗣后应遵照中国法令办理。

续表

承办处所	工作类别	事由	办法
国际司	关于禁令事项。	南京特别市政府函转驻京英领，请解释外人狩猎证书规费。	经解释仍应照章收费，函复该市政府查照转知。
亚洲司	关于日轮自由航行事项。	交通部函为日轮自由航行青岛海州间，请转饬注意，并希设法制止，以维国权。	函复日轮自由航行一案，请径行取缔。
	关于日警拆毁北宁铁路事项。	中央执行委员会秘书处函请将日警掘毁北宁铁路支线一案交涉结果情形见复。	函复本案交涉结果情形。尚未据辽宁交涉员呈复到部。
	关于中日新约之航行权事项。	上海租界纳税华人会代电，为反对中日航行互惠。	代电复取消外人在华沿海及内河航行权，为国府确定方针。本部对于中日新约，即本此办理。
	关于铁领日兵暴行事项。	一、中央执行委员会秘书处函询铁岭案肇事真相。 一、特派辽宁交涉员呈为铁岭县公安队与日军冲突案先后交涉经过情形。 一、中央执行委员会秘书处函请将铁岭交涉结果如何见复。	函复铁岭日军与我国警察冲突详情。 指令该交涉员赓续交涉，并将交涉结果详情具报。 函复本案我方所提条件。
	关于日轮龙野丸撞沉新康轮事项。	一、新康轮被难家属会代电请将新康轮惨案，提向日使交涉，俾得早日解决，并送被难生命财产损失表册。 一、江苏交涉员呈为新康惨案，应否提交公断，抑仍以外交方式进行，请核示。	批令本案责任问题，业经令由江苏交涉员切向日领交涉，所呈表册，应候令发交交涉员就地与招商局商洽，汇案办理。 抄录原呈，咨请交通部核复。

承办处所	工作类别	事由	办法
亚洲司	关于日轮地厘丸被劫事项。	一、日方报告大阪商船公司地厘丸,于九月二十一日,由汕头向香港航行途中,被海盗劫掠,架去华人三名,台籍日人一名,并抢夺船员船客现金宝石行李等物,强迫驶近三洲澳登岸逃逸,请求迅饬地方官严缉追贼。 一、广东交涉员电复,已呈请省政府派舰追缉。	据电广东省政府暨交涉员设法营救,缉匪追赃。 据答日方。
	关于抗议苏联虐待华侨事项。	东北政务委员会咨,据报告在俄华侨多数被拘,备受虐待,咨请查照交涉。	经据情照会驻华德卜使查照转电德政府,向苏联严重抗议,并电达驻德蒋使,告德外部转电办理。一面咨复东北政委会。
	关于救济留俄华侨事项。	一、驻德蒋公使电准德外部照会,接驻俄大使电告,我国在俄侨民,备受虐待,急须汇款送回。 一、行政院训令本部提案经由第四十次会议议决,令财政部照拨国币五万元救济。	经提出行政院会议。 业电驻德蒋公使购金卢布送德政府转交驻俄德使,酌量分配。
	关于抗议俄军侵扰边境事项。	一、辽宁张委员电称,据报告俄军于一日晚炮击满洲里方面我军,二日晨又施攻击。 一、辽宁张委员电称,据报告九月十九日夜,俄兵舰及兵汽船三面围攻吉林省属抚远县城,县公署及文卷均被炮火焚烧,商民住房被烧大半。	业电驻德蒋公使告德政府转电严重质问,声明因此所发生一切责任,应由彼方担负。 据电驻德蒋公使告德政府转电抗议。

续表

承办处所	工作类别	事由	办法
亚洲司		一、辽宁张委员电称,据报告俄军于本月十二日晨,以正式军舰八只,飞机十八架,步兵二千余,骑兵千余,向我同江海陆军猛烈攻击。我军舰利捷、东乙沉没,江平、江安、江泰炸沉,利绥负重伤。陆战队强半殉难,前线军士死伤五百余人,不得已放弃同江。	业电驻德蒋公使,以俄方此种行动,不止侵扰,显系违反公约,破坏和平,应切询德政府转电诘问,所有因此发生之一切责任,应由俄方完全担负。同时并分电告英、美、法、义、比、日各使告所在国政府。
	关于苏联抗议我军侵略事项。	一、驻德蒋公使电称,德政府转俄方抗议,谓本月十一日华军在松花江口枪击俄船。十二日晨俄商船队路过北满,在松花江口被华军炮击,船破数艘,伤水手数人。 一、辽宁省张委员电称,本月十一日华军确无在松花江口枪击俄船情事,此说纯系彼方捏造。	经电辽宁省张委员,俄方所称是否捏造事实,应请转电饬查电复。 业电驻德蒋公使告德政府,对于苏联抗议予以驳复。
	关于苏联抗议枪击俄员及征发俄侨事项。	一、驻华德使馆文称,苏联政府照会,以九月二十四日哈尔滨公报载有齐齐哈尔枪毙铁路俄员三人,提出严重抗议。 一、辽宁张委员电称,苏联照会所称俄员三人,在齐齐哈尔枪毙,全非事实。且九月二十四日,哈尔滨公报,亦未载有此项消息。 一、蒋公使电称德外部转达俄方抗议,白俄在海拉尔持有中国官厅给予之征发,允许向俄侨征发,系由我方主使等语。 一、辽宁张委员电称,据黑省查复,并无有允许白党在海拉尔征发俄侨情事。	已复并据电辽宁张委员详查电复。 据电复驻华德使,并电驻德蒋公使告德政府。 电请辽宁张委员,查明电复。 据电驻德蒋公使告德政府。

续表

承办处所	工作类别	事由	办法
亚洲司	关于俄人在边境建筑铁道事项。	哈尔滨交涉员函俄人由西伯利亚多木斯克境内之那维斯宾斯克站向南建筑铁道，已达塞米巴拉敦斯克。去年又修亚塞关浦，由亚塞关浦至阿拉麻一带，现正动工。并计划由阿拉麻向西接连中亚西亚铁路之塔什干站，预定一年告竣，附图陈核。	连图函送参谋部。
	关于交涉释放王殿霖事项。	一、讨逆军第五路总指挥部咨称，副官王殿霖赴崴起运宋德藩灵榇，致遭苏联逮捕，请设法营救。 一、德使馆函复，已电致驻海参崴德领事交涉释放。	咨复，并函德使请转行驻崴德领事查明，向苏联地方官交涉释放。 函复讨逆军第五路总指挥部查照。
	关于拒绝驻哈德领探视被拘苏联人民事项。	一、德使馆函称驻哈德领探视被拘苏联人民，竟被拒绝，请说明理由。 一、辽宁张委员电复，据特区张长官复称，松北看守所成立以来，德领每星期至少前往探视一次，均派员招待，德领事可自由与被拘人民谈话，毫无拒绝情事。	电辽宁张委员查复。 据函复德馆，并电驻德蒋公使告德政府。
	关于苏联侵略外蒙事项。	一、国府文官处函开，准内政部转来阎委员锡山电称，外蒙受苏俄之挑拨诱协，致使蒙民离心外倾。此案可否与东路案同时提出交涉。 一、工商部咨据北平外馆商帮协会呈，俄人侵略外蒙，宣传赤化，请抗议，等情。希查照抗议，以固边围。	函复将来中俄正式开议，提出讨论解决。 函复，并电驻德蒋公使告德政府，转行驻德大使，向苏联政府抗议。

续表

承办处所	工作类别	事由	办法
亚洲司	关于芦林教产事项。	一、内政部咨送审核芦林地产一案，会呈行政院稿二份，请核判掷还。 一、内政部咨送关于审查芦林地产一案原会稿及缮正文，请查照用印，并分别存还由。 一、内政部咨称前次会呈行政院核议关于九江芦林地产争议一案，已奉指令照办，请查照。	函复同意。 会稿、缮正文分别用印咨还。存。
	关于苏联掳取船只赈米事项。	一、国府文官处函，张学良据抚原县长呈报，俄方兵舰乘隙掳取船只赈米。 一、国府文官处函称，张学良代电转报黑龙江省奇乾县境商船米面，被俄军封锁截留。 一、中央训练部函称，为据中华海员工联总会整委会呈，为苏俄强扣华轮虐待华员，请设法交涉等情。	函复，并电驻德蒋公使告德政府转行抗议，交涉发还。 函复，此案前据奇乾县商会来呈，业据电驻德蒋公使告德政府转向苏联政府抗议。 函复，此案前据该委员会呈，经以此案前准辽宁张委员来电，已电驻德蒋公使告德政府转向苏联严重抗议，交涉释放，批复。
	关于限制俄人请领护照事项。	山东省政府代电，为江苏交涉员请停发俄人暨苏俄游历青岛护照事，请核办见复。	电复山东省政府，并训令各特派交涉员，对于俄人请领护照时，宜加以限制。
	关于苏联在华人民居留办法事项。	河北交涉员呈，为拟定苏联人民请照居留办法，请核示遵行。	指令准暂照所拟办理，并训令各特派交涉员，将各地现行居留办法报部汇核。
	关于收回租界事项。	收回镇江英国租界。	（内容见本卷第五章第二节"正式收回镇江英租界"）

续表

承办处所	工作类别	事由	办法
欧美司	关于安乡县天主堂湖田事项。	据龚交涉员函陈安乡县发生没收天主堂湖田事，恐将不可收拾，恳转电制止。	此案前经本部指令该交涉署，除已经给照之田，准予另给新照永租外，其待测之田，如购置手续发生法律上重大瑕疵，可否认其产权；如手续完妥，应妥与商议，酌量收归公有，给以相当代价。除再令该交涉员遵照外，经电湖南何主席饬该管地方官吏与该员接洽妥办，并制止轨外行动，免滋交涉。
	关于法国 Citroen 公司旅行团事项。	驻华法使迭次照请将 Citroen 公司旅行团赴新考查一案，允予准许。	经本部分咨参谋、内政、交通、教育四部核复，去旋准咨复，对于此项旅行团体，尚无反对之表示，经备文抄呈原照会合同及各部复咨，呈请国府鉴核示遵。
	关于德商新民洋行货款事项。	驻华德国使馆函请将津浦平汉铁路暨交通部积欠天津德商新民洋行购料款项，迅予清还事。	经本部转咨铁道、财政、交通三部查核见复，去后，准铁道部称，此案前准财政部转送新民洋行来函及账单到部，经由部训令津浦平汉两路查核呈复，一俟复到，即径复新民洋行。经函复德国使馆查照，转令知照。
	关于津浦铁路向德华银行借款事项。	为津浦铁路积欠德华银行款项事项。	经本部咨请铁道部核办见复去后，旋准复称，查津浦路所欠德华银行垫款，前于民国十六年间，经该行开列账单，函请查核。当以所开利息数目，系按复利计算，不能承认。曾另列单函请该行查照。

续表

承办处所	工作类别	事由	办法
欧美司			嗣据复称，如不以计算复利为然，则请将过期利息照付。现查该行开送之账单，仍系继续以前数目按复利计息，未便承认。现本部正筹拟偿还办法，一俟筹得后，再与该行协商解决，经函复德国使馆查照，转令知照。

中国第二历史档案馆藏行政院档案

9. 外交部 1929 年 11 月份工作报告（1929 年 11 月）

外交部民国十八年十一月份工作报告表

承办处所	工作类别	事由	办法
国际司	关于设领保侨事项。	一、准中央执行委员会秘书处函，据南洋英属总支部呈请转饬驻新加坡唐总领事保护柔佛侨民，并派驻柔佛领事。 一、查华侨散居中南美洲，为数不少，我国仅于巴、墨两国设领保护，所有他处侨务，向托各地美领兼理。本系一时权宜之计。但设专馆，又值此国库支绌，不易实现。	经函复以柔佛地方与新加坡相距甚近，无再设领之必要。并已严令该总领事，嗣后对于柔佛侨务，应随时切实办理，毋得稍有漠视。 经筹兼顾办法，将各该国侨务，划归就近使领馆兼管。所有瓜地马拉、洪都拉斯、萨尔瓦多等国务，由驻墨使馆兼办。尼加拉瓜、可斯脱利加、委内瑞拉、哥伦比亚等国侨务，由驻巴拿马总领馆兼办。巴拉圭、乌拉圭侨务由驻巴西使馆兼办，阿根廷侨务，由驻智利使馆兼办。厄瓜多尔侨务，由驻秘鲁使馆兼办。西印度群岛海地、独密尼根侨务，由驻古巴使馆兼办。并分令驻外各使馆与驻当地各该国使领接洽具报。

承办处所	工作类别	事由	办法
国际司	关于推销商货事项。	据驻美暨驻芬兰使馆先后函复称，推销湖南兹利矿务局雄磺，请转索货样及章程价目等件，以便招人承销。	经咨湖南省政府查照办理见复，以凭转寄。
	关于税务交涉事项。	一、越南加税事。 一、驻济日领否认洋酒税及洋酒营业牌照税事。 一、驻津法领反对征收外商洋酒税事。	此事迭经本部向法使严重抗议，法使允将中国意旨，转达巴黎政府。复经本部电令驻法高公使，根据上年十二月二十二日签订之中法新约附件第二号所称，关于越南待遇华商之一切状况，不得变更等语，切向法政府努力抗争，务期达到目的。 据特派山东交涉员呈报，山东推行洋酒税及洋酒营业牌照税，驻济日领来函否认，等情。经本部咨准财政部复称，该项课税，系国家对于奢侈品寓禁于征之政策，推行已久，日商未便独异，等因。已令行该交涉员据理转复日领。据特派河北交涉员报告，以河北征收外商洋酒税，法领援据中法新旧条约，表示反对等语。本部查民国十七年即西历一九二八年十二月二十二日中法新约第一条，对于关税及其他关系问题，此后应适用完全自主之原则。法领所引一八五八年第二十三款之规定，与新约第一条所订之原则不合，现已未便援用。此项洋酒税，华洋各商一律缴纳，即与一九二八年中法新约并无违背。已令行该交涉员据此妥向法领解释。

续表

承办处所	工作类别	事由	办法
国际司	关于改善华侨待遇事项。	一、中执委会秘书处来函交办向法国交涉取消马岛华侨所受苛例。 一、驻把东领事唐在均电陈，及呈报巨港美孚油厂华工与马来工人口角，被土警干涉，杀死三人，伤十余人，已向当地官厅交涉，请令驻和使馆向和政府交涉。 一、中央侨委会函请交涉取消和属虐待华侨苛例。	经令驻法高公使迅将该法属马达加斯格地方政府待遇亚人苛例苛税及不许华侨土生子回国各节查明，妥向法政府交涉取消，并函复中执委会秘书处。 经电驻和戴代办，速向和政府严重抗议。电令该地负责官厅，迅速接受唐领所提惩凶、抚恤、担保三条件，一面与爪哇把东领馆随时电洽报部，并分电驻爪哇把东领馆严重催办抗议。 经抄函令仰驻爪哇总领事，遵照切实交涉，将各项苛例取消，并函复侨委会。
	关于禁烟事项。	一、准禁烟委员会来咨，以本党驻帝汶支部为免除该处侨胞烟毒起见，曾议决禁烟办法三项。经该委员会与侨务委员会认为可以采行。除请中央执行委员会令饬该支部切实办理外，属转饬该地领事，向当地政府交涉取销鸦片专卖，并严禁华人私行运售，等由。 一、国际联合会前拟派员调查远东鸦片，因与我国主张不合，已允不入华境。近据驻法高公使报告，该调查团业已出发，仍拟赴广州、上海、沈阳等处请调查。	本部以该处系南洋葡属地，尚未设领。其附近设领之处，均在英和各属地，照例不能与葡属地政府越界交涉，当即咨复禁烟委员会查照。 经部电达联合会办事处向秘书厅抗议，阻其来华，以期贯彻我国主张。一面并分电广州、沈阳、上海等处省市政府，请于该调查团到境时，加以注意。嗣据联合会办事处电复，该团仅道经香港上海租界。奉天日本铁路，调查广州，绝无其事。惟大连关东，系应日本之请，原在调查之列，又保证不得中国政府同意，决不在华调查等语。派员赴禁烟委员会会同原关系各部集议修订。

续表

承办处所	工作类别	事由	办法
国际司		一、奉行政院令,以厉行禁绝鸦片及其他代用品之实施办法,暨司法院请声明治罪意见一案,经中央政治会议议决,照司法院意见办理。但实施办法,应如何逐渐进行,由该管机关,再行考虑,录案令行遵照,并准禁烟委员会咨同前因。	
	关于公会事项。	一、国际联合会卫生部长拉西门应聘来华,代表该会表示愿与我国合作,请本部介绍相当人员加入其各种委员会。 一、国际社会学第四届大会在古巴京城开会,函请派员与会。 一、准国际联合会秘书长来函,以禁贩妇孺委员会第八届会议议决,指派专家调查东方贩卖妇女情形一案,业经行政院核准。此项调查,仅限于本问题之国际方面,中国政府对于在中国区域内调查,是否同意,嘱核复等由。	经本部与各主管机关商洽,妙选物望素著人员,介绍前往,电饬代表办事处处长吴凯声知照该会秘书厅。 经本部函准教育部派新任古巴公使凌冰代表与会。 本部以我国对于贩卖人口,久悬厉禁。此次该会请求一节,系仅属国际方面,于原则上似可照允。惟实际上有无窒碍,事关内政,当经函准内政部复称,可以照允。惟来华时我国拟要求派员参加等语,当即电饬联合国办事处转知秘书处。
	关于外国飞机入境事项。	一、驻华法使节略法国 Farman 飞机,拟派飞机由河内飞驶来华,经云南、广州、南京、上海各地,请核复。 一、驻华英使照会香港远东航空公司经理 R. Vaughan Fowler,拟乘海上飞机,由香港飞行经厦门至罗星塔,请核复。 一、驻华美使函美馆随员白军官拟购自由飞机在北平试航,请准予使用南苑、清河两飞机场。	经函航空署核复,准其入境,由部转知法使,请将该机出发及到达各日期示知。 经函航空署核办。 经函准航空署复称,事关领空主权,向无先例,未便照允等因。由部转达美使查照。

续表

承办处所	工作类别	事由	办法
国际司	关于华洋诉讼事项。	行政院训令,据南京特别市政府呈请示江宁交涉员裁撤后,华洋诉讼,能否由该市政府审理,仰核议具复。	经部以各交涉署裁撤后,华洋民刑诉讼,务应以按照通常程序,由正式法院依法受理为原则等语,呈复行政院。
	关于公共租界交涉事项。	交通部函请再饬江苏交涉员向沪领团力争收回上海租界电话。	经再令江苏交涉员继续交涉。
	关于禁令事项。	一、新疆省政府咨询该省地方辽阔,外人请领枪照,不无困难,应如何救济。 一、行政院训令据上海特别市政府呈请解释赛狗场是否构成赌博罪及禁止时之外交程序,仰核议具复。	经部咨复可由该省最高军事机关,委托所属军事机关代行给照,以示变通。 经部以赛狗场赌彩,重在法律问题,外交交涉,于执行协助时始有之。其程序如何,应视司法院之解释以为定等语。呈复行政院。
亚洲司	关于日轮长风丸私运鸦片入口事项。	一、禁烟委员会函为日轮长风丸私运鸦片入口,请核办见复。 一、江苏交涉员呈报日轮长风丸私运烟土案交涉情形。	据令江苏交涉员向驻沪日领交涉取缔,并函复禁烟委员会。 据函禁烟委员会查照。
	关于日轮泰安丸撞沉元利轮事项。	中央执行委员会训练部函请严重抗议日轮泰安丸撞沉元利轮一案,并见复。	令饬江苏交涉员查明情形呈部核办,并函复中央执委会训练部。
	关于日轮龙野丸撞沉新康轮事项。	一、国府文官处函为新康被难家属会请饬部将该案经过详为宣示,希查照办理。 一、新康被难家属会代电请迅令江苏交涉员积极交涉。	函复本案交涉经过情形。 批本案前据江苏交涉员呈报办理情形,业由本部商由交通部召集有关系各部会商办法,赓续进行。

续表

承办处所	工作类别	事由	办法
亚洲司		一、交通部咨为新康惨案，招商局拟在冲突地之裁判所起诉，请查照转知日方。	据令江苏交涉员遵照办理。
	关于青岛对日输出盐斤事项。	一、日本公使馆函复昭和三年度之青盐购买数量及其价格，去年曾将专卖局之意见转达盐务署，并得充分之谅解。本年度之情形，恐亦与去年相同。 一、财政部咨复前盐务署与日使交涉本案经过，及日使函称已得充分谅解各节，并非事实。	咨请财政部核办见复。 据以驳复日使，并请仍查照前函转达日本政府，迅饬专卖局按照协定办理。
	关于青岛日人殴毙车夫事项。	中央执行委员会秘书处函为青岛市党部呈请转饬积极交涉青市日人殴毙车夫案，希核办见复。	令饬山东交涉员迅速交涉解决，并将交涉经过情形，函复中央执行委员会秘书处。
	关于沧石铁路借款合同事项。	一、日本公使馆函以此项契约，关于中国国法必要之手续，早经当事者办理完竣，碍难认为无效，请查照。 一、铁道部咨复沧石路借款合同全部文件，为何澄私擅行为，绝对不能认为有效，请查照办理。	咨铁道部查复本案始末详情，以凭驳复日使。 据函日本公使转饬该华昌公司知照，勿得再有误解。
	关于日警拘捕华人事项。	一、中央执行委员会秘书处函请将日警拘捕华人一案办理经过情形见复。 一、中央执行委员会秘书处函据横滨支部电称驻日总支部执委林国珍无故被迫填自愿出境书，限十日离境，请设法营救等情。函请核办。	函复此案前据驻日公使电告，当经本部呈明主席，并电令该使交涉释放。据该使电复，迭向日当局交涉，已释放六十余人，此外仍在继续交涉。

续表

承办处所	工作类别	事由	办法
亚洲司		一、驻日汪公使电告林国珍已由使馆保释,照常办事。	据电驻日公使暨驻横滨总领事迅予查明办理。 据复中央执行委员会。
	关于补救华侨损失事项。	一、国民政府文官处函据旅崴华侨高升瀛等呈称旅崴华侨生命财产,被苏联剥削殆尽,请以哈埠苏联公私财产抵偿。 一、国民政府文官处函开据王克传等呈请以哈尔滨苏联公私财产抵偿旅俄华侨之损失。 一、东北政务委员会函同上。	已行东北政务委员会详查咨复,并函复文官处。 已函复。 已函复。
	关于苏联虐待华侨事项。	一、东北政务委员会咨,据驻哈旅俄华侨商联会呈称,在崴华侨无辜被捕下狱,没收财产,严刑审询,不给饮食,请查照办理。 一、行政院训令同上。 一、驻哈旅俄华侨中华商会联合会呈称苏联酷刑虐待华侨,请电驻崴德领据理力争。	已咨复。 已呈复。 已函复。
	关于德领探视哈埠参谋处俄犯事项。	一、德使馆函称哈埠参谋处拒绝德领探视俄犯,请设法等语。 一、准本部周司长电已商护路军司令已准德领探视。 一、德使馆函关于驻哈德领探视被拘俄犯事。	已函复并电辽宁查复。 已函达德使馆。 已咨东北政委会查复。
	关于赤俄侵入内地通告各友邦事项。	国府文官处函据张学良电陈俄军大举进攻深入内地,请通告各友邦宣布事实。经五十二次国务会议议决交部照办。	已函复。本部迭据张长官各电,均经随时分电驻外各使告各友邦政府,并广为宣传。

续表

承办处所	工作类别	事由	办法
亚洲司	关于俄方抗议事项。	德使馆转达莫斯科外交委员会宣言，对于哈埠被拘赤俄人民之裁判，认为违法，请查照由。	已电东北政委会请其根据事实，声明纠正，并将第一审办理情形及判决书，详查寄部，以凭驳覆。
	关于抗议俄军侵扰边境事项。	国府文官处函据张学良电陈黑省室韦县被俄军侵扰，与萧家店居民被俄军杀戮等情。	已函复，并电蒋公使告德政府转向苏联提出严重抗议，并保留将来要求赔偿损失之权。
	关于俄扣华轮事项（续前）。	辽宁张长官电称，海城、宜兴、瑗珲、沈阳、华盖五轮，系一九一八年由戊通公司向俄商购得，经驻哈俄领证明，洪泰系华商购自俄商，同丰、威通、海昌均系华商自造等语。	已电蒋使告德政府转向苏联政府交涉放还。
	关于俄妇请领入境证书事项。	江苏交涉员呈为旧俄妇黑伦倪费洛夫士吉，现居俄国，其戚来署代领入境证书，应否发给，乞示遵。	已批令以中俄交涉，尚未解决，暂勿发给。
	关于查封苏联通讯社事项。	河北交涉员呈奉令查明北平苏联通讯社社址，系在苏联大使馆西远东银行楼内。惟使馆界因条约关系，未便径行查封，请核示。	已训令转向使馆界管理事务局交涉禁止，并将办理情形呈复。
	关于封禁哈埠远东银行事项。	一、驻华德使馆节略称，苏联外交委员会，以滨江官厅，拘禁远东银行清理员，封闭房屋，扣留财产，特抗议，所有损失，应由华方负责。	经电辽宁省张委员，将办理此案经过情形电复。已据情略复德馆。

续表

承办处所	工作类别	事由	办法
		一、辽宁张委员电称,远东银行仍自由办公,乃该行执事人等,忽行避匿,故将不动产及所有物,予以保管,不惟现款无着,债券契据,均送交东方银行保管,实无从扣留,更无所谓损失。	
	关于调查蒙藏事项。	蒙藏委员会函,现拟组织考查团分往蒙藏青海新疆西康一带调查关于政府事项,请就主管事项制成调查表送会。	已将应行调查事项制表函复。
亚洲司	关于中俄互释侨民事项。	一、准德馆函称,王殿霖在崴被捕一案,苏联提议,以在哈被捕之三俄人交换。如中国方面允许,可由驻俄德使通知苏联政府批准。 一、驻华德使馆节略称,近由莫斯科领得护照之华侨至海参崴时,仍被俄官阻止。据称系报复中国禁止北满俄人回国之故。驻俄德大使向苏联提议。据复称,如德使能正式声明中国解除禁令,则持有苏联出境护照之华侨,可立时回国。 一、辽宁张委员电称,德使如能准全体华侨先期自由回国,我方自无防解除准令俄人,除因案被拘者外,可送至天津,由海道离华。惟在相互条件之下,苏联是否准华侨安全回国,请酌核转询。	经咨东北政委会查复。 经电询辽宁张委员东省有无此项禁令,可否解除,核办见复并略复德馆。 经电驻德蒋公使与德政府接洽,并复德馆。 经据电辽宁张长官转饬查明核复。

续表

承办处所	工作类别	事由	办法
亚洲司		一、驻华德使馆节略称:苏联政府对在俄所拘之华侨,将试行一星期之通融办法,给予衣被,发还所扣银钱。惟要求改善哈埠松北看守所内所拘俄人之待遇,如不加改善,即施行严厉之报复。	
	关于国内舆论事项。	一、南京总商会代电称,赤俄破坏公约,寻衅称兵,请速定方针,严重对付。 一、国府文官处函据潮安县工人代表大会代电陈暴俄侵我边境,日军在铁岭暴行,请提出抗议。 一、中央训练部函据湖北各界收回中东路外交后援会呈报反俄大会提案五则,其第四案,为呈请中央党部严令外交部坚持革命外交,无条件收回中东路,请查照办理。	经电复赤俄侵边,选据各方报告,均经先后电令驻德蒋使请德政府向苏联严重抗议,并电沿边各省严加戒备。函复对俄仍本既定方针进行。铁岭事件,已令辽宁交涉员向日领严切交涉,务得公平解决。 经函复收回中东路,自当谨遵本党主义国府政策,一本革命精神,妥为办理。
	关于俄商思牙宜诉讼纠葛事项。	一、俄国土耳其商思牙宜呈为成都法院违法枉判,请主张公道,提令解职,旧案依法惩办。 一、俄国土耳其商思牙宜呈为成都地方法院审判不公,请将全卷提部另判。	已批令买卖纠葛事属司法不服简易庭判决,应依法上诉。业批令不服简易庭判决,应向该管法院上诉。所请将全卷提部另判,应毋庸议。
	关于中暹订约事项。	一、行政院密令从速进行商订中暹条约。 一、驻日汪使电复称驻日暹使允再电询暹政府。 一、行政院指令已据情转呈国民政府。	据电驻日汪使催询暹使从速进行商订,并将办理情形呈复行政院。 据电呈报行政院。

续表

承办处所	工作类别	事由	办法
亚洲司	关于中土订约事项。	驻美伍使电请核示中土订约可否先订友好条约。	电复中土可允先订友好条约,惟应根据我方草案商议。
	关于撤销领事裁判权事项。	分头接洽撤销领判权情形。	电令驻外各公使向各该国政府接洽办理去后,兹据驻墨李公使电称,墨政府已经正式宣布,对于中国放弃领事裁判权。驻美伍公使电称,向美政府商定于十二月二日正式开始讨论,本部呈请国民政府派伍公使为全权代表,至英、法和巴西等国。据驻各该国代表电称,均允与中国开始谈判。
	关于外人领契交涉事项。	法教会首善堂冒用华商名义,向总商会朦领道契转租牟利事。	准上海特别市政府咨开,法教会首善堂冒用华商名义,向总商会朦领道契,迨经本府查实,饬令遵章补报。又复种种遁饰,以已得贵部长面许为辞,抗不遵办,事关国权,究应如何办理,相应咨请查核见复等因。经本部查该首善堂抗不补报,既已违反定章,所谓面许一节,尤属毫无根据,已令特派江苏交涉员查明办理。
	关于内河航行交涉事项。	封锁西江事。	准广东省政府电称,因军事关系,并为外商安全计,定本月二十一日起,封锁西江,暂以十四日为期,已知照各国领事,转知各国兵舰商轮一律退出,请分电各国公使接洽等因。经本部电达驻华英美法日本四国公使,转饬遵办。

续表

承办处所	工作类别	事由	办法
欧美司	关于无线电台交涉事项。	上海法租界设立无线电台收发商电事。	迭准交通部来咨,关于上海法租界设立无线电台收发商电一案,请予严重交涉,以固国权等因。经本部于九月二十三日,照会驻华法国公使,请将该项电台,迅予拆除,并迭次训令特派江苏交涉员,向法领严重交涉在案,迄未准复。旋本部于十一月二十一日再行照会法国公使,查照上次去照,迅予电饬将上海法租界内无线电台从速拆除,嗣后不得再建此项电台,并希见复。再本国政府对于在上海法租界无线电台收发商电期间,我国国际电报费等所受之一切损失,保留将来有提出赔偿要求之权,合并声明。
	关于外国教会学校交涉事项。	云南美教士永伟里恣行不法案。	准云南省政府来函,以美教士永伟里私立学校,不听约束等因,本部照请美使迅予将该教士调离华境,并希见复。
	关于赔偿损失交涉事项。	一、瑞典人约翰生请求赔偿宁案损失事。	瑞典人约翰生宁案损失要求赔偿洋九千五百六十二元一案,迭经驻沪瑞典领事函由特派江苏交涉员请求赔偿。本部以南京事件业与英美等国先后解决,即中那宁案亦于本年五月间办理结束。关于瑞典部份数目较微,自应援照那威宁案办法,由特派江苏交涉员与驻沪瑞典领事

承办处所	工作类别	事由	办法
			就近接洽办理。当即令行该交涉员遵照去后,兹据呈复,送与瑞领磋商结果,拟以四千二百五十元,作为赔偿之数,经本部派员复查该瑞典人所受实在损失,尚非过分要求,业经呈奉行政院转饬财政部照拨矣。
欧美司	一、赔偿镇江英人损失事。	民国十六年镇江英人所受损失赔偿问题,由中国政府预拨洋六万八千元,交由中英两国各派调查委员一人支配之。该委员等应将此项损失数目,共同查明,核实分配,并造具清册连同单据等件,汇送中国政府备查。如该项赔偿解决之后,该款尚有剩余,仍须缴还中国政府。惟此项应调查之损失,应严格以英人所受之直接损失为限,其赔偿之总数,不得超过上述之数。该款六万八千元,已由本部发交中国调查委员戴德抚按照以下商定办法,与英方委员接洽办理:(一)调查此项损失,应按照中英宁案调查委员会之手续及原则办理;(二)如遇双方意见歧异时,应由双方委员同意,推举一公断员公断之,其国籍以与此案无关者为限;(三)六万八千元一款,应交该委员等暂行于双方同意之银行,作为专款,将来即以双方委员会同签字之支票提款;(四)此次调查事务,应由该委员等于一月内办理完竣,如必要时,得由本部与英使商定延长之。	

续表

承办处所	工作类别	事由	办法
欧美司	一、英商吉和轮撞沉逍遥津小轮事（续前）。	此案于本月十九日，据特派安徽交涉员呈报，被难家属处境困苦情形到部。当以公断办法，一时未便进行，即经指令该交涉员函请驻宁英领，转饬怡和公司，先行给予抚恤费若干，以咨救济而重人道。	
	一、美国鱼雷艇撞坏费根福驳船案。一、交通兵团之乘风、武昌两轮被大来洋行木筏撞沉案。	据特派江苏交涉员续呈该费根福呈称，全家困苦，生活无计，恳请转催从速赔偿等情。本部函请美使查照迅予转行速给相当赔偿，俾资生活，并见复。准国民革命军总司令部函，据交通兵团团长呈报，该团停泊南京三岔河乘风、武昌两轮，被英商大来洋行木筏撞沉，受创甚巨等情，请查照办理等因。本部照请美使查照转饬大来洋行负责赔偿。	

中国第二历史档案馆藏行政院档案

10. 外交部1929年12月份工作报告（1929年12月）

外交部民国十八年十二月份工作报告表

承办处所	工作类别	事由	办法
国际司	关于侨务交涉事项。	一、准中央侨务委员会函，以准驻澳洲总支部代表余荣函请仿照墨西哥加拿大前例，合澳洲南太平洋群岛设一代办执行外交职务，保护侨民。	经令驻澳大利亚总领事查明各国在澳有无此种先例，以凭核办。

续表

承办处所	工作类别	事由	办法
国际司		一、中央执委员秘书处函交驻海防支部呈为当地政府新订苛例四条，请交涉，并在中越条约签期内，严重抗议。 一、越南河内华侨代表骆连焕呈请向法使抗议取销华侨改用法文簿记命令。 一、驻秘鲁公使馆密电陈，秘外部面告古巴政府破获中国共产党机关，秘鲁政府已通令全国地方官厅严秘防范。 一、据驻把东领事文电陈报，巨港美孚油厂华工被土警杀死三名，重伤十余名，迳向该埠府尹提出抗议，并要求惩凶抚恤担保三款，并与爪哇总督交涉，均延不复，请核示。	经函法玛使要求转达越南政府，切实改善，并函复中执委会秘书处。 经函法玛使转达越南政府维持现状，并批仰随时就地向各关系官厅设法疏通。 经抄录原电函致中央执委员秘书处转陈。 经训电驻和戴代办，向和政府严重抗议，务期达到原提三款目的，并仰随与驻该地领馆接洽办理，并电驻爪哇总领事向爪哇政府催询，并严重抗议，并电驻把东领事切实交涉，随时具复。旋据驻和使馆电复，已严重抗议。又据唐领事来电称，该地府尹谓警察系自雇，应照平民案件办理。惟赔偿一节，是否应归和政府负全责，请示遵等情。经电复以警察肇事，惩凶应由该政府负责，抚恤可向雇方要求，仰酌量切实力争。又驻爪哇张总领事呈报，遵令催询此案情形。经指令随时与唐领事协商并涉，并分别呈报本部，及驻和使馆。又据唐领事呈报交涉此案情形，并附送谈话记录及名单，经电询该处法庭，有无若何办法，尚未据复。
	关于税务交涉事项	一、准财政部咨，以准东北政务委员会咨称，日商在南满铁路沿线开设烧锅，应征收公卖费。日本领事有主义上并无异议之声复，但日商尚未一律照缴，请转日商便饬遵。	经照会日使转饬日商遵照办理。

承办处所	工作类别	事由	办法
国际司		一、据特派湖北交涉员来呈，以准驻汉美总领事代表领事团函称，汉口运往内地，及有时运往武汉销售之货物，现仍收一种统税或厘金，洋商受其影响，请转商当局，将湖北省圈入不再征收厘金统税区域之内等语，呈请转咨财政部查酌办理令遵。 一、准和国公使来照，以十八年五月间有解司玛司及格兰华两轮船装运古巴糖斤进口，免税放行，与和属运入糖品，必纳额定税款者，待遇不同。谓与中和条约有违，提出抗议。	经咨财政部，旋准复称，各省厘金统税，现正在进行裁撤。即鄂省统税，亦正在筹备撤废，在未撤废以前，暂时自应仍照向章办理。已指令该交涉员遵照转复。 经咨财政部，旋准复称，政府为提倡内国制糖事业，准许国民制糖公司在试验制糖期内，将所用粗糖一万吨免征税厘，在此一万吨数量以内者，无论系古巴和兰或其他各国之产品，均得照案免税，并非专对古巴产糖有所差别待遇，已照复和使查照。
	关于公约事项。	一、按照一九二九年四月日来弗防止伪造货币公约第十二条之规定，签字各国，应设立一调查伪造货币之中央事务所。准国际联会秘书长函询中国政府已否设有此项机关，如已设立，嘱将组织情形及附属于何种行政机关各节复达由。 一、按照国际联合会盟约第十八条规定，任何联合会会员缔结各项条约，或国际契约，应在秘书厅登记。我国年来与各友邦新订各约，业经批准者，已有多种，亟应按照盟约办理。	经部转函财政部查复。 经部检同整理中美两国关税关系条约等十种，饬令国际联合国全权代表办事处转送秘书厅登记。
	关于公会事项。	一、国际联合会卫生部长拉西门应聘来华，请本部介绍相当人员参加其各项委员会。其中禁烟委员会一项，嘱派一熟悉禁烟情形者，为永久委员等由。	经部函准禁烟委员会介绍罗运炎为永久委员，即由部电饬联合会代表办事处转知联合会秘书厅。

续表

承办处所	工作类别	事由	办法
国际司		一、我国派赴国际联合会禁烟委员会代表王景岐，业经卸任回国，明年一月该委员会在日来弗开会，联合会代表办事处电请将出席代表衔名开示，以便知照秘书厅由。	经部函达禁烟委员会遴选适当人员，呈请派充，嗣奉令派吴凯声充任代表，即经转电该代表知照。
	关于禁烟事项。	关于厉行禁绝鸦片及其他代用品之实施办法，以司法院曾声明追溯治罪意见，经中央政治会议议决，照司法院办理。但实施办法，应逐渐进行，录案送交国民政府饬令行政院转饬禁烟委员会召集关系各部会同集议修订。	经部派员赴禁烟委员会会同集议修订。
	关于商品展览事项。	据驻比使馆呈称，比京第十一届商品展览会，定于明年四月间，在比京举行。照录比外部来函，连同展览会参加规则，请转行主管机关核办。	经函工商部，旋准复称，已检同原函规则函达禠代表民谊查核办理，复经指令驻比使馆知照。
	关于航空交涉事项。	航空署函复香港远东航空公司经理英人 R. Vaughan Fowler 拟乘海上飞机来华，既经遵章接洽，手续完备，应准入境，请转达。	经照会驻华英国公使查照。
	关于公共租界交涉事项。	交通部函请转饬特派江苏交涉员，迅将上海租界电话收回自办。	经令饬该交涉员再向领团切实交涉具报。
	关于禁令交涉事项。	一、驻华法使函称中越边界法属芒街地方，开设花会赌馆，引诱华民赴赌事，已转请越南政府查禁。	经指令特派广东交涉员知照。

承办处所	工作类别	事由	办法
国际司		一、国府文官处函称新城兵工厂订购无烟药二万磅，被驻新加坡华领扣留，请电饬放行，奉谕交外交部函达查照办理。 一、行政院令开，该部呈拟查验外人入境护照规则八条，院议决议，原则通过，仍交外交、内政、卫生、财政四部审议具复。	经电该总领事查明放行。 十二月三十日，由本部召集各关系部派员来部开会审议。
亚洲司	关于日轮撞沉新康轮事项。	一、新康被难家属会呈请向日方严重交涉，并设法救济被难家属。 一、中央执委会秘书处函，为奉批交办新康被难代表朱晓云呈请向日方交涉赔偿损失事。 一、国府文官处函为奉谕交下新康轮案请严重交涉并设法救济。 一、行政秘书处函为奉发新康轮被难家属呈请饬向日方交涉赔偿设法救济一案，请查照。 一、上海航业公会呈为新康轮船惨遭日轮撞沉，生命财产，迄未赔偿，乞严行交涉。 一、交通部咨为新康轮案据上海航业公会呈请交涉赔惩等情，请查照办理。	批令此案经商准交通部即照招商局拟在冲突地之裁判所起诉办法，令由江苏交涉员遵照办理。 函复本案办理经过情形。 同前。 同前。 代电复已令江苏交涉员照招商局所拟在冲突地点之裁判所起诉办法办理。 咨复该航业公会所称各节，前据径呈到部，业经本部将本案办理情形电知该会。
	关于日警检举共党拘捕华侨学生事项。	一、杨学洵等呈请转饬交涉释放东京实的籍学生。 一、驻横滨总领事呈报林国珍被迫出境情形，并称日警署对被捕者有滥用刑讯事。	代电驻日汪公使查明核办。

承办处所	工作类别	事由	办法
亚洲司		一、中央执委会秘书处函请将十一月十五日以后交涉经过见复，并抄送驻日总支部呈报日政府拘禁我国学生情形呈一件，以备参考。 一、日方函送被检举之华人十七名名单。	训令神户横滨总领事、长崎领事，向日政府要求纠正，并惩诫经办人员，其确有犯罪证据者，应要求宣布确证，或提商引渡归国惩办，并代电汪公使切向日当局交涉。 函中央执委员会秘书处查照。 函复十一月十五日以后本案办理情形。
	关于鲁大公司事项。	山东省政府代电关于鲁大公司事，请查照转致日本公使。	抄录该省所送办法及提案等件，咨请农矿部核复。
	关于前山东省政府与中日实业公司借款事项。	一、山东省政府咨为前山东省政府与中日实业公司缔约借款案，请交外债清理处办理并见复。 一、财政部咨复以前山东省政府与中日实业公司借款地方性质，应由该省府自行设法办理。	咨请财政部核复。 据复山东省政府。
	关于日轮凤阳丸私运鸦片入口事项。	禁烟委员会函，为据报日轮凤阳丸私载大批烟土，被海关抄获，请转饬查明交涉。	据令江苏交涉员查明详情，向驻沪日领严切交涉。
	关于青岛对日输出盐斤事项。	日本公使馆函，以日本精制盐之需要状况，正适合山东悬案细目协定附属书第八条第一项之规定，不能增加输入数量。	咨请财政部核定办法，咨由本部再行据向日使交涉。
	关于青岛日纱厂工潮事项。	中央执委会秘书处函请将解决青岛工潮详情见复。	据青岛市长暨山东交涉员报告工潮解决各节，函复中央执委会。

续表

承办处所	工作类别	事由	办法
亚洲司	关于济南德商石泰严饭店及天主堂损失事项。	山东交涉员呈,为德领函催办结德商石泰严饭店及天主堂损失各案,请鉴核施行。	指令此事又予允认,惟须俟济案调查会成立,向日方汇案清理后,再行偿结。
	关于沈阳日兵枪杀农民事项。	中央执委会秘书处函,为日兵在沈阳无故枪杀农民,请严行交涉。	代电辽宁省政府转饬查明办理。
	关于调查俄庚款保票及卢布事项。	一、财政部公债司函请抄送俄国暨其他各国部分庚子赔款保票底稿由。 一、财政部公债司函请转饬北平保管处检抄庚款各国部分保票由。 一、捷克代表节略咨询一九一九年哈埠卢布是否官币由。	已函复。 已函复,并行北平档案保管处检寄。 已电吉林交涉员查复。
	关于东北军事各项(续前案)。	一、上海情报分处电称苏联继续进攻博克图等处。 一、辽宁张委员电复,连日免渡河时有敌飞机前来侦察,牙克石以西发现敌方小数骑兵,博克图与安岭尚安静。	已电辽宁张委员查复。
	关于救济在俄华侨事项(续前案)。	一、上海侨务协进会呈,据吴寿南函称,乃父旭生为海参崴苏联政府无故拘留,备受苛虐,请设法救济由。 一、中央侨务委员会函同前由。 一、国府文官处函据上海华侨联合会呈请抗议在俄侨民被迫事。	已备节略致驻华德使馆请转行驻崴德领事查明交涉释放。 已函复。 已函复。

承办处所	工作类别	事由	办法
亚洲司	关于拯救外蒙赤祸事项。	一、行政院秘书处函，据张家口总商会转报旅蒙商民被外蒙政府受赤俄唆胁，施行虐待，请拯救由。 一、工商部咨称为奉令核办旅蒙商民被外蒙政府受赤俄唆使虐待一案，请先提抗议，留俟中俄会议解决。	已函复，并电驻德蒋公使请德政府转向苏联政府提出抗议。 已咨复。
	关于对俄舆论事项（续前案）。	一、沈阳国民外交协会电请将赤俄之各种暴行宣示世界由。 一、国府文官处函转交东三省农务联合会等宥电由。 一、国府文官处函据福建省党务指委会请进行中俄交涉，并公布交涉经过由。 一、中央执行委员会秘书处函据浙省党部电请向世界各国宣布赤俄暴行由。	已宣传。 已函复。 已函复。 已函复由本部送电驻外各使告各友邦。
	关于救护红万字会事项。	一、北平祁鹏电据世界红万字会中华总会函请保护红万字会会员由。 一、北平德使馆电复，已呈报德外交部转达苏联政府由。	已电北平总使馆请转电驻苏联德国大使交涉保护。 已电复北平祁处长。
	关于交涉发还被扣邮差邮件事项。	迭准交通部咨，据邮政总局转据吉黑邮务长报告该区各邮局往来邮件，连同邮差被苏联军队房劫，请设法交涉放还由。	已备节略致驻华德使馆，请德政府转向苏联政府交涉放还。
	关于德使保护俄侨事项（续前案）。	德使馆函送该国发来附件，关于哈埠参谋处内之俄侨，请改良待遇由。	已咨东北政务委员会查复。

续表

承办处所	工作类别	事由	办法
亚洲司	关于白俄交涉事项。	一、驻英施公使电询辽宁允白俄军官递解苏联政府惩办，是否属实由。 一、张学良电复并无递解白俄事。	已电辽宁张长官查复。 已据电驻英施使。
	关于道胜银行存款事项。	道胜银行存户金次克鲁格洛夫等呈请迅向协结斯追索拖欠道胜银行之款，发给贫困存户，以资救济由。	已咨财政部酌核办理。
欧美司	关于中外订约事项。	一、中西商约发生效力日期。 一、中瑞中那重订新约案。 一、中希通好条约批准案。 一、中秘商订友好通商条约案。	民国十七年十二月二十七日，中西两国在南京签订之友好通商条约，因西政府对于该约第一条，提出关税优待除外办法，双方迄未议妥。最近由驻西使馆向西外部磋商就绪，业由本部与驻华西嘎使，于本月三十一日互相通知，批准该约，即于是日起发生效力。 查中瑞商约早经期满，亟应重订新约。本部于本月七日电驻瑞中国公使立即向瑞政府提出商议，从速完成新约。又中那商约，亦已满期，前经本部照请改订，那政府尚无表示，亦于本月七日电驻瑞中国公使催促那政府从速照复，以便互派代表，在最短期内签订新约。 关于中希通好条约案，业于九月三十日我国驻法公使会同希使在巴黎中国使馆正式签字在案，该约约本已由法邮寄到京，经本部将该约批准文件，备文呈请行政院鉴核，转呈国民政府批准盖用国玺，仍发交本部以便互换云。

承办处所	工作类别	事由	办法
欧美司			本部前经拟就中秘友好通商条约草案,训令驻秘魏代办,依据草案,向秘政府商订在案。兹据该代办电称,连日向秘外部磋商,拟于年内赶办签订。惟华侨入秘一节,商议需时等语。本部电令该代办商请对方于年前先将友好通商条约签订,对于华侨入秘,请对方用书面声明,于最短期内,另订协定。
	关于临时法院观审交涉事项。	上海临时法院观审员美领事违法越权案。	上海商人团体整理委员会来函,以据上海钱业公会函称,该会会员恒隆庄经理陈子熏,因病向上海临时法院声请展限出庭一案,观审员美领事史蒂芬违约越权,擅下裁决,应如何迅予力争,以维国体而挽主权等语,请察核转商撤回另派等情。本部抄发原函,令仰特派上海交涉员遵照办理,并见复。
	关于索偿欠款交涉事项。	汉口德商礼和洋行欠还购办制烟机价案。	准财政部咨称汉口德商礼和洋行欠还购办制烟机价一案,经转饬湖北卷烟统税局,向该行交涉。据复,经德国公使查明一九二四年六月七日中德协约附件第六条内,载明此事业已解决等语。查中德协约附件第六条内索偿二字,有无范围,此案是否亦可包括在内,抑或仍可依据合同继续清理,请饬妥为解释等因。本部查一九二四年中德换文,本为履行一九二一

承办处所	工作类别	事由	办法
欧美司			年中德协约附件公函第二节而设,而中德协约附件公函第二节之规定,只及收容及战事赔偿各费,如本案等通常合法契约,似不包含在内,本案似可仍令湖北卷烟统税局根据换文,为有利于我之解释,向该礼和洋行继续交涉,观其答复如何,再筹因应,已咨复该部查照核办。
	关于外轮撞船交涉事项。	英葡两国轮船撞中国船事。	据特派广东交涉员呈送撞船表,计英轮四只,葡轮一只,并请照会关系国公使转饬该国在内河航行商轮,谨慎行驶,当经本部据情分别略请英葡两国公使转饬遵照。
	关于赔偿损失交涉事项。	赔偿镇江英人损失事(续十一月份)。	据调查镇江英人损失委员呈称遵令调查镇江英人损失计共十三份,估计共应赔偿洋六万七千八百三十四元零七分,前发下六万八千元,除去汇沪汇费洋二百四十元,实剩洋六万七千七百九十六元,以此相抵,赔偿英人损失,尚不敷洋三十八元零七分,此不敷之数,由英委设法补足,现已签发支票十三张,分交各驻在地英领转发各受损失者收领,理合备文呈报鉴核,等情。当经本部据请转呈行政院鉴核并转呈国民政府备案。

承办处所	工作类别	事由	办法
欧美司	关于知照本国新法令事项。	移送医师暂行条例管理医院规则。	准卫生部咨称,查医师暂行条例管理医院规则,业经本部先后呈准公布在案,国内中外医师自应一律遵守,检送此项条例及规则原文,并配译英文,咨请照会各国公使,分饬各领事转知各外国医生知照等因。经本部检同原送医师暂行条例管理医院规则原文及英文译件,照会驻华各国公使或代办,查照饬遵。

中国第二历史档案馆藏行政院档案

（二）外交部 1930 年度工作报告

　　说明:本节收录的是外交部 1930 年度的工作报表,从中可见每月外交部所处理事项的大概,如关于侨务交涉、党务交涉、税务交涉、电信交涉等等的线索和进展。南京国民政府继续与条约国谈判废除治外法权事,但列强提出种种条件,谈判陷入僵局。

1. 外交部函送 1930 年 1 月份工作报告表(1930 年 2 月 27 日)

外交部致行政院政务处函

　　径启者:前准贵处函开:“查各部会每月工作报告表须提出本院会议报告,嗣后贵部呈送此项报告表请多检油印或铅印本三十份,以资分派为荷。”等因;准此,查敝部上年十二月以前工作报告业经分期送达在案。兹继续送奉本年一月份报告表三十份,相应函请查照转呈为荷。

此致

行政院政务处

　　计附送本部十九年一月份工作报告表三十份

　　　　　　中华民国十九年二月二十七日

外交部民国十九年一月份工作报告表

承办处所	工作类别	事由	办法	备考
国际司	关于侨务交涉事项。	一、迭据驻爪哇总领事及把东领事报告：十八年八月二十九日，巨港美孚油厂华工因与马来工人口角，在场警察不问情由，重殴华工，该工负伤逃走，该警等随马来工人多名，复追至华工住所寻衅，刀砍华工，杀死三人，重伤六人。案出后又迭出杀死华工案两起。 一、准中央执委会秘书处函称：奉常务委员交下本党驻日总支部执行委员会呈，为美国驻日本各处花旗银行所用华员百余人，将于十九年二月底解雇，改用日人，请交涉一案，奉批交外交部酌办。等因。	当经驻把东领事查明事实，函达巨港府尹，提出惩凶、偿恤、担保三项善后办法。本部迭次分别令电驻把东领事、爪哇总领事及驻和使节，仰严重交涉，务达所提三项要求目的。乃巨港府尹谓凶警系美孚油行自雇，应作平民案件交法庭办理。而和属东印度总督且置之不理，其汉务司竟斥领事为商务无权向驻在国提出抗议。查中和领约第六条所载关于领事权限之限制，仅定不能向和兰国政府直接提议，至对于驻在地督抚可以直接请求，意义甚明。本部一面令我国驻和领事据约抗争，一面向驻华公使提出抗议，要求转达和政府，严令该督府接受本国驻在领事所提善后办法，认真办理，并抄发照会原文，分别令仰驻和使馆、驻	

续表

承办处所	工作类别	事由	办法	备考
国际司			爪哇及把东领事知照。经电驻美伍公使向该行总行妥商打消原议,并函复中央执委会秘书处。旋据伍公使电复称:该总行称日本四分行华人仅三十余,因变更买办制度,内部改组,有辞退者预告三月、给薪六月,亦有仍留者,等语。经函达中央执委会秘书处查照。	
	关于党务交涉事项。	据驻秘鲁使馆电称:秘外部面告:奉秘总统面谕,得确实报告,古巴政府破获中国共产机关,知该党派遣党人,分行美洲有华侨各国宣传共产。	经抄录原电,函达中央执委会秘书处,嗣准函复:请转饬驻古巴代办设法抄录古政府搜获之共党文件,送中央参考。经令驻古巴凌公使遵照办理,并函复该处。	
	关于税务交涉事项。	一、据驻澳大利亚总领事呈称:近因澳政府陆续增加进口货税,驻澳领事团领袖比国总领事,召集各国领事会议,议决共同提出抗议,拟就抗议书稿,由各领事送请各本国政府核示后,再由领事团共同提出。除华米加税,由我国驻领单独抗议外,抄录领事团抗议书稿,请鉴核电示祗遵。	查原抗议书稿,大致以澳政府现颁法律,确足伤害国际间相互感情及商务关系,表示反对,冀促澳政府之注意。本部复核无异,已电令照准办理。	

续表

承办处所	工作类别	事由	办法	备考
国际司		一、准湖南省政府咨称：我国纯锑运销美国，约占产额之半，闻美国上议院议增锑税，影响我国锑业前途至巨，请据理力争，等因。并准农矿部咨，同前因。 一、据驻智利使馆电称：智利硝矿总办警告：贵国政府重征硝石进口税，智利亦将加重华货进口税，并取缔华侨营业，以为抵制，等语。乞速商财政部，以免枝节。	经本部咨行财政部，旋准复称：智硝进口税现征百分之七又半，系按前关税会议原拟税率减轻百分之五，实为现行税率中最低者，俟修订税则时，当再酌改，现未便变更。等因。已电该使馆向智政府解释，俾免误会。	.
	关于航空交涉事项。	一、驻华英使照称：美国人 Van Loar Blach 拟乘飞机于三月间来华，请核复。 一、驻华日本使馆略称：据日本航空株式会社呈送飞行计划书，拟于三月间在大阪上海间作六次之试验飞行，请核复。	此案前经航空署核准，兹复函准该署复称：该机改期来华，仍可照准，惟照例不得携带照相镜。等因。经照复英使查照。 该会社在大阪上海间联络飞行，经前军事委员会核准有案，因故中止来沪，兹准开送计划书，核与外机入境办法相符，经函请航空署核复。	
	关于引渡交涉事项。	思明县政府呈称：厦门商民吴锡煌被族人吴子然父子等挟嫌枪杀，现吴子然等逃往安南，请照会法使引渡来厦归案偿命。	本部以该民吴子然等犯刑法第二百八十二条之杀人罪，证据确凿，经通缉有案，现既逃往安南，经照会法使转行安南政府按照国际通例，予以司法上之	

承办处所	工作类别	事由	办法	备考
			协助,即将该凶犯等密缉,经电驻厦法领知照,该县政府派员前往安南逮解归案,依法讯办。	
	关于禁令事项。	军政部函送外人游历中国境内领用枪照暂行条例,请查照。	本部以该条例给照机关限定为省政府或通商口岸之军事最高机关,于散居内地传教等等,及在边远辽阔省份交通不便地方之外人,领照殊多不便。又,驻华各国外交官请照仍应依照惯例,定由本部转请。又,照费及枪照有效期限,均与本国人民有别,难免借口。经函军政部酌予修正见复。	
国际司	关于公会事项。	一、上年国际联合大会建议开限制关税会议,其目的在减低各国关税,开会日期及地点由行政院于本年一月间决定。据联合代表办事处电询,届时我国是否派代表或 Observer 与会,请电复由。 一、据驻德蒋公使来电,以接军缩会议预备委员会通告,定于三月二十四日在日来弗开仲裁保安小委员会。议事日程为战时财政援助公约及防止战争模范公约两草案,并国际联盟有事时飞机交通问题。我国有无提案,请电示。等由。	经复以准派 Observer,即以该处长吴凯声充任。 当经函达军政部会商海军部主持办理。其战时财政援助公约,并先经商送财政部,据复称,赞成派代表参加会议,公同讨论,等语。	

续表

承办处所	工作类别	事由	办法	备考
国际司	关于公约事项。	准国际联合会秘书长函询中国政府曾否按照上年四月间防止伪造货币会议所订公约第十二条之规定,设立一调查伪造货币之中央事务所,并附属于何种行政机关,属见复,等由。	此案自去函财政部后,准复称:我国尚未特设中央事务所,所有调查伪造货币事项,由本部钱币司主办,各地方政府及警察机关,均负查缉之责。等因;当经据令国际联合会办事处转知联合会秘书长。	续上年十二月份
	关于征集刊物约章事项。	一、准农矿部咨称:查实业发展,端赖学术为之参证。东西各国,关于农林矿图书刊行不少,本部亟拟从事征集,藉供考镜。请转饬驻外各使领馆,关于驻在国上项刊物或著述,多方采取,随时寄部。 一、准江苏省政府咨:据农矿厅呈称,欧美各国对于渔业大都订有协约,即在领海、公海捕鱼,国际上亦有规定,请转饬驻外各公使,觅取驻在国与他国所订之渔业协约,以资参考。	经令驻外各使领馆遵照办理,并咨复。 经令驻外各使领馆遵照办理,并咨复。	
	关于派遣商务专员事项。	准工商部咨称:德国战后复兴经济状况瞬息万变,而科学昌明,生产发达,尤为吾国工商界借镜之资。兹派俞大维为驻德商务专员,请转电驻德使馆知照。	经电驻德蒋公使照会德外部知照,并咨复。	

承办处所	工作类别	事由	办法	备考
亚洲司	关于驻芜日领要求引渡王剑秋、王士谔事项。	一、安徽交涉员呈报王士谔等一案查讯情形,请核示。 一、党员吴养吾等呈为王士谔兄弟受冤,请迅令安徽交涉署转饬公安局释放。 一、王剑秋等呈请早日饬令芜湖市公安局即日释放,以便就医。	并案咨安徽省政府详予审核,径行饬遵。 批令:此事已咨行安徽省政府审核办理。	
	关于苏州日商租地事项。	苏州市长陆权代电为日商吉田以租地重复,蒙请另租,请核示。	代电复:其中有无别情,应注意查察,勿率允变更。	
	关于日报访员造谣事项。	陆海空总司令部参谋处函为太田访员捏造谣言,请向日使严重交涉。	函复:已提出交涉,日方允即查明办理。	
	关于日兵枪杀沈阳农民事项。	中央执委员会函,为日兵在沈阳无故枪杀农民,请查照办理。	代电辽宁省政府转饬查明办理,并见复。	
	关于台籍浪民庇烟抢犯事项。	一、禁烟委员会咨据闽省禁烟委员会电陈台籍浪民庇烟抢犯伤警情形,请严重交涉。 一、中华国民拒毒会函为台籍浪民廖献章等包庇烟犯,请向日领抗争。	咨复此事前据闽禁委员会来电,已向日方质询,并复该会径予缉惩。 函复此事前据闽禁委会来电,业经据以照办。	
	关于日本购买青盐事项。	日本公使馆函请查照前函,将本案详细情由,转达财政部。	咨财政部备案核办。	

续表

承办处所	工作类别	事由	办法	备考
亚洲司	关于延吉日警不法行动事项。	吉林交涉员呈报：日警武装包围延吉保卫团及学校，捕去教员，请向日政府严重交涉。	函驻华日使提出抗议，并保留继续交涉之权。	
	关于日警检举共党，逮捕华侨学生事项。	程昌祺呈请向日本交涉释放伊子程绍襄及学生余炳炆。	代电驻日汪公使查明办理。	
	关于青岛工潮事项。	中央训练部函请将青岛马市长关于工潮交涉情形来电抄送一份。	抄录马市长来电二件，函送查照。	
	关于鲁大公司事项。	农矿部咨：鲁大公司事，奉行政院指令准如所拟办理，请查照。	据复山东省政府：此事既由农矿部会同内政部依例清查，转达日使一节，可暂缓办理。	
	关于日轮长阳丸骑沉木船事项。	四川巴县县长冯均逸呈报会审长阳丸骑沉玄坛庙轮渡木船、淹毙人命损失一案处分情形。	指令应予存案备查。	
	关于苏联释放华侨事项。	一、驻华德使馆电：准苏联外交部正式通知，所有因中俄之争在苏联全境拘禁之华侨，均被释放。 一、北平德使馆电：华侨在海参崴被释后困苦异常，苏联不允免费回国，盼速汇款接济。 一、辽宁张委员电复：华侨回国免费事，伯力会商中并未规定。	电复中国驻苏联远东各领事未返任前，在俄华侨利益及保护事宜，请继续办理，并电驻德蒋公使与德政府商洽。已拨款径汇海参崴德领，并电询辽宁张委员：伯力会议对华侨免费回国事，有无接洽。已电北平德使馆，请转电驻崴德领向苏联交涉，如难办到，将回国人数及需费用电示。	

承办处所	工作类别	事由	办法	备考
亚洲司		一、驻华德使馆电：吴旭生于去年十月间释放，十二月又与其妻有行贿嫌疑被逮。 一、驻华德使馆电：王殿霖被俄拘禁，驻海参崴德领交涉多次无效，请与驻哈代表同时交涉释放。	电复请再转电驻崴德领交涉释放，并函复侨务协进会。 已电辽宁张长官转饬交涉释放，并复德馆。	
	关于苏联军队掠劫邮件事项。	一、北平德馆节略称：吉黑邮局往来邮件、邮差，迭被苏联军队掠劫事，已呈请本国政府向苏联交涉发还。	已据情咨请交通部查照。	续前。
	关于驻华德使代理苏联东省利益事项。	驻华德使馆电准苏联政府正式通知，德国代理苏联东省利益现告终结由。	已复。	
	关于芬兰政府派驻华代办事项。	驻芬兰朱公使电：芬政府拟派 Wahamaki 为驻华代办，来馆征求我方同意，乞核示。	电复可以同意。	
	关于中苏邦交及会议事项。	一、驻芬朱公使电：报载苏联政府已通知德政府，中苏业已正式恢复外交及领事关系，是否属实，乞核示。 一、驻罗马沈代办电：报载南京政府否认伯力新约，拒绝参加莫京会议，确否？乞电示。 一、国府文官处函：据广东对俄问题委员会电，报载蔡代表越权订约，如果确实，请撤蔡职，并应付策略。	电复：中俄并未正式恢复邦交，旅俄华侨，仍请驻苏联德使领继续保护。 电复：伯力纪录，中央认为有逾越范围之处，已电东省派员来京筹谋补救办法。 业电复广东对俄问题委员会，函复文官处查照。	

续表

承办处所	工作类别	事由	办法	备考
亚洲司	关于中国与立陶宛订约事项。	驻苏联大使馆代理馆务夏维崧呈以立陶宛政府拟与中国订立设领通好条约，并送来约稿，呈送鉴核示遵。	已指令该参赞：如彼方同意，可援照现在我国与拉、爱两国商订友好通商航海条约，酌与议定，并先报部。	
	关于苏联侵略外蒙事项。	准工商部咨：据北平外馆商帮协会呈，以俄方在外蒙推行赤化，排斥华商，请提出中俄会议解决由。	已复。	
欧美司	关于中外订约事项。	一、中西商约发生效力日期。一、中捷订约案。	民国十七年十二月二十七日中西两国在南京签订之友好通商条约，业由本部与驻华西使于上年十二月三十一日互相通知，批准该约，即于是日起，发生效力，当于本年一月八日呈报国民政府备案。捷克斯拉夫共和国系中欧新兴之邦，其工商业颇为发达，人民来华侨居者日渐繁多，我国人民每年前往该国者亦颇不少。为促进两国友好关系起见，似应及早订立商约，以资遵守。现该国已遴派专员来京议订此项条约，经本部备文呈请国府特派全权代表，并颁给全权证书在案。现双方意见业已一致，该约不日即可签订。	续十八年十二月份。

承办处所	工作类别	事由	办法	备考
欧美司	关于赔偿损失交涉事项。	一、中英宁案审查估计赔偿英方损失数目。 一、英商太古公司君山拖轮撞坏吉州小轮案。	据中英宁案调查委员会呈送审查估计赔偿英方损失数目总报告：（一）英政府要求数目共计英金二万〇九百十七磅九先令一又四分之三便士，又洋六万三千四百三十八元三角二分；（二）个人及团体损失估计数目共计二百十万〇四千五百八十五元四角；（三）私人生命赔偿估计数目共计十五万元。当由本部于本月二十七日呈送行政院转呈国民政府鉴核示遵，并指令知照。 据武汉航业公会呈称：有乾元公司吉州小轮，于上年八月八日被英商太古公司君山拖轮，在皖境东流县大士阁附近龙窝地方撞坏，迭经地方交涉赔偿损失无结果，应请由部向驻京英领交涉等情。当即批令转饬该公司将吉州轮被撞损失数目，核实估计，开列清单，送部核办。	
	关于电政交涉事项。	一、照请转饬拆除云南之法国无线电台案。 一、取消水线电合同案。	据前特派云南交涉员呈称：云南省政府前向法人购置五十基罗瓦特之无线电机一案，其合同第五条内载：欲求各机使用便利，立合同	

承办处所	工作类别	事由	办法	备考
欧美司			人可先行在云南省城安设五基罗瓦特之小电机一具，以资试验等语。于是法人即在云南府车站安设小无线电机一具，迨大无线电台工程完竣，本省政府接收大无线电台时，即由本署照会法委，请其将安设车站试验之小无线电台转饬拆卸，经交涉，迄未照办。最近蒙自法领署又复私设电台，与河内通讯，恳请交涉，一并拆除，等情。经本部照请驻华法国公使："查无线电事业，关系中国主权，任何外人绝无在中国境内设立电台之理，当一九二一年十二月七日华府会议决议关于在中国之无线电台问题时，中国代表团业经正式声明中国不承认，亦不让与任何外国或其人民未经中国政府明白许可，而有安设或办理无线电台之权。此中详情，谅贵公使早经洞悉。今云南府车站之无线电台未见拆除，而蒙自法领署内之无线电台又已设立，似此违反国际约章、蔑视中国主权，中国政府绝端反对。用特提出严重抗议，相应照请贵公	

承办处所	工作类别	事由	办法	备考
欧美司			使查照。"转饬从速拆除并见复。 准交通部咨开：查西历一千九百〇五年四月六日，前清中国电报局允准美国太平洋商务水线公司，由马尼拉安设水线至上海附近地方，双方所签订之合同及其他一切有关系之文件，现决自民国二十年一月一日（即西历一千九百三十一年一月一日）起，一律废止。除函该公司查照预为准备处置办法外，相应咨请照会美国公使查照。等因。本部照会美国驻华博理代理公使查照矣。	
	关于保护外侨事项。	一、美侨在江西赣州请求护送出境案。 一、教士 Sandy 在湖北大冶地方被掳案。 一、封锁广西藤县以上之河道交通案。	准美使馆电：据赣州美教士电陈，共匪占据兴国、万安、龙泉三县，向赣州前进。驻军单薄，请迅予设法，俾美侨得安全离境。等因。本部电江西省政府派得力军队，将外侨护送安全处所，以免意外。 接英使馆节略称：英教士 Sandy 在湖北大冶地方被共匪掳去，请营救，等语。当即迭电湖北省政府及大冶县县长从速设法营救该教士出险。兹据湖北大冶县县长代电称：该教士已于本月支日出险。	

续表

承办处所	工作类别	事由	办法	备考
欧美司			当由本部函达英使馆知照。准广东省政府称：为便利军事计，自十九年一月二十一日起，暂行封锁广西籐县以上之河道交通，以两星期为限。等因。经本部分电驻华英、美、法、日本四国公使馆，转饬各该国商轮，如期停航该处，以免危险。	
	关于外人来华考古事项。	美人来华探索古迹事件。	据驻美伍公使函称：华盛顿 Freer Gallery of Art Washington 副理事 Mr. Carl W. Bishop 拟利用飞机来华探索古迹，请予以相当之便利，等情。本部函请航空署查核见复，如有应行遵守之规章，并希检送过部，以凭转致。	

中国第二历史档案馆藏行政院档案

2. 外交部函送 1930 年 2 月份工作报告表（1930 年 3 月 31 日）

外交部致行政院政务处函

径启者：前准贵处函开："查各部会每月工作报告表须提出本院会议报告，嗣后贵部呈送此项报告表，请检油印或铅印本三十份，以资分派为荷。"等因；准此，查敝部本年一月份以前工作报告业经分期送达在案。兹继续送奉本年二月份报告表三十份，相应函请查照转呈为荷。

此致

行政院政务处

　　计附送本部十九年二月份工作报告表三十份

　　　　　　中华民国十九年三月三十一日

中国第二历史档案馆藏行政院档案

外交部民国十九年二月份工作报告表

承办处所	工作类别	事由	办法	备考
国际司	关于通商交涉事项。	一、工商部咨称：如有外人取用大中华国号为商号，国际法中及外交通例，有无禁止或限制，抑或须经对方国之许可，请查核见复。 一、财政部咨称：盐务署呈为久大精盐公司按照定章，拟往无锡设店，该处是否自辟商埠，请查复核办。 一、迭据驻智利使馆呈电，以智外部谓我新税则征收智硝进口税过重，请求加以考量。 一、前据河北交涉员呈以准驻津日领函请撤回运铜禁令，并请将日商地金同业会所有存品暂行通融许可出口。 一、埃及新颁关税条例，对中国、日本所产烟业，酌减进口税，请中日政府承认，以三月十七日为限。	查用国号为商号，在国际法中暨外交通例，尚无如何规定，如果确有此项事实，致生影响国货或华商之嫌，似可酌即制止，咨复查照。 查无锡系民国十一年，为旧农商部会同内务部，呈奉辟为商埠，咨复查照。 经转咨财政部核办，准复称：智硝进口，现征百分之七又半，系按前关税会议原拟税率减轻百分之五，实为现行税率中最低者，候修订税则时，当再酌改，现未便变更。等因。已电驻智利使馆向智政府解释，俾免误会。 经转咨财政部核办，准复称：观除禁令一节，应毋庸议，惟日商地金同业会已存关栈铜斤，准予通融，饬关切实查明后，报运出口，已由本部函致驻华日本公使馆转饬遵照。 我国决定承认，已电驻英施公使通知埃及驻英使馆转达。	

承办处所	工作类别	事由	办法	备考
国际司	关于侨务交涉事项。	一、中央执委会秘书处来函,交办驻暹罗总支部指委陈忠伟条陈暹罗党务、侨务、教育办法之第六项关于暹罗移民局苛待华侨事。 一、中央执委会秘书处来函,交办和属南洋群岛查禁三民主义教育并压迫华籍教师出境案。 一、自一九二四年,美政府颁行移民新律后,凡是年七月一日以后,以商人资格来美之外国人,因事回国,请领回美执照者,移民局辄靳而不与。此虽为限制外国人入口之通例,然他国人可入美籍,华侨则不入美籍,故数年以来,华侨商务不能发展,皆受此新移民律影响。经在美华侨各团体联请伍使交涉修改。	经训令驻日汪公使,与暹使磋议改善。旋据呈复称:暹使称,依照暹罗移民法,凡到暹罗者,均须携带旅费,否则暂时拘留,一俟有在暹亲友保证,即准入境,至关于虐待事,当即转达政府查明办理,等语。据复中央执委员秘书处。 经通令驻和属南洋各领馆,以此案迭经令行解释交涉,最近对方表示有无转圜希望,事关华侨教育,不能任其禁压,惟在中和条约未修改以前,为避免引起国籍问题起见,仰一面随时注意,妥为交涉解释,一面责成侨校教职员将党义教育,即于各课中随时灌输,免至借口,并将此项办法,函复中央秘书处转陈。 据伍公使呈报,此案与美外部正式交涉,文牒往还,时逾半载,至上年十月三十一日始得美外部复称:按照新移民律第三项第六款,取得入美资格之华商,于其离美时,欲取得回美资格者,可具声请书,请主管官吏证明,俟起程回美前送请就近美国驻在官吏签证,即可	

续表

承办处所	工作类别	事由	办法	备考
国际司			再行入美,云云。是案已有圆满结果,等语。经指令备案。	
	关于航空交涉事项。	一、驻华法使略称:侨法俄籍女飞行家 Bernstein 拟于短期内乘法国飞机在中国领空飞航,其飞行路线拟由广州、香港、福州、上海等处往返,并在各该城内降落,请核复。 一、日本航空株式会社在上海、大阪间试验飞行事,准航空署核复照准,惟飞行日期须先通知。 一、驻华美国使馆电称:福特汽车公司拟将飞机一架运至横滨,再由横滨飞至奉天、北平、天津、上海、南京、汉口、广州、香港等处,作试验飞行,请核复。	函准航空署核复,准其入境,以入境日期须先通知,等因。经略复法使查照办理。 经略请日本使馆转饬遵照办理。 函准航空署核复,准其飞行来华,惟不得携带各项违禁物品及飞越各禁航区域,等因。经电复美国使馆查照,旋准该馆电请指定禁航区域,经函询航空署核复。	续一月份。
	关于引渡交涉事项。	一、思明县政府请向越南总督引渡逃犯事,准驻华法使照复,已转达该督查照。惟为便利捕拿该犯办法引渡起见,请将此事全案卷宗及法官所出之合法拘票,寄交本馆。	经指令思明县长遵照接洽办理,送部以凭转寄。	续一月份。
	关于禁令事项。	一、行政院令发修正国府查验自卫枪炮及给照暂行条例,并各种枪照样本,仰知照。	查阅此项条例,似对中外人民一律适用,惟与军政部所颁外人游历中国境内领用枪照暂	

承办处所	工作类别	事由	办法	备考
			行条例颇有出入。经提出五点，函请军政部，与上届函请修正外人领照条例并案核复。旋准复称，已将外人领照条例分别修正，呈请行政院鉴核备案，俟奉到指令，再行函达。	
国际司	关于公会事项。	一、据国际联合会秘书长来函，以第五届大会曾议决召集编纂国际法会议，嗣于第八届大会时选定第一次会议应行讨论问题三项，令行政院委派专家，组织筹备委员会。现在筹备已告完成，行政院乃决定于本年三月十三日在海牙召集会议。奉该院训令，邀请我国派员与会由。 一、我国积欠国际联合会会费为数甚巨，据该会来函催缴，并据驻美伍公使呈请设法清理，俾将来要求行政院院席时可塞反对者之口，等由。	经咨请财政部，将一九二九年以前之费统作旧欠，每年摊还十五分之一，分两期交付。至本年会费，亦分两次交付，统于本年大会前缴清。准该部复称，本年第一期应缴各费，当即筹拨，云云。 经呈奉行政院转奉国民政府令派驻美公使伍朝枢为全权代表，并经电令该使就使馆人员中遴选熟悉公法者二人，派为专门委员。所有政府对于讨论文题之意见，亦经分别函电该使查照办理。	
	关于公约事项。	国际联合会第十届大会通过英国为求适合非战公约起见，对于盟约第十二、十三、十五三条提出之修正案。据联合会秘书长来函，以此项修正案业由行政院指定十一人组织	当以英国提案可表赞同，惟第十二条第二项中公断员裁决及法庭判决发表时间，原文相当字样似应改一确定期间，以期迅捷。径即电令代表办事处通知秘书长。	

续表

承办处所	工作类别	事由	办法	备考
国际司		委员会研究,定于二月二十日在日来弗开会,将各会员国意见编成报告,送交本年第十一届大会决定办法,请中国政府速将意见通知。等由。		
亚洲司	关于日警查抄国历事项。	辽宁交涉员呈称:派员实地调查,并无抄没国历情事。	据复教育部。	
	关于大吉丸机士杀毙王海林事项。	一、湖北省政府咨为日轮大吉丸机士杀毙华人王海林一案,请向驻华日使交涉。 一、湖北省政府咨为王海林案据汉口特别市党部临时整委会函请查照办理,请并案核办。 一、湖北省政府咨据民妇王陈氏呈日人杀毙夫王海林等情,希并案核办。	咨复:此事可径向该轮船公司索交凶犯,如该公司延不遵办,可通知日领,转饬迅将该犯交出,如日领不允照办,再行咨部交涉。 复请查照本部前次去咨办理。 咨复:此事迭经奉复在案。	
	关于日人在鲁售卖毒品事项。	禁烟委员会咨以日人在吾国领土内公然纵毒,请严重交涉。	据咨山东省政府转饬地方,严密缉惩,并将日人纵毒事实查明,咨部交涉。	
	关于中日实业公司借款事项。	行政院政务处函为中日实业公司函请清偿山东实业借款一案,经院议议决,着交财政、外交两部核复。	咨山东省政府:此案既经院议议决,仍照原议办理,可据函该公司知照。	

续表

承办处所	工作类别	事由	办法	备考
亚洲司	关于日警拘捕神户华侨事项。	一、中央执行委员会秘书处函为旅日神户华侨，因开废除领事裁判权大会，被日警捕押多人，请核办。 一、中央执行委员会秘书处函为首都对俄外交后援会呈请严重交涉日本摧残侨胞案，请查照办理。	函复此事据驻神户总领事呈报，因华侨开会时，散发传单，发生误会，被日警署传唤五人，当经交涉，即行释放。 函复此事前经函复在案，请查照转知。	
	关于日警检举共产党，拘捕华人事项。	一、中央执行委员会秘书处函为驻日总支部执委林国珍被日警拘捕，请提出抗议。 一、驻日公使呈报日本拘捕中国学生交涉情形。 一、中央执行委员会秘书处函为日警署拘捕中国学生，有四十余人未释，请严电驻日公使迅予办理。 一、中央组织部函请抄送驻日公使关于日警拘捕中国学生之交涉经过报告。	据函驻日公使酌核办理，并函复中执会秘书处。 代电复，并饬再切向日当局催促将该被拘学生迅予省释。 函复已再电驻日公使，转催日政府，将该被拘学生迅予省释。 抄录驻日公使来呈及本部去电，函送查照。	
	关于青岛日警事项。	中央招待委员会秘书处函为青岛仍有日警携带武器往来巡逻，近且擅捕华人，请核办。	分电青岛市政府及本部视察专员崔士杰密查详复。	
	关于日本苛惩华绸重税事项。	一、国府文官处函为苏州云锦纱缎同业公会等电请对日订约应以国际关税平等，明文订立专条。	函复改订中日商约时，自当特予注意。	

承办处所	工作类别	事由	办法	备考
亚洲司		一、中央执行委员会秘书处函转朝鲜中华总商会等电请对日互订平等条约。 一、国府文官处函为中华国货维持会电以日本重税我国纱绸,请于中日修约,提前交涉。	函复该总商会等电,称各节当予注意。 函复俟中日修约时,自当特予注意,请查照转知。	
	关于赤俄侵略外蒙事项。	一、蒙藏委员会咨:据北平外馆商帮协会呈苏联侵略外蒙各节,请于中俄会议时严重交涉。 一、工商部咨称:奉行政院令交办察哈尔省政府呈报外蒙方面俄人虐待华商,应请并案提出中俄会议解决。	已咨复:当于中俄会议时提出交涉。 已咨复:当于中俄会议时提出交涉。	
	关于苏联释放华侨事项。	一、沈阳张委员电称:苏联所拘华侨,虽经释放,惟俄方不予输送,我方无法接收,请转商向苏联交涉。 一、德使馆函送在俄尚未释放华侨四十五名之名册,并称已由该国驻崴领事抄送苏俄外交部等机关。	已电北平德国公使,请转电驻俄德领向俄交涉,将华侨送至华境,以便接收。并已电复辽宁张委员。 已函复德使馆,请转达驻崴德领向苏联交涉释放,并请详查苏联远东其他地方是否尚有未经释放之华侨。	续一月份。
		一、北平德使馆电:据驻崴德领电称,吴旭生已于本月二十二日释放。 一、德使馆函转达在俄释出华侨齐凤林等致部电报。	已据电分函侨务委员会与上海侨务协进会。 已据该侨等来电,函德使馆。	

续表

承办处所	工作类别	事由	办法	备考
亚洲司		一、中央政治会议秘书处函称：此次华侨由俄逃经土境，甚得驻土丹使援助，希向丹政府致谢。	已电驻丹罗公使向丹政府致谢。	
	关于中苏邦交及会议事项。	一、国民政府指令颁发中苏会议代表莫德惠全权证书，由部转给祗领，并附全权证书一件。 一、山西省政府咨：据汾阳张其宽函陈赤俄禁止汇款各节，请按理力争。 一、中执委会秘书处函：据江苏省党务整理委员会呈请撤消蔡运升承认苏俄派武装驻哈保护苏俄领馆。 一、海员粤支会代电：中东路事，恳转莫德惠本国家利益为前提。	已呈复，并检同全权证书，函送莫代表查收。 已咨复：俟中俄会议开议时，当汇案提出交涉。 已函复：伯利会议，蔡运升并无承认苏俄派武装驻哈保护领馆事。 已代电复。	续一月份。
	关于营救芬兰女教士被掳事项。	一、驻芬兰朱公使电称：据芬兰外部面称，旅华芬兰女教士三人被匪架去，请设法营救。 一、上海办事处函送驻沪芬兰领馆为芬兰女教士被掳，请设法营救原函，转呈核办。 一、芬兰驻沪代办请设法营救被匪架去之芬籍女教士。 一、上海办事处电称：驻沪芬兰代办迭次来处，催询营救情形。	已电驻芬兰夏代办转告芬兰外部：关于被掳女教士，已电省政府设法营救。 已电复，并电江西省政府迅为设法营救。 已电复。 已电复。 已电复江西省政府，并电驻芬兰夏代办及驻沪芬代办查照。 已据电江西省政府查复。	

承办处所	工作类别	事由	办法	备考
亚洲司		一、芬兰代办函催从速营救被掳之三女教士。 一、江西省政府电复：关于此事，已饬令成旅长、彭县长查明营救。 一、驻沪办事处函转芬兰总领事馆函，同前由。 一、江西省政府电称：据吉安成旅长电，已通饬所属设法营救。 一、驻芬兰使馆电请意图设法营救被掳女教士。 一、上海芬兰代办请从速设法营救被掳女教士。	已函复。 已电驻沪办事处转告芬兰代办。 已电复。 已转电江西省政府，并电复该代办。	
	关于收回租借地交涉事项。	收回威海卫租借地案。	收回威海卫专约草案，业经与英使蓝普森商妥，现英使已将该草案寄呈英政府请示。	
	关于中外订约事项。	一、中美公断条约案。 一、中古商约案。	国民政府特派驻美伍公使为全权代表，与美国议订此项公断条约，并将原送草案修正，连同特派全权证书、中英文约稿暨英文说明书各一份，令发该公使遵照办理。去后，现据该使电称，美方对于我国主张已完全容纳，等情。本部电令予以同意。 此案曾令驻古凌公使与古巴政府接洽商订。兹据该公使电称：侨民	

承办处所	工作类别	事由	办法	备考
亚洲司			渴望商约完成,应否急进,请核示,等情。经电复:查案积极进行,并随时电告。	
	关于江岸使用及停泊权交涉事项。	英商太古公司请求永久免费享有汉口江岸使用及停泊权。	选据英商太古公司请求永久免费享有汉口江岸使用及停泊权,当经本部拟具下述意见,即"汉口特别市政府因太古公司业已捐助地皮一段,充建筑江岸马路之用。故该段地皮,特别市政府对于太古公司之使用江岸及停泊船只,准予免征照费"。已于本月十日咨请汉口特别市政府酌核办理。	
	关于无线电机交涉事项。	英人莫尔克姆在烟台私设无线电机案。	准交通部咨以烟台英人莫尔克姆私设无线电机,供给报馆消息,有违电信条例,请交涉取缔。已由本部照会英使转饬撤销。	
	关于发还外人产业交涉事项。	英人哈同在杭州置产被占案。	选准英使函,请将英人哈同在杭州被占产业发还或给予相当代价。本部以此案前经饬令地方官查明,此项产业选经哈同声明无涉,有案可稽,且杭州非通商地点,外人本无置产之权,函复英使查照。	

续表

承办处所	工作类别	事由	办法	备考
亚洲司	关于交涉法水兵侮辱华妇事项。	二月一日,上海徐家汇圣母院桥站岗之法国水兵,将路过妇人薛徐氏抱住,恣意戏摸,并殴伤行人张子元等四名。	经照会法国公使,迅予严惩肇事水兵,赔偿医药各费,并令该处水兵克日撤退,以维中国主权。	
	关于营救龙州法领出险事项。	准法国公使电称龙州之共产党于二月二十日夜间,将该处法国领事架走藏匿边境等语。	分电广西、云南两省政府营救出险,并呈请蒋主席鉴核、转饬当地驻军火速营救,免生意外。	
	关于比前外相樊达运来华事项。	据驻比使馆呈称:接比前外相樊达运来函,华方邀请厚意,至为感激,并拟预备来华,等语。	经分别函达中央执行委员会秘书处、中央研究院及中比庚款委员会查照接洽。	

中国第二历史档案馆藏行政院档案

3. 外交部函送 1930 年 3 月份工作报告表(1930 年 4 月 30 日)

外交部致行政院政务处函

　　径启者:前准贵处函开:"查各部会每月工作报告表须提出本院会议报告,嗣后贵部呈送此项报告表,请多检油印或铅印本三十份,以资分派为荷。"等因;准此,查敝部本年二月以前工作报告,业经分期送达在案。兹继续送奉本年三月份报告表三十份,相应函请查照转呈为荷。

　　此致

行政院政务处

　　计附送本部十九年三月份工作报告表三十份

中华民国十九年四月三十日

中国第二历史档案馆藏行政院档案

外交部民国十九年三月份工作报告表

承办处所	工作类别	事由	办法	备考
国际司	关于设领事项。	一、准中央执委会秘书处函称:奉常务委员交驻利物浦直属支部执委会呈请,在利物浦设领,如经济现时办不到,可否暂委该支部代办。奉批:(一)交部注意;(二)向无此办法。特抄同原呈函达查照。 一、准中央执行委员会秘书处函称:奉常务委员交下中央侨务委员会呈准驻澳洲总支部函请在香港设置交涉署或领事馆,以便检查华侨出入一案,奉批:交部。特抄同原呈,函达查照。	查利物浦增设副领馆,早经呈准有案。惟以经费未能确定,不克实行。近来侨众恳请甚殷,自不能不变通办理,应先在该处设立分馆,由驻伦敦总领事馆内遴员派往开办。除令驻英施公使暨该总领事遵照办理外,并函该处查照转陈。 查香港为东西洋航海总汇,商务丛集,华侨出入颇众。该总支部建议各节,不无见地,惟香港情形特殊,交涉署既难设置,派领事属创举,自应详加考虑,再为核办。函复该处查照转陈。	
	关于党务交涉事项。	新加坡解散党部案。	据报新加坡总督金文泰于本年二月间召集驻英属总支部执监委员宣布,各级党部须于本月内停止一切活动。当即急电驻英使馆及驻新加坡总领事,分向驻在地政府严重抗议。嗣据电复:英理藩部答称:此案须待坡督详报,再行核办见复。迭电令继续据理抗争,务期恢复原状。	
	关于侨务交涉事项。	一、越南华侨改用法文簿记案。	据河内华侨报告,越南法商会有请该地政府饬华商改用法文簿记之举,经部函请法使转达该属地政府维持原	

承办处所	工作类别	事由	办法	备考
国际司		一、日本限制华人登陆案。 一、和属苏门答腊各处强迫华人服役案。	状,勿予变更,旋准函复:业经转达,一俟复到,即行达知,等语。 准中央秘书处、国府文官处先后函达:日本限制华人登陆各项苛例。迭经电令驻日公使彻底交涉,据电复称:经向日外部迭次切商,彼答:俟与内务省协议再复,等情。 据驻巨港领事呈报:和属法律对于东方人民本有强迫工役一项,现在爪哇业经取消此制,而苏门答腊之把东、比子闽、拉哈、云林等处华侨尚须服救火、修路之役。经与地方官磋商,拉哈、云林两处,已自动取消,把东、比子闽尚未就范,等情。当经指令该领事,续向该管地方官切商取消此制。	
	关于税务交涉事项。	一、准财政部函:自政府施行烟税以来,各省均已举办,惟威海卫一埠,尚无稽查机关,现拟派一专员,驻扎该埠,以便稽查进出口之烟卷。 一、准财政部咨以上海租界印花税自与领团洽商妥协后,推行已经数月,法租界事同一律,请向法外交当局交涉,援照公共租界现行办法,一体办理。	经本部备具节略,达知驻华英使接洽。 经本部训令驻沪办事处向驻沪法领切实商办,旋由该处长偕同印花税局长,往与法领接洽,法领允于法租界内,概照公共租界办法推销印花,并正式函复在案。业据情转知财政部查照。	

承办处所	工作类别	事由	办法	备考
国际司		一、前准驻华德使与本部提议两国所派外交官及领事官等用品免税相互待遇办法,大致谓:大使、公使、代办并以次所属各员及家属又领事署之外国人员及家属,所有一切用品自外国输入者,一律免税。 一、据报告,印度政府近提案于议会,对于进口棉货,拟增关税至百分之二十,而除英国制品外,又须加征百分之五,于我国棉业影响颇大。	本部查此事系本相互主义,为同样之待遇,自可准照办理。业经与德使互换照会备案,并咨财政部查照。 查中英关税新约,彼此货物进出口税,不得异于或较高于本国人民之待遇。华货自应与英国制品一律,不得歧视。业经电致驻英公使向英政府声明。	
	关于航空交涉事项。	一、航空署函复指定禁航区域十六处,美国福特汽车公司飞机入境,不得在各区一千米以下五(kilometer)以内飞行。 一、行政院转奉国民政府交办驻法使馆呈为法京召集第一次航空安全大会,请允护助一案,交审军政、外交、交通三部会同核议具复。	经列举各禁航区域地名,电复美国公使查照。此事前准交通部提议,指定地点、日期,派员会商,经函复赞同。旋准军政部函称:该会召集目的,系为谋科学上及实施上航空之安全,于我国航空必有裨益,似应呈请慨允护助,并令驻法使馆派员出席,请表示意见,等因。亦经函复:应俟三部集议较臻妥善。嗣在交通部开会,结果决定照军政部来文意见,由交通部主稿,会同呈复。	
	关于华洋诉讼办法事项。	司法院函称:华洋诉讼办法,业经训令司法行政部通令各法院,所有华洋上诉案件,一律改由各省高等法院或分	经分别照会驻华英、法、美、和、那威、巴西等国公使暨分咨各省省政府、各特别市政府,转饬遵照办理。	

承办处所	工作类别	事由	办法	备考
国际司		院,依普通诉讼法令受理,请转饬,将各地交涉署未结案件,送交接收。		
	关于公共租界交涉事项。	美使照询江苏交涉署裁撤后,该管会丈局交由上海市府土地局管辖,该局局长有无办理印发道契之权,请查复。	当以该会丈局业经交由上海市政府接管,此项印发道契事务,该市府如何办理,未准咨知,经行文该市政府查复。	
	关于禁令交涉事项。	上海特别市政府咨以美人罗克主演不怕死影片侮辱华人,影响国际地位,请提出交涉。中执委会宣传部函以美国罗克主演不怕死影片侮辱我国民族,请据理交涉,禁止开映。内政、教育两部咨以不怕死影片侮辱华人,请交涉禁止映演,并将该片悉数焚毁,以全国际友谊。	经令驻美公使向该片出品公司交涉撤回,嗣后制片当顾全友谊,免起误会,并函复该市府查照。函复:此事业经饬驻美公使交涉,请查照。咨复:已令驻美公使交涉,速将该片撤回,并嗣后制片应顾全友谊。来咨拟对其他影片积极取缔,本部以为应俟立法院正在起草之电影检查条例颁布后,再行办理,较为妥善。	
	关于公会事项。	一,据驻日本汪公使来呈,以第十九届国际统计会议定于本年九月间在东京开会,日本外务省函请派员出席,请核复由。	经分函立法院及内政部核办。嗣准立法院复称:奉令派本院统计处处长刘大钧为出席代表。又准内政部复称:奉令派本部统计司司长乔万选为出席代表。各等因。当即令行驻日汪公使转知日本政府。	

续表

承办处所	工作类别	事由	办法	备考
国际司		一、国际联合会卫生委员会于三月初开特别会，讨论该会与我国卫生部合作计划。卫生部商请派驻英施公使出席，并派该部司长严智钟帮同办理由。	经部电询施使能否赴会，据复称因目疾不能前往。嗣由部另电联合会代表办事处处长吴凯声，令其代表出席。	
	关于公约事项。	准工商部函称：第十一次国际劳工大会通过之创设规定最低工资办法公约，业经国府批准，请通知国际联合会秘书长，请为注册由。	经备具批准通知书，令交联合会代表办事处，转交联合会秘书长，请其依照圣日耳曼和约第三百五十一条之规定，予以登记。	
亚洲司	关于驻芜日领要求引渡王士谔、王剑秋事项。	一、安徽省政府咨为王士谔、王剑秋一案，据芜湖市政筹备处呈复各节，请查照。 一、王剑秋等呈为案情大白，病势危险，请迅令芜湖市公安局释放。 一、中执会秘书处函请将王天侠（即王剑秋）等一案卷宗送皖省府办理。	咨复：暂准王士谔、王剑秋二人取保就医，请转饬办理。 批已咨安徽省政府查照，暂准取保就医，仰静候办理。 函复：此案已咨安徽省政府暂准王剑秋、王士谔二人取保就医。	续一月份。
	日本日人私运毒品事项。	一、禁烟委员会咨以大连交易所日人原田耕一等私运毒药，贻害华人，请向日领抗议。 一、行政院训令：奉国府交办青岛查获日人私运大批高根海洛因一案，仰查照办理。 一、禁烟委员会咨请向日、德使严重交涉日人在青岛私运大批高根海洛因一案，并见复。	咨复已向日方提出抗议，彼允详细查复。 咨交通部转饬青岛邮局详细复查，咨部交涉。 咨复：此案已咨请交通部转饬复查，以凭交涉。	

承办处所	工作类别	事由	办法	备考
亚洲司	关于日警检举共产党、拘捕华人事项。	一、驻日公使呈为呈报准日本外务省函拘捕中国共产党办理经过情形。 一、驻日公使代电，以未省释之学生三十六人正在豫审刑务所内，待遇尚优，仍随时向其催促迅予办理。 一、驻日公使代电，复关于程绍襄、余炳炆二人交涉经过情形。	抄录原件，函中执会秘书处查照。 据函中执会秘书处查照。 据批程昌祺知照。	
	关于青岛日警事项。	青岛特别市政府函：据本市公安局呈复本市日警设置情形并刘集文案，请迅赐交涉。	抄录原件，函中执会秘书处查照。	
	关于日人在东京筹设满蒙馆事项。	行政院训令：准国府文官处函请注意防范日本设立满蒙馆一案，仰即遵照注意防范。	代电驻日公使查明，向日政府请其注意。	
	关于延吉日警不法行动事项。	日本公使函复：据间岛日本总领事报告，本案已告圆满解决。	令驻吉林特派员：关于日使函称各节，是否属实，仰查明呈复。	
	关于日轮撞沉新康轮事项。	交通部咨：新康案招商局拟改在上海地方法院起诉，请查照办理。	据函日本公使查照，饬知该邮船会社遵照。	
	关于吉会路事项。	一、行政院训令：准国府文官处函，日政府用武力强制修筑吉会路一案，仰查明办理。 一、中执会秘书处函请查明交涉日人建筑天图路案。	呈复：已电东北政务委员会查复。 函复：天图路早经建筑完竣。上海特别市第四区党部所称各节，谅系指吉敦延长而言，此事已电东北政务委员会查复。	

续表

承办处所	工作类别	事由	办法	备考
亚洲司		一、中执会秘书处函：抄送荷属牙律五分部呈请抗议日人越境强筑吉会路代电，希查照办理。	函复：此事已电东北政务委员会查复，俟复到再达。	
	关于新大明轮事项。	一、大通协记航业公司呈请向日政府严重交涉，要求于最短期间赔偿生命损失。 一、驻日公使电：此事迭经催促，迄无要领，应由大通公司派员来东坐索，一面预备法律解决，方易有效。	据电驻日公使，切催日外务省，责令佐藤商会，克日如数赔偿。并批大通公司知照。 据电大通公司自行酌量，慎密进行。	
	关于交涉放还俄方所扣邮差邮件事项。	一、交通部咨：据邮政总局转报吉黑邮务长呈报俄方扣留邮件总单及业经收到之邮件清单，咨请查照办理。 一、交通部咨：据邮政总局呈，据报邮差崔世平、林仕仁又被掳，转呈鉴核备案。抄列被掳邮差名单，请并案交涉，迅将该邮差等放回。 一、德使馆节略关于苏联军队掳劫邮差、邮件一案，宜由中国官厅直接向苏联驻哈尔滨代表交涉为妥。 一、交通部咨：据邮政总局呈，前被苏俄所扣邮件，内有日本包裹，请咨行转催，从速交涉发还，请查照办理。	已训令驻吉林钟特派员，就近向苏联驻哈总领事交涉放还。 已训令驻吉林钟特派员查明，向苏联驻哈总领事交涉遣回。 已咨行交通部，并训令驻吉林特派员交涉放还。 已训令吉林特派员向苏联驻哈领事交涉发还。	续前。

承办处所	工作类别	事由	办法	备考
亚洲司	关于中苏会议事项。	一、广东商联会代电，请转莫德惠力争主权事。 一、中央执委会秘书处函：据绥远省党指委会呈称，赤俄在外蒙横行，于中俄会议时，请转饬提出交涉，奉谕交部查照。	已函转莫全权代表查照。 已函复：俟将来正式会议时，当并案提出交涉。	续前。
	关于恢复远东领馆事项。	一、德使馆函请对于该国驻崴领事代理中国利益之工作设法减轻，可否遣一华员赴崴，以资协助，乞见复。 一、驻德蒋公使电称：俄照会德大使，谓中国不行使其派遣领事驻俄之权利。	已函复：令该处总领事克日回任。 已电复：饬驻崴许领事克日返任。	
	关于苏联释放华侨事项。	一、柏林蒋公使电：据勾随员报告，苏俄政府仍未将被捕华侨完全释放，且不允签证出境。 一、柏林蒋作宾电：据德大使馆报告俄已允华侨出境各节。 一、沈阳张委员电复：华侨回国，已由吉、江两省分别办理。	已电复：请转电勾随员查明真相，再行核办。 已转电辽宁张委员，并电复蒋公使。 已转电蒋公使查照。	续前。
	关于营救芬兰女教士被掳事项。	一、上海办事处电：据芬总领事面称，关于芬女教士被掳事，如有确实消息，希转告为荷。 一、驻沪办事处电称：芬代办前来探询被掳芬教士消息，祈电示转告。	已电复。 已电复：俟江西省政府电复后，当再电达。 已电江西省政府，饬查电复。 已函复：俟江西省政府复电到后，再行电达。	续前。

续表

承办处所	工作类别	事由	办法	备考
亚洲司		一、驻沪办事处电：据芬总领事面称，芬兰人民及各教会对于此事均甚焦虑，祈转电吉安成旅长及县长，速为查明电复，以便转告。 一、驻沪办事处函转芬兰代办为女教士在江西被架、重请设法营救原函，转呈鉴核。 一、驻沪办事处电：据芬代办面称：奉本国训令，请求中国当局详细说明营救被掳三女教士办法。 一、江西省政府电复：芬女教士尚无下落，除再分别饬查营救外，特复。 一、江西省政府电：芬女教士被掳事，迭饬军政机关妥速设法营救，虽有释放之说，仍难证实。除饬成旅长加急营救，俟得报，再行奉达外，特复。 一、驻沪办事处函转芬兰代办致部座中、英文函各一件关于芬女教士被掳事。 一、驻芬兰夏代办电称：芬外部请政府从速营救被掳女教士，并盼详细告知。 一、江西省政府电称：芬女教士被掳，尚无确实消息。 一、江西省政府电称：芬女教士尚无下落，俟得确报，即以奉闻。	已转电江西省政府查复。 已电驻沪办事处转告芬代办。 已电驻沪办事处转告芬兰代办。 已转电江西省政府查复。 已转电江西省政府，并电复夏代办。 已电驻芬夏代办转告芬外部。 已函驻沪办事外转告芬代办。 已电江西省政府查复。 已函达江西省政府。 已电江西省政府，并函复芬兰代办。 已电复，并电达江西省政府派员招待。 已电江西省政府派员招待。 已电复：芬领赴各处调查时，饬妥加保护。并电视察专员李芳协助办理。	

续表

承办处所	工作类别	事由	办法	备考
亚洲司		一、驻沪办事处电转芬代办照会称:奉本国训令,对于被掳女教士事,须详细呈报,不得延缓。 一、驻沪办事处电芬领拟赴赣调查被掳女教士事。 一、驻沪办事处函:芬兰代办请将被掳女教士三人从速营救出险,并将营救办法明白宣布。 一、驻沪办事处电:芬兰副领事过宁时,拟请外部派员偕往,并希见复。 一、驻沪办事处电:芬代办准明晨乘太古吴淞轮起程,请饬省派专员赴九江接洽,并引导晋省。 一、江西省政府电:芬领赴浔,已派员招待。		
	关于苏联人民来华签证护照事项。	驻神户总领事代电:关于苏俄人民由日赴华,护照请求签证,应否予以办理,乞电示。	已电复将该请求人姓名、年岁、籍贯、职业、来华目的及达到地点并居留期间,详询报部核办,并电达东北政务委员会查照。	
	关于核办中俄交界河流航行章程事项。	交通部咨询:黑龙江中俄交界河流暂行试办临时航行章程曾否核准,请查复。	已咨复:阿穆尔江等暂行试办临时航行章程,曾由前黑龙江省长咨送北平外交部备案,请查照办理。	

续表

承办处所	工作类别	事由	办法	备考
亚洲司	关于中波订约事项。	上海商人团体整理委员会代电:请电驻英公使,与波斯代表协商进行,期于最短期间成立商约事。	代电复:波斯商约前由政府简派驻义公使郭泰祺为商订此项商约全权代表,惟郭公使迄未赴任。兹已由本部责成新任驻义代办,于到任后,即与波使进行商订。	
欧美司	关于商订友好通商条约事项。	一、据驻秘魏代办电称:我方所提约稿,已经秘鲁外交当局完全容纳等语。 一、据驻古巴公使凌冰电称:约文俟古总统阅过后,即可定稿,等语。	本部电令驻秘魏代办即行签字。 本部呈奉国民政府特派驻古巴公使凌冰为全权,以便签订。	
	关于保护外侨生命财产事项。	一、准驻京法领函称赣州及南康共匪蠢动、请设法保护外侨事。 一、准比国公使函称汉口义品公司房屋被军政机关占住、请饬迁让由。	经本部分别电请陆海空军总司令部、军政部及江西省政府。转饬妥予保护,以防意外在案。旋准江西省政府电复:赣州官军已将朱毛击退,该处外侨早经转饬妥予保护。 经本部分别函请军政部、湖北省政府及汉口特别市政府,转饬迁让各在案。旋准各该机关先后复称:业经令饬军政各机关,将占住房屋设法迁让。	
	关于外兵枪杀华人事项。	一、民国十二年二月间,美兵在汉口后湖地方打靶,有小孩汤焕牙一名被流弹击毙。 一、民国十二年五月间,美兵在滦县枪杀苦力张林一名。	本部照会美使,一再交涉,要求抚恤。兹准美使照送美金一百元作为恤款等由,准此,即将该恤款折合国币,计银二百七十四元五角九分,函送汉口特别市政府,转给该被难家属具领。	

续表

承办处所	工作类别	事由	办法	备考
欧美司			本部迭向美使交涉，要求抚恤。兹准美使照送美金一千元作为恤款等由，准此，即将该款折合国币，计银二千七百四十五元八角九分，交由河北交涉公署，转给张林家属具领。	
	关于撞船交涉事项。	英商广福轮撞毙驳运砂石船户徐乔青。	据徐林氏等呈称：上年十二月二日，英商广福轮在黄浦江猛撞石子船，徐乔青落浦溺毙，船货均遭沉没，请交涉，等情。当即饬司致函驻沪英领，转饬迅予赔偿损失。旋接英领复称：对于徐乔青家属准备给予抚恤金二百元，等语。已函达上海砂石驳运工会转知徐林氏等在案。	
	关于扣留书籍交涉事项。	天津邮局扣留英人寄往美国之中国年鉴。	已由本部函请交通部，转饬天津邮局，向检查处说明放行。	
	关于搜查外轮交涉事项。	江苏水上公安分队长朱友霖开枪搜查英轮德和号烟土。	江苏省政府已将该分队长朱友霖撤办，一面由本部转请英使馆，饬知德和号船长，查明与此案有关系船员，以便一并法办。	

续表

承办处所	工作类别	事由	办法	备考
欧美司	关于签订聘约事项。	海军部聘请英国教官。	海军部拟聘请英国教官两员，分别教授航海及轮机科学，均以三年为期。已令驻英施公使与英海军部签订合同。	
	关于宁案内外。	准比国公使照称：比人 M. J. Kets 于南京事件时所受损失，中国政府允偿若干，请示知由。	查依照专家核定之原要求数目之百分之四五计算，M. J. Kets 应得偿款合计中国银行四〇〇三元八角，经本部照复比使查照转知。	
	关于惩处外国教士违法事项。	准绥远省政府咨称武川县比、和两国教士私征擅罚、侵霸财产、请提严重抗议事。	经本部分别照会驻华比公使及和代办，设法将肇事教士调离华境，并予以相当惩处。	

中国第二历史档案馆藏行政院档案

4. 外交部函送 1930 年 4 月份工作报告表（1930 年 5 月 31 日）

外交部致行政院政务处函

敬启者：前准贵处函开："查各部会每月工作报告表须提出本院会议报告，嗣后贵部此项报告表请多检油印或铅印三十本，以资分派。"等因；准此，查敝部本年三月以前工作报告表业经分期送达在案。兹继续送奉本年四月份工作报告表三十本，相应函请检收转呈为荷。

此致
行政院政务处
计附送本部十九年四月份工作报告表三十本

中华民国十九年五月三十一日

中国第二历史档案馆藏行政院档案

外交部民国十九年四月份工作报告表

承办处所	工作类别	事由	办法	备考
国际司	商务。	准工商部咨:据驻沪办事处呈,我国进出口各货洋商订购办契约均沿用英文,往往事后发生争端。两国贸易,关于所订契约,是否均用英文,抑用所在国文字?如两国文字参用发生疑义,应以何国文字为准?国际有无定例?请查核见复。	当以国际贸易契约应用何国文字,本无定规,当随各地商业上习惯。沪上既沿用英文,自难强改。若两国文字并用,而有疑义,应以何国文字为准,可由双方预先商定,咨复查照。	
	设领。	据驻德蒋使呈:德国莱布即喜 Leipzeig 设有名誉领事,由前任公使呈委劳斯门充任。该员现迁布勒斯劳 Breslau,愿仍兼办莱布即喜侨务。并云布勒斯劳有华人十余名,应否添设名誉领事,即由该员兼充。	查布勒斯劳侨民不多,毋庸添设名誉领事。莱布即喜名誉领事,如有续派必要,即由该公使慎选相当人员派充具报。	
	中外各国外交官及领事官相互免税办法。	准驻华英使咨:两国所派外交官及领事官用品免税相互办法,分普通、特殊两种,请予证实。 准驻华和使照:驻和中国外交官用品免税办法颇为优异,询问对于和兰驻华外交官是否予以同等权利。	咨准财政部核复:事属相互,可予赞同。经与英使换文备案,并咨财政部饬关遵办。 查财政部对于驻华外交官及领事官用品免税办法,丁条有按照各该国办法予以同样待遇规定。经商准财政部咨复赞同,并咨财政部饬关遵办。	
	承认埃及烟税及与订商约。	埃及对我国烟业进口税率,据财政部来文,电驻英使馆允予承认,复电称:暂时承认,仍俟	以事机急迫,电复准与签订具报,并咨财政部接洽。	

续表

承办处所	工作类别	事由	办法	备考
国际司		订约解决。并寄约稿前来,约文大意:要求输入工业品、出产品适用最惠国待遇。		
	美国拟增纯锑税。	准农矿部咨:以美国上院提议增加进口锑税,影响中国锑业,请据理力争。准湖南省政府咨:同前因。	美政府增进口锑税,受其利者不过英美合资少数资本家,而国内商工业无利,至于中国产锑最富,因增税销路不无影响。电令驻美伍使,请美政府为友谊之考量。	
	党务。	中央执委会秘书处函,交办驻南洋英属总支部执委会呈请驻外公使向驻在国府洽商,禁止反动宣传及允将反动分子引渡处分。	经抄原呈,令驻外各使馆遵照商办。据驻日公使呈复接洽防范情形,惟引渡一节,未易如愿。	
	侨务。	据驻横滨、长崎各领馆报告,日本虐待华侨及限制入境。准中执委会秘书处函,交办日本驱逐华侨登陆案。准国府文官处函,交办日本限制华侨日趋严重,奉谕交切实交涉。准中央秘书处函,交京市执委会呈请,对日压迫侨民、禁止登岸,迅提抗议。准国府文官处函,交办中央侨委会函华商蔡裕廷等被逐事,奉谕交办。	令驻日本汪使抗争。电令驻日汪公使查明。旋据电复:迭经交涉,彼以国内法为词,日外部允与内务省协议。再令汪公使遵照继续切商。经以对日迭电令严重抗争,对法函请法使转达改善等由函复中央秘书处。再令驻日汪公使并案交涉,并函复文官处。令行驻美公使查明具报,并函复中央秘书处。	

续表

承办处所	工作类别	事由	办法	备考
国际司		中央执委会秘书处来函,交办福建省党务指委会呈为报载美政府施行限制华人入境苛例,并严厉驱逐华工出境案。		
	劳工。	据国际联合会代表办事处呈,国际劳工局派陈宗城来华创办通讯处,与中政府接洽,并调查当地劳工情形。	函达工商部查照。	
	禁烟。	海牙禁烟公约第十五至十九条,前由禁烟委员会电嘱国际联合会代表办事处,向国际禁烟委员会提议切实遵行。此次行政院开会,对于前项提案,将予以审查,该办事处电请派员出席。	电派该处长吴凯声就近出席。	
	公会。	海牙举行编纂国际法会议,讨论国籍、领水及国家对外人损害赔偿责任三项。我国出席代表,派定驻美伍公使在案。伍代表报告会议经过情形,国籍问题经大会通过公约一、议定书三、建议案八,领水及责任两问题未有结果。	经转呈国府及行政院鉴核备案。	续二月份。
	卫生。	国际联合会代表办事处电称:行政院会议将审查上次卫生委员会与中国卫生部合作计划,请派员出席。	电派该处长吴凯声出席。	续三月份。

续表

承办处所	工作类别	事由	办法	备考
国际司	航空交涉。	驻华日使节略,以日本航空株式会社福冈、上海间试验飞行,尚余两次,因修理机件,延期举行。 驻京法领函称:越南飞机来华,前因广东政变中止,现定五月间实行。	函准航空署核复照办,并函达上海各检查员查照。 前经航空署核准有案。 再函准该署核复照办,函复法领,并电广东省政府接洽。	
	租界交涉。	上海特别市政府咨复:前饬土地局接收上实会丈局,经通知驻沪领团,迭接美领来文,甚融洽。印发道契及一切会丈手续,均照旧办理。	会丈局办法上海特区租地会丈,原为地方性质,上海市政府奉令接收,交由土地局办理,自属适当。照复美使查照。	
	禁令事项。	行政院秘书处函:奉发中执委会交办上海市执委会呈请取缔各地有奖储蓄会,谕交内政、外交两部函达查照。 内政部函复:有奖储蓄会之取缔,重在监督,自表赞同。按照工商部组织法,此事由该部主管,请本此意主稿会复。 法使节略,以越南运来洋灰,经广东令禁入口,存货方面受大损失,请速取消。	查各地有奖储蓄会性质,与彩票及奖券不同,取缔之方重在监督,不在查禁,事属内政范围,函内政部查复。 根据前项意见,拟复行政院秘书处会稿,送由内政部签印封发。 咨询广东省政府该项禁令详情,有无取消之可能。	
亚洲司	日轮姬岛丸撞沉渔船事项。	上海特别市菜摊业公会呈:为日轮撞沉我国渔船,请向日方交涉。 渔民朱阿良呈:为渔船惨遭日轮撞沉,请严向日方交涉赔偿。	批:此案经咨请浙江省政府查核办在案。 批:此案已咨请浙江省政府查复,仰候复到再行办理。	

承办处所	工作类别	事由	办法	备考
亚洲司		浙江省政府咨复本案事实,并抄送定海县政府原呈暨损失单,请查照。 上海中华海员工业联合总会呈请转饬交涉赔偿朱阿良渔船损害。 中央执委会秘书处函请办理浙江省执委会转请对日轮姬岛丸撞沉朱顺发渔船案,交涉赔偿损失。	据令驻长崎领事,切向日方交涉,责令赔偿损失。 批:此案经令驻长崎领事切向日方交涉,责令赔偿损失。 函复:此案经抄发浙江省政府咨送原件,令饬驻长崎领事切向日方交涉,责令赔偿损失。	
		驻芜湖日领要求引渡王士谔、王剑秋事项。	王剑秋等呈请转咨准予保释就医。 行政院秘书处函:据王剑秋等呈为被诬冤押,恳转饬释放。	批:此事经咨行安徽省政府转饬查明,暂准取保就医,仰静候办理。 函复经咨行安徽省政府暂准取保就医,据复已转饬芜湖市政筹备处关照办理。	
		日籍邮员退职事项。	交通部咨以日使馆希望不令日员退职或继续雇用,核与本部现行办法原则相反,碍难承认。	节略复日使查照。	
		日华协信公司积欠胶海路运费事项。	铁道部咨为日华协信公司积欠胶济路运费,请设法交涉偿还。	代电驻日公使查照办理,并咨复铁道部转饬胶济路管理委员会,在日代理人就近与驻日公使接洽。	
		青岛观象台日员交代事项。	青岛特别市政府函据青岛观象台呈请转函交涉日员悬案。	据令驻日公使切商日外务省,速令青岛观象台日员实行交代,一面派员与我方商决交代后之报告连络办法,以结悬案。	

续表

承办处所	工作类别	事由	办法	备考
亚洲司	日本反对安东关征金制度事项。	中央执委会秘书处函为上海市执委会呈请抗议日本反对安东关征金制度。财政部咨复日本反对安东关征金制一节，未据报有其事。	抄录原件，咨请财政部查核见复。据复中央执委会秘书处查照。	
	报载日本强筑吉会路事项。	东北政务委员会代电，复日军越境强筑吉会路之说，此间并无所闻。中央执委会秘书处函为江苏整委会呈请抗议日军擅入吉过筑吉会路一案，请查照。延吉县教育会等呈为日本密谋强筑吉会路，应速筑延敦路，藉示抵制，请代呈中枢指令省府拨款修建。国府文官处函为辽宁省国民外交协会代电反对日人强筑吉会路事，请查照。辽宁国民外交协会代电反对日人强筑吉会路事。	函达中央执委会秘书处查照。函复此事前据东北政务委员会复称各节，业经函达在案。分咨东北政务委员会暨吉林省政府酌核办理并复。函复：此事经本部电准东北政务委员会复称，并无所闻。代电复：此事据东北政务委员会查复，并无所闻。	
	日本筹设满蒙馆及组织满蒙调查队事项。	蒙藏委员会函为奉行政院令，注意防范日人设立满蒙馆一案，请转行详查见复。行政院训令，以上海特别市党部呈请抗议日本组织满蒙调查队一案，令仰并案办理。中央执委会秘书处函为浙江省执委会呈请转令制止日本考察团人蒙一案。	函复：已电饬驻日公使查明具复。代电驻日公使从速并案查复，并将办理情形先行呈复行政院鉴核。函复已电饬驻日公使并案查复。	

承办处所	工作类别	事由	办法	备考
亚洲司	日本出兵东北事项。	中央执委会秘书处函为迷据各省市海外党部呈请抗议日本出兵东北等情,究竟有无其事及如何处理。 东北政务委员会电复日本出兵东北,并无其事。 中央执委会秘书处函请办理上海市党部呈请转饬抗议日本增兵满蒙。	电请东北政务委员会查明电复。 据函中央执委会秘书处查照。 函复此事前经函达在案。	
	日舰队拟在舟山岛附近春操事项。	定海县长电以报载日舰队将在舟山附近春操,乞交涉制止。 上海市煤业整委会代电,请阻止日舰队在舟山附近举行春操。 中央执委会秘书处函以浙江省执委会电请设法制止日舰在舟山岛附近春操一案,请查照办理。	电复据驻京日领声称,该舰队演习地点,决不在中国领海以内。 代电复同前。 函复同前。	
	青岛对日输出盐斤事项。	财政部咨为派员赴日调查日本购用青盐真相,请转令驻日公使协助。	训令驻日公使遵照分行日韩各地领事,予以协助。	
	日人关野贞来华考察事项。	日本使馆节略,以工学博士关野贞拟到南京及苏、杭等处考察寺庙、宫殿、陵墓,并摄影、制图,请转饬地方官厅,予以便利。	代电分致南京市政府暨江苏、浙江省政府,届时派员照料,暗中监视,并节略复使转知该日人于到时,先与地方官厅接洽。	

续表

承办处所	工作类别	事由	办法	备考
亚洲司	东豫丸私运军火事项。	财政〔部〕咨据东海关监督吴絜华呈报办理日轮东豫丸私运军火一案经过情形。	函日本公使迅饬该船开回烟台，连同本案人证，一并交由东海关监督解沪办理，并咨复财政部饬东海关就地向日领交涉。	
	台湾银行对江西财政厅及中国银行债权事项。	江西省政府咨以驻浔日领函催速定清偿办法。	咨复此事内容无案可稽，请转饬查明，咨部核办。	
	聚兴诚银行与郭姓债务纠葛事项。	司法行政部咨以北平地方法院执行聚兴诚银行诉郭欧阳氏债务一案，日人拒绝交房，应如何与日使磋商，请核复。	咨复此事应先预筹解决办法，并饬将原租房合同及永租契约录送过部，以凭商洽。	
	日人采炼抚顺煤矿油母页岩事项。	东北政务委员会咨复抚顺矿之页岩石油不在原约之内，业饬特派员严重交涉。	节略致日使转行阻止采炼，速将该油母页岩矿交还中国，并训令驻辽宁特派员根据中日东三省交涉五案条款，切实进行，务将该矿收回，以保主权。	
	黑河洪泰商轮大副王作福被扣事项。	国府文官处公函：奉主席交下黑河航商洪泰轮账房呈，为王作福久被扣押，恳迅严重交涉放回。	已函复，并电令钟特派员向俄领交涉。	

续表

承办处所	工作类别	事由	办法	备考
亚洲司	华籍俄人被拘伯力事项。	德使馆函称:伯力拘留所中尚有华籍俄人,认该俄人为反革命工作,不久即执行枪决。	已分别函令东北政委会钟特派员查明办理。	
	交涉放还被扣邮差邮件案。	交通部咨称:转据吉黑邮务长呈,被掳邮差五名,已释三名,其余二名仍无下落。交通部咨据邮政总局呈,关于中俄事变邮局所受损失,抄附清单。交通部咨称:被掳邮差林仕仁已释回,崔世平尚无下落。	已训令钟特派员再向俄领交涉放回。已函莫代表酌核办理,并令钟特派员商承莫代表提向苏联交涉。已咨复,并训令钟特派员迅向俄领交涉释回。	续前案。
	滨江各关因俄案损失事项。	财政部咨据总税务司呈送滨江各关因俄案损失调查表。	已函送莫代表办理。	
	外蒙事项。	中央执委会秘书处函据上海市执委会呈请抗议苏俄在外蒙设卡收华货税捐。	函复将来中苏正式会议时,自当提出交涉。	
	俘兵王学礼等回国事项。	海参崴总领事电称:昔隶梁旅部下王学礼等上年被俘留崴,请遣送回国,应投国境内何处,乞电示。海参崴总领事电称:王学礼等四名,拟由绥芬河入境。又辽宁复电令送绥芬河侨民收容所。哈尔滨钟特派员电称:侨民事务所已裁撤,由特区行政长官公署责成警察接办,已电请将接收情形饬知。	电令查明王学礼等共几人,拟从何处入境,报部核办。电钟特派员就近与侨民收容所接洽办理。电知海参崴总领事。	

续表

承办处所	工作类别	事由	办法	备考
亚洲司	陈兆煃等请准俄商购运华茶案。	上海茶叶会馆呈请保障俄商协助会洋行回华采办华茶，以救茶商。 工商部咨据上海茶叶会馆呈请保障俄商来华购运华茶各节，请核复。 上海特别市政府咨：据上海茶叶会馆呈请保护俄商来华采办华茶，请筹议见复。	批俟将来中俄会议讨论恢复全境通商时，自当予以注意。 咨复。 咨复。	
	芦林教产案。	行政院秘书处函：据江西省政府呈，关于此案，前俄工部局所负债务事，奉谕仍由内政、外交两部详查妥议具复。 内政部咨准行政院秘书处函，拟具会咨赣省府、汉市府咨文稿，请核判缮印。	函复与内政部会咨江西省政府、汉口特别市政府，迅将本案经过各项卷宗，咨送内政部，以凭会同审查。 检同原稿及缮印正文咨复。	
	俄庚款事项。	行政院秘书处函据铁道部呈请，先将俄庚款三分之二，拨交管理支配。	已咨财政部核办，并呈复行政院。	
	善后借款俄国部分原发黄票换发新绿票事项。	英蓝使照会：报载国府明令以民二中国政府善后金镑借款俄国部分之债票，恢复收回办法提议，请查照。	咨财政部核办。	
	立陶宛订约事项。	驻芬兰夏代办呈请饬寄中挈、中爱洋文约稿，以便据作对案，与驻苏联立陶宛公使议约。	电复经条会审核，不如另拟专约约稿，拟就即寄。	

承办处所	工作类别	事由	办法	备考
亚洲司	营救芬兰女教士被掳案。	视察专员李芳电称:据赣省府派员赴本案发生地点调查,称该教士被匪杀害,抛尸河中,惟尚无确据。嗣国军进剿匪窖,搜获西式女衣等物,克副领要求给伊带申,应如何之处?迅电示。 驻沪办事处函转芬代办函,以据南昌调查结果,该女教士恐已被匪杀害,请予正式证实。	电复查获衣物,可由该员保管,备将来办案证据。仰商承省府,并本此意告芬副领。复函驻沪芬代办。 函江西省政府饬属继续严密查办,并函复芬代办。	续前案。
	中芬订约事项。		电驻芬兰夏代办,现芬已派代办,改由本部李次长直接与议。	
	中土订约案。	驻沪办事处电称土代办定于五月四日晋京。	中土友好通商航海条约,业经草就,拟即提交土代办。	
	中波订约案。		波斯友好通商航海条约草案,由部拟就,交新任驻义大利代办蒋履福,令据与驻义波使磋商。	
欧美司	收回租借地。	收回威海卫租借地。	关于交收威海卫租借地案,中英两国订有交收专约及协定。此项专约及协定,已于本月十八日由中国全权代表与英蓝使正式签字。	
	保护外侨。	本京学生前往英领署示威。 驻京美领函称:赣州有美教士十九人,共匪进逼,该处危险万分,等语。	本京学生,因下关英商和记洋行工潮事,结队前往该行及英领署示威。经函请首都警察厅派警制止,并妥为保护。	

续表

承办处所	工作类别	事由	办法	备考
欧美司			电江西省政府速派得力军队严密防范,并代电总司令部,迅予转行广东省政府派兵会剿营救,免生意外。准江西省政府电复,已电金总指挥切实注意防范。	
	外侨被抢损失赔偿。	安徽省政府咨称:准驻京美领事函开:美孚行于一九二七年三月四月内,在明光管店,被直鲁联军第五七十军及该军司令褚玉璞马弁抢劫损失一案,应如何赔偿。	此项损失,照国际惯例,中国政府不负赔偿之责。已咨复安徽省政府查照转复。	
	外国教士被掳交涉。	英国教士毕道隆在贵州被掳。 加拿大教士白里门Bridgman被掳。 美使电称:美籍女教士Gemmell在袁州被土匪掳去,请营救出险。	英蓝使照送贵州掳掠英教士毕道隆匪犯名单,请严缉惩办。已咨请贵州省政府查照办理。 加拿大教士白里门Bridgman在四川长寿县被匪掳去。经电请四川省政府及长寿县长设法营救,闻已出险。 电江西省政府设法营救去后,准电复,业将女教士Gemmell营救出险。据电转知美使查照矣。	
	交涉上海法租界无线电台案。	各处电信职工会以上海法租界私设无线电台,收发国际商电,侵犯中国主权,电请交涉。	经照请驻华法使转饬撤除,并电复各该职工会。	

续表

承办处所	工作类别	事由	办法	备考
欧美司	阎冯借款案。	奉国民政府训令,以阎冯两逆拟向外国银行抵借款项,应声明无效。	分别照会各关系国公使切实声明,如阎冯抵借外债,国民政府概不承认,并请其转令外商,勿自贻伊戚。	
	驱逐广州湾反动分子案。	准中央执委会秘书处函,广州湾潜匿反动分子,请向法公使交涉驱逐,以遏乱萌。	照请驻华法使转令驱逐。得复已转函越南政府查照。	

中国第二历史档案馆藏行政院档案

5. 外交部函送1930年5月份工作报告表(1930年6月26日)

外交部致行政院政务处函

敬启者:前准贵处函开:"查各部会每月工作报告表须提出本院会议报告,嗣后贵部此项报告表请多检油印或铅印三十本,以资分派。"等因;准此,查敝部本年四月以前工作报告表业经分期送达在案。兹继续送奉本年五月份工作报告表三十本,相应函请检收转呈为荷。

此致

行政院政务处

计附送敝部十九年五月份工作报告表三十本

中华民国十九年六月二十六日

中国第二历史档案馆藏行政院档案

外交部民国十九年五月份工作报告表

承办处所	工作类别	事由	办法	备考
国际司	海外设领事。	中央组织部函送驻美总支部转据掘地孖罅分部呈请设置该地领事。	南美无约各国,设领难办到,所有侨务,划归就近使领馆暂兼。	

续表

承办处所	工作类别	事由	办法	备考
国际司			掘地仔罅侨务,由驻墨使馆兼理,已向该国政府接洽。	
	比国博览会日本陈设品交涉。	据韩有刚电称,日本在昂维斯博览会陈设满洲馆,视同殖民地。	迭令驻比罗代办查明交涉。据复经与日本大使接洽商允:(一)撤去中国农人露体作工;(二)地图分清两国领土颜色;(三)撤去蜡制中国力夫及女人,仅留大豆豆油像片。	
	承认埃及烟税。	埃及对我国烟叶进口税率令驻英使馆声明承认,并议立暂行通商办法,签订具报,于四月二十三日备文互换。	得财政部同意,并呈行政院备案。	续四月份。
	侨务。	越南改用法文簿记事。香港政府拘禁由荷回国华侨事。尼加拉瓜新颁移民苛例事。	迭函法使及令驻法公使向法政府抗争,并于签订越约时备文声明,尚未据复。函英蓝使转商香港当局制止。令驻美伍使及驻巴拿马代办与尼国政府交涉修改。	
	劳工。	国联代表办事处呈报:第十四届国际劳工大会六月十日在日来弗开会,请派出席代表。	简派朱懋澄、吴凯声为政府代表,朱舜琴为秘书,吴清泰为雇主代表,孙尊衔为顾问,方觉慧为劳工代表。	
	公会。	太平洋国交讨论会呈称:第四届大会,明年在我国举行,招待所需费请国库补助,并以杭州为会址。	呈请国府酌拨款项,并经国务会议议决,交与浙江省政府接洽招待事宜。	
	公约。	伦敦第九届国际邮政协会议定工约,准英蓝使照送到部。	经拟具批准书,会同交通部,呈请国府交立法院审核。	

承办处所	工作类别	事由	办法	备考
国际司	禁令。	天津特别市政府准驻津美、日两总领事函复,外侨自卫枪支执照条例,未奉本国令准前,碍难饬知本国侨民。 军政部准江西省政府咨:据驻浔日领表示,不愿接受旅华外人自卫枪照条例。	查旅华外人自卫枪支执照条例,在于保卫治安,所收照费,系参照查验自卫枪炮及给照暂行条例办理,与华人同等待遇,历经照办有案。美、日两领,何得独持异议?自应据理驳复。经函复该市政府,并函军政部备案。照驳复美、日两领办法,函复军政部查照。	
	航空。	航空署函:美人 John、Henry Mears 乘飞机来华,携带枪支,核与我国办法不合。为友谊通融起见,应以此次并一枝为限,不得留为后例。	函复驻华美使,并函辽宁省政府知照。	
	关于海防士敏土输入事。	广东省政府咨:海防龙唛士敏土前经试验,拉力薄弱,新货改良,暂准运销,但遇不合格之土,得拒绝之。	函法使查照转知。	
	租界。	中执委会秘书处函交上海市执委会据第六区党部转据第三区分部呈请自动废止上海租界洋泾浜章程。	查洋泾浜章程,乃上海公共租界外人僦居通商之根本规约,现正进行收回租界,谋根本解决,当并案讨论。	
亚洲司	关于台籍日人枪杀华人事。	福建省政府咨:为台籍谢青云在台籍烟馆枪杀华民陆细福,请向日使严重交涉。 国府文官处函转福建省党指委会电请交涉日人私设烟馆枪杀华人案,请查照。福建省政府咨据福州市公安局续报侦讯情形。	函日使转饬驻闽日领协捕归案讯办。咨复福建省政府饬地方法院,依法缉惩。函复案已提向日使交涉。	

续表

承办处所	工作类别	事由	办法	备考
亚洲司		福建省政府咨准日领函述对于台籍谢青云案办理经过情形,抄送供词,希核办。	俟日使复到,再核办。同上。	
	关于日轮姬岛丸撞沉朱阿良渔船事。	朱阿良呈为渔船惨遭日轮撞沉,再请迅向日方交涉。	批已令饬驻长崎领事,切向日方交涉赔偿,仰静候。	
	关于日本筹设满蒙馆事。	两准驻日公使代电报告,关于东京吴服店筹设满蒙博览会交涉情形,日外务省允酌改名目。	呈行政院并函蒙藏委员会查照。	
	关于日本组织满蒙调查队事。	驻日公使代电陈,日本组织调查队前往满蒙,查明并非事实。	呈行政院并函中央执委会秘书处查照。	
	关于日使要求引渡李泰龙事。	日本使馆节略:参照日本在朝鲜国籍制度及中国修正国籍法,不解李泰龙何以取得中国国籍,请设法引渡。	咨司法行政部查核办理。	
	关于延吉及哈尔滨日警事。	东北政务委员会咨请向日使交涉撤退延吉等县驻警。东北政务委员会咨:为吉省延边多驻日警,请并案交涉。	照请日使将驻华各领事馆日警,即行撤退。咨复业经照会日使交涉。	
	关于淡水口川石山海底电线递电算费事。	交通部咨日本递信省对于淡水口川石山海线登陆递电算费案,既无异议,兹定在南京会议,希照会日使派代表来华。	照会日使转知递信省即派代表来华开会。	
	关于日警检举共党、逮捕华人事项。	驻日公使呈报输情形,附日外务省关此事原文二件。	抄原呈暨附件函中央执委会秘书处查照。	

承办处所	工作类别	事由	办法	备考
亚洲司	关于日本派兵来华事。	驻长崎领事电告：日报载日政府将派一师团赶上我国某地，请设法制止。 驻日公使电复系天津驻军交替，报纸误传。 行政院秘书处函：为日政府借名保侨，拟派陆军来华，请查照。 中央执委会秘书处函请抗议日政府派军队来华。	电驻日公使查复。 函行政院。 函复。 函复。	
	关于满铁会社在旅大设立土地收用会事。	中央执委会秘书处函送南京市执委会呈请抗议日本满铁会社在旅大设立土地收用会。	电东北政务委员会查复。	
	关于中日无线电合同事。	交通部咨：三井无线电合同，应根本废除。日使对于吾国对外无线电通信计划提出抗议，实无理由，请复日使。	已照日使。	
	关于日警化装潜入东省暗杀韩人事项。	中央执委会秘书处函京市党部呈请令饬防范日军警化装入东三省暗杀韩人。	电东北政务委员会查复。	
	关于台籍季巷强占郑芝荪店屋事。	郑芝荪呈为台籍民违判强占店屋，案悬八载，请迅饬移交法院，依法办理。	函闽侯地方法院，查复此案交涉署裁撤后，已否由华洋审判所移送法院接收。	
	关于阚朝玺等勾结英、日，合办镜泊湖水利工厂事。	中央执委会秘书处函请注意阚朝玺勾结英人合办镜泊湖水利各工厂事。	咨吉林省政府查明办理。	

续表

承办处所	工作类别	事由	办法	备考
亚洲司	关于中央国术馆索埃及石刻图事项。	中央国术馆函请转函日本外务省商索坪井博士埃及石刻图。	电驻日公使办理。	
	关于中日协定事。	五月六日与日代使重光葵签订中日协定条文五款又换文四件。 安徽省执委会宣传部代电,请寄中日协定全文。 国民政府指令:中日协定经临时国务会议决议批准,盖用国玺发还。 国民政府训令:中日协定经临时国务会议决定办法三项,除一项批准协定,另案指令遵照外,仰遵办。	电告辽宁张委员中日协定内容。函东北政务委员会抄送中日协定全文及附件。呈国民政府批准中日协定并呈报行政院。 电复照寄。	
	关于租界航权事。	横滨中华会馆电请速收回租界航权。 中央执委会秘书处函转上海市党部呈请自动无条件收回租界。 上海航业公会等呈请宣示收回航权步骤。	筹备进行。 同上。 同上。	
	关于青岛日领馆安设无线电机事项。	日使馆节略:青岛日本总领事馆并未安设无线电机,传达反动消息。	据呈行政院。	
	关于日本擅入我领海捕鱼事。	国府文官处函转浙东渔民代表史仁航等电请交涉日渔轮入我领海捕鱼。 中央执委会秘书处函请交涉日舰率领渔船满布临洪口等处,自由捕鱼。	照会日使禁阻。 并案照会日使。 据函农矿部核复。 据函农矿部核复。	

续表

承办处所	工作类别	事由	办法	备考
亚洲司		行政院秘书处函转渔商邬振馨等条陈远洋渔业管见。 东海关监督呈为日本渔船在莱洲湾捕渔，乞查示约章，以便交涉。		
	关于日商邮寄大批毒品事。	辽宁省政府咨据沈阳关监督呈报日商邮件经江海关化验，含有违禁毒品，希查照抗议。	据行日使。	
	关于日籍烟寮事。	福建省政府咨据省禁烟会呈报，破获下道判官庙后烟寮，请查核向日使交涉。	咨复。	
	关于无照外人擅入内地事。	浙江省政府咨为英人薛克礼、日人后籐和司，均为无护照擅入内地，希饬诰诫。	照会日使。	
	关于日本海务局阻止华轮装货事。	交通部咨据上海航业公会呈，大连日本海务局阻止华轮装货往日，请迅交涉。	照请日使转电查复。	
	关于汉口日租界内平汉铁路地亩纠葛事。	汉口特别市政府咨：准铁道部咨在日租界内平汉路地被日人侵占，及被宋炜臣盗卖纠葛两案，请交涉。	咨铁道部查两案经过详情，以凭核办。	
	关于昌黎日人运售毒品事。	禁烟委员会咨准河北省政府咨复昌黎日人贩运毒品，检同照片，请交涉。	据照日使咨河北省政府饬昌黎县严行取缔。	
	关于日华协信公司积欠胶济路运费事。	驻日公使代电日华协信公司交涉情形。	咨铁道部。	

承办处所	工作类别	事由	办法	备考
亚洲司	关于东豫丸私运军火事。	日本使馆节略:东豫丸开赴大连修理,并无军舰护卫,现正调查证据,审讯有关系各人。	据复财政部。	
	关于日使要求移交韩国独立党领袖事。	中央执委会秘书处函转京市执委会呈,抗议日使要求移交韩国独立党领袖案。	据电河北省政府查明详复。	
	关于济案事。	中央执委会秘书处函催促日方派济案调查委员。	照办。	
	关于宁案事。	中日宁案调查委员会呈报办理宁案调查情形,并送会议录。	存。	
	关于清理东北铁路日债事。	行政院秘书处函为东北交通委员会拟具清理日债办法二端,抄同原件。铁道部函清理东北日债事召集会议,请派员出席。	派员会同财政、铁道两部研究。派亚洲司帮办江华本出席。	
	关于抚顺煤矿油母页岩事。	东北政务委员会咨日人擅自采炼抚顺矿内油母页岩,请查核。	抄原文咨农矿部。	
	关于收回抚顺、烟台矿权事。	农矿部咨拟收回抚顺、烟台等煤矿,请查旧案。	咨复。	
	关于长沙六一案。	湖南何主席电请积极交涉六一惨案,以期结束。	函催日方从速解决。	
	关于南定煤矿工潮。	报载五三纪念日男女工人包围南定煤矿,禁止日人出入。	电山东省政府迅饬查明制止。已准电告农矿、工商两厅,派员会同淄川县设法调解工潮,不至扩大。	

承办处所	工作类别	事由	办法	备考
亚洲司	关于汉案。	汉口特别市政府咨据中日汉案调查委员呈报日本委员要求估价情形。	咨复饬知李、徐两员,仍照部令意旨妥为因应。	
	关于哈埠韩人滋事事。	驻吉林特派员电陈朝鲜青年击毁日本领事馆,日领馆指为共产党,要求引渡。该鲜人等,似属政治犯罪,应否拒绝引渡,交中国法庭惩办,乞示遵。 驻吉林特派员电陈本案鲜人均华籍,与特警处商定,送法院办理,拒绝引渡。 驻吉林特派员电复本案鲜人系属救国政治犯,应否追索入籍证书,已由法院电请司法部核示。	电饬查明该鲜人等是否华籍,如确系政治犯罪,应拒绝引渡。 电饬查复该鲜人等已否领有入籍许可证书。 电饬将驳复日领文速抄寄部,并将法院办理情形,随时报部。	
	俄商购运华茶案。	行政院秘书处函:上海茶叶会馆呈保护俄商协助会回华采办华茶,奉谕交议。 工商部准财政部及上海市政府咨据茶叶会馆呈请保障俄商协助会洋行采办华茶案,咨请核办。	函复。 咨复。	续前案。
欧美司	关于中俄会议事。	中央执委会秘书处函转京市党部请令莫代表注意十八年收回中东路管理权时,法律上地位及警备权之保存。 驻德蒋使电:五日泰晤士报载俄方发表宣言云阎锡山正式联俄,并授莫德惠以办理中俄会议全权。	函复。 电驻英施使查复。 据施公使电复。 据施使电函复。 转呈行政院。 交情报司发表。	

承办处所	工作类别	事由	办法	备考
欧美司		驻英施公使电：泰晤士报消息，似俄宣传，未可全靠。又该报原文，并无阎授莫全权字句。 南京市执委会代电：为苏俄发表宣言云，阎已正式与之亲善，并授莫德惠全权。望靖内贼而御外寇。 国府文官处函准中执委会秘书处函据京市执委会呈同前因，奉谕交外交部。 二十日莫斯科莫德惠电：本日晤喀拉罕，据正式声明，已奉令派为中苏会议全权代表，约定日再交换意见。 莫德惠电：准喀拉罕函称，中苏会议苏联代表团专门委员为外交部第二东方司司长喀兹罗夫斯基、条约司司长萨巴宁博士、皮尔嘎棉特、国家银行董事别尔拉次基、商务部条约股长高福满、中东铁路理事依兹马衣罗夫、外交部秘书堪托罗维赤七人。		
	关于哈埠日商东拓会社等拍买俄人建筑物。	东北政委会咨请商同司法院规定新章，令东特区高等法院遇查封拍卖房产时，除现行条约别有规定者外，概不准外人拍买，以示限制。 东北政委会咨：哈埠外侨租权问题，请速定解决办法。	令钟特派员条陈意见，并将有关文件觅抄寄部。 再令钟特派员遵前令办理。	

承办处所	工作类别	事由	办法	备考
欧美司	关于俄人在我国沿边暴行事。	东北政委会代电称：沿边俄人仍有枪毙华人及掠夺扒犁马匹情事，除转行驻辽特派员并交莫代表办理外，特奉达。	令钟特派员向俄领抗议，并保留损失赔偿权。	
	关于苏联商人商标注册事。	工商部商标局函称：据天津佛威律师呈称，现有俄商欲将其行使中国之商标注册，请查案见复。	函复俟将来两国全境通商问题解决后，再予办理。	
	关于民二善后借款俄国部分原发黄票换发新绿票事。	财政部函称英使提议善后借款换票手续日期将满，无庸更张，请婉复。 美使馆照会俄债票改换新债票事，请订立比现行办法较宽大之规章。	照会英使。 函财政部核复。	续前案。
	关于芦林教产案。	行政院秘书处函汉口特别市政府请饬江西省政府偿还九江芦林地产债务案，奉谕仍交内政、外交两部，并案办理。 内政部咨准行政院秘书处函交汉口特别市政府呈同前因。	函复俟有关卷宗到齐，再核复。	续前案。
	关于禁止白俄工人入境事。	中央执委会交办上海特别市执委会呈，为上海公共汽车公司欲以俄工代替华工，请迅予制止。	咨工商部派员接洽研究办法，准咨复派严参事出席。	
	交涉放还被扣船货案。	哈尔滨航业公会电请交涉俄方掳去吾国航行乌、黑两江商船及货物。	电钟特派员查明现尚被扣船只数目、船名、被扣日期、地点，缮表呈部，以凭核办。旋准电，遵即缮表寄呈。	

续表

承办处所	工作类别	事由	办法	备考
欧美司		国府文官处函据哈尔滨航业公会电请转莫代表提前要求俄方迅将所扣商船放还，奉谕交外交部。 交通部咨据哈尔滨航业公会电同前因。	函复。 函复。	
	交涉释放华侨及发还搜去财物案。	驻德蒋使呈报告西伯利亚被拘华侨数目。 海参崴总领事电称：现崴埠被捕者尚百余人，均系强加罪名，且搜去财物值俄币二十万元。又侨民出口签证，改由商业机关办理，经济与时间上均受损失。 海参崴总领事电称：俄方没收华侨房产，经与交涉，除已发还各业主者外，其余应由业主本人或委托代理向官产局呈报具领，通告各业主周知。	函送莫代表备考。 据电钟特派员向俄领交涉。 并案电钟特派员，旋准复电，已经提向俄领抗议。	
	护送芬兰教士出境案。	驻沪办事处电称：准芬兰代办函称：湖南西北津市等处男女教士廿余人，急于出境，请电该处当局派警护送。	据电湖南省政府，旋准复电照办。	
	中国波兰订约案。	驻沪办事处称：波兰代表偕参赞定于二十九日晚车赴京。	经与波兰代表会议，对于解释中波条约议定书逐条讨论，大致决定，波兰代表电彼国请示。	
	中国波斯订约案。		中国与波斯商订友好通商航海条约，业详四月份工作报告。现于正约外，另附声明文件，规定两国侨民注册事项，令蒋代办一并磋议。	

续表

承办处所	工作类别	事由	办法	备考
欧美司	中土订约案。		中土商约友好通商航海条约，土代办本月七日来京，我方草案提出会议三次，该代办电该国请训，又于二十日来京，续开会议四次。	
	外人在华财产。	杭州广济医院房屋及梅医士私产被收管。	（一）紫云洞房屋及九里松坟地，查系教产，应即发还。（二）梅医士在杭州私产，如在商埠范围外，应取缔。（三）梅医士在莫干山产业，暂准发还。咨复浙江省政府查照。	
	中外债务纠葛。	安徽省所借英商三妙尔有限公司款项。天津华和洋行经理和人杜连泰不偿还北平市民薛竹溪保证金等款。	应由安徽省归还。函请该省政府从速妥定清偿办法。函驻天津和领转饬该和商履行契约。	
	外人租地科契事。	汉口英商怡和洋行承租地皮，久不税契。行政院交办汉口特别市蔴呈请通令各省市府一律遵照。	洋商在内地租地，本为条约所不许，若通令遵照，不啻明认外人在内地有租建之权，似属未妥。已咨商内政部。酌核会稿函复。	
	取缔外人无照游历。	英人薛克礼、日人后籐和司，未领护照，前往浙江兰溪等县游历。	照会驻华各使制止。咨各省市外人到境，如无护照，应拒绝通过，护送出境。	
	外人内地考古旅行。	英人斯坦赴新、甘等省旅行考古，曾给有护照。迭准国立中央研究院及教育部函咨，为防范起见，提出限制办法。	照函英馆，声明该英人如欲搜集古物，应先将目的范围及计划书，径送中央研究院审核后，再行出发。	

续表

承办处所	工作类别	事由	办法	备考
欧美司	中法越南新约。	关于法属越南与中国边境三省商务前清各约，期满失效。	越南及中国边境三省关系专约议定后，于本年五月十六日正式签字。	
	中捷友好通商条约。	中捷友好通商条约业经正式签字。	备具批准文件，呈国府批准。	
	宁案。	当南京事件发生时，比人Kets受有损失8897元3角，比使要求赔偿。	核减至4003元8角，照复比使接受，呈行政院转令财政部照拨。	
	外人损失赔偿。	美侨慕赓扬在海州被军民抢劫，所受损失，要求赔偿。 美商德士古洋行在七里河被匪抢劫，所受损失，要求赔偿。	照国际惯例，中国政府不负赔偿之责。咨复江苏省政府查照转复。 照国际惯例，中国政府不负赔偿之责。咨复安徽省政府查照，转复美领。	
	外籍银行倒闭。	福州美丰银行倒闭，徐瀛记杨荟园损失股本万四千元。	照请美使并案办理。	
	修约。	中智新约。	我国与智利，虽有通好条约，约文简单，不足保护侨胞。交条约委员会核议，有进行通商航海条约之必要。即由该会拟具条约草案，提出讨论。	
	教士被掳交涉。	安徽霍山县天主教堂教士二人被掳，携赴近河南境之金家寨地方。	迭电安徽省政府从速设法营救。	

中国第二历史档案馆藏行政院档案

6. 外交部函送1930年6月份工作报告表(1930年7月26日)

外交部致行政院政务处函

　　敬启者:前准贵处函开:"查各部会每月工作报告表须提出本院会议报告,嗣后贵部此项报告表请多检油印或铅印三十本,以资分派。"等因;准此,查敝部本年五月以前工作报告表业经分期送达在案。兹继续送奉本年六月份工作报告表三十本,相应函请检收转呈为荷。

　　此致

行政院政务处

　　计附送敝部十九年六月份工作报告表三十本

中华民国十九年七月二十六日

中国第二历史档案馆藏行政院档案

外交部民国十九年六月份工作报告表

承办处所	工作类别	事由	办法	备考
国际司	商务。	长崎领馆电称:奸商私运铜元至日本销毁。驻温哥华领馆呈称:商务部组织商务团,往远东调查。	咨财政部核办。咨请工商部分别令南京、上海、广州市政府,妥为招待。	
	美国进口锑税。	农矿部暨湖南省府咨称:美拟加进口锑税,请令驻美伍使交涉。	据驻美伍使电称:美国新税则通过,国会未增锑税。咨复农矿部暨湖南省府查照。	
	侨务。	续准中央秘书处函交驻南斐洲总支部电称:斐洲国会议决,华侨于一九一九年后营业者,限期五年,一律歇业。并准国府文官处函同前情。	据刘总领事电称:支部所传,系误会,该案明年再提。函复行政院秘书长:俟法方答复,再行核办,请转陈。	

承办处所	工作类别	事由	办法	备考
国际司		续奉行政院令交驻海防支部呈请交涉越南强迫华侨改用法文簿记。 准中央秘书处函交驻帝文支部呈请向葡政府交涉解除华侨苛例。 奉行政院令发海外党部指导人民团体办法三项。	令驻葡公使向葡政府妥商改善。 通令驻外各使领馆遵照。	
	劳工。	工商部来函:送最低工资公约,业经国府批准,请通知国联秘书长注册。	业于本年五月依法登记。	
	国际公会。	驻国联会办事处代表蒋作宾、处长吴凯声请遴派专门委员四人,常川驻处。 国联会请我介绍相当人员,参加其文化合作委员会。 国联会拟派专员在远东各国调查贩卖妇女情形。	经提出行政院会议,决议交本部及内政、财政、军政、海军、工商六部会商,由本部召集。 本部介绍吴敬恒先生,经国联行政院会议通过。 经复该专员来华时,我国派员参加,内政部派刘师舜,本部派张歆海。	
	航空。	驻华美使照称:美人乘机环球飞行,经过辽宁降落,并随带枪支及无线电机。 驻京法领函称:法军事飞行家环球飞行,在海拉尔、齐齐哈尔、哈尔滨、沈阳等处降落。	函准航空署准暂通融携带过境,不得留为后例。电辽宁省府知照。 函准航空署准其入境,知照辽宁省府。	
	租界。	交通部咨请向沪领团交涉出卖上海租界电话。	经本部(一)对外发表英文宣言,声明外商任何办法概不承认; (二)分电有关系各国	

承办处所	工作类别	事由	办法	备考
国际司		中执委会秘书处函交上海市执委会呈请收回上海租界教育权。准教育部函同前情。	公使,请其转饬驻沪领事,接受中国提议;(三)电上海租界纳税华人会,请以市民资格,一致声援;(四)分函工部局华董袁履登等,请于董事会开会时,提出质问;(五)先后两令驻沪办事处,续向领团切实交涉。此问题属地方性质,经咨准上海市政府,与租界当局接洽。	
亚洲司	日使要求引渡李泰龙事。	司法行政部咨:李泰龙国籍,应咨行内政部查核。内政部咨复李泰龙国籍,照中国国籍法,毫无不合。驻朝鲜总领事电复:日本国籍法,尚未适用于朝鲜。关于脱籍及限制,无明文规定。	咨内政部查复。电驻朝鲜总领事:鲜境现行法令,有无限制朝鲜人脱离日籍办法。照复日使。存。	
	福州闽报造谣事。	陆海空军总司令部参谋处函为福州闽报造谣,希迅予取缔。中央执委会宣传部函同前因。	照请日使取缔。并案照会日使。	
	日华兴业公司债务。	屠蕙生呈为日商日华兴业公司骗债,请交涉清偿。	令宜昌县长向日领交涉,就地解决。	
	日本入我领海侵渔。	山东省府为日本渔船在中国领海捕鱼,请核办。财政部咨渤海准否外国渔船捕鱼,有无限制。	函农矿部核复。此事应会商主管各部,统筹根本解决,咨请农矿部查核。	

承办处所	工作类别	事由	办法	备考
亚洲司		农矿部咨解决日本侵渔办法,请召集会议。日本使馆略复:日本渔船在公海就业,因保护取缔派舰,无他意。	咨复。分函农矿部国府文官处中央执委会秘书处查照。	
	胶济路日文协定。	铁道部函索胶济路交收日文协定。	函复。	
	韩国独立党领袖在北平被捕事。	中央执委会秘书处函请注意北平拘捕韩国革命同志。	电河北省府查照前电办理。	
	日军在吉长车站演炮事。	中央执委会秘书处函请办理日军在吉长车站演炮及践毁田禾案。	电吉林特派员查明办理。	
	哈埠韩人滋事。	吉林特派员呈送韩人滋事案有关文件。	令根据前案,作进一步交涉,要求撤退日警。	
	日商石原公司承买象鼻山铁砂事。	日使照会:为汉口日商社石原矿业公司,与湖北农矿厅定购象鼻山铁砂,请查核办理。	咨农矿部查核办理。旋准复转令湖北建设厅查复。	
	日轮姬岛丸撞沉朱阿良渔轮事。	驻长崎领事呈报朱阿良案与纪平公司交涉经过。	据咨浙江省府。	
	延吉韩人事。	驻清津领事电:延吉各处韩人暴举,日人拟借口派兵。东北张长官电:延边日警逮捕韩人,但无暗杀情事。	经电吉林特派员,商承省府,密饬注意。据函中央执委会秘书处。	
	保护济南日侨事。	日本使馆派员来部面称:鲁省如有战事,请对于日侨注意保护。	电陈蒋主席鉴核。分电山东省府暨崔视察专员严密注意。旋据崔专员电,已向驻济各领事表示负责保护。	

承办处所	工作类别	事由	办法	备考
亚洲司		视察专员崔士杰电陈:日领谓日内阁将以此次济南能否保侨,为决定将来对华外交政策之试验。 蒋主席电:济南侨民,令韩总指挥切实负责保护,可无虞。 驻日公使电:币原谈日政府对济南形势极为忧虑,关于保护日侨事,请中国竭力注意。	电呈蒋主席核,并饬该专员随时电告。 转告日方。 电呈蒋主席鉴察,并饬该公使将中国政府负责保侨意,向币原说明。	
	反日会扣留日货事。	福建省政府咨:日领要求发还厦门反日会所没收日货。	函中央执委会训练部核复。	
	抚顺油母页岩事。	农矿部送日人在抚顺擅采油母页岩文件。	存。	
	胶济路国库券本金事。	铁道部咨:胶济路本年应还国库券本金,拟暂缓付。胶济铁路理事会函同前因。	据函日使查照。	
	取缔江南晚报及日森通信社。	行政院训令交熊式辉电江南晚报造谣案。又奉陆海空军总司令部函为日人山田纯太郎在沪设立反动宣传机关,请交涉。	派员向驻沪日领警告,并函请日使严重告诫。现该日人离沪,报已停刊。	
	王家沱租界。	四川巴县县长电请收回王家沱日本租界。	正筹备进行。	
	平汉铁路地亩纠葛事。	铁道部咨送平汉铁路汉口日租界地亩交涉档卷。	电视察专员李芳查明,就地与日领交涉。据复开始交涉。	
	日人在鲁贩售毒品事。	山东省府咨送日商在鲁售卖毒品调查表册。交通部咨称:青岛邮局查获大宗毒品。	函请日使取缔。并案函达日使。	

续表

承办处所	工作类别	事由	办法	备考
亚洲司	日籍廖添才密输鸦片事。	日使馆略称:廖添才并非密输鸦片,请释放引渡。	咨请司法行政部核办。旋准咨复:廖添才者是否日籍,令浙江高等法院查办。	
	日籍廖献章。	福建省政府咨送廖献章案证据,请向日使交涉。	咨复。	
	日海军军用汽车轧毙杨瑞文事。	李芳电陈:日水兵中尾正清,轧毙士兵杨瑞文。又送准汉口市府电告:日领允道歉抚恤,严惩司机人。		
	日本学生与伤兵冲突事。	吴县政府电称:日本福冈商业学校教员学生到苏游历,与伤兵发生误会互殴。又电陈本案经过情形暨受伤学生诊断书、日领事损失单。	电复日领单开各物,有无着落,仍希将办理情形,随时报部。	
	日政府派员往满洲、朝鲜察访事。	吴统续电称:日政府派小坂拓务次官,往满洲、朝鲜察访,注重满蒙问题之解决。	电辽宁张司令长官查照。	
	中日关税协定实施事。	中央侨务委员会函:准台南中华会馆函询,中日关税协定,何时实施?	函复。	
	日轮厚田丸撞沉新大明轮事。	上海协记航业公司呈请交涉新大明轮案生命抚恤。	业向日方交涉,允电达该国政府核示。	
	金同安帆船被日轮撞沉事。	邬天锡呈称:金同安帆船,被日轮东庆丸在芜湖撞沉,请交涉结束。	函催日方迅行饬查。	

承办处所	工作类别	事由	办法	备考
亚洲司	日籍谢青云枪杀华人陆细福事。	日使馆函复:本案嫌疑犯逃往漳州,请协力逮捕,归案讯办。	咨福建省政府查照办理。	
	日人在抚顺县阻碍交通事。	中央执行委员会秘书处函交南京市党部呈请抗议日人在抚顺县阻碍交通。	函东北政务委员会饬查。	
	辽宁邮局查获日人邮寄毒品。	辽宁省政府咨:以沈阳关监督呈报日商邮寄大批邮件,经江海关化验,含有违禁毒品。	据行日使从严取缔。	
	日轮涪陵丸被炮击事。	湖北省政府咨送日轮涪陵丸在沙市下游被炮击情形。	据复日使。	
	东京日警拘捕魏廷鹤事。	中央执行委员会组织部函为驻东京支部整会魏廷鹤等被日警捕去。	令驻日汪使,迅向日方交涉。旋准电复:日警认为误逮,已释放。	
	改订铁路货物分等表。	日使照会,对于铁道部改正运费章程,请勿实施。 铁道部咨:以本月二十五日开会,请派员出席。	咨铁道部查明,密商工商部核办。 派亚洲司司长胡世泽出席。	
	青岛海关扣留日人购运干芋事。	青岛领事电称:干芋运日,被海关扣留。内政部准青岛市政府复称:该日商收买干芋,在禁令颁布之前,予放行,后不为例。	据告日方。	
	日商积欠鸡公山避暑房屋租金事。	湖北省府咨:准驻汉日领函称:鸡公山积欠租捐,日商无缴纳义务。	函日使请饬补缴。	

续表

承办处所	工作类别	事由	办法	备考
亚洲司	大阪每日新闻记者田中捏造谣言事。	行营邵秘书电:田中所云,与总座接谈,非事实。	商日使责成该记者自行更正,并电驻日汪公使设法更正。	
	国际卧车公司损失事。	法公使照称:国际卧车公司,因中俄军事行动,损失四万余金卢布,盼予赔偿。	照复上年中俄军事行动起于俄方,详情未明悉以前,无从奉复。	
	外蒙事项。	工商部咨:奉行政院训令,交察哈尔省府呈外蒙受赤俄压迫虐待华商情形。 行政院秘书处函:商人财物被俄蒙封锁,奉谕交外交、工商两部及蒙藏委员会。 蒙藏委员会公函,关于旅外蒙华商受俄虐待,开会讨论救济办法。	咨复俟将来中俄正式会议,并案交涉。 分咨工商部及蒙藏委员会核办。 派亚洲司帮办江华本、外交讨论委员会委员郑延禧苣会。	
	东铁俄局长裁撤华工事。	中央执委会函交抗议东铁俄局长裁撤华工。	令钟特派员查明酌办。	
	善后借款俄国部分。	财政部公函:俄债票改换新债票,系根据原案办理,请转复美使。	照会美使查照。	续前案。
	芦林教士争议案。	江西省政府咨称不承认汉口前俄工部局所负债务理由。	咨请内政部核复。	续前案。
	驻海参崴总领事报告事项。	驻海参崴总领事电告办理陆续资遣俘兵回国情形。 驻海参崴总领事电称:中国医院系出兵边界时所设,侨民请继续设立,集资捐助。	择要编新闻,非正式公布。 电复准予备案。	

续表

承办处所	工作类别	事由	办法	备考
亚洲司	元大轮船触礁、由俄方施救扣留事。	上海航业公会呈:华商元大轮船租与俄义勇舰队,触礁施救,俄方欲船东怡大号预付摊水施救担保日金八万元,方允将船放回。	令驻海参崴总领事向该舰队商洽报部。	
	交涉放还被扣船货案。	国府文官处函交黑河洪泰轮船船主王有云呈:商船洪泰,被俄兵扣留。 驻哈吉林特派员钟毓呈送苏联抢劫我国船只数目表。	函复俟钟特派员缮表寄部,再行并案核办。 抄表函代表,向苏联提出质询,交涉放还。	续前案。
	交涉释放华侨及发还搜去财物案。	驻赤塔领事电称:被捕华侨士兵,尚有七人发往海参崴等处作苦工,此间粮食缺乏,华侨恳求资遣回国。 留莫办事驻苏联大使馆随员勾增启呈称:伯利山中,有华人三百余名,极受虐待。又西比利亚西部,被捕华侨百余人,现解马利因司克式场砍木。 前任驻黑河总领事韩述曾呈:为去秋黑河解馆,俄官非法扣留枪支公款。	电汇洋三千元,作资遣华侨用费。 函莫代表并令钟特派员,分别交涉,从速释放。 令驻辽宁特派员与驻黑河总领事分别交涉发还。	
欧美司	营救芬兰女教士被掳案。	据驻沪办事处电称:芬兰代办奉该国外部训令来京,面商芬兰女教士在赣被掳事。 江西省政府电称:芬兰女教士被掳事,迭经饬查,尚无确耗,已再令赓续侦查。	电江西省府,将最近探查情形电部。 电令驻芬兰使馆,向芬外部说明该案经过。	续前案。

续表

承办处所	工作类别	事由	办法	备考
欧美司	中波订约案。	驻沪办事处电称:波兰代表渭登涛于二十日夜车赴京。	波兰代表称:对于解释中波条约议定书各条,彼政府同意。旋讨论签订手续及签字日期,约该代表于七月一日来京签字。	
	中土订约案。		本月二十三、二十四两日,与土代办在京开会议两次,已将条约草案商妥,由土代办向该国政府请示。	
	保护外侨。	英使馆函称:英人博渊如夫妇,在江西袁州,仍未脱险。准四川省府电:英人苏道璞在成都被匪暗杀。又准英蓝使照会称:该案与赤化有关。据安庆天主堂梅教士函称:霍山被掳二教士,仍未脱险。比使馆照请保护陇海路洋员。	电请江西省政府从速设法营救。电四川省府严缉凶犯。电安徽省政府,从速设法营救,并将前次营救情形,电达该主教知照。函复必要时,请转饬退出郑州。	
	税务。	各地丝织公会吁请交涉越南苛征华绸重税。	咨请财、工二部派员来部,会商对付办法。	
	教产。	山东莱阳天主堂置产,省方拒绝注册事。	咨山东省府,准复称:该堂自知未遵法定手续,业已自动撤消原约。	
	条约。	中希通好条约批准文件,于六月十四日在巴黎互换。	呈报行政院转呈国民政府,该约于是日起生效。	
	国籍。	法使馆抗议汕头法籍人 Tchiang Yao 被捕事。	咨询广东省府,查明该民固有国籍是否中国,曾否依照中国国籍法脱离祖国国籍。	

续表

承办处所	工作类别	事由	办法	备考
欧美司	赔偿。	德使要求赔偿常德德商瑞成洋行被匪抢劫损失。	本部以该行被匪抢劫，中国政府不负赔偿之责，去函驳复。	
	外领越权。	驻川法领越权干预成都万国储蓄分会事。	咨四川省政府查询真相。	
	索欠。	法使节请偿还汉阳兵工厂积欠康成酒厂货款。	节复法使：咨准军政部复称：业已转咨财部核办矣。	
	顾问。	德使函请补救被撤职之德国顾问 Techel。	移案送请国府文官处核办。	
	豁免。	教育部咨请向沪法租界当局交涉中国科学社房屋免税。	令饬本部驻沪办事处，向法领接洽具报。	
	引渡。	粤省府请转向越当局交涉引渡匪首陈文波等。	照请法使，如果该匪等逃入越境，即予协捕引渡，转知越当局注意。	
	中美订约案。	据驻美公使伍朝枢电称：中美公断条约，我国所提约稿，美外部表示完全容纳，应否签订。	电令签订去后，据电复称：已于六月二十七日，与美国外交总长正式签字。	
	外国教士被掳案。	美使函称：美教士 Clifford J. King 于六月一日在豫南被土匪掳去，请营救出险。	电何总指挥成濬设法营救。旋据李视察员芳报告，美教士 Clifford J. King 已于九日出险，安抵信阳，等语。本部据电转知美使查照矣。	
	中阿订约案。	旅阿根廷侨民黄伯信等呈请派使保护侨胞。	派使保侨，应先从订约入手。除中阿友好通商条约草案由条约委员会主稿外，电令驻巴西戴公使，就近与阿根廷政府接洽商订。	

续表

承办处所	工作类别	事由	办法	备考
欧美司	中美宁案。	美使照以中美宁案损失数目,尚未准确,应修改。	查中美宁案调查委员会最终报告早呈报政府备案,所有美国要求,列有乙、丙两项,已完全包括,自难追改。照复美使。	
	鸡公山、牯岭避暑事。	河南鸡公山、江西省牯岭避暑区域,有匪徒出没。	照会英、美、法等十七国公使,饬知旅华侨民,暂勿前往鸡公山、牯岭避暑,以免意外。	
	外侨被抢损失赔偿案。	安徽省府准驻京美领函索美侨伊女士一九二七年安庆被抢损失赔偿。	此项损失,照国际惯例,中国政府不负赔偿之责。咨安徽省府转复。	
	取缔反动交涉。	北平英文导报主笔英人辛博森为反动宣传。英人辛博森受阎锡山伪命,夺取天津海关,自称该处税务司。	略请驻华英使迅予制止。照会英蓝使,设法遣送出境,并依法惩戒。同时电驻英施使,向英外部接洽。	
	庚款交涉。	准建设委员会函,拟以和兰退还庚款充测勘东方、北方两大港。驻葡王使电称,葡外部有意商退庚子赔款。	经备节略,向驻华和使提议,征求该国政府同意。电令与葡政府非正式磋商,将该款先用于建设事业。	
	债务交涉。	天津华和洋行经理和人杜连泰,与薛竹溪债务纠葛未清,本人离津,无从究办。	批令薛竹溪设法探明该和人杜连泰确实住址呈部,以便交涉。	
	筑港。	铁道部咨送北宁铁路局与和兰治港公司所订建筑葫芦岛海港中英文合同、说明书、工作程序表各二份。	一份留部存卷,余一份转送驻华和使馆查照。	

续表

承办处所	工作类别	事由	办法	备考
欧美司	保护外商。	据驻京英领面称，许克祥部队伍，借住怡和洋行货栈。	电请陆海空军总司令部设法制止。	
	收回租界。	视察专员陶履谦调查厦门英租界内英领所发租契数目。	电令思明县政府，将该租界内各业主户名、国籍、地亩多少及每年每亩实纳租金若干，详细查明报部。	
	电政交涉。	准英、丹两使照会，以大东、大北海线电报公司，与中国所订合同，本年期满作废，惟保留一部分权利。	照会驳复。	

中国第二历史档案馆藏行政院档案

7. 外交部函送 1930 年 7 月份工作报告表（1930 年 8 月 28 日）

外交部致行政院政务处函

　　敬启者：前准贵处函开："查各部会每月工作报告表须提出本院会议报告，嗣后贵部此项报告表请多检油印或铅印三十本，以资分派。"等因；准此，查敝部本年六月以前工作报告表业经分期送达在案。兹继续送奉本年七月份工作报告表三十本，相应函请检收转呈为荷。

　　此致

行政院政务处

　　计附送敝部十九年七月份工作报告表三十本

中华民国十九年八月二十八日

中国第二历史档案馆藏行政院档案

外交部民国十九年七月份工作报告表

承办处所	工作类别	事由	办法	备考
亚洲司	关于日商石原公司承买象鼻山铁砂事项。	续前案。	农矿部咨复经过情形及撤销草约理由,据复日使。	
	关于日轮龙野丸撞沉新康轮事项。	续前案。	准日使函复,龙野丸并无过失,招商局应依照正式诉讼手续,向日本法院起诉。并据新康轮被难家属会呈,请转咨司法行政部批准诉讼。据咨司法行政部办理。	
	关于改订铁路货物分等表事项。	续前案。	据胶济路管理局函称,拟另订单行运价表。经函复:另订价表,应先送部。	
	关于反日会扣留日货事项。	续前案。	准中央训练部复称:该项日货,在日商手直接没收者,可以发还;其改籍未经政府正式许可之商民,仍按照检查日货善后办法办理。据咨福建省府。	
	关于日使要求引渡李泰龙事项。	续前案。	准内政部咨复:李泰龙取得国籍,所有法定条件手续毫无欠缺。据复日使,拒绝引渡。	
	关于青岛海关扣留干芋事项。	续前案。	准内政部复称:已订契约之二百万斤,日领前次节略,并未提及。令青岛市政府查复。	
	关于驻芜日领要求引渡王士谔、王剑秋事项。	续前案。	据王剑秋等呈,冤情既白,悬予结案。咨安徽省政府查照。	

承办处所	工作类别	事由	办法	备考
亚洲司	关于淡水口川石山海底电线递电算费事项。	续前案。	交通部咨请转催日方派代表来华,已据行日使。	
	关于延吉日警拘捕教员事项。	续前案。	函日使,请将被捕教员,先行释回。	
	关于大连海务局阻止华轮装货事项。	续前案。	准日使节略:该轮系大连日本商人租用,海务局并未禁止。据咨交通部。	
	关于保护济南日侨事项。	续前案。	续准日使节略:胶济铁路断绝,日侨避难不易,希望置济南商埠于交战区域之外。电呈蒋主席暨韩总指挥核办。	
	关于日教授赴东三省考察事项。	驻朝鲜总领事呈报:朝鲜帝国大学法科教授,赴东三省考察法院、监狱,乞转咨查照。	分咨东北政务委员会暨司法行政部,查核办理。	
	关于徐世藻乘日轮堕水殒命事项。	安徽省政府咨:教育厅科员徐世藻,乘日清公司大贞轮船,堕水殒命,该轮并不营救,请抗议。	据函日使查明办理。	
	关于韩人私运货物、捣毁关卡事项。	财政部咨:安东关渡江分卡,因缉获韩籍私贩,为该私贩等所捣毁,请严重交涉。	照请日使缉获首要,归案法办。	
	关于苏州日租界更换限满租契事项。	吴县县政府代电:日本租界内租户满限租契,日领请另发新契,应否照给。	电复:照暂行办法,于旧契上加盖印戳。	

续表

承办处所	工作类别	事由	办法	备考
亚洲司	关于日本拟强制开通吉会路事项。	驻清津领事呈报:日本将强筑吉会路,请转知辽、吉两省注意。	据咨东北政务委员会,密饬注意。	
	关于青岛日领署及日清公司延不缴纳税款事项。	江西省政府咨:九江第六区日领署及日清公司,应缴税款,延不缴纳。	据函日使,转饬驻浔日领暨日清公司,照章纳税。	
	关于阎锡山拟将天津招商局不动产及塘沽造船厂抵借外款事项。	国府文官处函为阎锡山收管天津招商局后,拟将该局不动产及塘沽造船厂,抵押借款五百万元。	函复:此项财产,拟向何国何人抵借,请详查见复,以凭办理。	
	元大轮船交涉。	续前案。	电复上海航业公会,知照怡大径行电葳办理,并知照本部。	
	交涉放还被扣船货。	续前案。	令钟特派员即向驻哈苏领交涉。	
	东铁俄局长裁撤华工。	续前案。	据钟特派员呈复,远道传闻,殊非事实。据复中央执委会秘书处。	
	救济外蒙华商。	续前案。	由蒙藏委员会召集本部及工商部,会商救济办法,呈复行政院。	
欧美司	中波订约。	续前案。	七月一日在京正式签字,拟具批准书,呈请行政院转呈,依法批准。	

续表

承办处所	工作类别	事由	办法	备考
欧美司	驱逐苏联人民出境。	东北政委会代电:检送历经驱逐苏联人民出境姓名、日期表,请转行驻苏联各领馆查照。	分令驻黑河、伯利、赤塔三领馆。旋据驻赤塔领事呈请补发被驱逐苏联人民俄文名单,函请东北政委会补抄送部。	
	华侨在俄被捕。	驻德蒋公使呈转德外部照会,在巴尔诺尔被捕华人,因违反苏联物价章程,处判徒刑。	令钟特派员查明,酌与俄领交涉。	
	德使领保护在苏联华侨利益。	驻德蒋公使电转德外部照称:苏联政府通知,中国在俄已有外交代表团及驻俄领馆,无庸再由德国保护利益。	电复:中国现驻俄领馆,仅恢复远东部分。驻莫外交代表团,系专任议约,除远东外,仍请由德使领继续保护华侨利益。	
	交涉释放被拘军官。	驻海参崴总领事电称,俄方以释放被捕红军,为释放中国军官条件。	据钟特派员呈复,我方并无扣留红军情事,径电许总领事驳复矣。	
	交涉释放李修行。	中央陆军军官学校咨称:据学生李书桓呈,为该父李修行,由俄带款回国,抵恰克图时,被俄方拘禁,请交涉释放。	令驻赤塔领事查明办理。	
	中波侨民适用法令章程。	波兰代表照会,声明在波兰华侨适用该国公布法令,请示波兰在华侨民应适用何项法令。	将中国现行有效法令章程,照复波兰代表。	
	芬代办请释放哈埠芬兰工程师。	驻沪芬代办称,哈尔滨芬籍工程师,删日赴公安局报告改换住址,忽被扣留。	电钟特派员查复。据复称:因未领居留照,警察按章处罚,已商请先予释放矣。	
	中国波斯订约事。	驻义蒋代办电称:波公使面告,我方约稿,已邮寄波京,请发全权证书,复到即可开议。	电复:波政府如允颁给波使全权证书,我方自应颁发。	

承办处所	工作类别	事由	办法	备考
国际司	领务。	泗水领馆呈请与望加锡领馆划分管辖范围。关于派驻巴拿马代办李世中兼驻尼加拉瓜总领事，接洽侨务事。	西里伯斯群岛、摩鹿加群岛、新几内亚，划为驻望加锡领馆管辖区域。东爪哇、小巽他群岛，为驻泗水领馆管辖区域。准尼国外交总长电复同意接待，并饬李代办即往接洽。	
	中埃暂行通商办法。	上海市商会电请与埃及签订商约，以推销国产。	译送中埃暂行通商办法全文。	
	侨务。	府院令催交涉越南改用法文簿记。资遣东京等处失业侨工。智利意基忌埠中华商会抗日筹饷会书记邓孺平，吞没两会公债票，中央党部请饬交涉拘办。	节略，致法使转达越政府，将该项制度免除，并令驻法公使抗争。经呈行政院，饬财政部筹偿该项遣送船费日金四万五千元。检寄该案伪收据，令饬在当地起诉，由名誉领事协助。	
	国际联合会。	准国际联合会秘书长函，第十一届大会，于本年九月十日开会。	呈奉国民政府令，仍派伍朝枢、蒋作宾、高鲁三公使，充任代表。	
	国际法庭。	准国际联合会秘书长函，本年大会，举行国际法庭法官总选举。	经推定李锦纶次长为本国籍候选人，波兰 M. Rostworowski 氏、古巴 de Bustamente 氏为外国籍候选人。	
	红十字会。	驻华比使照请派员出席第十四届万国红十字大会。	经派国际联合会代表办事处吴凯声充任代表。	
	国际公约。	准国际联合会秘书长函请批准修正国际裁判常设法庭规约议定书。	本月二十九日呈请国府批准。	

续表

承办处所	工作类别	事由	办法	备考
国际司		准国际联合会秘书长函请批准美国加入国际裁判常设法庭规约议定书。	本月二十九日呈请国府批准。	
	航空。	驻京法领函：法国飞机来华，拟变更路线。 驻华美使照称：美国飞行家作环球飞行，携有手枪及无线电机，请准飞经国境。	经函航空署，准其照新路线来华。 经函航空署，准其过境。	
	法权。	司法院函为交涉员裁撤后，受理华洋诉讼补充办法两项。	函复赞同。照会驻华英、法、美、和、那威、巴西六国公使暨咨各省市政府。	
	禁令。	驻印度总领事呈报德人拟乘马游新疆、蒙古至北平。 财政部咨为日警强提安东关所查获私运军火，请严重交涉。	令复：蒙古、新疆僻远，保护难周，河北等省军事未结束，未便允准。 根据安东关与日领所订协定，函请日使转饬该领商办，并严诫该国警察。	
欧美司	保护外侨。	据视察专员李芳报，江西被掳英教士博渊如夫妇脱险，取道南昌来汉。 准西嘎使电：西班牙教士在湖南被掳往公安。 驻京英领面称，英国女教士二人，在福建被掳。 准福建省府电，该教士，共匪掳往江西广信。 西嘎使电称，岳州西班牙教堂，被共匪毁坏。 报称，在成都戕害英人苏道璞凶犯三人，已正法。 英使馆节略称，在湖北仙桃镇被掳英教士，被匪带往新堤洪湖地方。	转达英使馆知照。 电湘、鄂两省政府营救。 分电江西及福建省府从速营救。 分电汉口行营及湖南省府饬属缉匪。 电四川省政府详细查复。 电湖北省政府及汉口行营从速营救。	

承办处所	工作类别	事由	办法	备考
欧美司	关税。	青岛市政府咨复:那威轮在青岛码头所付起货款项,照章征收,未便退还。	照复那使馆知照。	
	司法事件交涉。	据丝茧商人呈称:英、美两保险公司,不赔偿被焚货物损失,请交涉。 北平市民薛竹溪称:天津华和洋行经理和人杜连泰,逃往葫芦岛治港公司工作。	分函驻沪英、美总领事,转饬各该保险公司,迅予赔偿。 函请铁道部转饬北宁路局查明见复。	
	庚款。	准和欧使函复:退还庚款,充勘测东、北两大港经费事,应征询本国政府意见。	转建设委员会查照。	
	租地。	江苏省府咨询:镇江前英租界,外人永租地亩,可否自由买卖。	咨复:该项土地永租权,可以移转。	
	聘用外人。	海军部咨:所聘英海军教官,除薪俸、年限确定外,其住房、电灯、佣役,均由部供给。	电令驻英使馆遵照办理。	
	宁案。	宁案比人所受损失赔偿。	经核定赔偿数目,呈准行政院,转令财政部照拨。	
	欠薪。	德使馆函称:德人延兴阿,与清庭合同,未完全履行,请补足薪金。	驳复:是项合同,以妨碍中国国民革命之成功为目的,不能承认。	
	外侨纠葛。	法使馆节略称:重庆、成都两处万国储蓄分会,与当地军民发生纠纷,请制止。	电四川当局查明办理。	
	欠租。	湖北省府咨:比商议品公司,积欠鸡公山避暑官房租金,请交涉照付。	令湘、鄂、川、皖、赣视察专员交涉清偿。	

承办处所	工作类别	事由	办法	备考
欧美司	占地。	行政院秘书处函交绥远省托、和两县外国教会侵占土地,奉谕与内政部共筹取缔办法。	经与内政部会拟取缔办法。	
	地产。	内政部咨转张桐请示:中国土地可否售与或租与外商。	经详细解释,咨复内政部转知。	
	欠款。	德使馆函称:前江西省府欠德商天利洋行货款,请清偿。	据理驳复。	
	免税。	教育部咨称:中国科学社在上海法界设立,请向法当局要求免纳房捐。	令本部驻沪办事处非正式接洽。	
	租地。	江苏省府咨询:镇江前英租界,外人永租地亩,可否自由买卖。	咨复:该项土地永租权,可以移转。	
	聘用外人。	海军部咨:所聘英海军教官,除薪俸、年限确定外,其住房、电灯、佣役,均由部供给。	电令驻英使馆遵照办理。	
	宁案。	宁案比人所受损失赔偿。	经核定赔偿数目,呈准行政院,转令财政部照拨。	
	欠薪。	德使馆函称:德人延兴阿,与清庭合同,未完全履行,请补足薪金。	驳复:是项合同,以妨碍中国国民革命之成功为目的,不能承认。	
	外侨纠葛。	法使馆节略称:重庆、成都两处万国储蓄分会,与当地军民发生纠纷,请制止。	电四川当局查明办理。	

续表

承办处所	工作类别	事由	办法	备考
欧美司	欠租。	湖北省府咨：比商议品公司，积欠鸡公山避暑官房租金，请交涉照付。	令湘、鄂、川、皖、赣视察专员交涉清偿。	
	占地。	行政院秘书处函交绥远省托、和两县外国教会侵占土地，奉谕与内政部共筹取缔办法。	经与内政部会拟取缔办法。	
	地产。	内政部咨转张桐请示：中国土地可否售与或租与外商。	经详细解释，咨复内政部转知。	
	欠款。	德使馆函称：前江西省府欠德商天利洋行货款，请清偿。	据理驳复。	
	规章。	湖北省政府咨询内地外国教会租用土地房屋暂行章程系何时公布。	查明该章程公布日期咨复。	
	引渡。	广东省府咨：匪首陈文波逃匿越南，请交涉引渡。	照法使转知引渡。	
	中阿订约案。	我国与阿根廷议订商约，由驻智利李代办非正式接洽。	电驻巴西藏使，与阿政府商界办。	
	中巴订约事。	驻巴拿马代办李世中呈请遴派干员，与巴政府议订友好通商条约。	抄同原呈，函条约委员会核办。	
	外侨被抢损失案。	江宁县县长呈美商德士古洋行于一九二九年在陶吴镇被兵损失案。	事隔甚久，无从查明，依国际惯例，中国政府不负赔偿之责。令该县长径自答复美领。	

续表

承办处所	工作类别	事由	办法	备考
欧美司	保护外侨事。	美使馆函以两湖、豫、赣各省共匪猖獗,请保护美侨。 美使馆函:黄县南浸礼会所设中学,因学潮停闭,华教员及学生占用校舍,武力恫吓。 江西省政府电称:赣州马旅长出发在即,请转知外侨,迅离赣,以免危险。	函复:讨逆时期,各处匪徒乘机活动,当地军警正在设法剿除。对于美侨,自当尽力保护。 代电山东省政府查明办理。 电驻华美、法两使,迅饬各该国侨民暂行离赣,如遇意外,不负责任。并电鲁主席,仍保护侨民出境。	
	外侨被抢损失案。	吴县县长呈:美孚洋行小轮,在西太裛湖被匪抢,英人被殴。	令该县长会同邻县缉捕,并函苏、浙、皖三省剿匪总指挥部。	

中国第二历史档案馆藏行政院档案

8. 外交部函送 1930 年 8 月份工作报告表(1930 年 9 月 24 日)

外交部致行政院政务处函

敬启者:前准贵处函开:"查各部会每月工作报告表须提出本院会议报告,嗣后贵部此项报告表请多检油印或铅印三十本,以资分派。"等因;准此,查敝部本年七月份以前工作报告表业经分期送达在案。兹继续送奉本年八月份工作报告表三十本,相应函请检收转呈为荷。

此致

行政院政务处

计附送敝部十九年八月份工作报告表三十本

中华民国十九年九月二十四日

中国第二历史档案馆藏行政院档案

外交部民国十九年八月份工作报告表

承办处所	工作类别	事由	办法	备考
国际司	领务。	据驻德蒋使电称,那梯瓦Latvia拟派领驻沪。驻比使馆呈请在昂维斯设立副领事馆。	当以那梯瓦与我尚未定约,正式驻领,接待困难,如派名誉领事,可允电复转知。昂埠距比京极近,准在使馆附设副领事,由馆员兼充办理侨务。	
	关税。	关税递增,皮业难支。南洋皮商恳准减轻入口税率。	咨准财政部复:已令该商检同货样,呈请核办。	
	侨务。	资遣旅日失业侨工案。	驻日使馆驻横滨总领事呈送遣送难侨名单,催汇船公司垫费。据咨财政部优先筹拨。	
	党务。	古巴政府破获中国共产党事。南斐洲杜省华侨商会呈请挽救斐政府苛例。	函送中央秘书处搜获共产党机关职员名单及私人信件西文案卷。迳电施使暨驻南斐洲总领事,严行交涉斐政府停发华侨商照案。	
	俄难民。	国联会请我国对于在华俄难民实行南申护照办法,俾便难民出境。	据驻吉林、辽宁两特派员先后呈复称,该难民等转徙他国时,均给予出国护照,并无困难发生。复国联会。	
	邮政公约。	英使请批准我国签定之国际邮政协会第九届大会公约等四件。	经呈奉国府批准,并将批准书转送英政府,通知缔约各国政府。	
	烟禁。	文官处送日本开放台湾烟禁案,禁烟会送孙部长促进南洋群岛华侨烟禁案,请报告国联禁烟会。	令驻国联代表办事处于下届国际禁烟顾问委员会开会时酌量办理。	

续表

承办处所	工作类别	事由	办法	备考
国际司	禁令。	军政部拟具外人携带自卫枪弹暨猎枪弹报运进口办法,咨请会同办理。军政部函询:土耳其系无约国,该国人民请领枪照,应如何办理?	经修改,会呈行政院。经复以中土商约正在进行,该国已派有代表驻华,该国人民请领枪照,可照有约国例,由该代表函请外交部转咨核发。	
	法权。	收回上海法租界会审公廨案。	照催法使早日商订改组办法,以便实行。	
	国籍。	驻金山总领事请示:侨生美国之华人子女回国时,领照签证如何办理?	经指令,以在国外生长之华侨子女,如已取得居留国国籍,于回国时领有该国护照者,应予签证,其愿领回国护照者听。	
	外人入境。	驻印度总领事续呈德人 Hermann Kolb 拟改由八莫、云南前往游历。	经指令,以该德人拟改道八莫、云南入境而前往之处所,未据声明,如系西北部蒙古、新疆等处,仍难照准,应令开具详细行程单。	
亚洲司	台籍民谢青云枪杀华人陆细福事。	续前案。	前准日使函复,据咨复福建省政府核办。嗣中执会秘书处以据江苏省党务整理委员会呈请转行交涉,业将办理经过情形函复。	
	商索埃及石刻图事。	续前案。	前接驻日汪使来电,经转函中央国术馆。嗣准该馆函送图费日金二十五元,请为转汇,业将该项日金转寄驻日汪使。	

续表

承办处所	工作类别	事由	办法	备考
亚洲司	日军在吉长车站演炮事。	续前案。	前经再电钟特派员查复。嗣据该员将本案详情及交涉经过电复，据复中执会秘书处。	
	驻芜日领要求引渡王士谔、王剑秋事。	续前案。	准安徽省政府咨以日领近复声请引渡，似未准予结案。已答复：如届期满，日方不能续提确证，应请查照前咨，转饬取保案。	
	淡水口川石山海电事。	续前案。	前经本部照请日方派代表来华会议，嗣日使以该国所派委员衔名照复，据咨交通部。	
	中日庚款。	续前案。	前由本部拟就协定草案，令驻日公使提向日政府交涉。嗣据该使呈报日方答复情形，咨教育部核办。	
	中日协定。	续前案。	该项协定及附件各二份，令国际联合会全权代表办事处，转送联合国秘书处登记。一面呈报国民政府鉴核。关于该协定附件四，咨财政部查照办理。	
	改订铁路货物分等表事。	续前案。	前函胶济路管理局，如另订单行运价表，应先送部查核。嗣据该局函称，货运分等表，由铁道部颁布，不再另订。	
	阚朝玺等勾结英、日合办镜泊湖水利工厂事。	续前案。	前咨吉林省政府查明办理。嗣准复称，该公司尚未正式成立，亦无勾结外人之事。	

承办处所	工作类别	事由	办法	备考
亚洲司	中日汉案。	续前案。	日使照称,以驻汉日本总领事馆副领事高井末前彦继原田忠一郎为汉案调查委员,据行汉口市政府。	
	日本人我领海侵渔事。	续前案。	续准农矿部咨以海军部提出关于海岸线意见,请核办。咨复:应先咨商主管各部,统筹办法,俾对外交涉有所依据。	
	徐世藻乘日轮堕水殒命事。	续前案。	前函日使查明办理。嗣准函复以徐世藻已移乘驳艇,日轮始照常前进,其后如何堕水,日轮全无所知,故无从施救。咨安徽省政府:应再搜集确证,以资证明。	
	大木谦吉欠薪事。	续前案。	准日使照会催请发还日员大林谦吉欠薪,据行农矿部办理。	
	日华兴业公司万福轮债务。	续前案。	前据屠惠生呈请交涉责令赔偿,令宜昌县长向日领交涉就地解决。嗣据该县长呈复本案详细情形,并拟定进行办法,指令遵照。	
	日警殴伤我国军官事。	吉林龙井村农工商学联合会电:本埠驻防军连附张鸣全拘获聚赌诈财之韩民三人,被武装日警多名截夺,并遭殴重伤,请向日使严重抗议。	电东北政务委员会转饬查明办理。嗣准复称:此事经该省主管机关提出交涉后,日领诿为误会,已据理驳复。	

续表

承办处所	工作类别	事由	办法	备考
亚洲司	日警逮捕入籍韩民金仁三等。	吉林特派员钟毓呈：为选准延吉市政筹备处函电称日警逮捕垦民及学生各情形，请抗议。	照请日使转饬释放，嗣后不得再有此项行动。	
	日本增兵东三省事。	中央执委会秘书处函为上海市党部呈请抗议日本增兵东三省案。	电饬辽宁特派员查复。嗣据该特派员电复：日方调动军队，纯属调防性质。	
	有田使华事。	中央执委会秘书处函为日本有田八郎将任驻华公使，有无此事，请查复。	函复：日使馆方面，并无此项消息。	
	日商经纪串同押店偷漏厘税事。	视察专员陶履谦呈为广东财政厅函询：日商恭信洋行经纪朱宽，串同押店，偷运绒匹瞒厘案，应否由该厅传集讯办。	令准如拟办理。	
	保护南昌、九江各地日侨事。	日使函请以适当方法保护南昌、九江各地日侨。	据电江西省政府暨何剿匪总司令核办。	
	长沙共党暴动事。	日使照会以长沙共匪暴动事件，日本领事馆及日侨所受损失状况，并附损失调查表，请查照。	令视察专员周泽春详密查明呈报。	
	日人伪造交通银行钞票事。	申报载：大阪船场警署拘获伪造股票日人春宫祐一郎，并发觉该日人与相与八郎伪造交通银行十元钞票三十万元及行使二千元之嫌疑。	电饬驻日公使查明交涉，务将底版销毁，并惩办伪造人犯。嗣据电复：此事检事局正在搜查，按法办理。旋又呈报：伪造人犯三名，已在东京预审终结，交付公判。	

承办处所	工作类别	事由	办法	备考
亚洲司	日船高雄二侵入领海范围事。	海军部函为日船高雄二驶入东沙岛,既不悬旗,复有种种自由行动,应予警告。	照请日使转行注意。	
	胶济路车辆事。	日使照会以胶济路车辆,现被中央军移用于津浦路,请转行设法放还。	电请钱运输司令查酌办理。嗣准复称:此次所获车辆,系由晋军处得来,俟清理后再定办法。据复日使。	
	江宁通商口岸界线事。	南京市政府函为江宁通商口岸界线问题,关系至要,请依约解释见复。	分别解释,酌定办法,函复市政府。	
	元大轮船交涉。	续前案。	此案据驻海参崴总领事复电报告与元大船长协同、迳向苏联方面交涉各情形,并请密令上海各企业公会转知各船行,嗣后华轮租于俄方订立合同,务须特加注意。已由部据电上海航业公会。旋据该会呈述俄义勇舰队租用元大轮经过并触礁后俄方施救各情形,继续严重交涉,等情。复由部电复该会,希查照前电,转知怡大办理。	
	哈埠日商东拓会社等请换给租照事。	续前案。	此案据钟特派员条陈意见,本部以此事应否予以核准,及应否另定新章,事关土地问题,已据咨内政部核办。	

承办处所	工作类别	事由	办法	备考
欧美司	俄商列文在汉被捕。	据驻沪办事处函转上海茶叶公会代电称：协助会洋行俄员列文，由公安局拘送武汉行营讯办。该俄员向无轨外行动，请转电开释，等情。	由部据电武汉行营何主任饬查复。旋得复称：该俄员已准开释，业由部驻沪办事处转知上海茶叶公会。	
	交涉释放侨民。	据驻赤塔领事呈称：被拘侨民王守贤业已释放，其余王宝兴等七名，可否由部电令提出质问。	已由部指令该领事，应再商苏联省长，转行释放。	
	中波派驻公使。	据驻日汪公使、驻法高公使先后呈函称：驻日波兰代使、驻法波兰使馆参事面称，奉波政府令，谓中波条约将次成立，列举理由，请彼此派使驻扎。	已由部分别电复：俟中波条约批准有期，当可进行办理，希酌复波方。	
	工潮交涉。	国府令开：上海法商水电工潮，法捕房强制干涉，并擅自开枪，死伤无辜。	向法使提出严重抗议。	
	外国顾问。	德使馆照请查明德国警察顾问 Wendt 忽被撤任理由。	函内政部查复。	
	法权。	收回上海法租界会审公廨案。	照请法韦使来京会商。	
	营救外侨。	义使电：义教士在豫南阳县赊旂店被掳，请即营救。	分电军政部及豫省政府饬属营救。	
	互通电讯。	准法使馆节略，上海西贡间互通无线电讯，颇有利益，并附送电费单前来。	咨交通部核复。	

承办处所	工作类别	事由	办法	备考
欧美司	政治交涉。	准法使馆来照抗议 Souateou 当局保护越南国民军委会委员等由。	来照未附中文所称 Souateou 是否即是汕头,未便确定,略请该使馆查复。	
	保护外侨。	准四川省政府电:在成都南门外戕杀英人苏道璞正犯三名,业已正法。 准英使馆节略,在湖北仙桃镇被掳二教士,仍未出险。 驻京英总领事面称:津浦路洋员妻室,在浦镇被身穿军服人戳伤,请缉凶。 英蓝使略称:长江共匪扰乱,汉口形势可虑,英侨生命财产应如何设法保护。 英女教士念汉两师姑在福建被掳案。 驻华那使照会:那威教士在湖南天竺山避暑,请保护。 驻京英总领函来称:武装水手检查烟土,入芜湖太古趸船开枪,请查办。 英使照称:英人葛礼在苏州附近西太裹湖地方,被匪殴伤,并劫去货物。	转达英使馆查照。 准汉口行营及湖北省府复,已饬驻军及县警采取安全方法营救,转英使馆知照。 电请军政部及江浦县政府查明办理,并函请铁道部转饬津浦路局将此案详情查明见复。 准汉口行营主任及军政部电复,大军云集,防务巩固,可无虑。 电请福建省政府查明该二女教士究在何处,从速营救。 准湖南省府复,已饬属认真保护。 函禁烟委员会设法查明。 函江、浙、皖三省剿匪总指挥及江苏省政府严缉。	
	行政事件交涉。	英使照会:上年常德战事,谭道源师周朝武杀烧淫掠,外侨损失请予赔偿。	呈陆海空军总司令转饬谭道源查办。 照复:此案应由该故船员家属径向有关系当局请求,方合手续。	

续表

承办处所	工作类别	事由	办法	备考
欧美司		准英使照会:江苏水警持械攻击英轮德和号,中国舵员受伤身故,所有垫付医药、棺殓费及恤金,请偿还。 关于四川绵阳中坝两处教产被占案,英使照称:已由驻重庆英副领事与田军长颂尧商妥办法,请电四川省宪从速解决。 交通部咨称:派刘国诚充任香港电报局长,请照会英使转函港督知照。	电四川省政府转饬从速解决。 照请英使查照办理。	
	法权。	四川省政府电称:亚细亚公司库加利在中国法庭被控,英领谓手续不合,究应如何办理,请示复。	电复:外人遵守中国法令之实施办法,现在尚未订定,此案暂时不必由中国法庭受理。	
	聘用外人。	海军部咨称:所聘英海军教官两员,拟在华签订合同,请电驻英使馆,探明英海军部是否同意。	电驻英使馆询明电复。	
	保护外侨。	军政部咨:宿迁美教士梅克堪被军队抢劫案,因军队久经编遣,现实无从核办。 美教士自江西安仁县来电称:余干县教会房产被军队占用,请转饬保护。芜湖市政筹备处处长邵逸周呈称:美孚行在宿松县被国民军余亚农部抢劫损失,应如何办理?	转达美领查照。 电江西鲁主席查复。 咨准军政部复,此案无卷可稽,未易办理,令芜湖市政筹备处照转美领。	

续表

承办处所	工作类别	事由	办法	备考
欧美司		美使电称:据驻广州总领事报告,南宁美孚洋行及住宅,被滇军抢劫,洋行驳船亦被征用,请设法追还。该处美人生命财产,并希予以充分之保护。 据驻京美领事函称:据安徽亳州浸信会函陈,该会房产及教士住宅,为中央军队占据。	电云南省政府查明办理。 电安徽省政府并咨军政部查照,转饬迁让。	
	外人采集标本。	驻美伍公使电称:美国探险家承美国自然历史博物院委托,拟组织科学考察团前往新疆,摄取该地人民、动物、风景影片,并搜集野兽标本,一切危险,愿自负责。	咨教育、内政两部查核见复。	

中国第二历史档案馆藏行政院档案

9.外交部函送1930年9月份工作报告表(1930年10月24日)

外交部致行政院政务处函

敬启者:前准贵处函开:"查各部会每月工作报告表须提出本院会议报告,嗣后贵部此项报告表请多检油印或铅印三十本,以资分派。"等因;准此,查敝部本年八月份以前工作报告表业经分期送达在案。兹继续送奉本年九月份工作报告表三十本,相应函请检收转呈为荷。

　　此致

行政院政务处

　　计附送敝部十九年九月份工作报告表三十本

中华民国十九年十月二十四日

外交部民国十九年九月份工作报告表

承办处所	工作类别	事由	办法	备考
亚洲司	中日电信会议。	续前案。	第一、二次会议于九月十七、十八两日举行。	
	保护南昌、九江各地日侨。	续前案。	准赣省府暨何剿匪司令电复,已饬属严密保护,据函日使。	
	日轮龙野丸撞沉新康轮。	续前案。	准交通部咨,招商局业在上海特区法院起诉,日方如不应诉,应照我国民诉条例办理。	
	长沙共党暴动事项。	续前案。	迭据本部视察员周泽春报告调查情形,并准湖南省政府咨送外侨损失调查表到部。	
	大木谦吉欠薪。	续前案。	准农矿部咨复:该洋员欠薪,咨请财政部准归整理内外债委员会汇案整理,咨请财政部查复关于技术、教育各洋员欠薪是否一律办理。	
	九江日领署及日清公司欠缴税款。	续前案。	准日使复称:日本对于征收日人税款,主义上难承认,如仍以假定协助费名称缴纳,并无异议。据咨江西省政府查复,并检送征税章程,以凭核办。	
	青岛海关扣留干芋事项。	续前案。	准内政部咨复青岛市政府派员调查日商订购干芋情形,据复日使。	
	徐世藻乘日轮堕水殒命事。	续前案。	咨复安徽省政府:请提出赔偿数目及让步限度,以凭交涉。	

续表

承办处所	工作类别	事由	办法	备考
亚洲司	驻芜湖日领要求引渡王士谞、王剑秋事。	续前案。	此案王士谞、王剑秋，业经安徽省政府准予结案。嗣该省政府以王等呈请追查前三十七年抄去股票、借据等件，咨请检借原卷，已咨复。	
	日本海军陆战队在沪实习战斗。	中央执委会秘书处函请办理上海市党部转请抗议日海军陆战队在沪实习战斗，并令撤退在沪日军。	据函上海市政府查复。	
	日渔船毁坏海底电线。	交通部咨：日本渔船屡毁水线，请向日方提出警告。	据函日使取缔。	
	日人高桥园田在葫芦岛秘密调查事。	中央执委会秘书处函请核办党员王可一呈请制止日人高桥等在葫芦岛秘密调查。	据电辽宁特派员，商承省政府饬属一体注意。	
	引渡刑事犯王仲达、王仲景事。	司法行政部函请转行日本官宪署，将王仲达、王仲景查获，依法交付归案讯办。	函请日使转行办理，并电驻日汪公使就近接洽。	
	内河航行权。	中央执委会秘书处函请办理浙省执委会呈请转饬积极办理收回内河航行权。	函复。	
	杭州日本租界。	中央执委会秘书处函请办理浙省执委会转请收回杭州拱〔宸〕桥日本租界。	函复。	
	青佐水线。	交通部咨请照会日本政府转饬递信省，准备交还青佐水线，在青岛一端运用。	照请日使转达日本政府办理。	

续表

承办处所	工作类别	事由	办法	备考
亚洲司	日兵枪杀华人。	驻吉林特派员钟毓呈为日兵在满铁道旁枪杀华人案交涉情形,录案具报。	令转行该管官厅,将被害者姓名、籍贯、年龄、职业详查具报,以凭核办。	
	福州日商及台籍民税契。	福建省政府咨请交涉日商及台籍民永租屋地,送请中国官厅。查明印税。	咨复:请查明此项未税契屋地是否在租界之内,并持契人姓名,以凭核办。	
	日人贩卖毒品。	禁烟委员会咨开外人纵毒案件表,请提出交涉。	函催日使查照本部迭次去文,转饬从严取缔。	
	朝鲜共党滋事。	驻朝鲜张总领事电:吉林枪杀韩共党多名,韩人仇华声日盛。	同时据清津马领事及釜山陈领事电报告,据电东北政务委员会查复。	
	军械借款事。	驻日汪公使电:中日实业公司拟将关于军械借款、参战借款、旧国库证券,交公使馆注销,应否照办?	咨请军政部会商财政部核复。	
	撤销日邮事。	行政院秘书处函请办理上海市执委会第六区党部呈请收回南满邮权案。	同时准交通部来咨,据照日本代办,请一律撤销。	
	关于大东、大北海线专利权。	行政院令:据该部会同交通部呈,以大东、大北两水线公司合同,年底期满取销。嗣后无论何国政府,或公司及私人,在中国境内,不再许以海底电线登陆之专利权。拟照会日政府查照,请转呈国府令准施行,等情。现奉国府令,照准。	照会日使,并将照会底稿分别呈咨行政院及交通部。	

续表

承办处所	工作类别	事由	办法	备考
亚洲司	交涉放还被扣船货。	续前案。	函莫代表核办。并令驻黑河领馆,续向苏联地方官厅切实交涉。	
	交涉释放被掳邮差。	续前案。	再令钟特派员,并令驻黑河总领事向俄方交涉,早予释回。	
	俄商列文在汉被捕。	续前案。	准武汉行营何主任复称:该俄人嫌疑重大,现正侦查证据。据电驻沪办事处,转知茶叶公会。	
	驱逐苏联人民出境。	续前案。	准东北政务委员会补送被驱逐苏联人民俄文名单,抄录分令驻赤塔、伯利、黑河三领馆。	
	九江芦林地产争议。	续前案。	准内政部咨称:此案经汉口市政府自动取消债权,无庸查卷议复。	
	元大轮船交涉。	续前案。	据上海航业公会呈称,怡大号已与苏俄商船舰队交涉完结,令知驻海参崴总领事。	
	交涉释放李修行。	续前案。	再令驻赤塔领事速办呈复。	
	交涉释放被拘军官。	续前案。	准东北政务委员会复称:据万副司令报称,该军官荣文会等十五名,业于十七日抵江。	
	接收西北利亚华人保护事宜。	准德使照称,中国驻赤塔领事奉令接收西北利亚行政区域内华籍人民之保护,该国政府声明在该区域内之华人保护即告终止,并已通知苏联方面。	该处华侨前蒙德领保护,至为可感,照复德使。	

续表

承办处所	工作类别	事由	办法	备考
亚洲司	交涉发还被扣财物。	据驻海参崴领事电称：准东北政务委员会代电，据回国华侨报称，尚有华侨九十九名，在未经设领及未恢复领馆之处，被俄方先后搜去财物。经该馆向崴埠交涉员交涉，岂诿为无权管辖，应由莫京办理。	商准德使，允电彼国政府核办，尚未准复。	
	停发俄人游历护照。	准广东省政府咨称：俄人借游历护照，在境内煽动共匪，拟请通饬全国发照机关，暂停发给俄人游历护照。	咨东北政务委员会，以广东省政府所请停发俄人游历护照，东省方面有无窒碍，请核办见复。	
国际司	商务。	驻斐利滨总领事呈：斐议会通过限制外人伐木条例，请查示我国森林法是否限制外人经营。	我国森林法对于外人经营伐木，均加限制，指令知照。	
	经济。	救济银价。	印度低价售银与在华外国银行，影响市场。电驻英施公使切商英政府停售，或加限制。	
	商标注册。	英使照以全国商标局对于英商三斜方商标不准补行注册，请转工商部。	经工商部商标局查核，以该英商所用三斜方商标，类似赌博物品，为商标之禁令，难准注册。据覆英使。	
	国外税务。	驻奥代办呈报，奥国新定关税法，增加华蛋入口税。经交涉允暂免增加，仍保留鲜蛋、制蛋不同税之原则。	如鲜蛋、制蛋两税区别过甚，仍应继续磋议，指令遵照。	

续表

承办处所	工作类别	事由	办法	备考
国际司	侨务。	和属增加入境税。尼加拉瓜待遇华侨苛例。	迭令驻和使馆及驻爪哇总领事严重交涉。派李世中兼任驻尼加拉瓜总领事,驰往交涉。据报已允取消苛例,惟须由中政府自行限制来尼华侨。经呈奉行政院,令原则通过,其人数由部交涉增加。	
	党务。	改组派陈杏蓉、黎泽芸、胡桂庚等,在南洋阴谋倾陷本党,文官处函请设法引渡。	据驻新加坡总领事呈复查办经过情形。	
	禁奴。	批准禁奴约事。	分函司法行政部及内政部核复有无窒碍。	
	国际法庭。	国联会秘书厅函本届大会将改选国际法庭法官,请我国提出候选人。	经提出王院长宠惠为候选人,选举结果,王院长以三十二票当选。	
	军缩会。	出席军缩筹备委员会代表、驻德公使蒋作宾,电请另派代表出席本年会议。	函请军政部,提出行政院会议,议决改派驻瑞士代办吴凯声出席。	
	航空。	驻华英使照称:英女飞行家拟由英起程,独驾飞机飞行来华,在厦门、上海降落,再转往日本,请核准。	函准航空署核复照准,由部函转英使馆,并知照上海市政府及思明县政府。	
	侨务。	华侨登记案。	华侨登记证、登记请求书,并华侨登记专用印花,分别发交驻外使领馆,饬令着手办理。	

续表

承办处所	工作类别	事由	办法	备考
国际司	外人入境。	行政院令查验外人入境护照规则及施行细则,经以院令公布。	经将规则刊印,照会驻华各国使馆,暨令驻外各使领馆,并函内政部着手筹办。	
	禁令。	行政院训令,以驻烟台美领声称,外人自卫枪支执照暂行条例不能适用,如发现私带枪支之外人,应如何办理?仰会同军政部议复。财政部咨称:日轮万世丸装载枪支子弹,驶抵烟台。该项械弹,未经驻日使馆签证。请向日使交涉。	与军政部会衔呈复:美领声明一节,我方未便承认,如果发现外人私带枪支情事,可查照外人自卫枪支执照暂行条例第十条办理。函驻华代办,转饬嗣后运械,务须依照规则办理。	
欧美司	游历。	驻华使馆函称:德人黎克麦尔斯拟取道新疆至喀什噶尔及俄国边界帕米尔山东面游历,请中国派员加入,并对于所带行装及需用物品入境时,准予免税。	咨请教育部核复。	
	通商。	驻华德国公使电称:上海德商爱礼司洋行宣传员,在福建诏安县被民众扣留,游街示众,请即转行释放。	电请福建省政府转饬查照办理。	
	电讯。	交通部咨开:上海法界顾家宅无线电台,竞收太古轮船公司电报,请即交涉。	照请驻华法公使严予制止。	
	借款。	准驻华法使馆节略称:法国邮船公司及士乃得厂,为中国政府所垫之款,请即清偿。	咨请财政部查核见复。	

续表

承办处所	工作类别	事由	办法	备考
欧美司	教产。	准罗马教廷驻华代表电称:浙江海门某种教产,即将没收,请缓执行。	电请浙江省政府查明核办。	
	收回租界。	厦门英租界。	中英双方互换照会,声明将该租界取消,并将办理本案情形呈报备案。	
	取缔反动。	辛博森强夺天津海关。	续向英使抗议,并电驻英使馆,向英政府切实交涉。	
	外侨产业。	杭州广济医院及梅籐更产业被占。汉口市修筑沿江马路与太古公司交涉。	续咨请浙江省政府迅予迁让。由本部与内、财两部派员审议,将草案修正。	
	司法事件交涉。	天津华和洋行经理和人杜连泰欠付北平市民薛竹溪保证金及薪金,潜往葫芦岛和兰治港公司工作。接四川成都总商会电称:亚细亚英人库加利被控,请电省府饬县传讯。	函请铁道部转饬北宁路局,转商和兰治港公司,设法照扣杜连泰薪水,以资偿还。电请四川省政府转知该总商会设法和解。	
	调查边务。	驻印度总领事拟往尼泊尔国游历,请拨旅费洋四千元。	函请财政部照拨。	
	外人游历。	英人司代诺往新疆游历。	电请新疆省府准予入境。	
	收回租借地。	威海卫租借地,经中、英两方商定,于十月一日实行接收。	分咨有关系各部,从速筹备办理该地一切行政事宜。	
	聘用外人。	海军部函送关于聘请英国海军军官所订合同。	抄发驻英使馆查照。	

续表

承办处所	工作类别	事由	办法	备考
欧美司	庚款。	英国退还庚款。	与英蓝使于九月十九日及二十二日互换照会,并呈报备案。	
	订约。	驻美伍公使呈送新订中美公断条约影本到部。	备就中美公断条约批准书一册,呈请批准。	
	地亩纠葛。	美使来照,以据驻厦门美领呈报,厦门美国归正公会,租有沙滩地产,被该埠堤工处擅自没收售卖,请予以充分之赔偿。	准漳厦海军警备司令部复称:海滩原属国有,租领滩地,以契据为凭。该归正公会,于限期内未将契据缴验,当然认为无主官立。照复美使查照。	
	命案。	上虞旅沪同乡会呈称:上海市商会职员陆莲峤,被美人汽车撞倒身死,请予交涉。 汉口市政府咨称:亨宝趸船水手黄显标,被美国酒醉水兵推入江中毙命。	准上海特区地方法院复称:此案已由被害人家属,自向管辖机关起诉。 照美使转行该国海军当局,迅予调查行凶水兵,依法惩办。	
	外舰。	准江苏省政府咨称:美国二二二号巡洋舰一艘,在三江营泛地,无故放炮,请予取缔。	函请驻华美使查明解释。	
	党教冲突。	美使照称:河南遂平县美教士,被当地党部侮辱。	本部当以该教士等对于党部工作勿加干涉,深信党部人员自当维持秩序,函复美使查照。	

中国第二历史档案馆藏行政院档案

10.外交部函送1930年10月份工作报告书(1930年12月9日)

外交部致行政院政务处函

　　敬启者:案奉钧院第3981号训令内开:"为转饬遵办事,现奉中央政治会议函开:'兹经规定各部会每月工作报告式样,关于法令及交办案件采用表式,此外关于主管事务采条举说明体,其较为繁复者,可分总述、进行经过、结论三项,并得附表。'等因;除分令外,合将原发工作报告式样印刷,令仰该阔别遵办。此令。"等因;奉此,理应遵办。兹谨按照新颁工作报告式样,编造十九年十月份工作报告书三十份,相应函请贵处检收转呈。惟事属创始,容有未尽妥善之处,尚祈指示,以便改善,至纫公谊。

　　此致

行政院政务处

　　计附送敝部十九年十月份工作报告书三十份

中华民国十九年十二月九日

中国第二历史档案馆藏行政院档案

外交部十九年十月份工作报告

　一、关于法令事项

　(甲)奉行法令事项

法令名称	到达日期		奉行方法	备考
	月	日		
无				

　(乙)颁行主管范围内之法规事项

法规名称	颁行日期		法规要旨	备考
	月	日		
无				

(丙)核定各省市及所属各机关单行法规事项

法规名称	声请机关	到达日期		法规要旨	备考
		月	日		
清查居留滇省越人办法。	驻云南特派员。			云南自滇越铁路开工后,越人来滇杂居者颇多。为防维治安起见,曾经前清蒙自关道及交涉司,与法国驻省蒙领,商定限制办法。近年以来,越人来滇者更众,且良莠不齐,时生事端,于治安妨害甚大。爰由云南特派员,与驻滇法国交涉员,订定清查办法十项,呈部核示。本部以该员所拟之清查办法,第四款"着中国服装,冒充华人者",不明其用意,在事实上是否须有此项广泛之规定。经于十月三十一日指定该特派员详细呈复,再行核夺。	附清查办法十条。

照抄清查居留滇省越人办法十项:

(一)无居留执照者。

(二)有居留执照,已满期失效者。

(三)面貌、地点、职业与照不符及无职业者。

(四)着中国服装,冒充华人者。

(五)吸烟、赌博及有干犯法律之行为,确有证据者。

(六)营不正当事业者。

(七)查有上项情事之越人,婆分以上,解交本处转送法委;婆分以下至芷村,交蒙自县署转送驻蒙法副领事;芷村以下,交河口督办转送河口法副领事。

(八)省城清查事宜,由本处办理。

(九)蒙自由蒙自县长负责办理。

(十)沿路一带,统由路警负责办理。

二、关于交办事项

（甲）中央党部交件

事由	交办处所	交办		限期		办理情形	备考
		月	日	月	日		
龙井村中日军警冲突案。	中央执行委员会秘书处奉常务委员批交。	十	二十三	无		详关于主管事务之进行事项。	
日本军舰差轮撞沉万新商轮。	中央执行委员会秘书处奉常务委员批交。	十	九	无		同上。	
暹罗交通兼商部长馈聘匹羚亲王来华调查商务。	中央执行委员会秘书处奉常务委员批交。	九	二十六	无		本部接准中央执委会秘书处来函，当即会商交通、铁道、工商各部，派员筹备招待，一面探查该亲王行程。十月七日，据本部驻沪办事处电称，该亲王准于十月九日抵沪，十一日晨赴杭游览，俟部电指定日期来京等语。当即电知浙省政府，一面派员赴沪接洽，约定该亲王于十六日来京。嗣该亲王由杭返沪后，忽发寒热，改派驻日暹使代表，于十六日入京。该亲王于十八日下午乘德轮赴津，二十二日抵平，二十九日转道赴沈，沿途均经本部事先预电，妥为招待保护。	

事由	交办处所	交办		限期		办理情形	备考
		月	日	月	日		
中央执委会秘书处函开:奉常务委员交下,驻葡属帝文直属支部呈请向葡政府交涉,对于关税应本双方所订条约履行、不得有所歧视一案,奉批交外交部。	中央执行委员会秘书处。	六	六	无		葡属帝文对于我国出产品征收高税,实与民国十七年十二月十九日所订中葡友好通商条约第一款所开"此缔约国不得对于彼缔约国人民,征收较高税款"等语不符。当经训令驻葡王使与葡外部交涉。旋得该使呈复,已照会葡外部从速改善。并经本部于六月十一日、八月八日,先后函达中委会秘书处查照转陈在案。兹于十月十七日,复据该使呈报称,准葡外长照复称,此事已转达管辖机关,切实按照中葡条约条文,给予待遇,等语。亦经本部函达中委会秘书处查照矣。	

(乙)国民政府交件

事由	交办处所	交办		限期		办理情形	备考
		月	日	月	日		
龙井村中日军警冲突案。	国民政府文官处奉主席谕交。	十	十五	无		详关于主管事务之进行事项。	

事由	交办处所	交办		限期		办理情形	备考
		月	日	月	日		
废止日本对华文化事业协定及换文一案，前由教育部拟定方案，经中央政治会议审查，通过照办。乃日方对该案不予容纳，教育部仍拟照原方案甲项丑目第二节所拟方式分别进行。复经中央政治会议指定委员审查意见三点，经决议通过，分别转饬遵办。	国民政府。	十	十八	无		业经抄录教育部原拟方案甲项丑目第二节，附说明及中央政治会议原函，令饬驻日汪公使遵照该决议案，妥与日外务省交涉，现尚未据报告。	
中央侨委会函：准中央秘书处移送京市党部请令国府转饬外部通令驻外使领，切实劝导华侨研究党义	国民政府文官处。	九	二十六	无		经以使领馆研究党义规则，业经通令颁行。又推行华侨社会教育办法，并经令行各领馆遵照在案。奉交前因，事关党义普及、国语统一，应即参照前项规定，切实劝导。惟驻地情形各有	

事由	交办处所	交办		限期		办理情形	备考
		月	日	月	日		
及本国语言文字一案，奉主席谕交教育、外交两部。						不同，务宜会同该地党部妥慎办理。与教育部会衔，通令驻外各使领馆遵照，并函复国府文官处转陈。	
中央侨务委员会函请转陈饬令外交部迅订中暹条约并派领驻暹保护侨民案。	国府文官处奉主席谕交。	九	一	无		中暹订约，我方早设法进行，惟暹政府意存观望，以致未能开议。本部准此次国府文官处来函，当又电令我国国际联盟会伍代表，向暹罗代表表示我方甚愿早日议约，请其转询本国政府意旨。准伍代表电称，暹代表允于回国后，面向政府接洽。	

（丙）主管院交件

事由	交办处所	交办		限期		办理情形	备考
		月	日	月	日		
收回延边电信权案。	行政院交。	十	八	无		详关于主管事务进行之事项。	
鲁省借中日实业公司日金三百五十万元一案，前由山东省政府请交外债清理处查核办理。经	行政院政务处奉副院长谕交。					此事应否交外债清理处设法解决，业经咨请财政部查核办理，尚未准复。	

事由	交办处所	交办		限期		办理情形	备考
		月	日	月	日		
本部商准财政部，以此项借款，纯系地方性质，应由该省自行设法筹还，并经行政院议决，仍照议办理。现山东省政府以此款实际用途，全系代前北京政府支发军费之用，理难归诸地方，且鲁省频遭灾歉兵燹，亦无力任此重负，复呈请行政院仍准发交外债清理处办理，由院交本部暨财政部查核，转行该省政府知照。							

续表

事由	交办处所	交办		限期		办理情形	备考
		月	日	月	日		
英侨梅籐更以在浙江紫云洞、九里松、杭州市及莫干山等处所置房产，被浙江省政府收管，呈请行政院转饬发还。	行政院秘书处奉谕交办。	十	十一	无		查此案，本部前已拟具三种办法，其大意如下：（一）紫云洞房产及九里松坟地，既系教产，应即发还。（二）杭州市梅医士私有产业，暂行发还，限令于相当期限内，转让于华人。（三）莫干山地方房屋，准予发还，仍保留随时收回之权。当即函请行政院秘书处，由院转饬浙江省政府查照上述三项办法，分别办理。一面由本部批令原呈人知照。	
汉口市政府，因修筑沿江马路，与美商太古公司发生交涉。该公司提出要求条件数项，内中第五项江岸使用权与停泊权，及第六项新路通行之充分保障等条件，汉市府以事	行政院交办。	五	三十	无		迭经本部咨请内政、财政两部，派员开会讨论，将汉市府原草案十一条，加以修正，会呈行政院，转饬汉市府遵照办理。	附草案十一条。

续表

事由	交办处所	交办		限期		办理情形	备考
		月	日	月	日		
关中央权限，呈请中央核办。							

修正草案：

（一）太古公司应将江岸土地无偿让出，为本市府修路之用（面积、尺寸附图）。

（二）太古公司不得在沿江马路外建筑停货栈棚，但此后本府如准许其他公司建筑沿江栈棚者，该公司得享受同样待遇。

（三）太古公司应缴纳本府洋十二万五千元，作为建筑该公司前面新马路、江岸路码头及填土等工程之用，但该公司建筑地道或安置天空运输机件时，所有建筑费用由该公司自理。

（四）新马路、江岸路码头，照本府所示该公司之图样建筑。

（五）由太古公司前面直达江岸之地，该公司原有使用权及沿江停泊权，仍归该公司之承继人及让受人继续享有，不受任何之干涉与限制。

（六）本市因已向太古公司无偿征收地皮一段，充建筑江岸马路之用，故沿该段地皮，本市府对于该公司之使用江岸及停泊船只，准予免征照费。再者，此新马路（详图中）仅能当作公路，以后若不作此项使用时，本府允许不出售于他人，亦不作他项使用，致阻碍该公司在江岸与栈房间货物之运输。

（七）汉口市政府对于各公私码头，未实行征收码头税以前，太古码头货物经过新筑马路，从天空或地道出入，均不课以码头税或其他类似之捐税。至市政府向各公私码头实行征收码头税时，太古码头，自当遵照条例完纳，在市政府权力所及之地得受平等之待遇。

（八）本府允许该公司于新马路之下建筑隧道，或其上安置天空运输机件，为船栈两方货物起卸之用，但以不妨害公共交通为限。

（九）该公司承租招商，与该公司毗连之产业之所有权，本府于法律范围内予以保护。

（十）如本府对于江岸或江边有扩充或改造时，该公司得免征收使用，其一切权利，准予仍留。

（十一）本府批准之条件，均应呈各本国之政府备案。

三、关于主管事务之进行事项

（一）关于批准条约事项

中国波兰友好通商航海条约及附加议定书案

总述：波兰处俄国西边，管欧亚之枢纽，其人民旧隶俄籍，侨居我国者为数甚多，与我国关系日益密切，当由部于十八年九月，与订友好通商航海条约二十二条，并于十九年七月，再与订立附加议定书一件。

进行经过：上述条约，业经本部于十八年十月十八日，呈奉国民政府批准。本年九月，准波兰代表照会：以中波条约及附加议定书，本国政府暂时不能批准，现决定按照波兰与他国新订各约手续，即用部令实行，等因。本部以此种办法，与上述条约及议定书内规定不符，当电达驻德蒋公使，密查新近波兰与他国所订各约，其未经国会通过批准而以他种方法实行者有若干国，电部核办。旋据覆称：波兰最近与各国订约，未经国会通过及总统批准，已先实行者，有罗马尼亚、法兰西、西班牙、葡萄牙及埃及等国，等语。现该附加议定书，已由本部呈请国民政府批准，尚未奉到指令。

（二）关于收回租借地事项

接收威海卫租借地之经过

总述：交收威海卫专约及协定，虽于本年四月十八日签订，但依该专约第二十条及协定第六条之规定，应自互换批准文件日起发生效力。本年十月一日，由中英双方全权代表在南京互换批准文件。该项专约及协定，遂于是日发生效力。同日，由我国接收专员王家桢，在威埠实行接收。

进行之经过：威海卫接收专员王家桢，于十月一日上午抵威，与英方所派官吏,举行交收典礼,实行接收。一面由我国派定管理专员,办理该地一切行政事宜。至关于税收、交通、司法等事务,亦分别由各主管部派员接管。

结论:查威海卫埠,在英人管理之下垂三十年,在此收回伊始,吾人不得不望各行政机关及管理人员,对于该埠一切行政设施,慎重从事,以免予外人以口实,而阻碍其余租借地收回之进行。

(三)关于收回租界事项

收回天津比国租界事项

总述:查收回天津比国租界,经中比双方委员签订交还协定后,本部即拟具批准书,呈请国民政府批准,经奉指令照准,并将该项批准书盖用国玺,发还本部在案。此项协定,须俟比国批准通知到部,再订期互换实行。兹据比使面告,交还天津比租界批准书,不日即可寄到,拟即交换,等语。

进行经过:此案前据接收委员呈称:比工部局所负市债津平银九万三千八百二十六两四钱八分,天津市政府财政困难,无力偿付全部,拟请中央接济半数,等情。当经本部呈奉行政院指令照准,并函天津市政府查照在案。兹比方交还天津租界协定批准书不日可到,交换在即,所有该项应行偿付市债之款,自须早日筹备。本部经已咨请财政部,将中央前此所认接济之半数预为筹划,并经函请天津市政府,将其他半数亦预为筹备,以便如期偿付。

(四)关于设领事项

(1)阿富汗拟在新疆设领之经过

进行经过:据驻英施公使呈称:阿富汗政府拟将现驻新疆总领事Mobamed Sharif Kban他调,另行委派,征询意见。查该总领事系于民国十二年五月间,以代表名义,接洽新阿局部通商条件,并未取得领事资格。经电准新疆省政府复称:新疆与阿富汗同属回教,因防止宗教恶潮,自不宜订约通商。至另派领事一节,应予拒绝。等语。经部据令驻英施公使遵照办理。

（2）英属北婆罗洲砂罗越设领之经过

进行经过：准中央侨务委员会函称：据英属诗诬直属分部第三分部呈请派驻砂罗越领事，以保侨民。当以砂罗越位居北婆罗洲西北，系英之保护国，与其他殖民地情形不同，我国侨民数有若干，商务如何，均须详查明确。经据令驻新嘉坡总领馆，派员前往实地调查，呈报核办。

（五）关于税则事项

与美使解释青岛市广告规则事项之经过

进行经过：美詹使照称：青岛市政府公布广告管理暂行规则，第一章第十五条规定：中国货物张贴广告，得照捐率减收百分之三十，显系偏袒土货，歧视外国制造物品，有背中美关税条约第一条之精神，请转咨停止，等语。经咨准青岛市政府核覆称：本市广告管理规则，对于中外商民一律待遇，毫无歧异，不过就提倡国货，及国货烟酒之广告，分别减收三成或一成，并非勒令外商加重缴纳，且上海市广告管理规则施行已久，青岛仿照办理，咨请转复解释，等因。业经本部照复美使查照。

（六）关于侨务事项

抗争和属东印度增加入境税案之经过

总述：据报和属东印度参事院，有增加外人入境税，每人由一百盾加至一百五十盾之议，定自十八年七月实行。虽称外人一律待遇，而华侨人数倍蓰，受累过重。经迭电驻和使领、驻爪哇总领馆交涉。先后据复：和人否认有此提议，故此案遂未见实行，但仍不能不预筹对付。经令驻领遵照。八月间复据各方呈报，和印殖民会议，旧案重提，议决自一九三一年起实行。复经电驻和使领查明交涉，并向驻华和使抗议。

进行经过：据驻和使馆电复和属政府呈请和廷解决等情，经严电各该使领切实交涉，或联同关系各国使领一致抗争，以期打消原案。嗣据驻和使馆电复称：和外部谓和属政府为补充预算及救济失业起见，对于东西侨民一律待遇，此项增税势在必行。经力争，允转达拓殖部核覆。等语。经照会和使抗驳，尚未准复。

结论：此案关系和属南洋华侨至巨，迭经竭力交涉，和使一味延不答复,和政府则推卸搪塞。除由部继续抗争外,仍应由华侨联合当地议员等疏通打消,较易生效,以期速结。

（七）关于公会事项

改派国际联合会军缩筹备委员会代表之经过

进行经过:军缩会议代表一席,原由驻德公使蒋作宾充任,本年十一月该会又届开会之期。据该使来电称,因故不能出席,请另派代表,等情。当经商由军政部,提出行政院会议讨论。嗣奉本月十五日院令,改派驻瑞士代办吴凯声代表出席,等因。业经电令该代办遵照。

（八）关于公约事项

国际邮政公约批准书送交英政府存案事

进行经过:上年五月,伦敦举行第九届国际邮政会议,经政府简派代表前往与议,签定公约及协定共四种,此项公约、协定经国府于本年八月十五日批准,并经本部按照公约第十三条之规定,将批准书令交驻英公使,转送英政府通知缔约各国政府。兹据该使呈复,已备文送往,并已接到英政府复文,于十月三日存入英外部档库。

（九）关于外人入境事项

颁行查验外人入境护照规则之经过

总述:查国际惯例,外人入境均应查验护照,所以防奸宄而策安宁,用意至为深远。我国前清时代,海关权旁落,对于此举每多放弃。自入民国,因循未改。前北京政府时代,虽有建议,迄未实行。本部以此事关系主权,亟应切实举办。经拟具规则八条,复经会同内政、卫生、财政、工商四部,详加核议,呈奉行政院院令公布。

进行经过:此案经本部拟具规则后,呈奉行政院令交外交、内政、卫生、财政四部审议。遵经分函各部,派员来部会议。适工商部以外人入境者日多,妨害劳工生计,应共商取缔办法。当即函请派员参加讨论,共同拟订施行细则十四条,查验表式一种,并推本部主稿,由各关系部会衔呈复。惟工商部以未奉交议,故未经列衔。旋奉院令,交内政、卫生、财政、外交、工商五部,再行审议。复由部召集讨论后会呈,奉准公布,通饬施行。当经本部分别照会各国驻华公使,并通令本国驻外各使领馆,转知驻在国政府,一面函请内政部着手筹备。嗣以按照该施行细则第九、第十一两条,查验员证章及护照验讫戳记各式样,均应由主管部制定,即由本部拟具图样,会同各关系部核定附件、规则、施行细则、证章式样各一份。

结论:此项规则,系本年八月二十二日公布。该规则第八条规定:于公布日起,四个月后施行。俟前项证章及戳记式样印就,拟函请内政部颁发各省市筹办,以便届期在规定各地点实行查验。

查验外人入境护照规则附施行细则及查验表式

国民政府行政院令第　　　号

兹制定查验外人入境护照规则、查验外人入境护照施行细则公布之。此令。

院印 府行政 国民政

中华民国十九年八月二十二日

院长谭延闿

查验外人入境护照规则

第一条　凡外人入中华民国国境,除法令及条约另有规定,应依其规定外,其入境护照,依本规则查验之。

第二条　前项护照,应填明姓名、性别、年岁、籍贯、住址、职业、入境事由,粘贴照片,并经中华民国驻外使领馆之签证。

第三条　查验护照,由国境之地方行政官署办理。于必要时,并得委托海常关协助。中央主管部于必要时,得直接派员指导监督之。

前项查验地点另定之。

第四条　查验护照时,发见有左列事项之一者,得禁阻其入境:

一、未带护照,或抗不缴验护照者;

二、所带护照不合法,或为冒顶及伪造者;

三、行动有违反党国利益,或妨害公共秩序之虞者;

四、浮浪乞丐;

五、携带违禁或有碍风化之物品者;

六、曾经因案受出境处分者。

第五条　查验员于查验时,对前条所列事项,如发生疑义,应以最迅速方法,请主管长官核示,并得将该外人暂予扣留,听候核定。

第六条　依法令、条约,不用护照之外人入境,仍适用本规则第四条第三、四、五、六各款,及第五条之规定。

第七条　本规则施行细则另定之。

第八条　本规则于公布日起,四个月后施行。

查验外人入境护照规则施行细则

第一条　本细则依查验外人入境护照规则(以后称本规则)第七条制定之。

第二条　本规则第二条第二项所称未成年子女之年岁限制,依中华民国民法之规定。

第三条　查验外人入境护照,依左开地点行之:

甲:陆路

满洲里、绥芬河、珲春、延吉、哈尔滨、金州、张家口、绥远、伊犁、喀什噶尔、塔城、九龙兼水路、前山、东兴、腾越、思茅、蒙自、河口、龙州。

乙、水路

广州、北海、三水、江门、中山港、汕头、厦门、福州、上海、吴淞(凡不经由上海而入长江者,在吴淞查验)、青岛、烟台、威海卫、龙口、天津或塘沽、秦皇岛、葫芦岛、营口、安东兼陆路、爱珲、大黑河、同江。

丙、航空路

由航空器入境者,在空站未设定以前,应于核准第一降落地点行之。

查验地点,遇必要时,得由各关系部,随时呈准增减之。

蒙藏边境查验地点,另行规定。

第四条　依本规则第四条被禁阻之外人,确系无力离去中华民国国境时,应就近送交该外人之本国驻华领事处理。

第五条　查验护照,如需海常关职员协助时,由当地行政官署,会同该海常关议定办法,呈报主管部备案。

第六条　入境外人缴验护照,除依本规则第三条规定外,得受内地地方行政官署之查验。

第七条　内地地方行政官署,如查得外人有左列情事之一者,应即扣留,并请主管长官核示办法:

一、有本规则第四条各款情事之一者;

二、所带护照,未加盖验讫戳记者。

第八条　查验员查验护照,不得向外人索取任何费用。

第九条　查验员查验护照时,应着制服,并佩证章,以示识别。其证章式样,由主管部规定之。

第十条　查验员查验护照时,应将查验表交由入境之外人逐一填明。其表式另定之。

第十一条　查验员查验完毕后,应在原护照上,加盖某年某月某日验讫戳记。其式样由主管部制定之。

第十二条　查验官署,应于每月十日以前,将上月份入境及禁阻入境外人姓名、性别、年岁、籍贯、职业、住址及事由,分别列表,报由地方最高行政官署,分转主管部备案。

第十三条　查验官署,遇有本规则及本细则所未规定之事项发生时,应速电请主管部核办。

第十四条　本细则自本规则施行之日施行。

外人入境护照查验表

姓名	
年岁	
性别	
国籍	

续表

	出生地	
	原籍通信地	
	职业	
	护照种类及号数	
	颁发官署及年月日	
	签证使领署及年月日	
	所乘车船或飞机名称	
	从何处来	
	途经何国	
	入境事由	
	目的地	
	停留时期	
	在华亲友之姓名住址	
眷属	姓名	
	性别	
	年岁	
	与持护照人之关系（夫妇或子女）	
仆役	姓名	
	性别	
	年岁	
	行李件数	
	备考	

中华民国　年　月　日

（十）交涉事项

（1）龙井村中日军警冲突案之经过

本年十月六日晚九时左右,延吉龙井村埠,有武装日警十余名,突向该埠陆军哨所前进,经哨兵向其诘问,彼遽开枪射击,不得已乃为还击,事后查悉击毙日警二人、伤一人。八日,由鲜境开到武装日警一百零三名,游行示威,并闻尚有日警数百名拟陆续入境。经本部电准东北政务委员会查复详情后,当即面诘日方,严重抗议。彼允电请政府,转饬撤退。并由部备文请日本代办,转电该政府,迅将日警悉数撤退。

(2)日本电通、联合两通讯社捏造谣言案之经过

日本在华经营之报纸及通讯社,对于我国时事,往往捏造谣言,淆乱听闻。迭经本部据请日本代办,转行取缔在案。近综查电通、联合两社,在中央讨逆期间,捏造军事消息,不一而足,且有登载反动宣传情事。本部以其意存扰乱,妨害治安,特将该两社造谣事实,胪列成表,连同原报,备文送请日本代办,转饬严重告诫,务使以后不得再有此类记载。

(3)徐世藻乘日轮堕水殒命案之经过

此案徐世藻系安徽省政府教育厅科员,于本年六月二十日,因公赴蒙城查案,公竣回省,日清公司所备驳艇堕水殒命。该公司当时竟不设法营救,自应负相当责任。当经本部提出办法三项:(一)该公司对于死者家属敬致唁慰;(二)给予死者家属养赡费洋五万元;(三)嗣后对于旅客上下,务须特别注意。函请日本代办转饬照办。

(4)日轮龙野丸撞沉新康轮案之经过

此案招商局业在上海特区法院起诉,交通部咨请本部知照日方,务须到案,如日本邮船会社不应诉时,应照中国民诉条例办理。但据日本代办复文,以日本在中国有领事裁判权为理由,认为日本邮船会社,立于不能应诉之地位。业经本部据咨交通部核办。

(5)铁路货物分等表案之经过

此案前准和使及日本代办来文,以该货物分等表将中外货物分别规定,收取运费,有违华盛顿条约第五条之规定,请即中止。本部以上项条约,系对于外国货物不得施行差别而言,至中国货物与外国货物间之关系,并不包括在内,非特约文精神应作如是解释,且征诸当时议约

情形,亦应得上述之结果。业经备文答复各使。本部以为,外侨在华之优越地位,及我国华侨在各国所受之不平等待遇,现正设法免除,力求平等。且前此对于中外货物分别规定,系因关税未能自主,今则情形已非昔比。再中外货物品质原有不同,如因某种货物必须于运费中施以保护,与其就货物揭明中外,似不若就货物精粗分别等级,既可免外人之注意,而于保护国货之旨仍不相违。拟会同铁道、工商两部,派员共同研究,再定办法。业已分咨办理。

(6)中日实业公司旧国库证券案之经过

此案据驻日汪公使来电,以据中日实业公司高木副总裁面称:关于旧政府时代军械借款之未交付军械问题,业经泰平公司在南京与军政部完全议结,兹拟将关于该借款及参战借款旧国库证券,交公使馆注销,等语。经咨准军政部复称:旧政府时代订购军械案,未经清结者不在少数。前与泰平公司议结之一部,曾于订约时,由该公司声明,与参战借款等问题不相关连。至中日实业公司所有旧国库证券之来历,及迄未注销缘由,均不明了,无从核办。业经本部据电汪公使,转饬该公司,将该项库券经过情形,详细报部。

(7)收回延边电信权案之经过

龙井村农工商学联合会及驻清津马领事先后电呈本部,以延边电权久沦于日人之手,关系国防、商业至重甚巨,并附列设线情形,请列入中日电信会议议程,交涉收回。本部已转咨交通部核办,并据行东北政务委员会查复。

(8)青岛水线合同案之经过

查青岛佐世保水线合同,至本年年底满期。关于该水线在青岛一端之运用事宜,自应由我国收回自办。当经本部照会日本代办,转达日政府,届期交还。嗣接日本代办复文,以青佐水线问题,已在中日电信会议列为交涉题目之一,希望能得圆满解决。

(10)韩人私运货物、捣毁关卡案之经过

本年五月间,安东关缉获韩籍私贩大批私货,该私贩寻仇报复,两度捣毁渡江分卡，日本警察署近在咫尺，竟不加以保护，经税务司提向日领抗议，复置不理。本部以安东关在日本铁道租借地内查获韩人私运货物，而日领不为有效之处置，以致该私贩两度袭击中国关卡，实属妨碍中国海关缉私之进行，当经照请日本代办，转饬安东日领，将肇事韩人缉获，归案法办，嗣后对海关查缉私货，并须协同取缔。嗣准日本代办照复，以此后对于中国海关取缔私贩，自当尽力协助，本案之犯罪者，亦经各处徒刑。业已据咨财政部查照。

（11）汉口日本居留民团电汽锅炉炸裂伤人毁物案之经过

十月三日，汉口日本居留民团电汽部三号锅炉，因日久生锈，加以火磅过度，忽尔炸裂，死伤华人多名，损坏财物甚巨。汉口市政府除函向驻汉日领交涉，责令赔偿抚恤外，并将华人死伤及财物损失，列表咨部核办。业经本部抄录原表，函请日本代办，转饬驻汉日领照办。

（12）福州日商籍民永租屋地税契案之经过

日商及台湾籍民，在福州永租行屋地址，仅向日领署登记，并不遵照正式手续，将契据送请中国官厅查明印税，其中以台湾籍民居十之八九，往往因此发生争执产权之纠纷。福建省政府咨请由部交涉。本部以此项永租屋地，究竟系在租界内，抑在租界外，以及永租人姓名，来咨均未明白声叙。业咨复福建省政府，请为详细查复，以凭核办。

（13）日本军舰差轮撞沉万新商轮案之经过

九月十日上午十时，汉口汉黄轮船公司之万新商轮，由阳逻装载客货，行抵汉口日本租界一码头江面，有日本兵舰之第七百二十六号差轮，由江中横驶而来，遂将该商轮头部、腰部先后撞伤，旋即沉没，反将该轮大副董长生拘押日警署。汉口市政府派员查明肇事情形，据向日方交涉，董长生当即释放。本部据视察专员周泽春报告后，当经函达汉口市政府，请其就地交涉，酌请日方赔偿，以资解决。

（14）苏州火车站宪兵扣留日商麻雀牌案之经过

九月二十五日，日商近藤太郎携带麻雀牌四十副，经苏车站宪兵查获扣留,解送首都卫戍司令部。驻苏日领迭向吴县县政府请求发还,当经本部派员向首都卫戍司令部接洽,允将所扣麻雀,如数交由吴县县政府办理。

（15）军队移用胶济路车辆案之经过

十月一日,日方照请设法转请中央军,将现在移用于他路之胶济车辆及扣用者,或由晋方截获者,即日交还该路局应用。当经本部电准运输司令部复称:胶济路车辆,现正拨运部队,一俟用毕,当即交还。业已据复电日本代办。

（16）龙井村陆军连附被日警殴辱案之经过

本年八月间,龙井村陆军连附张凤全缉获聚赌韩人三名,道经日警派出所,日警突出干涉,强欲截留,撕毁该连附军服,并殴伤身体。嗣经交涉,日方允由驻吉日副领事代表向延吉镇守使署道歉,赔偿医药、慰问各费,并惩办肇事日警,严禁将来,作为了结。

（17）朝鲜共产党在延边暴动案之经过

朝鲜共产党在延边、吉敦等处迭次暴动,破坏通信机关,拆毁桥梁路轨,围攻警团防所,抢劫枪械子弹,焚毁房屋,惨杀人民,经当地军警严密缉防,并将主犯十五名执行枪决。本部迭据朝鲜张总领事、清津马领事报告,以吉省枪决朝鲜共党,鲜报大言其冤,群情愤激,仇华之声极盛,等语。当经电准东北政务委员会查复此事经过详情,并称驻延吉日领以吉省当局处置不当,一再提出抗议,均经吉林外交特派员分处施主任据理驳复矣。

（18）日海军陆战队登陆实习战斗案之经过

日前报载,驻沪日本海军陆战队由吴淞上陆实习战斗,各方纷请本部交涉阻止。当经本部函准上海市政府复称:遍查本管境内,并无日本海军陆战队实习战斗情事。

（19）青岛观象台日员交代案之经过

查山东悬案细目协定之附件第（五）〔三〕之规定,将来中国测候所"青岛观象台职员养成后,与旧职员交代时,更定与日本测候所报告联络之办法"。前外交部据该台称,中国方面职员业已养成,并由日方技术人员来函证明属实。迭经商请日方派员会商交代后,报告联络办法。准日使芳泽复称:对于按照山东悬案细目协定附件第(五)〔三〕之规定,为实行青岛测候所日本职员之交代开始商议,关于交代后之报告联络办法并无异议。即由外交部与日本公使馆商议,决定该项办法大纲,请从速采取该项会商之手续。双方派员会商,未及解决。去年十月间,由本部亚洲司向驻京日本领事,提出日员交代后之报告联络办法七条,请其转达日本政府,从速商决。一面训令驻日本汪公使,切催日外务省,速令该台日员实行交代,并派技术员,与我方按照协定,商决日员交代后之报告联络办法。同时日方亦提出办法,并了解事项。经本部详加审核,认为日方提案越出协定范围之外,业经据理驳复。并备文请日本代办,转电日本政府,迅令该台日本职员先行交代,至交代后之报告联络办法,并请按照中国方面所提之七条办法办理。

(20)驻芜日领要求引渡王剑秋案之经过

去年七月间,国民革命军第三十七军在安徽拿获共产嫌疑犯闽籍王剑秋、王士谔二名,驻芜湖日本领事以该二人系台籍,冒充闽籍,原名王朝恭、林进才,曾在台湾犯有卷逃罪,请求引渡。本部以日方所提证据不足以证明其台籍及卷逃事实,令饬安徽交涉员函知日领重提确切证据。时经数月,日方未能续提确证,而王剑秋等因在押染病,呈请释放就医。当经咨行福建省政府,转饬暂准取保就医,三个月内不得离开芜湖,在此期内,须随传随到。嗣届期满,日方仍无若何证据提出,业已咨请安徽省政府转饬准予保释结案。

(21)华日诉讼案之经过

福建省政府以该省法院每遇受理华人控诉日本籍民条件,日领辄提抗议,咨部请示应付办法。本部以在此中日商约期满而新约尚未商订期内,宜审度情势,酌为因应,咨复该省政府查核办理。

(22)日渔船入我领海侵渔案之经过

日本渔船,常时入我国渤海湾及江浙闽粤沿海一带捕鱼,迭经本部提出抗议,彼则借口公海,无从解决。本部以领海界限应有明文规定,当经咨请农矿部,商同主管各部,统筹办法。现业由农矿部会商海军部,汇案呈请行政院核示。

（23）交涉释放被掳邮差案之经过

上年东路事发生后,有吉黑区富饶邮差林从基、毛云山、徐永琪、林仕仁,奇乌邮差崔世平,共五名,连同邮件,先后被俄军掳去。本部接准交通部咨,当经据令驻吉林特派员,与驻哈俄领交涉,先后释回林从基、毛云山、徐永琪、林仕仁四人,惟崔世平一名迭经探查,仍无下落。复经本部分令驻吉林特派员暨驻黑河总领事,迅向俄方交涉。十月三日,据驻吉林特派员呈称,已再函驻哈俄领转催释还。

（24）交涉吉黑邮区邮务损失案之经过

上年东路事发生后,满洲里、扎兰诺尔、博克图、室韦、同江、乌云、半截河子、富锦等处,以及中东路第四列车附带之邮差,或被俄军占据,或被袭击,各该处邮局邮车、票款及公用家具等,均遭损失。本年四月间,准交通部抄送损失清单咨请交涉。当经本部函送莫代表酌核办理,并令行驻吉林特派员,商承莫代表,提向苏联交涉。十月四日,复准交通部咨送吉黑邮区邮务损失统计表二纸,复经本部转函莫代表,并训令驻吉林特派员并案交涉。

（25）交涉被扣邮件案之经过

上年东路事发生后,所有行驶黑龙江及乌苏里江之华轮,先后被俄方扣留,致将由哈尔滨及沿江各局所交运寄之封固邮件,亦均随船被扣。准交通部咨送被扣邮件清单,当经本部令行驻吉林特派员向驻哈俄领交涉。本年十月二十四日,复准交通部咨称:吉黑邮务管理局分向伯利俄国邮局及驻哈俄领交涉,尚未准复,请为交涉。本部已再令驻吉林特派员与吉黑邮务管理局接洽后,催询俄领,早日发还。

（26）交涉释放副官王殿霖案之经过

此案于十八年十月四日,准讨逆军第五路总指挥部咨称:该部副官王殿霖派赴海参崴,起运该部前宋故秘书灵榇,数月未回,据报在中俄发生交涉时，被俄方逮捕，请交涉释放。当经本部函驻华德公使，转行驻海参崴德领查明交涉。十九年一月十六日，准驻华德使馆电称：本国驻海参崴领馆提议，请中国官厅与驻哈苏联代表同时交涉，俾便易于释放。本部当即据电辽宁转饬交涉。十月十八日，据驻海参崴领馆电称，副官王殿霖，业于是月十七日释放。

(27) 交涉发还驻黑河领馆枪支、公款案之经过

此案于去年十月间，迭据驻黑河总领事韩述曾呈电声称，该馆奉令回国，苏俄官署不顾国际公法，强行检验，扣去枪支、公款等项。本年六月间，复据该韩前总领事呈请设法交涉。当经本部据令驻辽宁特派员暨驻黑河总领事，分别交涉。旋据驻辽宁特派员呈复称，已向俄领严重抗议，请其转请令饬发还。八月三十日，本部复催令驻黑河总领事迅予交涉。十月八日，据驻黑河总领事呈复称：经迭次提向苏联阿穆尔区执行委员会交涉，要求迅予发还，反复诘辩，彼方至无词答复时，即诿为地方无权，须请示莫京，等语。本部当即函达莫代表，并指令该领馆续向苏联地方官署切实交涉。十月二十八日，复据该领馆呈称：去年被扣枪支，黑河驻防旅部索还甚急，应否转注领馆公账，呈请训示。业指令复：该项枪支借用时，当经备案，应毋庸转注领馆公账。

(28) 驻黑河领馆交涉释放被掳华侨案之经过

十月十四日，据驻黑河总领事呈报交涉释放去岁中俄纠纷时被掳华侨张富奎等二十三名情形。二十四日，复据呈报交涉释放旅俄被拘华侨数起结束情形，暨华侨孔繁珂等五人因营运私贩、被逮科罪、未准释放等情，当经指令：该孔繁珂是否确因另案被逮，仍应详查办理。

(29) 驻赤塔领馆交涉信差被搜检案之经过

十月二十一日，据驻赤塔领馆代电称，该馆信差孙克茂赴满洲里，中途被俄方将行李检验，并施身体搜查，已函上乌金斯克交涉员抗议，并云我方新近曾检验俄领馆信差，此次俄方行动，或系存心报复，等语。已电令详查具复。

(30) 俄旧羌帖设法交涉案之经过

十月二十一日,据上海绅商学界代表虞和声、叶惠民等函称,中俄会议开幕,俄旧羌帖,务盼设法交涉,等因。本部业于二十四日函复:在将来会议中,讨论赔偿问题时,当提出交涉解决。

(31)交涉请德国驻俄使领保护华侨利益案之经过

上年七月间,撤回我国驻苏使领各馆,经本部电令驻德蒋使,商请德政府,由驻俄德使领代为保护旅俄华侨利益。本年七月间,据蒋使电称:德外部照会,以接苏联政府通知,谓中国在俄已有外交代表团,且本可在俄使用领馆,无庸再由德国保护利益。经本部电复:中国在苏领馆,仅恢复远东部分,驻莫外交代表团,系专任议约,所有在俄华侨利益,除远东外,仍请由德继续保护。十月二十三日,复据蒋公使来电:准德外部照称,苏联政府通告全国,以后德国保护华侨之权,业已消灭,询我国如何办理。闻德政府拟答复俄方,保护利益之举,不能分为侨民与公产,若侨民不由德国保护,则对于两国之公产,亦不任保护之责。请核示复。本部以现在中苏国交尚未正式完全恢复,我国在苏侨民等利益,请德代为保护,系按国际通例办理。对于苏联政府通告,德拟答复各节,至为赞同,应请德政府据理诘询,并请赓续保护,电令蒋使遵照办理矣。

(32)芬兰女教士被架案

十九年二月三日,芬兰女教士三人,在江西自樟树镇至吉安途中某地点被架。准芬外部及驻华芬代办来电,要求迅予缉凶营救。经本部迭电,准江西省政府复称,已严饬营救,等语。旋芬方派该国驻沪副领事赴赣调查,并由部电令视察专员李芳协助办理。嗣据该专员报告,省政府已派队兜击,先后击毙匪首数人,并查获衣物各件,惟该女教士等是否被害,尚难证实,现正继续侦察。本部当即据电我国驻芬使馆,转告芬外部查照,并以口头表示惋惜。据复,芬外部要求正式道歉,对于仅表示惋惜一层,不能认为满意。本部以我国对于此事,已尽缉凶责任,且已致惋惜,自不能有更进一步之表示,指令驻芬代办:如芬外部再有询及,仰即遵照上开意旨,婉为说明。

中国第二历史档案馆藏行政院档案

11. 外交部函送 1930 年 11 月份工作报告书(1930 年 12 月 29 日)

外交部致行政院政务处函

敬启者:案奉钧院第 4387 号训令开:"各机关造报每月行政报告,间有未能依期呈送者,亟应分别令催。此后每月报告,限于下月二十日以前即应制就呈送,仍先将奉令办理情形具报备查。此令。"等因;奉此,查敝部办理每月报告,例于下月内呈送,向无延误,惟本年十月份系因遵照钧院第 3981 号训令,改用中央政治会议所颁工作报告新式,事属创始,编纂排印需时较多,延至十二月九日始能具函送请贵处检收转呈在案。兹奉前因,自应依期赶造。谨编造十九年十一月份工作报告书三十份,相应函请贵处检收转呈,至纫公谊。

此致

行政院政务处

计附送敝部十九年十一月份工作报告书三十份

中华民国十九年十二月二十九日

中国第二历史档案馆藏行政院档案

外交部十九年十一月份工作报告

(一)关于法令事项

(甲)奉行法令事项

法令名称	到达日期		奉行方法	备考
	月	日		
无				

(乙)颁行主管范围内之法规事项

法规名称	颁行日期		法规要旨	备考
	月	日		
无				

（丙）核定各省市及所属各机关单行法规事项

法规名称	声请机关	核准日期		法规要旨	备考
		月	日		
无					

（二）关于交办事项

（甲）中央党部交件

事由	交办处所	交办		限期		办理情形	备考
		月	日	月	日		
日军在长春演习及在安奉沿线修筑炮台。	中央执行委员会秘书处奉常务委员批交。	十一	十五	无		查解决本案重要关键,在撤退驻华日本军队。本部现正调查事实,筹备进行。所有此项日本驻军在南满演习及修筑炮台详细地点、数目,业经咨请东北政务委员会,转饬分别密查,并将该两案交涉经过情形一并咨部,以凭核办。	
日轮襄阳丸搭客丁昌明赴芜湖,因无船票,被船员殴毙。	中央执行委员会秘书处奉常务委员批交。	十一	十四	无		本案详情,未据地方咨报,业由本部电请安徽省政府迅饬查复。	
上海各界援萧反和大会订取消中和领事条约案。	中央执行委员会秘书处奉常务委员批交。	十一	六	无		改订中和领事条约,本部正在积极筹备,已函复中央执行委员会秘书处查照。	

续表

事由	交办处所	交办		限期		办理情形	备考
		月	日	月	日		
福建省党务指导委员会请收回鼓浪屿案。	中央执行委员会秘书处奉常务委员批交。	十一	十九	无		收回鼓浪屿，本部正在积极进行中，已函复中央执行委员会秘书处查照。	

（乙）国民政府交件

事由	交办处所	交办		限期		办理情形	备考
		月	日	月	日		
平汉铁路特别党部电请令饬莫德惠拒绝俄代表提出之四项无理要求，及中央政治学校区执委会呈请训令莫代表不得以伯利协定为会议根据。	国民政府文官处奉主席谕交。	十	三十	无		中苏会议，据莫代表报告，业于十月十一日开会，虽苏方代表要求我方明认伯利会议纪录，莫代表秉承中央意旨，迄未承认。业据情函复文官处，并分函莫代表。	
中俄战役被俘掳兵代表宋殿魁呈为士兵王丰金等抗俄作战，致被俘掳，受尽虐待，公推返国，请求交涉放还。	国民政府文官处奉谕交。	十一	七	无		详关于主管事务之进行事项。	

续表

事由	交办处所	交办		限期		办理情形	备考
		月	日	月	日		
南京市执委会据呈转请令饬莫德惠关于中俄会议决不让步。	国民政府文官处奉主席谕交。	十一	十七	无		业据函莫代表遵照。	
王有云呈为伊子王作福为洪泰轮船大副，船行黑龙江，被苏俄掳去，监押伯利，请交涉释放。	国民政府文官处函奉主席谕交。	十一	二十六	无		此案前准国民政府文官处三月二十七日函，经令行驻吉林钟特派员提向俄领交涉，惟迄未据呈复。现已再令钟特派员，并分令驻伯利总领事查明，迅向俄方交涉释回。	
班禅驻印堪布思康巴，被捕送前藏，请营救。	国民政府。	十一	八	无		经电驻印度总领事查明，设法营救。旋据电复称：查无思康巴其人，并无捕拿华人之事。已函复文官处转陈。	

(丙)主管院交件

事由	交办处所	交办		限期		办理情形	备考
		月	日	月	日		
绥远省政府呈为外蒙大草地一途，系内地与新疆通商要道，近年以来，外蒙受苏俄	行政院秘书处函奉谕交核办。	十一	十一	无		查外蒙地方，按照民国十三年中俄协定第五条，业经明文规定：苏联政府承认为中国之一部分，及尊重在该领土内中国之主权。此时未便将外蒙受赤俄诱	

续表

事由	交办处所	交办		限期		办理情形	备考
		月	日	月	日		
诱迫，禁止华商经过，请转呈迅向苏俄交涉，妥定办法一案。						迫、禁止华商经过，提向苏联政府交涉，以免授外人以干涉内政之嫌。再，关于外蒙问题，前经呈奉行政院训令，经中央政治会议决议，候另案讨论在案。此次绥远省政府所呈，本部以为新绥交通既有大草地与小草地两途，除大草地一途应俟收回外蒙问题议有办法，自可根本解决外，其小草地一途，目前似可由新、甘、绥三省会商便利交通办法，以利行旅。业分函蒙藏委员会及工商部核复。	
甘珠尔瓦诺伞汗呼图克图呈明苏俄把持外蒙、驱逐华商情形，兹由蒙地派遣唐进宪代表来京面陈，乞饬外交当局设法挽救，并预筹收回外蒙办法一案。	行政院秘书处奉谕交。	十一	十五	无			关于收回外蒙问题，前经呈奉行政院训令，经中央政治会议决议候另案讨论在案。本案拟俟收回外蒙问题议有办法时，再行办理。

（三）关于主管事务之进行事项

（甲）关于缔结条约事项

（1）互换中和关税条约批准文件之经过

总述：中和关税条约，系民国十七年十二月九日签订，并于十八年一月十一日，经我国政府批准。惟和兰方面，延至本年三月十八日及七月十一日，始由上下两院先后通过并批准。兹于本月十八日，由双方全权代表互换批准文件。

进行之经过：本月十八日，由本部部长约同驻华和欧使，将中和关税条约批准约本，在南京正式互换，该约即于是日起发生效力。

结论：查我国于民国十七年间，与各国所订关税条约，均已先后发生效力，惟中和关税条约，因和兰方面批准较迟，故延宕至今。现该约亦已发生效力，我国关税，盖完全自主矣。

（2）订立中捷友好通商条约之经过

总述：捷克斯拉夫民国为欧战后新兴国家之一，地居中欧，工业发达。近来捷克人民来居我国者日见增加，我国人民前往该国为数亦不在少，两国政府为促进邦交、便利交通起见，决定订立友好通商条约。

进行之经过：十七年九月，捷克代表倪慈都奉该国政府之命，来部提议订约。本部根据平等及互尊主权之原则，与该代表议定友好通商条约共二十一条，于本年二月十二日在京正式签字。当经本部照录条约全文，并拟具批准书，呈请行政院转呈国民政府予以批准。嗣因立法院对于本约中文第十一条第一项"两缔约国人民在彼此领土内，私人所有财产，有依照所在国法律章程，订立遗嘱或用他种方法自由处分之权"，与英文意义不甚吻合，应照英文辞义，改正为"两缔约国人民，在彼此领土内，私人所有财产，有订立遗嘱或用他种方法自由处分之权，但须受所在国法律章程之限制"，经国务会议议决，交本部照改后，再予批准。复经本部将立法院改正各节，照会捷克代表查照改正，呈奉国民政府批准，于本月二十日，约同捷克新任代表赖发，将两国政府批准此项条约文件，在京互换，并呈请行政院转呈国民政府备案，并予公布矣。

结论：查我国根据平等及互尊主权之原则，与无约国订立友好通商条约，以此约为第一次。按照此约第十九条之规定，自互换批准后第十五日起，即下月五日，发生效力。一俟此约发生效力，不仅中捷两国间正式往来有所依据，且亦可为将来与其他国家订立此种条约之参考。

（3）中国波斯订约案

我国与波斯，向仅订有通好条约。十八年一月，本部以中波两国同处亚洲，人民往来贸易极为频繁，自应另订商约，以期增进商务关系，当经电令驻义使馆，与驻义波使开始商订。本年四月，本部复拟就条约草案一件，训令新任驻义代办蒋履福，据与驻义波使磋议。十一月十一日，据该代办电称：驻义波使，已奉到该国全权证书，恳予转呈颁发全权证书，等语。当由部呈准国民政府，即派该代办为全权代表，并将简派状及全权证书转发祗领。

（4）批准中国波兰友好通商航海条约及附加议定书案

波兰政府以中波友好通商航海条约及附加议定书暂时不能批准，拟先以部令实行一事，准立法院外交委员会函请，抄送波兰宪法及驻德蒋公使来呈，以便讨论，等因。当经本部将各该件各抄一份，函复查照备用。

（乙）关于设领事项

（1）腊特维亚派领案

准驻华芬兰代办来函，介绍腊特维亚驻沪领事，请为转呈订定日期，以便来京呈递委任书，等因。本部当以腊与我并未订有条约，派领一事，腊方于商订中腊条约时，向我国驻英施使虽曾有提议，但我早经表示应行议约，再行设领，且此次该国所派领事及其所驻地点，事前均未与我接洽，手续尤多未备，已函复芬代办，未便招待，并电驻英施公使查照接洽。

（2）英属西印度拟设名誉领事之经过

进行经过：据驻美伍公使呈称，英属西印度群岛千里达出产丰富，侨民约有数千之多,占工商等业优胜地位,请设名誉领事,以资保护等情。当以该岛应归何处统辖,华侨中何人堪以派充名誉领事,经部令饬驻古巴凌公使,就近派员实地调查呈报,再行核办,并指令驻美伍公使遵照。

(丙)关于领事官物品免税事项

(1)中美领事官自用物品相互免税案

总述:案财政部现行驻在本国外交官及领事官等用品免税办法,其原定标准,外交官如大使、公使、代办并其直系家属之自用物品,均准免税。至使领馆馆员,所享免税权利,只以到任及回国时为限。然根据互相原则,于丁条声明:凡各国对我使领馆人员之待遇,如与本标准有差别者,应照各该办法,予以同样之待遇,等语。自前项办法公布以后,各国有以相互优待为请者,均经本部根据前项丁条规定,予以赞同。此次美使,请将中美两国领事官自用物品相互免税,自应查照成案办理。

进行经过:驻华美詹使照称:美国政府,已设法给予驻在美国中国领事官用品自由进口之特权,请允准驻华美国领事官,享受用品进口免税待遇,等因。业经本部复允赞同,并咨行财政部饬关遵照,暨训令驻美使馆及各领馆接洽。

结论:此种免税,国际间既有先例,且按照相互主义,与财政部原订办法,亦属相符。近如驻华义使,亦有同类之请求,本部均酌照成例办理云。

(2)中义使馆馆员相互免税案

进行经过:驻华义使馆节略称:义国政府,对于驻在罗马之外交人员,如公使、参议、秘书、武官、随员等之一切物件,概予以外交免税权。中国如愿根据相互主义,对于驻华义国使馆馆员予以外交免税权,则本国对于驻义中国使馆馆员,亦可照办,等语。本部查核无异,业经复允赞同,并分行财政部暨驻义使馆接洽矣。

(丁)关于货物进口事项

(1)美政府限制中国机制蛋黄进口案

进行经过：准工商部咨以据上海市商会电呈，美国现定新章，对于中国机制蛋黄，酸质以五度为限，过限即拒绝进口，请据理力争，并据天津中国国际贸易商公会呈同前情，请转电驻美伍使，向美政府商洽，仍照向例办理。等因，当经本部电令伍使遵照办理。旋接电复称：已向美外部抗议，请放行，等语，业经咨复工商部查照。

（戊）关于侨务事项

（1）旅鲜侨农组织农会案

总述：案据驻朝鲜总领事呈报：旅鲜侨农，不下五千余人，组织农会，确属要图。惟农会法尚未公布，可否暂行援用农民协会组织条例，并将监督权限酌予补充，及事实上困难之处，由馆随时变通办理，俾便遵循，而弭纠纷。

进行经过：经据情函准中央训练部转复：以农民协会制度，已不适用。关于农会组织法规，中央正在制订中，如旅鲜侨农组织农会，确属急要，在中央未特定法规以前，得由该领馆按照当地情形，另定该地侨农农会组织暂行规程，依法呈请中央核准施行。当经指令遵照办理。旋据该总领事呈复：旅鲜侨农组织农会，确属急要，遵拟农会组织暂行规程，请转咨核准。经即抄同原件，据函中央训练部，尚未准复。

（2）宣传坎拿大苛例案

总述：坎拿大新移民律四十三条，对华人入境，限制严苛，迭经交涉。最近坎商务考察团来华，本部接据坎拿大华侨团体等先后呈请交涉，并于该商务考察团来华时商请改善。

进行经过：此次该团到沪，业由本部驻沪办事处会同工商访问局招待。当将该项移民苛律，及华侨在坎所受虐待各情，尽量宣传，以期改善。该团主席表示，俟回国后报告彼政府。经部令知驻坎总领事，仍仰继续力争，并将交涉情形随时具报。

（己）关于公约事项

（1）批准海牙编纂国际法会议关于国籍法事项议决之公约案

进行经过：本年国联会在海牙召集之编纂国际法会议，曾将国籍法事项议决公约一件、议定书三件。我国出席代表伍朝枢为慎重起见,未及当场签字。本部以该公约除第四条不得施行外交保护一节,与我国对于国籍采取血统主义,及历年保护华侨政策,均有抵触,应予保留。又,议定书三件,除重复国籍人之兵役议定书,亦以关涉华侨之故,未便遽予签字外,所有公约内其余各条及其他议定书二件,似均可以签字。业经呈请行政院鉴核训示。

　　(2)日来弗外交会议通过两种公约案

　　进行经过:瑞士政府于上年七月,在日来弗召集外交会议,修改一九零六年日来弗救护战时伤病兵士公约,并商订战时俘虏待遇公约。我国派前驻瑞士代办萧继荣代表出席,所有订成之公约,业经该代办签字在案。兹据该代办将前项公约译本呈送前来,当经分别函送军政、海军、内政三部及中国红十字总会存查。

　　(庚)关于国际联合会事项

　　(1)分年摊还联合会欠费办法案

　　进行经过:我国历年积欠国联会会费,上年该会爱副秘书长来华时,曾拟具分十五年摊还办法,经本部提请行政院公决,嗣奉院令通过。复经电令赴会代表伍朝枢等遵照办理,并将原案分十五年摊还一层,改为分二十年摊还,以期财力益纾。惟上年大会时,该案并未议决。迨本年大会开会,始得通过接受。兹准国联秘书长录案函知,并询还款办法前来。当经呈请行政院,饬令财政部速为筹划,呈报饬遵。

　　(2)联合国派员调查东方贩卖妇孺情形案

　　进行经过:前准国际联合会秘书长来函,以该会拟派专家调查东方贩卖妇孺情形,特询中国政府是否同意。当经与内政部商定,可以酌允,惟届时我国应要求派员参加。联合会对于此项要求,表示同意。嗣内政部派定参事刘师舜,本部派定参事张歆海,届时代表协助。兹内政部以该调查团行将抵华,复嘱本部加派人员陪赴各省调查,经即加派科长沈觐鼎、萧继荣二员,届时代表前往。

　　(辛)关于外人入境事项

(1)颁行查验外人入境护照规则案

进行经过:此案经将查验员证章及护照验讫戳记各式样,印成样张,函送内政部通饬筹办。先准该部咨商:内地地方行政官署查验护照手续,该规则既无明文规定,似可依照惯例办理,亦经咨复赞同。嗣准驻华法使节略:以法籍人民,入中国国境之办法,早有一八五八年中法条约规定,对于此项查验规则,无从赞同。经复以查验外人入境护照,系属国际通例,制定查验规则,为国家固有主权,原无需他国赞同,且此项规则,与一八五八年中法条约,并无抵触,自不受该约若何之束缚。旋奉行政院令:据天津市政府呈询,外人出境护照,应否同时举行查验,仰核明径复。等因;奉此,经复以外人出境,按照各国通例,实无查验护照之必要。近又准广东省政府咨请解释外人往来广东、香港间之查验护照手续,当以广州、香港间及广州、澳门间居留外人往来频繁,若一一执行验照手续,在事实上诚感困难。为因地制宜起见,拟具发给各该地外人通行执照办法,俟征求内政部同意后,即咨复该省府查照办理。

(壬)关于外国军火运华事项

(1)日军运辽炸药,未经海关查验,强行移运案

进行经过:准财政部咨称:据安东关税务司报告,十一月十四日,有列车自朝鲜开来,挂有货车一辆,内载炸药七百启罗,并未经海关查验,即由安东日军将该车移挂于他一列车之后,径行开往辽宁。此事显违关章,请向日使提出抗议。等因。当以一九一一年朝鲜铁路与安奉铁路联运协定内,规定凡由日本运入中国之货物,应受中国海关之查验。又照军用运输护照规则,凡军用品进口,须呈验国府护照。此次该项炸药,运抵安东车站,既无国府护照,复不听关员查验,竟由日军强行移运,此种违反约章之行动,不得不提出抗议,请将当时详情查明见复,并希嗣后勿再有此类情事发生,以敦睦谊,等语,略请日使查照。

(癸)交涉事项

(1)汉口日本居留民团电汽锅炉炸裂,伤人毁物案之经过

此案业详十月份工作报告。嗣准汉口市政府咨,以此案业经该发

电所与各被害者及其遗族等直接商议,全部解决。日本代办复文,亦称此案已告圆满解决。惟究竟如何解决,均未声叙。业再咨请汉口市政府,饬详查复。

（2）日商新谷被掳案之经过

十月十九日,日商新谷在福州黄田附近被土匪黄玉生掳去,日本代办函请转电营救。当经本部据电福建省政府设法办理。旋准电复,已于本月二十一日救护出险。

（3）沙市驻军误击日轮涪陵丸案之经过

十八年四月间,驻沙市军队见有上驶轮一艘,船头上有持枪兵士,遂发炮令该轮停驶。船上士兵即用机关枪向岸上还击,击伤士兵五名。事后查悉为日轮涪陵丸,船上持枪士兵系日本海军,亦击毙一人,伤五人,船体并受微伤。驻宜沙日领提出道歉、处罚、赔偿、保障四项。本部以此事因日轮涪陵丸在作战域区任意行驶,乃致引起误会,对于日领所提各节,业经根据事实,予以驳复。本月二十七日,复准日本代办函称,我方主张,碍难承认,关于本案,另有意见,声明保留。

（4）龙井村中日军警冲突案之经过

此案业详十月份工作报告。本月二十日,准东北政务委员会复称,此事已由延吉市政筹备处处长与日领交涉妥洽,业已双方签字,作为了结矣。

（5）日轮大副铃木迫死华人案之经过

本年十月十一日,日轮大亨丸大副铃木查觉该轮茶役吴子刚带有贝母,价值百余元,向其索洋未遂,致触其怒,遂将贝母抛掷江中,并威逼吴子刚落水毙命。湖北省政府抄录该轮船主清水外次郎证明书,咨请交涉。业经本部提出办法:（一）大副铃木应按律从严惩处,（二）对于死者家属优给恤金,函达日本代办,请其查照办理。

（6）福州日领派员擅行拆封烟馆案之经过

本年八月十五日,福建省禁烟会会同市公安局,破获高节里意发洋行烟馆,移送法院讯办,并将该屋标封。驻闽日领声称,意发洋行虽经声明与籍民无关，但据籍民侯意呈请在该屋内营海产业时，曾经领事馆许可，突于上月二十三日派员将印封拆毁。福建省政府咨请提向日使交涉。当经本部据函日本代办查照，请其转饬驻福州日总领事，嗣后勿再有此种轻率举动，免滋纠纷。

（7）万福轮债务缪辖案之经过

日商华兴公司万福轮，积欠该轮工人等各项借款洋三万零七百余元，由债权人请驻宜日本领事，将万福轮扣留，并经日领以书面保证日轮俟本案解决后再行他去。乃迄十月之久，该公司延不解决。本月八日，该债权代表屠惠生呈请饬县向日领交涉。业经本部训令宜昌县长，切向驻宜日领就地办结。

（8）中日实业公司旧国库证券案之经过

此案业详十月份工作报告。本月十八日，据驻日汪公使电复，据中日实业公司复称，此事于民国十四年，财政部函嘱该公司，将逾期旧国库券一并汇送使馆注销，当时因该项借款期限、手续均未完竣，迟延至今，现在已与财政部磋商就绪，故将作废之军械借款旧证券，汇送转请财政部核销。业经本部咨请军政部，会商财政部查核办理。

（9）徐世藻乘日轮大贞丸堕水殒命案之经过

此案业详十月份工作报告。本月二十五日，准日本代办复称，徐世藻系于离开大贞丸换乘驳船后落水，至该公司在安庆准备驳船以供船客上下之用一层，并非事实，是该公司对于此事全无责任。本部以此案交涉之紧要关键，即该科员是否在大贞丸落水，抑在驳船落水，如在驳船落水，则该驳船是否为公司所有，抑为其他营业驳船，现在日方不论此项驳船为公司所有，应确切查明，俾明责任。业经本部咨请安徽省政府，转饬确切查明见复，以凭核办。

（10）九江日领署及日清公司等缴纳产业税案之经过

九江英租界，于前年收回后，改为九江市特别区，在该区内设立市政管理局，旋即改为九江市第六区公安局，所有该区内各国侨民财产评价征收百分之八之产业税，各国侨民产业，均经遵照缴纳，惟日本方面，坚持假定协助费名称,延不缴纳。本月二十六日,江西省政府咨请提向日使交涉。业经本部咨复该省政府,将此项税款性质如何,始于何时,及各区是否一律征收,历来若何办理各节,查明见复,以凭核办。

（11）青岛水线合同案之经过

此案业详十月份工作报告。本月八日,复准交通部来咨,业经本部照达日本代办,请其转达该国政府,按照青佐水线合同第二款暨第十款之规定,预为准备,依期交还。

（12）日渔船入我领海侵渔案之经过

此案业详十月份工作报告。本月二十一日,准农矿部来咨,以吴淞口外花岛山北首,又发现日本渔轮在该处侵渔,请交涉制止。业经本部函达日本代办,请其转达该国政府,谕令该大队渔轮,此后勿再在该处捕鱼,免滋纠纷。

（13）芬兰女教士在津市被掳案

准芬兰驻华韦代办函称,该国女教士维纳服拉及福纳能二人,在湖南津市被匪掳去,请予营救,等语。当经本部分电汉口行营何主任暨湖南省政府何主席,转饬查明,设法营救,去后,旋准湖南省政府及汉口行营何主任先后电复,已令当地军队设法营救。等因。业经据电芬代办查照。

（14）交涉释放现仍留苏俘兵案之经过

据中俄战役被俘军官宋殿奎呈称,去岁与俄作战被俘士兵,今仍在苏联各地令作苦工者,尚有数百名,现公推殿奎回国请命,等情。当经本部分令驻海参崴、黑河、伯利、赤塔各领馆查明,交涉释放。旋准国民政府文官处函同前由,奉谕外部速即办理具复,业由部据情函复矣。

（15）交涉释放新疆学生关满清案之经过

十一月二十二日,准新疆驻京办事处函称:新省学生关满清于去岁十二月间,在满洲里被俄军俘去,尚未释回,请饬查明交涉。业由部令行驻伯利总领事,迅予查明,交涉释放。

（16）交涉释放地质调查所技师王恒升等误入俄境被扣案之经过

十一月二十九日，准李委员煜瀛函：北平地质调查所技师王恒升、调查员董慰翘，奉派赴胪滨调查，十一月十七日，误越俄境，被俄方达乌里司令扣留，认为军事密探，经胪滨县交涉无效，请转电营救。并准农矿部及北平地质调查所所长翁文灏函电，事同前由。当经本部据电驻哈尔滨钟特派员，商请驻哈苏领，转电释放。据复称，已遵照办理。

（17）交涉请德驻苏使领保护华侨利益案之经过

此案已详十月份工作报告。十一月一日，据蒋公使报告，苏联政府答复德国政府，谓中苏冲突现已终了，德仍继续保护华侨利益，不见有何理由，意在仍以保护公产为限。现准德外部照称，中苏两方，意见既不一致，此后德国政府，歉难继续保护中国在苏利益，一面并已照会苏联政府，对于在华苏联公产，亦不任保护之责。再德政府意见，自经此次照会后，其对于中苏两方之保护任务，即已终了。苏联政府答复与否，并无关系。等情。现正研究因应办法。

（18）令派处理苏俄在沪商业委员会委员案之经过

十一月一日，准财政部咨称：上海远东银行暨苏俄协助会，现均复业，应照旧组织处理苏俄在沪商业委员，监视一切，请派员会同办理。业经咨复，派本部外交讨论委员会委员郑延禧为委员。

（19）苏联商人呈请商标注册案之经过

十一月二十四日，准商标局函：据穆安素律师等代理苏联商人新源祥布庄，以地球商标呈请注册事，请核复。业经本部函复：中苏会议，现尚无何进展，苏联商民呈请商标注册，仍请从缓办理。

（四）关于主管事务之计划事项

无。

中国第二历史档案馆藏行政院档案

12. 外交部函送 1930 年 12 月份工作报告书(1931 年 1 月 23 日)

外交部致行政院政务处函

　　敬启者:案奉钧院第 4387 号训令开:"各机关造报每月行政报告,间有未能依期呈送者,亟应分别令催。此后每月报告,限至下月二十日以前即应制就呈送,仍先将办理情形具报备查。此令。"等因;奉此,查敝部十一月份行政报告,业经依期编送,并将从前办理经过情形备文具报,函请贵处查照转呈在案。兹谨编就十九年十二月份工作报告书三十份,相应函请贵处检收转呈。再者,顷因新年放假后始著手编纂排印,较平常需时稍多,合并声明,统祈监察,至纫公谊。

　　此致

行政院政务处

　　计附送敝部十九年十二月份工作报告书三十份

中华民国二十年一月二十三日

中国第二历史档案馆藏行政院档案

外交部十九年十二月份工作报告

　　(一)关于法令事项

　　(甲)奉行法令事项

法令名称	到达日期		奉行方法	备考
	月	日		
无				

　　(乙)颁行主管范围内之法规事项

法规名称	颁行日期		法规要旨	备考
	月	日		
无				

(丙)核定各省市及所属各机关单行法规事项

法规名称	声请机关	核准日期		法规要旨	备考
		月	日		
无					

(二)关于交办事项

(甲)中央党部交件

事由	交办处所	交办		限期		办理情形	备考
		月	日	月	日		
收回内河航行权案。	中央执行委员会秘书处奉常务委员批交。	十二	十一	无		查取消外人在华沿海及内河航行权,为政府既定方针,本部正积极进行,已函复中央执行委员会秘书处。	
驻檀香山总支部呈请本革命外交精神,据理力争中俄交涉。	中央执行委员会秘书处函奉批交。	十二	十六	无		业据函莫代表遵照,并函复。	
日渔船入我领海侵渔案。	中央执行委员会秘书处奉常务委员批交。	十二	四	无		详关于主管事务之进行事项。	
龙井村日军挑衅案。	中央执行委员会秘书处奉常务委员批交。	十二	六	无		此事系中日军警冲突之误,已由延吉市政筹备处长与日领交涉就地解决,日警百三名已退去。业经本部据复中央执行委员会秘书处查照。	

事由	交办处所	交办		限期		办理情形	备考
		月	日	月	日		
日军在安奉沿线修筑炮台案。	中央执行委员会秘书处奉常务委员批交。	十二	二三	无		已咨东北政务委员会转饬密查,并函复中央执行委员会秘书处查照。	
济南日商强销毒品、枪伤警士案。	中央执行委员会秘书处奉常务委员批交。	十二	二三	无		此事未据地方报告,业经本部咨请山东省政府查复详情。	
日轮襄阳丸船员殴毙搭客丁昌明案(续十一月份)。						此案据安徽省政府查复,死者丁昌明尸身已交地保收殓,凶手亦由水巡派员押送法院候审。本部以凶手系日轮雇人,将来或有牵及日轮之处,复经函请该省政府转饬法院,于此案判决时,将判决书送部。已函复中央执行委员会秘书处查照。	
驻萨尔瓦多分部电:为萨国排华风潮日急,恳促驻墨李公使早日前往,以慰侨情。	中央执行委员会。	十二	十三	无		经函复:本部尚未接到该项来电。关于中南美各国侨务,前经拟具计划,划归就近使领馆兼领。萨尔瓦多侨务,拟由驻墨使馆兼理,迭令该使馆协商,尚未得萨方同意答复。业经函达在案。除俟李使到任继续办理外,请转陈,并抄送原电过部。	

续表

事由	交办处所	交办		限期		办理情形	备考
		月	日	月	日		
上海各界援萧反和大会,请向和政府交涉改正属地章程第一百〇九条案。	中央执行委员会秘书处奉常务委员批交。	十二	三	无		此案拟改订中和新商约时并案办理,已函复中央执委会秘书处查照。	

(乙)国民政府交件

事由	交办处所	交办		限期		办理情形	备考
		月	日	月	日		
中俄战役被俘掳兵代表宋殿魁呈为士兵王丰金抗俄作战,致被俘掳,受尽虐待,公推其返国,请求交涉放还(续十一月份)。	国民政府文官处函奉谕交。	十一	七	无		此案据驻赤塔、海参崴领馆先后呈复办理资遣俘兵情形,并称俟查有在管辖境内我国俘兵被俄方羁押或迫作苦工等情事,当立行交涉释放,等情。已抄呈函复国民政府文官处。	
废止日本对华文化事业协定及换文案(续十月份)。						此案据汪公使电告,经邀同文化事业部长及亚细亚局长会商,日方仍坚持局部修正,竭力争辩,彼允再加考虑。	

（丙）主管院交件

事由	交办处所	交办		限期		办理情形	备考
		月	日	月	日		
收回内河航行权案。	行政院秘书处奉兼院长谕交。	十二	十六	无		查取消外人在华沿海及内河航行权，为政府既定方针，本部正积极进行，已函复行政院秘书处。	
绥远省政府呈为外蒙大草地一途，系内地与新疆通商要道，近年以来，外蒙受苏俄诱迫，禁止华商经过，请转呈迅向苏俄交涉妥定办法一案（续十一月）。	行政院秘书处函奉谕交核办。	十一	十一	无		此案准工商部及蒙藏委员会先后函复，赞同本部意见。经本部拟就函稿，送由工商部、蒙藏委员会会签，函复行政院秘书处。	
湖南省党部指导委员会呈请否认伯利会议纪录，电召中俄会议莫代表回国一案。	行政院秘书处函奉谕交。	十二	二十三	无		中苏会议，迭据莫代表电称：苏方已不主张承认伯利会议纪录，并已于十二月四日继续正式开会。最近莫代表因须面陈会议情形，业于十二月二十一日首途回国。本部业将上述情形函复行政院秘书处。	

续表

事由	交办处所	交办		限期		办理情形	备考
		月	日	月	日		
浙江水产职业学校校长张柱尊引用日人侵夺海权一案,经呈诉国民政府,恳请饬部对日严重交涉,并饬省究办该校长。奉主席谕交行政院分别转饬办理。	行政院交。	十二	八	无		此事实在情形,本部无案可稽,业经咨请浙江省政府详查。	
龙井村日本警察枪杀华人案。	行政院秘书处奉院长谕交。	十二	十六	无		此事系中日军警冲突之误,已由延吉市政筹备处长与日领交涉就地解决,日警百三名已退去。业经本部据复行政院秘书处查照。	
鲁省欠中日实业公司债款案(续十月份)。						此案准财政部咨:此项债款,应由山东省政府自行负责清理。业据咨山东省政府。	
上海援萧反和大会请废止中和领约案。	行政院秘书处奉谕交办。	十二	八	无		查改订中和领约,本部正在筹备。此事前准中央执行委员会秘书处奉批函交到部,已经函复在案。	

续表

事由	交办处所	交办		限期		办理情形	备考
		月	日	月	日		
遂溪留穗学会请收回广州湾案。	同上	十二	八	无		查收回广州湾一案,本部已于上月四日照催法使从速开议,尚未得复。	
沪杭甬铁路特别党部请严查外轮私贩烟土并供客吸食案。	同上	十二	十一	无		本部与禁烟委员会现正会商检查外轮私运烟土办法。	
山东省政府电询内地外国教会租用土地暂行章程有无修正案。	同上	十二	十二	无		查此项章程自施行以来,并无修正之处,已函复行政院秘书处,并咨达内政部查照。	

（三）关于主管事务之进行事项

（子）关于通商贸易事项

（1）保险公司单据改用华文案

进行经过:准前工商部咨称:案准上海市政府咨:为上海市商会呈以保险公司应用各项单据,应一律改用华文,既可纠正已往错误,且可挽回主权,据情咨请核办见复。查保险事业,原为辅助工商发展,设有赖赔保银情事,则不但失其固有功能,抑且贻害甚巨,所请保险单据改用华文一节,不仅可以防止弊端,而为保持主权,此举尤不容缓,惟事关外交,特抄附原咨,转请核办见复。等因。查国际惯例,商业上所订契约应用之文字,本无一定规则,当随各地商业上之习惯而定,如为谋双方便利,免生误会起见,可由上海市商会与上海外籍商会商定华洋两种文字并用,咨复实业部查照。

（丑）关于行船事项

(1)开浚神滩之经过

进行经过:据上海浚浦局首席局长宋子良呈称:吴淞东南三十英里有沙滩一处,厥名神滩,为外洋来沪船舶必经之地。该处深度较浅,致外洋巨大商轮未能经过该滩。是以进口货物有多由神户或香港转口之趋势,上海港口发展,固受直接影响,而国外贸易、国内商业,尤蒙重大损失,是开浚神滩,实为急切扼要之图。爰即召集上海市商会及航业团体,开会讨论提议开浚。其关于经费问题,复经税务司严密考虑,并拟具设施计划,呈祈核示。等情。查神滩沙浅,阻碍航行,该局拟加开浚,便利船舶出入,发展国际贸易,事属可行,所具筹款意见,亦系根据旧章,而改照新税则征收,惟以关系税务,业经咨行财政部审核办理,尚未准复。

(寅)关于商约事项

(1)中埃暂行通商办法换文及修改之经过

总述:十九年二三月间,迭据我国烟商报告,埃及政府新订税则,关于烟税,若各国不于三月十七日以前承认新则,即须照则倍征。并准财政部咨同前因。当经本部电令驻英使馆查酌情形,向埃及驻英使馆声明承认,旋与订立暂行通商办法,载明埃及对于中国各项出产品及工业品输入埃及,适用最惠国待遇,中国对于埃及亦然。由驻英公使施肇基与埃及驻英使馆代办马默,于是年四月二十三日备文互换在案。

进行经过:查换文末段内载:自一九三一年二月十六日以后,无论如何,此约即不生任何效力,等语。现日期瞬将届满,而新约尚未产生,若届期满失效,埃政府势必照则倍征,于我烟商影响至巨。当经电令施使与埃使提商修改,以为期满后之预备。旋据该使电呈,已商准埃使,允将原换文末段更易,订为未经三个月预期之取消通知,应长期有效,经彼此换文声明,以昭信守,等情。业经本部电致上海市商会,转知于烟叶同业公会遵照。

结论:该项暂行办法,原系临时性质,经此次之修改,如将来订立商约,自可将该办法废除,否则在未经通知废除以前,我国烟商亦能享此暂行办法之利益也。

（2）中国波斯订约案

我国前拟与波斯订立商约，业由部呈准国民政府，简派驻义代办蒋履福为全权代表，并拟就约稿，交由该代办向驻义波使提出。兹据该代办转呈波方对案到部，现正由部详加审核。

（卯）关于侨务事项

（1）救济和属打拉根埠火灾难侨及交涉和官勒令华侨迁埠之经过

总述：据驻三宝陇领事暨打拉根党部及全体难侨先后电陈，该埠惨遭火灾，华侨区悉付一炬，华人商店焚去二百余户，损失在二百万以上，和官乘机勒令华侨迁埠，不准在原址建筑，请援坤甸火灾例，筹拨急振，并对和提出抗议，以救垂死云云。

进行经过：经据情呈请行政院筹拨振款，汇济灾侨。并电驻三宝陇领事转知各侨，并迅将被灾实况详报，及迁埠问题交涉如何，仍仰继续力争。旋准行政院秘书处函称：此案奉谕经提出本院第九十四次会议决议，交内、外、财三部会同审查。并准内政部咨请派员出席会议。后准财政部代电：已转函中央财务委员会，拟即在和属打拉根侨商捐款，及其他华侨捐款项下，酌拨若干，以资周济。复经按照坤甸灾情比例，应请给予三四万元以资振恤，与内政部会函行政院秘书处转陈：准复奉兼院长谕，已转请中央财务委员会照拨。又据该领事呈报交涉情形，经指令分别确查交涉办理具报。

（辰）关于禁烟事项

（1）第十四届禁烟顾问委员会开会派员之经过

进行经过：准国联会秘书长来函通知，一九三一年一月九日为第十四届禁烟顾问委员会开会之期，当经本部转行禁烟委员会遴员赴会。嗣经该委员会呈准派国联会代表办事处处长吴凯声为出席代表，复经本部电令该处长遵照。

（巳）关于公约事项

（1）签字编纂国际法会议关于国籍法事项议决之公约等件之经过

(续十一月份)

进行经过:嗣奉院令开:经提出国务会议议决:准签,惟公约第四条,应保留关于兵役议定书,暂不签字。等因。当经电令国联会代表办事处处长吴凯声,代表政府签字并声明保留,一面分电国联秘书长,并令行原出席会议代表伍朝枢知照。

(午)关于上海公共租界事项

(1)交涉上海公共租界自来水加价纠纷案

进行经过:据上海租界纳税华人会代表电称:上海英商自来水公司,借口金贵银贱,预计盈余不敷开支,提议修改水价。工部局不顾原订合同,贸然允许加增百分之二十五之附费。各团体一致反对无效,该公司竟发出通告,限期缴付,否则断水。请迅采有效办法,俾得修改工部局与该公司所订合同,以保利权。等情。正核办间,又据该会及上海房产公会先后报告:该公司因勒迫加价不遂,已实行断水,请赐交涉恢复供水前来。当以自来水一项,关系民命至巨,岂容该公司采用高压手段,爰即电令驻沪办事处速商工部局,转饬继续给水,和平商办,免起风潮。一面劝告各团体听候交涉。旋据该办事处电陈:连日会同市府与英总领、工部局总董及华董等互商,已得相当解决,其条件为用户暂照加价付费,另由双方派定专家,合组委员会,研究减价问题,限明年九月前决定办法,等情。嗣准内政部电询本部对于此案如何核办,当经抄录来往各电,复请查照。

(2)取缔上海公共租界赛狗场案

进行经过:查上海租界赛狗场,性质纯系赌博,居民趋之若鹜,废时失业者有之,倾家荡产者有之,甚或流为盗贼绑匪,遗害社会,殊非浅鲜。迭经本部令饬前特派江苏交涉员向租界当局交涉禁止,迄无结果。旋经商准财政部转饬各关税务司,禁止此项赛狗入口,以杜来源。惟是此项办法,究属消极抵制,收效甚微,仍非积极交涉,不足以遏颓风,爰于是月向驻华英、美、法各使提出抗议,请其切实制止,尚未准复。

(未)关于业经收回之租界换给中外人民地契事项

（1）办理换给厦门前英租界中外人民地契之进行情形（内容见本卷第四章第四节"收回厦门英租界"）

（2）办理换给汉口前英租界中外人民地契之进行情形

总述：汉口前英租界自民国十六年收回，改为第三特区以后，界内一切行政，虽已由我国管理，但关于地亩之移转及管业，仍以英国所发之皇家契据为凭，此种办法殊与我国收回租界之宗旨相背，亟应加以变更。当由本部决定：援照厦门前英租界换契办法，凡该处英国所发之皇家契据，其为外国人民持有者，由我国换给永租契；其为中国人民持有者，另行换给所有权契据。

进行之经过情形：关于换给外国人民永租契部分，由本部拟定永租契格式中英文各一份，发交汉口第三特别区市政管理局，照式换给。至发给中国人民所有权地契，则由该市政管理局自行拟具格式，呈部核定后，再行换给。其以前英国所发之皇家契据，均缴还英领，一律注销。上述办法经本部呈请行政院转陈国民政府备案，并令行汉口第三特别区市政管理局遵照办理。旋据该局呈报该区中外人民换契期限，并拟具发给中国人民所有权契据格式，送请本部核夺，当以该局所拟格式尚妥，即经令饬分别换给在案。

（3）办理换给九江前英租界中外人民契据之进行情形

总述：九江前英租界，虽于民国十六年收回，但关于地亩之移转及管业，其情形与汉口前英租界相同。为贯彻本党固定政策起见，所有该处换契手续，自应与汉口前英租界同时办理。

进行之经过情形：关于换给外国人民永租契部分，由本部拟定永租契格式中英文各一份，咨请江西省政府转饬九江县政府照式换给。至发给中国人民所有权地契，则由九江县政府自行拟具格式，呈请江西省政府核定后，现行换给。其以前英国所发之皇家契据，均缴还英领，一律注销。上述办法，经本部呈请行政院转陈国民政府备案，并咨达江西省政府查照办理各在案。

附永租契格式中英文各一件（略）

（申）组织委员会解决福中煤矿公司纠纷

总述：查河南福中煤矿公司，原系英商福公司及华商中原公司合组成立，自民国十六年以来，该福中公司及福公司并中原公司屡生纠纷，业务停顿，亟应设法解决。

进行之经过情形：经本部于十一月间提奉行政院决议，由海南省政府与农矿部、铁道部、外交部各派代表一人，组织中原公司整理委员会，并以农矿部代表为委员长，即由该委员会为中原公司之代表，与福公司会商解决一切纠纷。所有各部代表，业于本月先后派定，惟河南省政府代表至今尚未派定，故在事实上犹未能积极进行。

（酉）招商局与上海法教会三德堂涉讼案

总述：招商局于一八九〇年与法教会三德堂立约，租用该堂坐落上海法租界工部局册第六十九号（A）及第六十九号（B）之地基一块，连同出河权在内，订明租期二十五年，自一八九二年一月九日起扣，至一九一七年一月九日满期。复于一九一六年十二月立约接租，租期仍为二十五年，自一九一七年一月九日起算，并订明期满后得再展二十五年。上年招商局因船供军用，收入锐减，致冬季租金不能照付。十八年十月二十四日，三德堂致最后催租通知于招商局，该局即于十月三十一日，先交一部分欠租，而该堂竟于收受欠租之日，宣告租约失效，责将租地交还。该局多方筹措，于十一月四日将全部欠租并延期贴息，送交该堂收清。乃三德堂蓄意推翻租约，遂委律师向法租界会审公廨起诉，勒令迁让。该会公廨，曲解租约文义，贸然判决租约失效。招商局声明不服，提起上诉，该会审公廨复审判决，仍予维持原判，并定本年八月十五日为执行之期。

进行经过：本年八月十一日，本部接交通部代电，嘱转告法领，制止公廨执行。即经电令本部驻沪办事处，与驻沪总领事交涉。磋商结果，法总领事允为负责，使判决展缓执行，并通知三德堂，由双方推定人员进行公断。惟三德堂方面公断员认为公断范围，仅在公断废约后交还租地之手续及估计建筑物之价值，与招商局方面欲履行租约之旨不合，公断自难进行。嗣经法总领事再事调解后,三德堂声明愿将六十九号(A)字基地售与招商局,但其索价高出法工部局估价二倍以上,是其售卖,故作刁难,毫无诚意。本部准国府整理招商局总管理本月六日来函,嘱向法方和劝。又于本月十六日奉行政院训令,饬即遵照妥速办理。经即照会驻华法公使,转饬该教会,早日和平解决去矣,尚未准复。

(戊)改派中法工商银行董事及监查员

总述:前中法实业银行停业后改为中法工商银行,股本定三千万法郎,旧政府承认三分之一,于入股时,经该银行订定,中国政府以股东资格,得推荐七人为该银行董事,并得指定一人为副董事长,一为华总经理,更得遴派一人为监查员,以上各人员经由旧政府拣员荐派,由该银行承认就职,中经国民政府更换此项董事三人各在案。该银行定章,更换董监,向须征得常年全体董事会同意,而该会开会,年仅一次。我国欲更易董监,应于该会开会之前,先期通知,若逾会期,势须延缓一年也。

进行经过:本年十二月九日,奉行政院训令,谓本院第八十三次会议决议,将中法工商银行董事李光启及苏遇春二缺,改派朱成章、李承翼补充,监查员林行规一缺,改派曾镕浦补充,并指定钱永铭于其原有华总理职务外,兼任副董事长。此案据财政部呈请,令行外交部转饬驻法公使与巴黎总行接洽。本部以该行全体董事会开会会期即在目前,当即电令驻法高公使,与巴黎中法工商银行总行从速接洽。兹据该公使电复,此案经与总行接洽,结果圆满,所更人员,已饬由大会照本部去电,一致通过矣。

(亥)交涉事项

(1)外轮拖带中国船只驶赴武昌下新河案之经过

准湖北省政府咨:有日清公司小汽船,由汉口拖带糖船至武昌下新河,不受湖北全省水上公安局检查登记,按照前清二十四年内港行轮章程第二款,载有"除按本国律章应随有之牌照外"一语,所谓"本国",究系指各外国之本国,抑指本国,意殊不明了,请为解释,等语。查外轮拖带船只前往非通商口岸地方,应否依照省定单行规则,领取牌照,本部无案可稽。业据函财政部转饬关务署查核见复,尚未准复。

(2)驻黑河总领事馆交涉释放被拘华侨案之经过(续十月份)

此案据驻黑河总领事呈复,侨民孔繁珂等五人,经详细查明,确因私贩资钞有据,按照苏联刑律判罪,不归行政管辖等语。

(3)交涉释放地质调查所技师王恒升等误入俄境被扣案之经过(续十月份)

此案准东北政务委员会及本部钟特派员电称:据胪滨县齐县长报告,准驻满俄领面告,王技师、董练习员及警察、从役等,准三日送回,已由县派员赴俄境迎候,等语。当经本部知照有关系各方面。旋阅十二月二十一日上海时报登载,该王技师等被拘地点,仍属国境。复由部分电东北政务委员会暨本部驻吉林特派员详细查明,如属确实,是苏方越境捕人,应提向苏领抗议。

(4)交涉请德驻苏使领保护华侨利益案之经过(续十一月份)

此案准东北政务委员会咨:以驻辽宁苏联总领拟请保管北平、天津苏联使领馆,请为核复。当经本部咨复,并训令驻辽宁特派员,如苏方承认我国指定一驻苏远东各省之中国领馆派员驻莫,保护我国利益,则苏领所请,可予同意。

(5)腊特维亚派领案

腊特维亚拟派驻沪领事,前经本部拒绝接待。乃据驻德蒋使电称,驻德腊使请将议约地点改在柏林,并请准予先行派领。业由本部电复,以订约已由伦敦两国驻使进行磋议,未便更改地点,至派领一事,仍应俟订约后再议。上述办理情形,并电达驻英施使。

(6)芬兰女教士在津市被掳案(续十一月份)

此案续准湖南省政府来电,该女教士等系事前往安乡,并未被掳,已由部函达驻华芬兰代办。

(7)日轮厚田丸撞沉新大明轮案之经过

此案船货损失,业经公断裁决,生命赔偿问题,久悬未决。前经大通公司向日本佐藤商会交涉,已商定被难生命赔偿费日金二万五千元,一次缴足,乃该商会延不履行,经本部提向日本代办交涉,请其转饬将该项赔偿费即日付清。嗣据复,以佐藤商会因受日本市况不良之影响,故对于契约之履行,不得已而迁延。复经函请转催驻沪日领负责,迅令该商会克日履行。

(8)收回延边电信权案之经过

此案业详十月份工作报告。嗣准政务委员会函复日人在延边各县设立电局详细情形,并附接收日本军用电话电线办法。本部以此事似可由中日电信交涉委员会附带提出讨论,已据咨交通部酌核办理。

(9)中日实业公司缴销旧国库证券案之经过

此案业详十一月份报告。军政部以对于此事始末情形,全不明了,请径咨财政部核办。复经本部转咨财政部查核办理。

(10)收回汉口日本租界案之经过

汉口日本租界,本部于十一月二十四日照会日本代办提议交还。十二月四日接该代办照复,已将本部提议各节,转报日本政府。

(11)龙井村邮局长亏款潜逃案之经过

本年六月一日,龙井村邮局长日人福尾正男,亏空公款日金三万八千五百余元,潜行逃匿,经邮政总局函请日使查缉,迄未缉获。近由交通部咨请本部转催日方,从速设法查缉,归案追办。已据请日本代办转行各地警察当局严拿到案。

(12)延边共匪滋扰案之经过

本年五卅以来,延边共匪烧杀案件,不下一百余起,近日为祸尤烈。日人遂借口保侨,增派军用汽车,奔驰示威,人心惶惶,极感不安。本部接得此项报告,当即密咨东北政务委员妥筹防范。

(13)驻芜日领要求引渡王剑秋、王士谔案之经过

此案业详十月份工作报告。嗣日本代办仍以王剑秋等为台籍王朝恭、林进来之化名,在台湾犯有潜逃罪,声请引渡。本部以日方所提证据,仅能确定王朝恭、林进来为台湾籍,而王剑秋、王士谔是否即王朝

恭、林进来之化名，并无确据可以证明，且王剑秋等业于本年九月间取保结案，于日代办之请求引渡，已予驳复。

（14）大连汽船会社阻止员工加入工会案之经过

此案据中华海员工业联合总会来呈，以大连汽船会社日本人有反对该社工友加入工会之事，业经本部函请日本代办转饬各轮船公司，对于职工加入工会一事，勿得阻抑。

（15）九江日领署及日清公司等缴纳产业税案之经过

此案业详十一月份工作报告。本部据江西省政府查复详情后，当以九江市第六区所征产业税，系作该区办理市政之用，所有中外人民，均按税缴纳，日本未便独异，当于十二月八日，函请日本代办转达该国政府饬知九江日领及日侨等遵照办理。

（16）韩人私运货物捣毁关卡案之经过

此案业详十月份工作报告。财政部鉴于朝鲜私贩一再对渡江分卡之暴动，安东日警不能制止，为实行彻底取缔起见，特转饬该关自备武装巡缉，以为保卫关员关产之用。十月五日，该关稽查员一名，偕同巡缉队员一名，身着制服，在埠头执行职务时，日警阻止前进，并将巡缉队员之木棒夺去，经该关税务司与日领交涉，该领认为关吏携带木棒为职权外之行动，希望停止。本部以巡缉队员为执行职务，携带自卫木棒，不能视为职权外之行动，已照请日本代办，转饬安东日领，对于巡缉队员在海关职权范围以内所应有之器物与行动，不得干涉。此事尚未解决，复据确报，十月二十八日，安东关江桥出口分卡，有日人三名，拒绝减员检查，正在相持，忽来韩人一名，将该关第十一号巡缉队员无端殴打，该三日人中名野泽者，突出短刃，刺伤第十二号巡缉队员右臂，并将所持短刃递交韩籍暴徒，偕同逃走。当时江桥日警袖手旁观，迨关员及巡缉员将两凶徒追获，日警又将行凶韩人截留释放。第十二号巡缉队员受伤甚重，据医院诊察，有生命之虞。经安东关税务司向当地日领提出抗议，日领反复辩论，意存袒护，反要求解除巡缉队员武装。本部以日方不能实行尽力协助取缔私贩之声明，协同追捕凶犯，反将已拘获之韩籍暴徒截留释放,当经照请日本代办,迅电安东日领,将行凶之日人,依法惩办,责令对被害者赔偿,并予释放韩籍暴徒之日警以相当处分,一面将该韩籍暴徒拘禁讯办。

(17)三井无线电合同案之经过

真茹无线电台与美国及其他各地收发无线电信通信,日方以与三井洋行所订契约上之权利有所抵触,提出交涉,业经本部转咨交通部核办。

(18)日人运售毒品案之经过

日人及台湾籍民在中国各地运售毒品,破坏烟禁,经本部提向日方交涉,严行取缔。十二月十三日,准日本代办函送济南、厦门日本领事取缔该两处运售违禁品之日侨及籍民姓名表,并称各地日领,均能切实取缔,并与中国官厅协力办理,此后当再转饬严行取缔。

(19)十一月二十日及十二月五日,先后准湖北省政府咨,以英商怡和公司湘和轮不照航行路线行驶,致于十一月十四日在嘉鱼县下萧家洲地方,将华商福新公司泰来轮撞沉,淹毙六人,货物损失约值巨万,请交涉赔偿损失,等因。当即于十一月二十八日及十二月二十五日,先后训令本部视察专员周泽春,迅向驻汉英领提出交涉,并咨复各在案。

(20)十二月二十二日,接广州市政府函,以航商关伯初于十一月二十八日早,向合成公司租赁直隶小轮一艘,前往中山拖带戏船,是日下午五时左右,驶至莺哥咀河面,被江港大利轮撞沉,请交涉,等由。当即训令本部视察专员陶履谦,就近查明该大利轮国籍及肇事情形,迅予提出交涉。

(21)十二月九日,准浙江省政府咨,以十一月五日及十日,先后有英国兵舰多艘,驶入象山港游弋、停泊,并有测量、绘图情事,实属违反国际通例,请向英方交涉,等因。当经本部略达英使,转知英国海军当局,严加注意,以后不得再发生此类情事,俾免误会。

中国第二历史档案馆藏行政院档案

（三）外交部 1931 年度工作报告

说明：1931 年 9 月 18 日，"九一八"事变爆发，日军侵占东三省，打断了南京国民政府正在进行的治外法权交涉。在 9 月份之前的年外交部工作报告中，已经存有大量日军在各地无端挑衅的案件。透过本年度的工作报告，可以了解"九一八"之前，国民政府整个的外交工作进展情形。

1. 外交部 1931 年 2 月份工作报告（1931 年 2 月）

外交部二十年二月份工作报告

（一）关于法令事项（略）

（二）关于交办事项

（甲）中央党部交件

事由	交办处所	交办		限期		办理情形	备考
		月	日	月	日		
萧委员佛成函询国府有无派洋顾问赴遥订约一案，奉批函询外交部。	中央执行委员会秘书处函。	二十年二月	二十	无		经复以本部并无派员赴遥讨论订约情事。	
青岛铁中学生与日本中学学生举行秋季国际运动会篮球	中央执行委员会秘书处奉常务委员批交。	二	四	无		此事实情如何，已据行青岛市政府查复。	

事由	交办处所	交办		限期		办理情形	备考
		月	日	月	日		
预赛,日方无故围殴我国学生,当地警士并遭痛打,又复聚众捣毁警察分所一案,奉批交本部办理。							
日军在沈阳、安东、北平等地演习战斗案。	中央执行委员会秘书处奉常务委员批交。	二	十三二十	无		此案日兵在沈阳演习一事,业已电饬辽宁特派员查明制止。至安东、北平二处,亦经分电东北政务委员会及北平市政府查复,并已将办理情形函复中央执行委员会秘书处查照。	
日军建筑兵营及日人阻止东北筑路计划案。	中央执行委员会秘书处奉常务委员批交。	二	十一	无		详关于主管事务之进行事项。	
北平日本公使馆驻兵,于一月二十七日在东长安街迤南操场武装	中央执行委员会秘书处奉常务委员批交。	二	十一	无		此事已据电北平市政府查复,并函复中央执行委员会秘书处查照。	

事由	交办处所	交办		限期		办理情形	备考
		月	日	月	日		
越界演习,北平市党务整理委员会呈请中央执行委员会饬部抗议,奉批交外交部办理。							
驻日本仙台直属支部第一次代表大会秘书处呈请转令于仙台设立领馆,并请在未设领馆以前,转饬横滨领馆在仙台先设办事处以资保护。	中央执行委员会秘书处。	二	十三	无		查仙台地方应否设领,自应先行调查以凭核办,当经据令驻日使馆查明具报。惟值此使领经费万分困难,已设立者尚无法维持,增设新馆,一时恐难实行。在未设领馆以前,该地如有虐待华侨情事,应由驻横滨总领馆查明,切实保护。除令行遵照外,并已函复该处查照转陈。	
更正《满洲日报》十四日登载消息。	中央宣传部。	二	二三	无		经派员向该项消息来源之电通社予以否认,并饬知更正。具复中央宣传部。	

（乙）国民政府交件

事由	交办处所	交办		限期		办理情形	备考
		月	日	月	日		
中俄战役被俘掳兵代表宋殿奎呈为士兵王丰金等抗俄作战，至被俘掳，受尽虐待，公推其返国，请求交涉放还（续一月份）。	国民政府文官处函奉谕交。	十九年十一	七	无		此案据驻伯利总领事呈，准伯利外交员函称，此项俘兵均早经释放等语，已由部令复该领管辖境内，如查有华兵被拘作工者，仍应随时调查交涉释回。	
广东省政府呈报该省政府议决救济归国失业侨民情形，请拨款救济，并派员赴南洋设法救济，切实保护。	行政院谕交实业、外交两部核办。	一	十五	无		经部派员与实业部会商，关于救济一节，应责成广东省政府督促劝募，随时补助，至派员救济保护一节，应责成驻外各馆随时注意调查保护，遇有应行补助旅费等事，径呈中央酌量筹拨。会函行政院秘书处转陈，奉令准如议办理，并由部通令各使领馆遵照办理具报。	

（丙）主管院交件

事由	交办处所	交办		限期		办理情形	备考
		月	日	月	日		
萧委员佛成呈为遥王后经沪赴美，宜驰电欢迎一案，经第九次国务会议决交外交部预备欢迎。	行政院秘书处函。	二十年一月	二十一	无		此案准行政院秘书处来函，经由部电令驻日汪公使遵照政府意旨，告知驻日暹使，请其转达。旋据复称，驻日暹使面称，暹皇到沪，并不登岸，如派员赴船接待，请将衔名先行通知等语。已由部据呈国民政府核示。	
国府交办俄侨李勒木德呈，为营业被劫，奉追未获，请求给资回国一案。	行政院秘书处函奉谕交查案核办。	二	七	无		业经函复：该案全卷经前武汉外交部检送革命军事裁判所，本部无案可稽。至该俄侨请求资回国一节，拟仍照前武汉外交部批，予以驳斥。	
鲁省欠中日实业公司债款案（续一月份）该公司驻鲁代表函提条件五项，请求照准及解答。又函拟包办废铜出口，请令鲁省府协商转运办法，及	行政院政务处奉兼院长谕交。	一二	三十一十	无		已据咨财政部核办。	

事由	交办处所	交办		限期		办理情形	备考
		月	日	月	日		
早实行两案，奉谕交外、财两部核明，径复该公司，并询商山东省政府。							
日军建筑兵营及日人阻止东北筑路计划案。	行政院秘书处奉兼院长谕交。	二	十九	无		详关于主管事务之进行事项。	
上海市政府因欲在浦东赖义渡建筑公共轮渡码头，拟收用江岸二丈五尺。乃英商太古公司，以此项江岸已由该公司缴纳升科费，表示反对，经上海市政府呈院核示，院令外交部会同交通部核议。	行政院。	一	十三	无		先由外交、交通两部派员会商，并电请上海市政府派员来部说明一切。旋经外交、交通两部会同决定如下：（一）关于建筑轮渡地点，仍照原案进行；（二）关于划用太古公司已缴升科费之江岸，如该公司要求偿还费用，应由上海市政府酌量偿还。上述决定办法，业经两部会同呈复行政院鉴核。旋奉指令开：呈悉，应如所议办理。除令行上海市政府遵照及分令外，仰即知照。此令。等因，在案。一面由本部将此案详情略达英使查照。	续一月份。

续表

事由	交办处所	交办		限期		办理情形	备考
		月	日	月	日		
驻日本仙台直属支部第一次代表大会秘书处呈请转令于仙台设立领馆，并请在未设领馆以前，转饬横滨领馆在仙台先设办事处以资保护。	中央执行委员会秘书处。	二	十三	无		查仙台地方应否设领，自应先行调查以凭核办，当经据令驻日使馆查明具报。惟值此使领经费万分困难，已设立者尚无法维持，增设新馆，一时恐难实行。在未设领馆以前，该地如有虐待华侨情事，应由驻横滨总领馆查明，切实保护。除令行遵照外，并已函复该处查照转陈。	
河南英商福公司与中原煤矿公司屡生纠纷，奉院令由有关系各部及河南省政府各派代表一人，组织中原公司整理委员会，以便与福公司解决一切。	行政院。	十一	十四	无		经外交、实业、铁道各部分别派定代表，于本月十二日在实业部开会，并通知河南省政府代表李敬斋参加讨论。讵河南省政府代表临时谢绝参加，以致开会无结果。已由外交、实业、铁道三部会呈行政院核办。	

（三）关于主管事务之进行事项

（天）订约事项

（1）中国腊特维亚订约案

查中腊订约一事，始自民国十七年五月，由两国驻英公使进行磋议，上年十二月间，据驻德蒋公使电称，驻德腊使请将订约地点改在柏林，本部未予同意。本年二月，据驻英施公使呈称，驻英腊使请先订友好条约，并称将来或由彼国政府派员与中国政府直接商议。当经部复以应径订友好通商条约，以符国府订约方针，至议约地点，亦未便更改。

（2）中国立陶宛订约案

查中立订约一案，原由两国驻苏联使馆商议，迨我驻苏使馆撤退，此事遂未进行。本年二月，据驻德蒋公使电称，驻德立使面称，该国政府提议改在柏林议约，经部电复应与订友好通商航海条约。旋据复称，立方已表示赞同。现正由部草拟约稿，寄交蒋使，提出磋议。

（3）互换收回天津比国租界协定批准文件之经过

总述：民国十八年八月三十一日，在天津签订之中比间关于比国交还天津比国租界协定，其批准文件已于本月十八日在京互换。

进行之经过：查此项协定，我国政府批准日期为十八年十一月七日，而比国方面延至上年十月五日始行批准。本月初旬，本部准比国使馆代表西维巨斯函称，比国政府批准此项协定文件已经寄到，请定期来京互换，以完手续。经约同该代表，于本月十八日下午三时，在京将两国批准文件互相校阅，即行互换，并呈报行政院转呈国民政府备案矣。

（地）关于各国退还庚款事项

（1）和兰退还庚款案

总述：和兰庚子赔款，前由和使于一九二五年，向前北京外交部面递节略，表示该国政府愿将此项赔款余额退还我国，充治理黄河之用，惟因事变，此案未经议定。上年四五月间，经建设委员会会同财政、工商两部议决，以和兰退还庚款全部，充东方、北方两大港测验计划时期经费，由行政院令外交部遵办。

进行情形：经本部于上年六月间备具节略，说明该两大港之重要，拟以和兰庚款余额，充测验计划时期经费，请和使转达该国政府征求同意。旋于上年七月间，准该使复称：中国政府拟将此款移作开辟东方、北方两大港之用，本使自当征询本国政府意见，如本国政府允改原议，可由双方商订用款新目的，及实行与监督办法等语在案。惟迄今数月，和兰政府尚未表示意见。本部以我国政府正拟积极推行上述两大港之测验计划，此项庚款问题，亟应早日解决。经于本月十四日，函请和使将和兰政府之意见，迅予函知，以便磋商详细办法。

（玄）关于外人入境考察事项

（1）允予德人魏根尔，偕同美国费城自然科学博物院旅行团赴川滇考察之经过

进行经过：准德美两国公使馆照会，请允予德人魏根尔，偕同美国费城自然科学博物院旅行团，往川滇两省考察动物人种学，并发给护照等因。本部咨准教育部抄送中央研究院所定条件六项到部，即经照请德美两国公使，转知遵照办理去后，据驻京美领事函称，所定条件六项，业经美国费城自然科学博物院旅行团与中央研究院商议修改，请发护照等情。本部为郑重起见，函请美领事及中央研究院，将修改条件送部核办去后，美领馆、中央研究院先后函复，并抄送修改条件到部，当经本部查核所改条件尚属妥善，准予发给护照。

（2）颁行查验外人入境护照规则一案（续一月份）

进行经过：（一）据驻英使馆等呈请颁发查验外人入境护照规则西文本，当经本部将该规则及施行细则，并查验表式，译就英文，装订成册，分别发交；（二）奉行政院指令，所拟发给广州、香港及广州、澳门间外人通行执照办法，准予备案，业经咨达广东省政府；（三）准内政部咨询，地方行政官署对于游历内地未带护照之外人，应否另订内地游历规章，经复以可依照查验外人入境护照规则施行细则第七条办理，无庸另订专章。

（黄）解释条文事项

（1）外轮拖带中国船只驶赴武昌下新河案之经过

湖北省政府咨请解释前清二十四年内港行轮章程第二款，载有除按本国律章应随有之牌照外一语，所谓本国究竟系指各外国之本国，抑指中国而言，并对于外商小轮，能否按照省定单行规则，饬令领取牌照。关于领照一节，经本部函准财政部查复，称地方官厅原有权令其依照内港章程领取牌照。至内港行轮章程第二款所称本国字样，并非专指各外国之本国，亦非仅指中国，乃系指华洋轮船之各该本国。业分别咨复湖北省政府矣。

（宇）关于运输事项

（1）关于禁止金块私运出口事项

总述：据驻朝鲜总领事呈：据仁川办事处呈称，近来仁川港口，每逢客轮进口，奸商时有夹带金条贩卖图利，恳转咨财政部核办，等情。

进行经过：查日本、朝鲜与我国毗连，交通尤便，时有奸商私运铜元或金块，至日本各地贩售牟利，迭经据报咨准财政部函复转饬查禁在案。值此金贵银贱之际，严禁现金出口，政府已三令五申，而奸商仍秘密贩售，自应设法严禁，以杜偷漏而维法纪。当再咨行财政部，密令上海、青岛、烟台、大连各海关，迅予查禁，尚未准复。

（宙）关于捐税事项

（1）梧州饷捐事项

进行经过：美詹使来照，以梧州下关捐局，对于美孚行运入广西省滑机油蜡洋蜡及除煤油汽油外，其他数种货品，现仍征收饷捐，似非正当，且违背撤销厘金及类似厘金捐税之命令，请设法停止。业经本部咨行财政部迅行查明核办。

（2）汉口特三区营业税事项

进行经过：汉口第三特区市政管理局局长，以该区有特殊关系，与其他普通区域不同，转瞬营业税实行征收，应如何处理，呈请核示遵行。本部当以营业税为筹补裁厘之新税，全国一致，该区未便独异，已指令该局积极协助进行。

(3)广州市葡商贴用印花税票事项

进行经过:财政部来咨,以广州市葡商谦大洋行提货单不贴印花,请照会葡使转行遵办。当经本部照准葡使覆称,已由驻粤葡领令该葡商遵照补贴等因,业经咨覆财政部查照。

(洪)关于侨务事项

(1)和属打拿根埠火灾案(续)

进行经过:续准行政院秘书处函,奉兼院长发下中央侨委会函,据和属打拿根支部电,为八二惨灾,请饬部严重交涉一案,奉谕交办等因。经部节略致和欧使抗议,当地官厅不事消防,且不准被火华人搬运货物,任人掳掠之失当,请转达东印度总督确查,以维持租地之契约,偿恤救济华人之损失,或变更处理方法,以期公允,并将失职地方官厅严加惩处,以重人道而昭公理。并令驻三宝垄领事,领导华侨一致抗争。并函复行政院秘书处转陈。旋据驻三宝垄领事呈复火灾经过详情,暨华侨租地契约及译文,请鉴核向和政府提出交涉(待续)。

(2)把东取消华侨救火苛役案

总述:查和属法律,对于东方人民,本有强迫工役一项,如把东各埠强迫救火制,凡属华侨,均由甲必丹发票传人,指定某人如遇该地火灾而不到场工作,即须受罚二十五盾以下罚金,或拘禁二十五天以下之徒刑,如不愿接受此项工作,亦可缴纳至十五盾之替身税,由甲必丹另觅替身,至今尚未更改。

进行经过:案据驻巨港唐领事呈,以此种苛律别国侨民均不在内,地方救火,应在市政范围之内,以救火而施强迫,更为世界各国市政所无,华侨亦均请交涉取消。经与当地市政厅当面交涉数次,要请依照公道,自动取消。该厅允于本年内购备救火机后,即行取消,惟发票传人,根据法典,应与当地政府交涉。取消法典,既非领事权限所及,恐难生效,请令使馆严重抗议,完全取消。等语。经部以就地磋商较易收效,仰继续向该管地方官竭力磋议,一面疏通华人甲必丹及华侨议员协助进行,期将此项法令根本取消,并具报。旋据呈复:此项苛例迭次交涉,于一九三一年一月一日取消,其未经实行取消之各埠,正在磋商中,期于本年内完全实行取消。

(荒)关于公约事项

(1)加入海上人命安全公约案(续一月份)

进行经过:嗣经行政院转呈国民政府核示,当经国民政府会议议决,交立法院审查。

(日)关于国际联合会事项

(1)调查贩卖妇孺团来华案(续前)

进行经过:嗣迭据萧代表继荣来电,该调查团因故延迟,迨二月十三日始抵粤,二十三日调查完竣,即日赴汕头,三月二日行抵厦门,预定三月十五日到上海调查。当经与内政部电福建省政府、上海市政府接洽照料。

(月)关于禁止私运军火事项

(1)查禁法国雪利司厂运械来华案

进行经过:据驻法使馆电称:据雪利司军械厂称,刘军长湘向该厂购买军火二百五十余箱,飞机一架,请发进口护照等情。当以各军民机关购买军火,按照新定办法,均应由军政部代办,此案是否该部核准,咨请查复去后。又据该馆续报,该厂未经呈验护照,已将军械装船运沪,经咨军政部并案核办。旋准复称,此案前经饬知第二十一军驻京办事处,电询刘军长,尚未据复,该厂不将护照呈验,擅运军火来华,自应以私运议处,业经咨请财政部转饬各海关缉查扣留,请查照。等因。

(盈)中苏会议事项

中苏会议,自上年由莫代表在苏联莫京举行二次正式会议,该代表电请回国报告,于二月三日抵宁报告会议经过,并向政府请示进行方针,迭经外交组讨论,议决并由本部根据议决方针,酌定大纲,交由该代表携会,酌量进行。

(昃)取缔事项

德人 Gelehrter 函请查明伊甥俄人 Alexander Grunstein 在华是否违

法被禁,抑已遇害案之经过。

据德人 Gelehrter 自柏林来函声称,伊甥俄人 Alexander Grunstein 于数年前在芝罘某娱乐场弹奏钢琴后忽失踪,迄无消息,拟请查明是否违法被禁,抑已遇害。本部以来函所述甚简,已函驻德蒋使,饬向该德人详细询明,并取具该俄人像片送部,再行核办。

(辰)关于情报事项

(1)宣传工作

总述:迩来外交工作,较前繁重,良以取消领判权及收回租界租借地,正在努力进行。同时中苏会议,莫代表回国请训后,会议行将重开。情报司职在宣传,辅助外交,本月工作因亦随之紧张焉。

经过:本月招待新闻记者三次,无线电台广播报告一次,书面发表新闻计二十九件,内英文三件。中文共二十六件,计本部报告事项三件,关于日本事项一件,关于俄国事项二件,关于其他各国事项一件,国际事项一件,侨务状况三件,驻华使馆及外宾消息三件,驻外使领及奉派人员消息一件,杂项十一件。又情报司自本月起,除将国内重要政情,每星期电告驻英、驻美、驻德三使馆,转其他各使领馆外,并另编油印报告一种,命名为《时事周报》,每星期分寄各地使领馆,以通消息。

(2)发给外国新闻记者注册证书案

经过:自去岁情报司实行外国新闻记者注册以来,各国驻华记者为便利行使职务计,率皆争先请求,予以注册,均经情报司详加调查,然后发给证书。本月审查合格,发注册证书者,计有八件,即二月六日发给大阪每日新闻社驻天津记者引田哲一郎、美国联合社驻北平记者丁彼勒各一件,二月七日,发给英国路透社驻天津记者潘乃尔、孟特屋乃尔各一件,二月十六日,发给美国联合社驻厦门记者屋尔古特、驻福州记者拉赛各一件,二月二十三日,发给伦敦《泰晤时报》驻北平记者麦克唐纳一件。

(3)抄送各部会驻外使领馆报告

进行之经过:查本部接到驻外使领馆各项情报,随时编译择要发表新闻外,其有足供各机关参考者,则择优分别抄送,并将所得各种特殊消息,随时核阅,抄送南北各新闻机关,以便传布而祛误解。本月抄送各部会使领馆报告,计实业部九件,中央侨务委员会六件,教育部一件,海军部一件,财政部一件。其特殊消息抄送各新闻机关者,计关于中苏消息及东路事共八件,又关于伦敦将开化学器物博览会事一件,关于美国耶鲁同学会追悼谭故院长事一件。

(4)查究英伦晨报驻平访员登载轻侮中国之文字,又更正满洲日报登载消息案

总述:查有英国伦敦晨报驻平访员劳伦斯应班 Laurence Impey 近在该晨报登载关于中国之警政通讯一文,题曰《可怜之北京警察》,语颇轻慢,并涉及国民政府及首都警政,肆意妄言。当以该访员意存诋毁,理宜查究,爰将原件照译汉文,抄送平津卫戍司令部阅览,并函请就近饬向本人查明真相,有何根据,倘属凭空捏造,应令更正或负相当责任,以示我国注意报界之言论,未便任意含糊。一面复将原件译文照录一份,函送首都警察厅,请将关于首都警界情形详示事实证明,以凭设法更正或加驳议,以重国际视听。本月二十三日,中央宣传部函,为满洲日报二月十四日登有标题《中俄缔盟提议说》,大意谓苏俄外长遣密使潜入南京,商中俄盟约,并援助中国牵制日本在华势力等语,送请示知对付意见。等因,本部当以未闻其事复。查阅该报内容,系据南京十三日电通社稿,当派员向该社予以否认,饬知更正,并具复中央宣传部。

(宿)关于交涉事项

(1)日本军舰差轮撞沉万新商轮案之经过

此案业详上年十月份工作报告。汉口市政府,近以无法解决,将本案往返文件咨部交涉。本部当将原送文件令发视察员周泽春与汉口市政府商洽,将事实查明,向日领切实交涉,并咨复汉口市政府查照。

(2)日轮厚田丸撞沉新大明案之经过

此案业详一月份工作报告。近据日本代办函复,以新大明案生命

赔偿一事,已令饬驻沪日本总领事再行督促佐藤商会照办。

（3）日军在沈阳附郭架炮演习战斗案之经过

辽宁省国民外交协会电,以日本驻沈守备队第三十三联队,由一月二十五日起,至二月二十日止,在沈阳附郭地方昼夜架炮演习,日领照会外交办事处,转知附近居民,请本部电饬辽宁特派员抗议阻止。本部以此事如果属实,自应商请日领中止演习,已据电辽宁特派员查明办理。

（4）日军建筑兵营及日人阻止东北筑路计划案之经过

陕西省政府电,为日本驻军近在铁岭县马蓬沟建筑兵营,又日本驻哈记者谬唱新满蒙政策,阻止我国东北铁道政策,请严重交涉。本部以日军建筑兵营一事,实情如何,未据地方报告,已电请东北政务委员会转饬查复;至日人阻止东北铁道政策,现尚无此事实,已电复陕西省政府。

（5）日本渔船入我领海侵渔案之经过

此案业详一月份工作报告。本月九日,准浙江省政府咨,以据定海县县长李劼夫呈为日轮侵渔,丧失国权,请咨部交涉,并行上海市政府取缔鱼行一案,咨请核办,本部已据咨实业部汇案核办。又日本铁壳渔船,在我花岛山等处领海内侵渔,及日本电船,带同帆船装载枪炮渔具,驶入榆林港等处肆行捕鱼两案,近据日本代办函称,并无此事,本部已分别据复江苏、广东省政府暨实业部查照。

（6）徐世藻乘日轮大贞丸堕水殒命案之经过

此案业详上年十一月份工作报告。近据安徽省政府咨以据教育厅查明徐世藻堕水案详情,请查照交涉。本部以日方两次来文,均称徐世藻系由驳船落水,而驳船并非日清公司所备,究竟该驳船是否日清公司所有,应调查明白,再驳船当时靠近日轮,所见较确,并应向其详细询明徐世藻落水情形,取具证据,以凭交涉,已咨请该省政府查照办理。

（7）日警侮辱我国国旗案之经过

此案业详一月份工作报告。本月十日,驻元山副领事杨佑呈报解决本案情形,请为核示。本部以惩罚、保障两项,如查明减奉降级及通牒确已实行,可允结案,已电令遵照。嗣据国民党驻元山分部电,以此案解决迅速,侨众腾欢,请为转呈等语,并经分别转行矣。

(8)日清怡和公司私辟码头案之经过

此案业详一月份工作报告。本月十日,复据胡勤谦等电请速饬该两公司迁让占地,已将本案办理情形批令知照。

(9)万福轮债务缪辖案之经过

此案业详上年十一月份工作报告。本月十日,据宜昌县政府呈以日领坚持,非令屠蕙生赴上海总领事馆提起诉讼、确定债权,此案无从解决,请核示前来。本部以日领所称屠蕙生应赴上海总领事馆起诉一节,前特派江苏交涉员已驳复驻沪日本总领事在案,仍应由该县切向驻宜日领交涉,责令该日商将所欠屠蕙生等债款就地清结,已据令宜昌县政府遵照办理。

(10)青岛观象台日员交代案之经过

此案业详上年十月份工作报告。国立中央研究院以青岛观象台系与该院气象研究所合作,其地磁观测既已设备周至,无留用日员之必要,函请本部将此项悬案从速解决。本部近迭向日方催询,据称此案早经转达文部省,尚未得复。已将办理情形函复国立中央研究院查照。

(11)日人大木谦吉欠薪案之经过

此案前经农矿部开单咨请财政部,准归外债案内汇案整理,财政部已录案送请整理内外债委员会查核办理。本部已据函日本代办查照转知。

(12)福州日商贩运烟土案之经过

福建省禁烟委员会、市公安局,会同日领馆员,破获日商福泰洋行烟土二千九百余两及烟膏、烟证多件,烟犯籍民二名、华人四名。日领以该烟土系籍民所有,要求交还,另商处分办法,经该省政府严词拒绝,并电部请转达日使,饬令福州日领,勿得无理要求。本部已据告日方转电驻闽日领遵照。

(13)延聘日本军事教官案之经过

军政部以四路要塞司令部工兵队及首都卫戍司令部宪兵队延聘日本教官,业由该部与日本驻京武官订定接洽办法,特将该办法咨部备案。本部以该办法内载有"由军政部向日本政府发正式照会"等语,但正式照会,照例应由本部办理,已咨请军政部注意,以期划一。

(14)福州日商籍民永租屋地税契案之经过

此案业详上年十月份工作报告。近复据禁烟委员会咨,以福州破获烟馆,突有籍民主张管业,拒绝标封,请提向日使交涉,迅电驻闽日领转饬照章投税。业经本部据函日本代办转饬遵照,并将关于此事应行注意各点,咨请福建省政府查照办理。

(15)收回重庆日本租界案之经过

此案近据巴县政府电陈收回重庆南岸王家沱日本租界理由,请严重交涉无条件收回。本部以收回在华租界,现正积极筹备进行,此事自当并案办理。

(16)收回延边电信权案之经过

此案业详一月份工作报告。此次中日电信交涉委员会中国委员,曾将东三省中日间关于电信之应行交涉事项提出,日本委员以不在交涉范围,不允接受,交通部特将应行交涉事项清单抄送本部,请提出交涉。本部已备文向日本代办提议,请转达日本政府,饬知中日电信委员会日本委员,对于中国委员提出之中日电信各事项,予以接受,同时讨论解决。

(17)济南日商贩卖毒品案之经过

此案业详一月份工作报告。近据日本代办函复,以该中安洋行主人中岛十郎,违反外务省令,已由驻济日本总领事处以罚金刑等语,业函复禁烟委员会。

(18)禁止日商贩运华盐案之经过

本部迭据驻朝鲜总领事张维城等报告,食盐一项,自去年朝鲜总督府发布外盐整理法令后,吾国山东一带帆船食盐之输入业已大受打击,此后如有日鲜人持其本国官厅许可证,至我国沿海各省区贩运华盐赴鲜,与旅鲜盐业侨商商业更有妨害,请分电山东、辽宁、威海卫各地,除青岛盐外,一概密令禁售等情。本部以禁售一节是否可行,已据咨财政部转饬盐务署查明核办。

（19）英商昌兴公司亚细亚皇后轮撞毙人命交涉之经过

准浙江省政府称:定海县渔户邬阿五渔船,被昌兴公司亚细亚皇后号撞沉,溺毙四命,开列损失清单,请交涉赔偿等由。经即由主管司函请驻沪英领转饬赔偿,并咨复该省政府查照。

（20）和人杜连泰欠北平市民薛竹溪款项交涉之经过

和兰人杜连泰欠北平市民薛竹溪款三百元一案,迭经本部主管司致函驻津和领,转饬偿还。兹接驻华和使馆函称,和人杜连泰所欠北平市民薛竹溪款三百元,可由本馆给付等语。当由本部批令薛竹溪往该使馆具领。

（21）上海法水兵殴伤工民丁家训案

此案前准上海市政府咨称:本埠徐家汇法水兵酒醉,在天钥桥南殴击工人丁家训及闻声出救之黄海有,二人均受重伤,开列伤单,请求交涉惩凶赔偿等由。经本部于上年十一月间,照会驻华法公使严惩肇事水兵、赔偿医药损失各费在案。旋经法租界纳税华人会根据徐家汇各界后援会之意见,从中斡旋,代为交涉。后法当局承认惩办肇事水兵,正式道歉,并赔偿受害人损失洋四百元,经受害人认为满意,由法总领事函该市府,认此案已就地了结云。

（22）上海曹荣宽等被美国驻沪海军车撞死伤案之经过

此案发生于民国十八年十一月二十九日,迭经照会美国使馆要求赔偿去后,兹准复称:已抄录来照,转呈本国外部核办,俟接奉训令,再行奉达,请查照等由。

（23）驻赤塔领事呈请将华侨张殿中被捕一案移交驻伯利总领馆交涉之经过

据驻赤塔领事呈称，以旅莫华侨张殿中，于一九二九年十二月间，在斯维得洛夫斯克地方被捕，至今仍在羁押，恳请交涉释放一案，被捕地点，不属该领兼管区域，拟请移送驻伯利总领馆交涉。本部以苏联远东以外华侨保护事宜，现正与苏方商洽办法，一俟决定，当即令知等语，令复该领遵照。

（24）交涉请德驻苏使领保护华侨利益案之经过（续一月份）

此案据驻华德使馆称：奉政府训令，将代为保护之苏联公产，从速移交苏方，等语。本部以保护中苏利益办法，现正由辽宁王特派员与苏领商洽，在未商定前，苏方应无从接收，德方自无急于移交之必要，电令蒋使商德政府，勿递移交，并电催辽宁王特派员，迅向苏领商洽。据蒋使复称，德外部已照会俄政府，未便收回，俄若不来接收，或可不催促等语。

（25）交涉释放李修行等被俄扣留案之经过

此案于十九年七月间，准中央陆军军官学校咨：据学生李书桓呈为该父李修行及兄李文田，由俄带款回国，抵恰克图时，被俄方拘禁，请交涉释放，当经训令驻赤塔领事查明办理。旋据复称，已函请俄方调查该案内容，俟得复再行酌办。九月间，复准中央军校函请从速交涉，即经转令驻赤塔领事速办呈复。本年二月间，复据该李书桓呈称，伊父兄已被俄方判罪，恳催急速交涉等情，已据令驻赤塔领事速将查办情形呈复。

（26）交涉发还唐馔等在崴被俄扣去川资案之经过

据军校入伍生团学生李书桓呈，亲友唐馔等四人在海参崴车站被俄方拘捕，扣去所带川资共九百余卢布，囚禁两月余，始行放回，恳请交涉发还被扣川资。已令驻海参崴总领事查明办理。

（27）交涉释放邹振普、李光甫等两案之经过

据王殿霖呈，前在崴被拘，幸于去年十一月十五日离崴回国，确知尚有邹振普、李光甫等两案未释，恳准积极交涉。已令驻海参崴总领事查明交涉释放。

（四）关于主管事务之计划事项

无。

（五）关于主管事务有关事项

无。

（六）附表

无。

中国第二历史档案馆藏行政院档案

2. 外交部1931年3月份工作报告（1931年3月）

外交部二十年三月份工作报告

（一）关于法令事项（略）

（二）关于交办事项

（甲）中央党部交件

事由	交办处所	交办		限期		办理情形	备考
		月	日	月	日		
日本使馆驻兵越界演习案（续二月份）。						此案经本部饬查属实,已照请日本代办转知该驻兵长官,对于指挥者加以严重告诫,此后不得再有此类举动,并函复中央执行委员会秘书处查照。	
抚顺煤矿发火案。	中央执行委员会秘书处奉常务委员批交。	三	二	无		详关于主管事务之进行事项。	

（乙）国民政府交件

事由	交办处所	交办		限期		办理情形	备考
		月	日	月	日		
编造提出国民会议关于外交事项报告。	文官处。	三	二十四	四	四	业经如期编就，清缮四份，呈送钧院汇编转呈。	

（丙）主管院交件

事由	交办处所	交办		限期		办理情形	备考
		月	日	月	日		
日兵在沈阳、北平演习野战及日人破坏东北筑路计划案。	行政院秘书处奉院长谕交。	三	十一	无		北平日使馆驻兵越界演习，业由本部照请日代办转知驻兵长官对于指挥者加以严重告诫，此后不得再有此类举动。沈阳日兵演习，并经本部电据驻辽宁特派员称称，已派员向该驻军严重交涉，彼允中止，改为在附属地附近小规模演习，并于演习表内签证取消为凭。至日人破坏东北筑路计划，现尚无此事实。以上各节，已分别函复行政院秘书处。	
日本渔船入我领海侵渔案。	行政院秘书处奉院长谕交。	三	二十二	无		详关于主管事务之进行事项。	

事由	交办处所	交办		限期		办理情形	备考
		月	日	月	日		
鲁省欠中日实业公司债款案（续二月份）。该公司驻鲁代表函以关于此案曾数上函，恳早赐核复一案，奉谕交外、财两部径复。	行政院政务处奉院长谕交。	三	十三	无		已据咨财政部核办。	
北平日商有田洋行售卖海洛因一案，安徽省党务整理委员会呈请行政院转饬严重交涉，奉谕交本部查明办理。	行政院秘书处奉院长谕交。	三	十一	无		已据函北平市政府查明，严重取缔，并函复行政院秘书处。	
日本检举共党、逮捕留日学生一案，国府文官处据中央执行委员会秘书处函请查明该项学生姓名事实，向日政府	行政院训令。	二	二十三	无		此案前经本部电饬驻日汪公使向日政府交涉，要求将被逮学生犯罪确证明白宣布或引渡归国惩办。据复称日外务省以该项学生系违犯治安维持法，按照国际惯例，应在居留国内审处，引	

事由	交办处所	交办		限期		办理情形	备考
		月	日	月	日		
交涉引渡归国惩办，转函行政院查照办理，院令本部遵照办理。						渡一节，歉难办到等语。又案内学生姓名清单，前据汪使呈报，亦经函送中央执行委员会秘书处有案。已查案呈复行政院。	
香港政府强将宝安县租界民地低价收用，迫勒人民迁移，强收产业入官，任意颁行苛例，违反中英条约，广东省政府呈院交涉，行政院秘书处奉谕交外交部核办。	行政院秘书处奉谕交办。	二	九	无		本部以原呈所称香港政府历颁各种则例剥夺人民产权各节，如果属实，殊与光绪二十四年展拓香港界址专约抵触，经即令行本部视察专员陶履谦，将本案详情，连同各种苛例查明呈报，以凭核转，并函复行政院秘书处查照。	
英侨梅藤更呈院令催浙江省政府发还私产，院以此案已叠令该省政府遵办，应由外交部转	行政院秘书处奉谕交办。	三	十九	无		当即咨催浙江省政府照案发还，一面通知该英侨，并函复行政院秘书处查照。	

事由	交办处所	交办		限期		办理情形	备考
		月	日	月	日		
饬该侨民知照,当由行政院秘书处函达本部查照。							
国府交办黑龙江龙江县马子崇等呈请令俄赔偿羌帖损失,以维民生。	行政院秘书处函奉谕交。	二	十七	无		业经函复:此次中苏会议,如讨论通商复交问题,自当遵照政府对苏方针办理。	
全国商联会代电请令莫代表于中俄会议提出严重交涉,达到卢布购回中东路之目的。	行政院秘书处函奉谕交。	三	九	无		已函复:关于卢布偿还问题,此次中苏会议如讨论通商复交,自当遵照政府对苏方针提出,一并讨论。	
天津市商会代电呈请迅予严重交涉,以俄国卢布赎回中东铁路。	行政院秘书处奉谕交。	三	十九	无		同上。	

（三）关于主管事务之进行事项

（天）关于订约事项

（1）继续进行中秘新约之经过

查中秘新约一案,前因华人入秘手续及华工问题,双方意见未能一致,搁置已久,现在秘鲁新政府已经成立,对于旧政府对外政策,当有变更,本部已训令驻秘公使魏子京,乘此时机赓继进行,以慰侨民喁喁之望。

（2）中国土耳其订约案

中土订约,原由两国驻美公使进行商议,旋因土方坚持先订友好条约,乃由部于十八年二月呈准国民政府特派驻美公使伍朝枢为全权代表,并拟就约稿寄由该公使向驻美土使提商,适土国派遣代表来华,据称愿在京商订一完美之友好通商条约,经部同意,与土代表先后会议九次,拟定约案二十四条,声明文件一件,由该代表转寄土京请训,近准土代表转送该国政府对案前来,现正由部审核。

（3）解释条约

据本部驻辽特派员呈称:"辽宁省政府公布东北火柴专卖条例,日本总领事提出抗议,略谓火柴专卖,系对于日本人所有之营业自由加以限制,按照现行贵我两国条约,不得容认,况贵国与美国所缔结之望厦条约第十五条内载:'关系国人民,不得以专卖或其他有害之束缚妨害其业务。'有明白之规定,该规定当然即于日本人亦须均沾适用,是以本案专卖之实行,乃夺取一般日人营业之自由等语。查日领所引该条约第十五条,其字句全与原文不符,惟以查出之本,并非正式奉发之件,是否有效,未敢断定,请审核。"等情前来,当以中美望厦条约,即中美五口贸易章程,订于前清道光二十四年,自经中美天津条约,中美续议通商条约订立以后,该约虽未明白废止,但在事实上所有条文,大都已无适用之必要。日领所引该约第十五条字句,确与原文不符。至该领所称专卖云云,当系由该条英文 Monopolies 一字转译而来,惟查该项条文中英文用语虽有不同之处,但细译全文,其用意在废止从前行商垄断外人一切进出口商业之弊,核与本案专卖物品,既有限定施行无间中外者情形自有不同。指令该特派员遵照。

（地）关于庚款事项

（1）英国退还庚款发生效力案

总述:英国退还庚款问题,虽于上年九月十九日及二十二日,由中英双方代表换文解决,但换文内载:"此项换文,应由英国制成法案,经议院通过,始能发生效力。"兹接英使通知,该项法案,业于三月三日由英皇批准,即于是日起发生效力。当经本部呈请行政院从速组织管理庚款董事会及购料委员会,俾可早日提用。

(玄)关于公约事项

(1)加入统一海上浮标灯塔会议所订两种协定案

进行经过:准国联秘书长来函,以上年十月二十三日,葡京统一海上浮标灯塔会议,曾通过航海符号协定及离开所驻地灯船协定,中国如欲加入,可于本年四月三十日以前签字等因。当经函准财政部复称,该两协定可予承认等因。即由本部令行国联办事处吴处长代表签字。嗣据该处长电复称,业于三月二十六日签讫等情,复经函达财政部查照备案。

(黄)关于参加公会事项

(1)缩军筹备委员会案(续上年十月份)

进行经过:兹据国联代表办事处将该委员会所拟裁军公约草案及报告书,并国联秘书长请供给会议资料来函等件,呈送前来,当即一并函送军政部核办。

(宇)关于教产事项

张少禹承买英教会医士马林南京冬瓜市永租地产案

本部准南京市政府函,以业户张少禹,承买英教会医士马林冬瓜市永租地产,声请投税,可否予以照准,请解释见复等因。当以该教会医士马林原有权利虽属永租,仍得以绝卖方式转让华人,函复南京市政府查照。

(宙)关于行船事项

(1)取消英美法日在黄浦江中永久海军浮标事

总述:据上海梅总税务司函称:英美法日四国,在黄浦江中向有永久海军浮标,航业安全颇受妨碍。近年来义国要求永久浮标地位,英美法三国，复以现有浮标不敷，要求增设延长。海关鉴于永久海军浮标危及港务发展，并根据航业会议议决重行分配浮标一案，先后驳复。惟审察上海航业发达之趋势，永久海军浮标，似宜取消，另行规定，请酌核办理等因。

（洪）关于征税事项

（1）英使抗议青岛地方征税事项

进行经过：英使照称：青岛地方英商怡和织布厂出品，经准照机制洋货特别待遇，山东省各税局仍征收货物税，及胶济铁路货捐税，实与向章不合，且所收运费，亦与华商不同，请转行查明免征等因。当经本部分咨财政、铁道两部查明核复。旋准财政部复称：今据山东财政厅长呈复，谓所辖各地方货物统捐局及胶济铁路货捐局，业经遵令自本年一月一日起，一律撤销，对于英商怡和洋行制品，并无擅征税厘情事等情。至运费一项，应俟铁道部复到，一并照复英使。

（2）梧州饷捐事项（续二月份）

进行经过：此案自上月份咨行财政部去后，旋准复称：已迭令广西财政特派员，遵将梧州下关捐局，暨上中两关税捐，一并归入裁厘案内，严令各该关克日裁撤云。

（3）津海关附设统税办事处事项

进行经过：河北财政特派员遵财政部令开办棉纱火柴水泥统税，于法租界内津海关附设办事处，以利稽征。法租界工部局不承认该税收机关设立该租界界内，税务遂致停顿。本部准财政部咨，训令视察专员李芳，商得法公使承认，允筹一完满解决办法，并由本部声明理由，略致法使，请其迅令驻津法领承认，以期解决。

（荒）关于侨务事项

（1）资遣在法参战华工及侨和失业海员案

总述：案据驻巴黎总领事呈称：参战华工，现留法者尚有千人，近以世界经济潮流所迫，失业日多，即巴黎一地，已达五六十人，联名吁请资遣者，已有三十人。由巴黎至香港，按四等舱位计算，连同至马赛车票，每名需二千五百佛郎,兹仅就三十人计算,亦需七万五千佛郎,合国币一万元左右,呈请筹拨等情。又驻阿姆斯得达姆领事呈报,阿埠及鹿达丹埠华人海员约计二千余人,失业日众,现拟将该失业海员由船公司免费遣送至新加坡或香港,计每名补助费和币十盾,暂先以四百人计算,亦需和币四千盾,折合国币七千元之数,请迅赐筹汇救济等语。先后呈报来部。

进行经过:经呈奉行政院指令:已提出国务会议决议,令财政部照拨,已照案令行筹拨等因。经部录案咨请财政部迅予如数筹拨过部,以凭转发,并分别指令知照。

（日）关于党务事项

（1）接收古巴《民声报》案

总述:按古巴《民声报》虽为党报,但向为少数党员所操纵,内幕异常复杂,为历来党争之焦点。该报常务委员蒋北斗,因被控彻查属实,业经中央宣传部会同组织部令将蒋北斗撤职,并委李孟玺、黄雨亭为该报正副社长,克日接收。

进行经过:案准中央执委会秘书处函,以《民声报》已经派员接收,为慎重起见,请迅电凌公使协助办理。经照电饬遵,并函复。旋迭据该公使电陈,以此事想必经法律解决,除由使馆负外交全责外,请令领馆协助。经电饬驻夏湾拿总领事切实协助,秉承公使馆办理。具报,并函复中央秘书处转陈。最近据驻古巴公使呈报,与李孟玺等面谈,并宣布协助办法三项,并通知总支部等情。备案,亦经函达中央秘书处。

（月）关于禁令事项

（1）禁阻美人 Michael W. Waltz 入境案

进行经过:据驻金山总领呈称:前有美人 Michael W. Waltz 来馆,请求签证护照,当以手续完备,循例照签。嗣见报载有美人 Michael W. Waltz 因犯放火罪,被法庭判拨出境,其被拨地点为上海或哈尔滨,该二人姓名相近,疑系一人冒名赴华,请转饬海关随时注意禁阻登岸,勿任入境等情。当以该美人来华,果如上述,难保无冒顶涠人情事,自应设法禁阻。经指令将该管法院判决状况及判决书查明报部去后，旋据呈送法院纪录及判词一份，业经分咨上海、天津各市府及哈埠长官公署查照办理。

（2）监视苏俄在沪商业

处理苏俄在沪商业委员会委员，拟订该会组织章程，呈请核转之经过（续二月份）：准财政部函：监视苏俄在沪商业委员会委员，拟订该会组织章程一案，业经呈奉行政院指令应准备案，并已转呈国民政府鉴核。等因，自应转令该委员等知照，拟就令稿咨请会签。当经本部会签函复。旋准咨称：兹又奉行政院令：奉国民政府令准备案。等因，应转令该委员等知照，拟就令稿咨请会签。已由部会签函复。

（盈）关于公共租界事项

（1）鼓浪屿改选工部局华董委案

总述：查鼓浪屿工部局华董华委，自民国十七年二月华人议事会成立后，历届均由该议事会选举。此次思明县县长，以该会未经依照人民团体组织方案改组，电准福建省政府由县长聘充，引起纠纷。

进行经过：此案先据该地华董等来电反对，旋据思明县县长依照公界章程第二条，聘定华董三人，华委五人，知照领团，并电部备案。本部当以华人议事会，系租界内自治机关，不在人民团体组织方案范围之内，工部局华董，向由议事会选举，此次该县长以该会未经照章改组，电准改由县长聘充，殊欠允洽，在租界未收回以前，自应仍照向例办理。经电福建省政府及思明县县长去后，旋准该省府电称，已转饬遵办。而该县长来电，仍执前言。复经去电，谓华人议事会实系自治团体，不应以人民团体组织法相绳，选举时请党部派员与请地方官莅临相同，不因此而变易性质。公界章程第二条，自议事会成立后，已不适用。派充华董，与自治精神不符，应遵省令撤回聘员，仍以议事会选出之员补充。并电该省府再饬遵照。嗣据该县长呈复，业经遵令办理。

（昃）关于设领事项

（1）改委外领代为保护叙利亚华侨事

总述:查欧战以前,在土耳其华侨事务,系由驻奥使领馆兼办。自民国六年八月起,托由驻土丹麦使领代为保护。兹因叙利亚改为法国委任统治地,已非土国领土。故驻华丹使来照通知,现驻白勒斯Beiruth丹领,对于该地华侨事务,未便兼理,自应改托他国领事代为保护。

进行经过:当以距白勒斯地方较近之国为德、奥,经令行驻德蒋公使调查该地有无德、奥驻领,可否择一委托代为保护。据该使呈复,该地驻有德领,似可商由德政府委托保护等语。业经据令转向德外部商洽矣。

(2)腊特维亚派领案(续十九年十二月份)

据本部驻沪办事处函称:腊特维亚前所派驻沪领事鲁森斯,以中腊条约,现再由两国驻英公使继续磋议,来处询问中国政府对于承认在沪设领一事有何意见,应如何答复,请核示等情。经复以仍应俟正式订约后,照约办理。

(辰)关于情报事项

(1)法权问题宣传案

经过:取消治外法权案,预定五月五日以前办理结束。惟尚有数国迟疑观望,尚不肯遽放弃其帝国主义之传统政策。关于此项问题之宣传,自当格外努力。所有一切宣传稿件,均经送交中外各报各通讯社尽量披露。其目的在促对方之反省,易于就范,并同时激励民气,作外交后盾,俾达最后胜利。所有各外使来京商榷本部交涉进行,暨各地民意表现各情形,本月内计共发表英文电三次,特式新闻一次,正式新闻四次,非正式新闻八次云。

(2)查究英伦晨报驻平访员登载轻侮中国警政之文字案(续二月份)

进行经过:此案先据首都警察厅函复,列举该访员诬蔑华警与事实绝对不符之处五端。旋又据平津卫戍司令部复称,派军官前往调查,据报告该英人声称伦敦晨报登载之新闻,确系本人投稿,并确系某警士所言,惟该警士早已去职,其姓名住址,均不知晓等情,函请查照各等因。查该厅部查复各节,该英人登载之文字,显属意存轻侮,因即根据事实,撰为英文论文一篇,严词驳斥,题曰《外人诬蔑中国警政》,登入各英文报纸,将该氏诋其各点,逐条纠正,以明该英人前次通讯原属臆想。一面并函请驻英施公使,转嘱伦敦晨报,嗣后注意该项文字之登载,藉资警告。

（3）抄送各部会驻外使领馆报告

进行经过:查本部逐日所接驻外使领馆寄到各项重要定期报告,须择优分别抄送有关系各部会参考,并将所得各种特殊消息,随时核阅,抄送南北各新闻机关,以便传布而祛误解。本月抄送各部会使领馆报告,计实业部三件,中央执行委员会侨务委员会五件,教育部三件。其特殊消息抄送各新闻机关者,计关乎中苏间要事共二件,又关乎中央要闻共二件。

（宿）交涉事项

（1）交涉令俄赔偿卢布损失案之经过

此案先后据安徽全省商联会电:黑龙江县人民代表马子崇,呈请交涉令俄赔偿卢布损失。并准全国商联会天津市商会代电,绥远总商会电:请饬莫代表严重交涉,以俄国卢布赎回中东铁路。当经分别电复:此次中苏会议,如讨论通商复交,自当遵照政府对苏方针提出,一并讨论。

（2）交涉请驻莫德大使馆对于义籍人民来华予以便利案之经过

准驻华义使馆函:以莫斯科德大使馆对于义籍人民请求签署来华护照有留难情形,请令该大使馆给以便利等因。本部以此事未据驻莫德大使馆报告,究竟该义籍人民系何职业,何事来华,何时赴该大使馆请求签署,是否确系不予签证,抑有其他答复,均无从深悉,已函驻华义使馆查明见复。

（3）挽救外蒙封锁华商人货案之经过

准北平旅蒙华商全体电称:接外蒙急信,华商货物完全捐尽,旅蒙华人仍被扣留,叩求火速挽救等情。当经咨请蒙藏委员会核办。

旋据复称:此案前奉国民政府交办,经会同呈奉行政院训令,业经中央政治会议决议,候另案讨论等因在案。查外蒙现仍在特殊状态之下,一地仍恐无法解除该商人等之痛苦,除令知派赴蒙古查案之本会专门委员郭文田、牛载坤,科员康玉书三人,就便探查关于此案一切情形呈复核办,如得有提前解除该商人等痛苦之机会,即当咨商积极办理等语。

（4）苏方抗议中苏沿边胡匪案之经过

据驻伯利总领事电称,苏方抗议中苏沿边胡匪时向苏境袭击或抢掠货物等情,当经电复该领,如苏方提有明确事实,应详晰报部。并经分电吉林省政府,请密电转行查明取缔。旋据该省政府复电称:经密令山东宁县等分查,俱复称绝无其事等语。

（5）交涉珲春属境沙车峰至黑木集,我国边界道路被俄方禁阻华人通行案之经过

据驻海参崴总领事呈称,珲春属境沙车峰至黑木集,我国边界道路,被俄方禁阻华人通行一事,经向俄方交涉,坚称此项道路,系在苏联境内,恐非实地会勘,终难得其要领,附送交涉函件草图到部。业经本部据令驻吉林特派员查明,向驻哈俄领交涉报部。

（6）法轮大广东号船主殴毙栈伙案交涉之经过

去年十月三日,法轮大广东号由安南抵汕时,有各客栈栈伙攀缘登轮接客,不料该轮船主嗾使水手先用皮带扫射,继复命用铁器痛击,当场击毙蔡裕钦一名,并重伤六人,群情愤激,迭据汕头市政府电呈交涉经过详情到部。即经电令该市政府积极交涉,参酌舆情,妥为办理,并电请驻华法使馆转令驻汕法领容纳我方所提条件各在案。讵法方初竟一味延宕,毫无解决诚意,嗣见当地民众纷纷组织后援会,且积极抵制法货,愈演愈烈,始觉众怒难犯,自愿与我协商解决办法。除惩凶道歉及保证以后不再发生同样事件外,并由法方允出赔偿抚恤费共洋一万零五百元,经受害人认为满意,即由双方签定文件,正式解决。

（7）汉口亨宝菉船水手黄显标被美国水兵溺毙案

上年八月十日晚九时许，汉口亨宝趸船水手黄显标，在亨宝趸船纳凉，被美国水兵（船名 Guam）一名，乘醉逞凶，推入水中溺毙。该案发生后，本部准汉口市政府咨陈案情，当经照会美使转行该国海军当局，迅予调查行凶水兵，依法惩办，并从优给予抚恤赔偿。嗣准美使照复，以据调查委员会报告，黄显标之死，系其不测之被溺身亡等因。本部即就该美使所送调查报告书，力予反驳，而美使仍以鉴于此案之一切情形，歉难呈请本国政府允准抚恤。本部照录往来照会，咨行汉口市政府查照，如另有有力证据，再咨达过部，以便据与交涉。

（8）美籍女教士在云南被害案

据本部驻滇特派员王占祺电呈，云南美籍女教士槐罗德米乐尔，于三月十六日夜被害等情。本部电该特派员查明此案详情电陈，以凭核办去后，复电称凶手系该教士之男女雇工徐天佑、马应麟、马曹氏、杨树贞等，挟嫌同谋杀毙，凶手已获。

（9）日本渔船入我领海侵渔案之经过

此案业详二月份工作报告。近复准实业部来咨：以据报二月十二日，有日本手缲网渔轮四艘，在吴淞口外改悬中国国旗，请为交涉制止。又以中日两国，向未缔结渔业条约，日本渔船，自不得出入中国领海领港，并请知照日使，转饬退出。已据函日本代办，转饬日本渔船，即速退出中国领海领港，并勿悬挂中国国旗。

（10）禁止鱼行摊贩售卖日本鱼品案之经过

此案业详一月份工作报告。近据实业部咨复，以上海市鱼行摊贩售卖日鱼，政府未便明令禁止，只可劝各行贩拒绝贩卖。已据行上海市政府。

（11）日军在沈阳附郭架炮演习战斗案之经过

此案业详二月份工作报告，近据驻辽宁特派员电称，此事经派员向该驻军严重交涉，彼允中止，改为在附属地附近小规模演习，并于演习表内签证取消为凭，惟要求勿予宣布，已据以转行矣。

（12）日军在铁岭马蓬沟及营口建筑兵营案之经过

关于日军在铁岭马蓬沟建筑兵营事,业详二月份工作报告。近据东北政务委员会电称,已令铁峰县长查取根据,严重交涉。又在营口建筑兵营事,并据该政务委员会电复饬查情形。本部业已分别转行矣。

(13)日轮姬岛丸撞沉朱阿良渔船案之经过

此案业详一月份工作报告。近据浙江省政府咨,以长崎海事裁判所既经认定此事无须审判,朱阿良复无能力筹措讼费,向日本法院起诉请仍严重交涉,责令赔偿。已电饬驻长崎领事赓续向纪平会社切实交涉,务期该会社负责,予以相当赔偿。

(14)日人擅采抚顺油页岩案之经过

此案近据辽宁报告,驻奉天日本领事,以抚顺页岩石油工业系由抚顺炭矿区内石炭上层盖被之废物榨取石油,属于废物利用。本部以按照东三省交涉五案条款第三款甲项明白规定,中国政府承认日本政府开采抚顺、烟台煤矿之权,该款乙项,复规定日本政府尊重中国一切主权。兹抚顺油页岩,虽在煤层以上,但系特别矿质,且为世界各矿中之主要矿质,并非废物,主权当然属于中国。已照请日本代办转饬停止采炼,并从速将油页岩矿产交还。

(15)济南公安局科员秦文渊之母在青岛被日人汽车撞毙案之经过

此案据山东省政府咨,以济南市公安局科员秦文渊之母,在青岛辽宁路被日人濑尾端一汽车撞毙,案悬四月之久,日方一味延宕,迄未解决,请严重交涉。已据令视察专员崔士杰查明情形,向日领切实交涉。

(16)日轮大利丸船员殴伤乘客案之经过

此案业详一月份工作报告。近据安徽省政府咨,此案法院业经依法起诉,被殴者由地方法院领到养伤费后,即返籍,伤已痊愈。本部已据函中央执行委员会秘书处。

(17)日警侮辱我国国旗案之经过

此案业详二月份工作报告。近据驻元山副领事杨佑电保障一事,已通牒全鲜各道;惩罚一事,亦已于一月二十八日履行,全案业已了结等情。本部已分别转行矣。

（18）日本购买青岛盐案之经过

此案近据财政部咨，以日本购买青岛盐不及约定数量，请为交涉，务将十九年度订购青岛盐一万万斤，悉数收受，否则责令赔偿违约金，并加给盐价，以弥补商人损失。又十九年度以前，历年短少数量，应行补购，十九年度以后购买数量，宜从增多，所给盐价，应以金州盐为比例，毋再抑减。等因，本部业经函请日本代办转达该国政府，迅饬日本专卖局遵照协定办理。

（19）威海卫举办清乡对于居留韩民办法案之经过

内政部以清乡条例规定，凡住户须取具邻右互保切结实行连保连坐，现在威海卫举办清乡，区内居有韩民，既无国籍证书，又无领事护照，究应如何处理，咨请核复。本部以按照中英交收威海卫专约第十六条之规定，在政府决定将其封闭并完全保留作为海军根据地以前，维持为国际通商居住区域。该韩民如系居留该国际通商居住区域以内，则比照各处通商口岸，自无须该国领事护照，如在该国际通商居住区域以外之内地，仍应按照向例办理。已咨复内政部查照。

（20）福州日领拆换烟屋标封案之经过

福州市后田二衢二号意发洋行烟屋，于本年二月九日，经公安局破获标封，旋为驻闽日领署派员将封条拆除，另加福州帝国领事署又封，禁烟委员会咨请本部提出交涉。已据函日本代办，对于驻闽日领此种举动，务请予以告诫。

（21）撤退驻华日警案之经过

此案前经本部照请日本代办转达日政府，迅将驻华各领馆日警完全撤退在案。近据该代办复称，此项日警之派驻，实为保护取缔日侨，中日两方应保持联络协调等语。已据达东北政务委员会。

（22）废止日本对华文化事业协定及换文案之经过

此案近据教育部咨，以汪公使所陈办法，不无可采之处，拟会同本部密呈中央政治会议及行政院，准由两部酌派委员三人至五人，共同研究日本庚款退还解决办法,于三个月内将研究结果呈候核夺,当经咨复会呈。嗣又据该部咨,以此案奉行政院指令,应候中央政治会议核示遵行。经中央政治会议决议照办,指定钱永铭、陈大齐、沈尹默三人为委员,复经本部加派曾容浦、沈觐鼎二员共五员,充任委员,咨请教育部核复。

（23）廷聘日本军事教官案之经过

此案业详二月份工作报告。三月九日,据军政部咨,以该项照会尚未发出,请向日本政府正式照会。本部已照会日本代办,转达日本政府。嗣接该代办函复,以此事奉日本外务省复称,日本政府依照中国方面来文,进行必要手续等语。已据达军政部。近复据该部咨,以拟聘用日本军用鸽教官一员,请为照会日本政府。并经照请日本代办转达日本政府矣。

（24）抚项煤矿发火案之经过

此案前据报载,该煤矿发火,内有华工约三千人,矿局不待工人逃出,即全部封锁等语。本部当即据电东北政务委员会查复。嗣据该会复称,该矿系自然发火,仅伤华工一人,已送往医院救治等语。已据复中央执行委员会秘书处。

（25）检举台湾籍民违犯烟禁案之经过

福建省政府,以检举台湾籍民在本省违犯烟禁,近由省禁委会拟定时间,由电话与日领馆员约定后,再于会同出发时,将拟往地点牌号面告,经其同意,即往检举。近月以来,办理颇有成绩。现日领欲变更办法,谓事前须以正式公文叙明牌号地点日期,方允派员协缉,并以我方员警不能入内,电请本部提向日使交涉,转饬驻闽日领仍照原定办法办理。本部已据告日方,请其转电驻闽日领,彼允照办。

（四）关于主管事务之计划事项

无。

（五）关于与主管事务有关事项

无。

（六）附表

无。

3.外交部1931年4月份工作报告(1931年4月)

外交部二十年四月份工作报告

（一）关于法令事项(略)

（二）关于交办事项

（甲）中央党部交件

事由	交办处所	交办		限期		办理情形	备考
		月	日	月	日		
日兵在沈阳演习,借故包围警所一案,中央执行委员会据天津、平绥、山西各处党部呈,以三月二十九日,日本驻辽守备军队擅入我商埠地内演习夜间野战,并以我国警察妨碍其演习为由,包围警署,殴辱警官,刺伤外交员	中央执行委员会秘书处奉常务委员批交。	四	十七二十	无		此事本部前据报载,业于本月一日电请东北政务委员会饬查在案。已函复中央执行委员会秘书处查照。	

续表

事由	交办处所	交办		限期		办理情形	备考
		月	日	月	日		
及警察多名,劫去枪械子弹甚多,请转饬严重交涉等情。奉批交本部查明交涉。							
英商亚细亚火油公司擅在嵩屿地方建筑油池案。	中央执行委员会秘书处奉常务委员批交。	二	四	无		此事实情如何,已据行青岛市政府查复。	
日军在沈阳、安东、北平等地演习战斗案。	中央执行委员会秘书处奉常务委员批交。	三	十六			此案经本部电据澄海县政府呈报经过情形,并将全卷送部。当以本案办理手续实未完备,且所订约文亦多不合,应根本修改,究竟该处是否可以建筑油池,及合约内容何以如是迁就等语,咨请福建省政府彻底查明见复。	
各地党部请严厉向法交涉撤废法权案。	同上。	四	九			查撤销法国在华领判权、收回法租界、改组上海法公廨等案,现在积极进行中。	
浙江省执行委员会请积极对法交涉各项悬案。	同上。	四	十三			此事已据电北平市政府查复,并函复中央执行委员会秘书处查照。	

续表

事由	交办处所	交办		限期		办理情形	备考
		月	日	月	日		
山东省党务整理委员会请用断然手段撤销领判权案。	同上。	四	十三			查撤销各国在华领判权现在积极交涉中。	

(乙)国民政府交件

事由	交办处所	交办		限期		办理情形	备考
		月	日	月	日		
上海《日日新闻》登载谰言一案,奉主席谕交本部拟具取缔办法,径向日使交涉。	国民政府文官处奉主席谕交。	四	二十二	无		已函请日本代办转饬该报纸嗣后对于记事务须特加注意。	

(丙)主管院交件

事由	交办处所	交办		限期		办理情形	备考
		月	日	月	日		
收回重庆日本租界案。	行政院秘书处奉院长谕交。	四	六	无		详关于主管事务之进行事项。	
张宗昌对中日实业公司借款八百万元一案,据青岛特别市党务指导委员会	行政院训令。	四	九	无		已咨请财政部核办。	

事由	交办处所	交办		限期		办理情形	备考
		月	日	月	日		
转呈坚持否认，奉令案关外债，应由本部会同财政部查核办理。							
神户商工银行欠苏明存款一案，行政院接该债权人苏明呈请通知日领设法偿还，谕文交本部办理。	行政院秘书处奉院长谕交。	四	十五	无		已电饬驻神户总领事查明，如属确实，代为支取寄部给领，并经本部函复行政院秘书处查照。	
青岛日人伪造交通银行钞票案。	行政院秘书处奉院长谕交。	四	十五	无		详关于主管事务之进行事项。已函复行政院秘书处查照。	
日兵在沈阳演习，藉故包围警所案。	行政院秘书处奉院长谕交。	四	二十四	无		此事本部前据报载，业于本月一日电请东北政务委员会饬查。已函复行政院秘书处查照。	
国府交办：福建省党务指导委员会察哈尔党务特派员办事处电	行政院秘书处奉院长谕交。	四	四			查撤销法国在华领判权正在交涉中。	

事由	交办处所	交办		限期		办理情形	备考
		月	日	月	日		
陈法权交涉，法国政府作梗，有碍我国收回法权，请交涉案。							
国府交办：太原市商会电陈收回法权，各国已具诚意，惟法国托词延宕，请交涉案。	同上。	四	八			同上。	
国府交办：汉口市特别党部临时整委会代电：法国对于我国收回法权，意存作梗，请饬从速严重交涉案。	同上。	四	九			同上。	
国府交办：广西省党务整委会电陈法权交涉，法国独持异议，请严重交涉案。	同上。	四	十一			同上。	

续表

事由	交办处所	交办		限期		办理情形	备考
		月	日	月	日		
国府交办:南洋新嘉坡同德书社电陈法对领判权仍存延宕,请贯彻主张案。	同上。	四	二十			同上。	
国府交办:中俄战役被俘掳士兵代表宋殿魁呈为再请向俄严重交涉,将俘掳兵士放回本国(续二月份)。	行政院秘书处函奉谕交。	四	八	无		业经将办理本案经过详情函复。	
国府交办:杨依培呈为在俄属海参崴列泥士及街之祖遗房产,被苏俄政府强权没收,恳饬交涉收回。	行政院秘书处函奉谕交。	四	二十	无		已函复:业由部据令驻海参崴总领事查明办理。	

（三）关于主管事务之进行事项

（天）关于设领事项

（1）委内瑞拉设领事

进行经过:查千里达岛华侨人数不少,有无设领必要,自应详细调查。经令驻古巴凌公使,据电称遵令就近前往千里达岛,道出委国该处华侨约有二千人,请求保护,并交涉移民问题等情。当以委国设领保侨,曾由驻巴李代办接洽,现在该公使自可就便接洽,故即电令告慰侨众及便访外交当局,交换移民意见,并将侨情苛例查明报部以凭核办。

（地）关于外商商标注册事项

（1）义商甘比亚吉公司商标案

进行经过:准驻华义国使馆节略称:上海义商远东公司,曾于前年三月间,向南京主管机关登记属于甘比亚吉制帽公司之五种商标,而商标局以华商福利公司已登记同样商标在前,令饬甘比亚吉公司将其商标中王冠图样加以更改,以便审查。本馆查甘比亚吉公司用此商标已近十年,华商公司系属仿效,请转饬该局准许原请求人以原用商标注册。等因。当以该甘比亚吉公司如有异议,应按照商标法之规定,由该公司依法向商标局请求再审查,或请求再评定等语,略复义使馆查照转知。

（玄）关于关税事项

（1）美国议增华蛋进口税案

进行经过:据上海市商会代电,以据报美国农部有增加中国运往蛋黄蛋白进口税率之提案,将由每一磅一角八分加至二角七分,请转商设法打销。当经本部电令驻美伍公使切实交涉去后,旋据电呈称:关于此案,关税委员会已在考虑,请将中国蛋厂蛋业情形见告,并开列细目请予填注,等情。业经本部电据该商会呈报到部,电复伍使。

（2）我国拟再加入关税税则国际事务局事

进行经过:准财政部咨,以驻在比京之关税税则国际事务局,我国从前本亦加入,自欧战后,因经费关系,宣告脱离,现为明了各国关税趋势变动,俾资借鉴应付起见,有重行加入之必要,请查酌办理。等因。业经本部训令驻比使馆妥为办理具复。

(黄)关于侨务事项

(1)尼京地震救济难侨案

总述:据李兼总领事世中电陈:尼京地震,全城覆没,死伤无数,恳速筹款救济难侨。

进行经过:经电令分向尼政府及侨团电慰,并调查灾情,呈候核办。旋据电复:已分别慰问,巴美各国政府均有助款表示。据旅尼华侨电告,领馆各商号尽烧毁,华侨百余人露宿,伤饥交迫,情形凄惨,请电转各地汇款救济。等语。经函准赈务委员会筹拨振款壹万元到部,业电汇令分配救济,并函复赈务委员会。

(2)禁止人力车夫应募赴法案

总述:据驻巴黎总领事呈称:兹据法国罗瓦省平民银行董事长Alfred Rouveyrol来馆声称,本年五月,巴黎举行国际殖民展览会,拟招募中国人力车夫赴法,在会场一带载运游人,由彼与马赛华侨梁忠订有合同,由梁承包,自中国招来,将于三月底自香港放洋,特来征求意见等语。除驳斥并警告梁忠取消合同外,请转电广东省政府及其他有关系之机关,从速设法制止该车夫出口,以免激动华侨公愤。

进行经过:经广东省政府转饬密查,并设法制止。旋准电复,已令行广州市政府,转函香港政府切实查明制止。又据驻法使馆呈电称:此事侨情愤激,已向法外部用政府名义正式抗议,请电驻华法使注意。经部以节略致驻华法使查照,转行广州湾、安南各该有司,协同严禁,免滋误会,并电知驻法使馆,仍仰磋商禁绝,并劝息侨愤。又据驻巴黎总领事迭电称:经与巴黎殖民地展览会严重交涉,彼方允取消,但要求赔偿制车损失二十余万佛郎,请示遵。亦经电令以制车损失,我方断难承认,仰婉为拒驳。嗣据电复,展览会已允无条件取消招募人力车夫事。

(3)比国新颁外籍人来比工作则例案

进行经过:准驻华比使节略称:本国政府新订外籍工人来比工作则

例,请查照,广为晓示。等因,并抄送该项新例前来。经抄同原节略,连该项则例,并译件,分行国内各发照机关查照,并略复比使。

(宇)关于公会事项

(1)派员出席国际限制制造麻醉药品会议案

进行经过:前准国际联合会秘书长来函,以国际限制制造麻醉药品会议,定于五月二十七日开会,请届时派员赴会。等因,当经函达禁烟委员会核办。嗣奉国民政府令,派施肇基、伍连德充出席会议代表。等因,即电令国联代表办事处知照国联秘书厅。

(宙)关于劳工事项

(1)国际劳工局选举理事案

进行经过:准波兰代表照称,波兰政府拟请中国政府于六月间国际劳工局选举理事时,援助其政府代表之候选人等因。当以本届国际劳工局选举,我国亦拟提出候选人,波兰政府所请一节,似可照允,以便要求彼方亦予我援助,藉资交换。经即照复波兰代表查照,转达该国政府,一面咨会实业部,并训令出席本届劳工大会代表朱懋澄、蒋履福,与波兰所派代表接洽。

(洪)关于外人入境事项

(1)关于外人入境护照加签事(续二月份)

进行经过:(一)准广东省政府电称,英领对于发给广州、香港及广州、澳门间外人通行执照办法,并无反对表示,惟关于加签香港外人赴沪暨其他各地护照一事,英领称已得英使电复,正商请将加签事宜,委托九龙关税务司办理等语。查护照由税务司加签,实有不便,拟由公安局派员驻港办理为最适当,对于外人方面,亦至为便利。等因,经复以税务司办理加签,确有未妥,英使尚未提议,本部拟向该使提商,委派驻港专员,在办法未商定前,由香港入境外人,如执有护照,虽无签证,暂准登陆。(二)准上海市政府电称:大连无中国官厅,凡由该处来沪之外人,应令其预向附近地方该国领馆领照,并向当地我国官厅请求加签,否则抵沪后再由公安局代为加签,请核复。等因,经复以香港及各租借地外人来华护照加签办法,现正由部通盘筹议,在该办法未经订定通行前,所有由各该处来沪外人,如执有护照,虽无签证,亦可暂予登陆。(三)准上海市政府咨询:居留在沪外人出外游历或经商仍须回沪者,其护照应否于未出境前,送请本市官厅签证,并应收签证费若干。经复以居留在沪之外人,如因游历经商出境,其回沪时,照例须送请我国驻外使领馆签证,但于出境时,请贵市政府预签亦无不可,惟须于照内注明来回字样,所收签证费,依照国际惯例以各该国领馆所征收者为相互标准。(四)准英蓝使来函,提商中英两国人民彼此入境不用签证之相互原则。经复以广州香港间外人来往,业经定有发给通行执照办法,以免签证及随时验照之烦;至由香港赴中国其他各地者,现中国政府拟委派驻港专员办理,加签护照及发展商务等事,尚未准覆。(五)准上海市政府咨:据市公安局呈送查验外人入境护照查验员办事细则,请备查。经复以该办事细则,规划精详,自属可行。惟上海为通商大埠,外人往来频繁,查验护照,事属创举,开办伊始,头绪纷繁,自应格外慎重,以期妥善。兹派本部帮办王祖廉赴沪视察实况,并备咨询,请转饬随时接洽。(六)据威海卫管理公署电称:有英人拟往申游历,请于英文护照上加盖本署戳记,以便到时查验,乞示遵。经电复暂予照准。

(荒)关于改订条约事项

(1)中英天津条约满期另订新约案

查咸丰八年五月十六日(一八五八年六月二十六日)中英天津条约第二十七条之规定:本约每届十年,双方均可要求修改。本年适值该约第七次十年届满之期,本部已于四月二十二日,以此项条约,业经满期,国民政府愿以极友好之精神,与英国政府另订平等互惠新约等语,照请英使蓝普森转达该国政府查照。

(日)关于收回法权事项

(1)撤销和兰在华领事裁判权之经过

查在华享有领事裁判权国家,截止上月止,其因旧约未满期尚未撤销此项特权者,计有英、美、法、和、那、巴西六国。和兰方面,经本部与和使欧登科交涉，结果已于本月二十三日在京签订条约六条，换文一件，正式解决，一俟两国政府批准，即可发生效力。

（2）撤销那威在华领事裁判权之经过

查那威为旧约未满期六国之一，其有之领事裁判权，当和兰承允放弃在华领事裁判权时，那使欧伯奉该国政府训令来部声称，那威政府愿接受国民政府提议，放弃此项特权。业经本部与该使用换文方式，于四月二十三日在京正式解决。

（3）改组上海法租界会审公廨案

本部前以上海公共租界会审公廨改组为中国法院一事，业与有关系各国协定实行，法租界会审公廨，事同一律，不应再令存在，于上年三月十八日，照请法使会商收回该项公廨办法。一载以来，法方迄无切实表示。最近本部催促，结果始允接受我方提议。现在双方代表均已派定，我方为司法院参事吴昆吾、本部欧美司长徐谟，法方为驻华公使馆参议赖歌德、驻上海总领事甘格林，一俟两国代表约定日期，即可开始进行会商一切。

（月）关于庚款事项

英国退还庚款一案，业于本年三月三日起发生效力。惟按照换文，应设一管理英国退还庚款董事会，并在伦敦设一购料委员会。上月二十八日，奉国民政府令派朱家骅等十五人为董事会董事，并公布管理英国退还庚款董事会章程，即经本部照会英蓝使查照。嗣准该董事会函称，已于本月八日正式成立，并已开会二次。至伦敦购料委员会，除已由行政院令派驻英施公使为主席委员，并由铁道部派王景春为委员外，其余英方委员人选，亦经该董事会选定巴尔福、布拉克、特哈忒、威季吴得四人为委员，业经转呈行政院照派。

（盈）关于收回租界事项

自民国十六年收回汉口英租界，上年收回厦门英租界后，其界内华洋人民所执英国皇家地契，迄未更换。迭经本部拟具外人租契格式，分别令催办理，并呈报行政院备案。兹据思明县政府、汉口第三特区管理局,先后呈报前英界内中外人民换契情形前来,所有收回手续至是始告竣事。

（戾）关于保护外侨事项

（1）英教士迪尔尼被掳病故案

准英蓝使照请缉匪法办,即经呈请行政院及陆海空军总司令部,严令江西省军政长官负责办理。旋奉行政院指令,已严令勒限缉匪。并奉总司令部电:据何部长电,已饬属严缉匪犯,务获法办。当即函达英使查照。

（2）西籍教士爱维多及伊达尔哥被匪由皖掳至豫境案

据安庆天主堂报告,现在该二教士藏匿河南商城县丁家铺地方,即经分电皖豫二省政府,用最简捷方法,火速营救。已准复照办。旋准法使来照请迅予营救等由,复经电皖省府,电鄂豫皖边区绥靖司令部,查照办理。

（辰）关于外人入境事项

（1）西北科学考查团瑞典团员由新回平请给护照事

准教育部咨:以西北科学考查团瑞典团员二人,已在新疆考查完毕,拟携采集物品返回北平,请发护照。并准瑞典使馆照同前由。当即填发护照一纸,送由瑞典使馆转发,并咨复教育部查照。

（2）英人陆军中校司蒂华特拟往新探险事

准蒙藏委员会咨:以据报载有英人司蒂华特,拟往新探险,请查明有无其事。经电据驻英施使电称,据英外部称,闻该员拟与华友赴新游历,并销售飞机,但并未与政府联络,亦未请予援助等语。当即咨复蒙藏委员会,并电请新省政府随时注意。

（宿）关于中苏会议事项（续二月份）

（1）开会日期事

迳准莫代表来电报告:中苏会议,于四月十一日继续开会,讨论中东路事。我方提出大纲五项,苏联喀代表提出对案八项。嗣于四月二十一日开第四次会,二十九日开第五次会,继续讨论彼此提案。下次会期定五月十四日举行。

（2）美国车票公司受损事

又据本部驻吉林特派员呈称：准驻哈法领事函送中俄失和期间，万国车票公司所受损失详表，请转达中东路督办，及在莫斯科之会议专使，俾得加入于中东铁路拟在会议席上所提出之案卷内，请转交办理等情。已由部据函莫代表。

（3）上海苏联领事房屋等产业事

准上海市政府咨：据公安局呈，以近日沪上传闻苏联领事房屋等项产业，有移交上海苏联中央协助会接收情事，经饬员详查，据复称经向德领馆询悉，此事确系该领署遵奉德国政府命令办理，将于日内实行移交等情，咨达查复。等因，本部以上海苏联领馆房屋，原为苏联驻领办公之用，现在中苏会议虽已继续进行，而正式邦交尚未恢复，且该协助会系属商人团体，该领馆房屋，由苏联外交委员会交由该协助会接管一节，苏联政府并未与我方有所接洽，现德外部乃令驻沪德领将苏联领馆房屋移交协助会管理，政府自当另采适当办法等语，咨复上海市政府。

（列）关于取缔事项

（1）东省特别区市政管理局呈拟苏联国营商业临时登记暂行规则案之经过

准东北政务委员会代电：据东省特区行政长官张景惠呈：据市政管理局呈，以苏联与我国尚未订立通商条约，我国旅俄侨商，近年以来，迭受苏联政府非法之待遇，而苏联侨商在本区境内所营商业，因有中东路特权之关系，不但未能取缔，即属于商业注册等类事项，亦因未经通商不能实行。为贯彻相互保侨及缔禁苏联国营商业起见，拟在中苏两国未正式通商以前，拟订苏联国营商业临时登记暂行规则，呈请鉴核。等情。抄录规则，请速核复。等因，业经本部咨请实业部核复。

（2）天津俄国律师阿尔提密夫等请减少俄人护照费，并取消登记等费案之经过

据天津俄国律师阿尔提密夫等，函请对于俄人三百余人减少护照

费及取消登记费并罚款等情,由部据函天津市政府,将增加护照费并规定登记等等费实情查复。

（张）关于情报事项

（1）情报工作案

国内重要政情,随时分电驻英美德日等使馆,转其他各使领馆。又另编时事周报,列举一周内重要政情,印寄驻外各使领馆以通消息。本月份计发电四次,时事周报四期。又书面送新闻界发表稿件,本月内计中英文共五十二件,关于本部报告事项八件,关于法权事项五件,关于日本事项六件,关于俄国事项四件,关于其他各国事项六件,国际事项二件,华侨及外侨状况三件,驻华使领及外宾消息七件,杂项四件,除少数正式发表外,余皆非正式发表。

（2）宣市日本联合通讯社造谣事实表案

进行之经过:年来日联通讯社,制造宣传,散播关于中国之不确消息,昔在军事期间,影响甚巨。迭准海陆空军总司令部参谋处转来淞沪警备熊司令与汉口行营处函电,请交涉取缔,以杜流弊。经部数次警告,上年十二月,日本使馆复书,允促该社注意,惟在战时情报频繁,难免失实,后当慎重登载等语。方冀该社经此告诫,当可敛迹。乃今于战事早终,统一告成之后,本年一二月间,该社上海南京发稿撰载仍复如故,甚谓中央离间诸将领,密谋对付某方,并发挑拨桂省事变之稿件。长此生事,殊属治安有关。不得已本部三月十三日,招待新闻界,暂予拒见该社记者。交通部亦对于该社暂行取消发电特权,并停送该社稿件之邮递,以示制裁而促其反省。该社不知悛改,在沪联合驻华日本记者发表共同宣言,声称国府压迫言论,同时日本各报,亦对国府加以攻击。本部爰收集自上年五月至本年三月日联社历次捏造之消息,见于英文报纸者,荦举大端,详细造表。每一事由,分列三联,一为该社造谣,二为同日他社发稿之比较,三为事实之证明。于本月中旬,遍登国内英文报纸,使览者了解,咎在该社,而非政府之压迫言论。一面并函送驻日汪公使,相机发表,而明是非所在,庶几国际视听不为淆惑也。

(3)恢复纽约时报驻华访员发电特权案

总述:十八年夏,本部以纽约时报驻平访员亚本(Hallet Abend)屡次造谣,并涉及南北当局,作反宣传,曾向美使抗议,商请将亚氏驱逐出境,一面并咨请交通部撤销该访员发电特权在案。上年该访员重行来华,留沪继续通讯职务,态度逐渐改善。本月十六日,持呈由美詹使面递本部部长一函,声明当时系派驻北平,所得消息,容或不利南方,实为情势使然,非个人挟有偏见。对于囊时记载失实,特以该时报及其个人名义深表歉意。现我统一告成,愿改前非,请为恢复发电特权及访员应有之一切便利等情。当以该访员既知觉悟,改善趋向,宽其已往,策其将来,情无不可,经即答复美使接受,前案作为终结,一面咨请交通部恢复该访员发电特权,并函达中执委会宣传部查照。

(4)编译提出国民会议关于外交事项报告案

进行之经过:查本部编造提出国议关于外交事项之报告,内容至为详尽。每一问题,类皆叙述颠末,作一种赅括的总撰述,传播之足为公开外交之助。爰照译英法文字,以备与汉文合印小册,俾远近对于外交事项,均能明了真相,资镜鉴备参考焉。

(5)抄送各部会驻外使领馆报告案

进行之经过:查本部逐日所接各项情报,随时编译,择要发表新闻外,所有驻外使领馆寄到各项重要定期报告,须择尤分别抄送中央有关系各部会参考。本月抄送各部会使领馆报告,计实业部共十四件,中央侨务委员会九件,财政部四件,军政部二件。

(寒)关于交涉事项

(1)引渡巨匪支小桃子案

淮江苏绥靖督办公署电称:巨匪支小桃子,即支星魁,在监域兴化一带,烧杀淫掠,曾经明令通缉有案,近被敝署缉获,寄押上海法租界卢家湾捕房,业经法公廨初审判决,将交敝署惩办。现该犯不服上诉,当须开庭审讯,致迄未引渡归案,请设法交涉,早予引渡。等由。业经电令本部驻沪办事处就近交涉,速予引渡并呈复。

（2）美国捷江公司之宜宾轮在宜昌上游枪击驻军案之经过

本月八日捷江公司之宜宾轮，在宜昌上游下驶，因驻军命其停轮检查，该轮即用机枪射击，伤兵士二十余名。本部照会美使，除保留要求赔偿损失外，请转饬查明肇事人员依法惩办，并保证嗣后各美轮不得再有同样之情事发生。又电宜昌警备司令部，请将当时警告该轮停轮情形，以及兵士受伤确数，详予电复，以凭继续交涉。旋准美使复称，宜宾轮到达宜昌以前，未见检查轮船之布告，又在宜昌上游时，官兵并未警告停轮检查，即放枪示威，以致误会等由。本部又据宜昌警备司令部复电，照会美使，以宜宾轮在宜昌三游洞警戒线时，官兵摇动红旗，并高呼停轮，该处江面狭小，非不能闻见，而该宜宾轮即用机枪射击，伤兵士二十五名之多，内有重伤者四名，生死未卜，若不幸致死，或成残废，应再声明保留要求赔偿损失之权。并告以嗣后不得再有此类情事发生，对于肇事人员，予以适当之惩治。

（3）美国捷江公司之 S. S. Itu 号轮船在夔州被迫运兵案之经过

本月十五日晚，捷江公司之 S. S. Itu 号轮船，在夔州被军队强迫运兵，乃于次晨载军官十五名至宜昌登岸。而美使来照抗议，并请转行夔州宜昌该管军事当局，不得再有此类情事发生。本部咨行湖北、四川两省省政府查明办理。

（4）美教士 Nordlund 等在湖北荆门被掳案

美教士 Nordlund、瑞典教士 Anderson 及 Nelson 在湖北荆门被共匪掳去，美使及瑞典使馆先后来文，请设法营救。本部电请汉口总司令部行营何主任，火速查明营救出险。准复转沙市徐督办源泉电称，Nordlund 等三教士被掳事，经电丁参谋长由前方就近设法营救，兹据报女教士二人业已出险，尚有男教士一人，仍在匪窟，现正协同友军营救出险。

（5）美国南海探险队拟往琼州虎山案

美国南海探险队，定于一九三二年四月到安南，届时拟往琼州及福州附近虎山，搜集各种动物，并摄取影片，由我国驻美公使转请予以便利及保护。本部咨行中央研究院查核办理，并见复。

(6)交涉发还唐馔等在崴被俄扣去川资案之经过(续二月份)

此案据驻海参崴总领事呈复称:唐馔等四人,在崴车站被俄方拘捕,扣去所带俄币时,曾否得有发给苏联官厅搜索纪录,以资作证,呈请转饬查明,以便交涉。当由部令知原具呈人李书桓,转询查明呈复。旋据复称:据唐馔等称,被捕时未曾得有该项搜索纪录,仍恳严重交涉等情。已由部据令驻海参崴总领事酌为交涉。

(7)交涉释放李修行等被俄扣留案之经过(续二月份)

此案据驻赤塔领事呈复称:迭经函电催问苏联驻上乌金斯克交涉员,要求调查本案详情,迄未得复。据赤塔市政府主席称,本案去发生时期业将两载,早经判决执行,根据苏联法律,凡布蒙共和国境内发生案件,判决执行后,悉由中央最高司法机关管辖等语。该领以本案既已移转管辖,不便直接向苏联外部交涉,呈请核示。业由部据函莫代表酌办。

(8)交涉释放被掳邮差案之经过(续一月份)

此案据驻吉林特派员钟毓呈称,据伯利苏联外交员函复,并无崔世平被拘情事。业经本部据咨交通部。

(9)交涉还被扣华轮案之经过

据驻海参崴总领事称:前据华商威通、海昌、洪泰、同丰等轮主呈,为中俄冲突时,该轮等被俄方越界扣留,请为交涉发还。经与本埠交涉员接洽,函准驻伯总领事复称:据伯利苏联外交员复称,此事系超出地方当局权限之外,实无商决可能等情,呈请鉴核。复准交通部咨送哈尔滨航业公会呈报十八年俄事航业损失表,请查核办理。业经本部分别转函中苏会议莫代表。

(10)交涉放还张其宽被扣马车案之经过

据山西汾阳县大南关民张其宽呈称:于民国十年,库恰失陷时,有新全四轮马车一辆,交于上乌金斯克道胜行经理都浪念夫代为保存,于俄历一九二三年,被俄政府无故没收,请交涉发还等情。业经据函中苏会议莫代表,于讨论赔偿问题时,酌为汇案提出交涉。

(11)交涉苏联对于华侨勒索苛捐案之经过

据哈尔滨市商会呈：据旅海参崴华侨王日南等声请，为苏联勒索苛捐，强吞侨产，恳祈转呈迅饬驻崴领事严重交涉。并准东北政务委员会电同前因。当经本部据令驻海参崴总领事查明交涉。据驻海参崴总领事呈，为苏联税捐繁重，侨民无力担负，呈请训示办法，业经指令该领苏联地方官厅所征中央政府制定各项捐税，是否对于苏联本国人民一律办理，迅速呈复，以凭核办。

（12）外蒙压迫华商、俄人侵略外蒙案之经过

此案准察哈尔省政府咨：转据报告，外蒙自被苏联煽惑宣传独立后，整军经武，居心险恶，对于华商百端压迫，金钱财产几均没收，华商在外蒙营业者，欲归无路等情，咨请核办。业经本部抄送中苏会议莫代表参考，并咨蒙藏委员会，对于取销外蒙独立事宜，应如规划进行，请核办见复。

（13）收回重庆日本租界案之经过

此案业详二月份工作报告。近据日方称，重庆民众，对于王家沱租界，有拟照汉口英租界办法，期以暴力收回情势，请预为设法防荡等语。本部当以收回各地租界，本部现正进行，在最短期内，可分别收回，但未解决前，自不宜有轶轨举动，已电请四川省政府，转饬巴县政府，严密注意。又准监察院函，以王家沱日侨，以租界为护符，贩运吗啡枪械等禁品，请交涉收回，业经本部将本案办理情形函复。

（14）日人私设当铺案之经过

此案据李树轩等呈：以山海关南关，日商云集，除贩卖吗啡海洛因外，其他均以当行为营业，其限期为三个月，利息加一，请设法禁止。本部以辛丑条约，山海关等处得驻外兵，但并未允许经营商业，更无论开设当行，已密咨河北省政府查明依法取缔。又据山东省政府咨：以烟台日商胜田洋行，附设当铺，当期三月，利息四分至七分，妨害贫民生计，请交涉制止。业经咨复，请其转饬从严取缔，限期勒令停业。

（15）日人收买烟台普提酒公司案之经过

此案据棉兰刘大中函称：烟台普提酒公司，系侨居南洋日里之广东

妇人张邓氏所有,日政府已出价三千万元收买,即将成交等语。本部以烟台系属商埠,对于营业转移,原无不可,但如涉及土地,则只能租用,不能买卖,此事是否属实,已咨请山东省政府密饬详查,予以注意。

(16)日人私采海人草案之经过

此案据驻台北总领事呈称:据报中国所属东沙岛,为贵重海人草之特产地,产额不下数十万元,因中国人不谙潜水术,遂为琉球人之独占事业,有船二十余艘,每月航行二次,每艘每次可得五六千元,此实公然侵犯中国主权,请鉴核等情。已分咨实业部暨广东省政府转饬查明取缔,一面谕知商会,劝诱国人,集资开采,以杜觊觎。

(17)延聘日本军事教官案之经过

此案业详三月份工作报告。近复据军政部咨,以前次所延聘之工兵教官,不敷应用,拟续聘日本陆军工兵大尉二人,工兵下士五人,请为照会日本政府。已照请日本代办转达日政府查照办理。

(18)徐世藻乘日轮大贞丸坠水殒命案之经过

此案业详二月份工作报告。近据安徽省政府咨:以此事经省会公安局,传集日清公司安庆经理、船夫等讯问,据供,徐世藻确系由大贞丸轮跃登驳船之际,仰身落水,该项驳船,系公司自置,专供接送搭客之用等情。经具状呈案,请据理交涉,责令赔偿。等因。已函请日本代办查照本部上次去函所提办法,转饬该公司遵照办理。

(19)抚顺煤矿发火案之经过

此案业详三月份工作报告。四月十七日,据农矿部咨:以抚顺煤矿此次发火死伤华员工,虽经分别给恤治疗,但辽宁农矿厅所派调查员,要求该矿矿师同往坑内查勘,竟遭拒绝,且该矿于本年二月间,曾经发火,焚毙华工一名,此次甫及一月,又生灾变,平日疏于防范,忽视工人生命,已可概见,请转知日使注意等因。业经本部函请日本代办,转饬该矿嗣后对于矿山灾变,应求适当之防范,于我国法令,尤须切实遵守。

(20)青岛日人伪造交通银行钞票案之经过

此案据财政部咨:以上年十一月间,青岛市面发现交通银行伪钞票,经青岛行库会同公安局,知照日领署,弋获日犯,并抄出伪钞及机器票板等件,其余在逃各犯,亦由各该地日领分别拘捕,送青归案法办。此事影响该行发行前途甚大,请向日方严重交涉。等因。业经本部面告日方,转电驻青日领,将弋获各日犯,从严法办。

（21）汉口日兵打靶伤毙农民案之经过

四月一日午后,汉口日本水兵打靶,将农民倪照美枪中腰部,越日殒命,经本部视察专员周泽春,与驻汉日领交涉,已于五日,由日领承认道歉惩凶,并抚恤八百元。本部据该视察专员及汉口市政府函请核示,本部以道歉惩凶抚恤各条件,如经日方一一履行,自可准予结案,已分复查照。

（22）胶济路中日土地问题案之经过

此案据铁道部咨:以胶济路中日土地悬案,迭经胶济路局函催驻青日领继续开议,迄今未复,久延不决,应如何进行,请核复等因。本部以为此事以先行催促日方派员续议为宜,已照会日本代办,转饬驻青日领,迅予派员继续商议,以资解决。

（23）福州日商籍民永租屋地税契案之经过

此案业详二月份工作报告。近据日本代办来函,以关于福州永租屋地税契之办法,日本政府从未承认,不应对日本侨民强制实行等语。当经本部咨请福建省政府,将此项税契办法,前此曾否知照驻闽各领有案,及英美暨其他各国侨民,是否一律遵照办理各节,饬查咨部,以凭驳复。

（24）检举台湾籍民违犯禁烟案之经过

此案业详三月份工作报告。近复据福建省政府电,以关于检举籍民烟案事,驻闽日领仍借故要挟,不肯照原定办法办理。复经本部转告日方,再电日领遵照。

（25）汉口日人私卖气枪、毒药案之经过

汉口驻军拿获日人私卖气枪、毒药人件,已由行营交市府日领,要求人件一并引渡。本部据视察专员周泽春电请核示,当以此案如作为地方案件就地办理,可商市政府酌办,已电饬遵照。

(26)日本渔船入我领海侵渔案之经过

此案业详三月份工作报告。近实业、财政两部,为防止走私及取缔日本渔轮以中国港为根据地从事渔业起见,经呈准禁止百吨以下之船航行中国口岸与外洋之间,日本渔轮亦在禁止之列。又凡自外国港输入,除由善意商船,执有货单者外,输入渔类,一概禁止,经财政部饬令海关分别遵照办理。旋准日本代办来文,以上述两项禁令,系对于外国籍小型船舶往来中国港外与国间之从事营业者加以禁止,并列举种种理由,要求仍准日本籍小型船舶,得以继续从事其业务,当经备文据理驳复。嗣据代理日代办来部面称:重光代日内来华回任时,当将此事提出磋商解决,惟在交涉未中止以前,请将禁令酌予展期。业经商得财政、实业两部同意,在交涉期间,电饬各海关将两项禁令暂缓实行,以待后命。

(27)废止日本对华文化事业协定及换文案之经过

此案业详三月份工作报告。本部以汪公使所陈办法,既经政府认为可行,并已派定委员,应与日方接洽派员会商解决方法,集会地点,拟在南京。当于四月一日,电令汪公使,转询日方,拟派委员几人,并将其衔名报部。旋据该公使电复,以日外相币原以此项会议系非正式性质,须严守秘密,委员拟两方各指定三人,地点以东京为宜,再四辩驳,彼仍坚持等语。当经密饬本部顾问沈觐鼎,探询日本各关系方面意见。嗣据报告,上海自然科学研究所行将筑成,日政府任某日学者充临时所长,并由日本研究员单方预备研究;又日政府为避免注意起见,于上年在东京、京都各设东方文化事业研究所,举办在北平所停办之事等情。本部以上年四月间,曾经电令汪公使通知日政府,在中日庚款未解决前,所有该中日文化事业总委员会,及上海自然科学研究所事务,应暂停止在案。复经电令该公使,再向日政府切实声明。最近又据汪公使沈顾问联电称,日方坚持成见,并以东京、京都研究所经费,非尽出于庚子赔款,上海研究所系照中日委员会前所议决,未便中止。又彼方有人提将文化事业不归外务省管辖,另行组织两国共同委员会主持,汪公使表示以退还赔款为第一义,此层办到,再及其他问题,彼方仍望先由少数人员非公式在日协商等语。已密咨教育部接洽。

（28）那威商船罗斯威在福州厦门间搁浅被劫案之经过

准那欧使电请派舰保护,当即分电海军部、福建省政府,迅予派舰保护,旋准复照办。已转复那使查照矣。

（四）关于主管事务之计划事项

无。

（五）关于与主管事务有关事项

无。

（六）附表

无。

中国第二历史档案馆藏行政院档案

4. 外交部1931年5月份工作报告（1931年5月）

外交部二十年五月份工作报告

（一）关于法令事项

（甲）奉行法令事项

无。

（乙）颁行主管范围内之法规事项

法规名称	颁行日期		法规要旨	备考
	月	日		
管辖在华外国人实施条例	五	四	本条例系遵照民国十八年十二月二十八日国民政府令,由本部会商司法行政部拟定,呈经国民政府命令公布,为管辖民国十八年十二月三十一日在华享有领事裁判权之外国人民实施办法,计十二条。	定于民国二十一年一月一日施行。附条例。

管辖在华外国人实施条例　民国二十年五月四日国民政府命令公布

第一条　本条例所称外国人专指民国十八年十二月三十一日在华享有领事裁判权之外国人民。

第二条　外国人应受中国各级司法法院之管辖。

第三条　在东省特区地方法院、沈阳地方法院、天津地方法院、青岛地方法院、上海地方法院、夏口地方法院、巴县地方法院、闽侯地方法院、广州地方法院及昆明地方法院及其系属之各该高等法院内各设专庭，受理属于外国人为被告之民刑诉讼案件。

第四条　专庭庭长由其所系属之法院院长兼充之。

第五条　外国人为被告之民刑诉讼案件发生在第三条以外各法院管辖者，被告得用书面声请受第三条以外之该管法院审理。

第六条　专庭得设法律谘议若干人，由司法行政部遴选品行端方、具有法官资格之法律专家，呈请派充之。

法律谘议不限于中国人。法律谘议得用书面向法庭陈述意见，但不得干预审判。

第七条　外国人之拘提或羁押及其住宅或其他处所之搜索应依刑事诉讼法行之。

外国人犯有刑法或其他刑事法规上之嫌疑已经逮捕者，应即移送法院讯问，最迟不得逾二十四小时。

第八条　外国人与外国人或与其他人民所订仲裁契约经当事人之一方或双方声请时，法院应认为有效并执行依据该项契约所为之决定书，但有左列情形之一者不在此限：

一、违背公共秩序者；

二、违背善良风俗者；

三、依普通法律原则应认为无效者。

第九条　外国人为民刑诉讼案件当事人得依法律委任中国或外国律师为诉讼代理人或辩护人。

律师章程及其他关于律师之法令对于前项外国律师适用之。

第十条　外国人犯违警罚者,由法院或警察机关审讯之,警察机关处罚外国人限于十五元以下之罚金,但再犯者不在此限。

前项罚金于判定后五日以内不完纳者,每一元易拘留一日,其不满一元者以一日计算。

第十一条　关于外国人之监禁羁押及拘留处所由司法行政部以命令指定之。

第十二条　本条例施行日期及期间由国民政府以命令定之。

（丙）核定各省市及所属各机关单行法规事项

无。

（二）关于交办事项

（甲）中央党部交件

事由	交办处所	交办		限期		办理情形	备考
		月	日	月	日		
无							

（乙）国民政府交件

事由	交办处所	交办		限期		办理情形	备考
		月	日	月	日		
无							

（丙）主管院交件

事由	交办处所	交办		限期		办理情形	备考
		月	日	月	日		
巨港国民党支部电请于国民会议前将	行政院秘书处奉谕交部。	五	四	无	无	查管辖在华外国人实施条例,业经国民政府命令公布,	

续表

事由	交办处所	交办		限期		办理情形	备考
		月	日	月	日		
外国在华领事裁判权全部撤销案。						并定于二十一年一月一日施行。	
南京市商会第一次代表大会请在国民会议以前实行撤销领事裁判权案。	同上。	五	四	无	无	同上。	
居銮商业俱乐部请撤销领事裁判权以慰侨望案。	同上。	五	六	无	无	同上。	
四川新繁县党务指导委员会电陈法权交涉，法国不顾邦交，妨碍进行，请促外交部严重交涉案。	同上。	五	十一	无	无	同上。	
上海律师公会请将上海法租界会审公廨收回改组案。	同上。	五	二七	无	无	查改组上海法租界会审公廨为中国法院一事，双方代表均已派定，不日即可开议。	

续表

事由	交办处所	交办		限期		办理情形	备考
		月	日	月	日		
日兵在沈阳演习藉故包围警所案。	行政院秘书处奉兼院长谕交。	五	一	无		此案近据东北政务委员会复称:已经外交部驻辽宁特派员据理交涉,并提出惩办道歉等条件五项,日方对于我方要求条件,完全承认照办,并保障嗣后不得再有此种事件发生等语。已据函行政院秘书处。	
日人阻止东北筑路计划案(续三月份)。						此案近据东北政务委员会复称:铁路交涉,现正预备交换意见,尚未正式接洽,倘将来实行接洽时,必不让步等语。已函达行政院秘书处,并呈复行政院。	
神户商工银行欠苏明存款案(续四月份)。						此案近据驻神户总领事呈复,神户共立商工银行业已解散,苏明存款无法取还。本部已函复行政院秘书处,并指令该总领事对于该银行清算发表情形,仍应随时注意办理,无任苏明对该银行债权受损。	

续表

事由	交办处所	交办		限期		办理情形	备考
		月	日	月	日		
日本渔船入我领海侵渔案。	行政院秘书处奉兼院长谕交。	五	十九	无		已将本案办理情形,并抄录与日使来往文件,函复查照。	
国府交办:邹绍峰呈为伊兄邹振普在海参崴被俄拘捕判禁十年,恳饬交涉(续二月份)。	行政院秘书处函奉谕交。	五	四	无		已函复:此事近据邹绍峰呈请交涉,业经本部批复,应俟驻海参崴总领事续呈到部,再行核办。	
国府交办:杨依培呈为在俄属海参崴列泥土及街之祖遗房产,被苏俄政府强权没收,恳饬交涉收回(续四月份)。	行政院秘书处奉谕交。	四	二十	无		此案据驻海参崴总领事呈复杨依培房产被俄方没收后交涉经过情形,并称该侨房屋因何被苏联官厅扣留,已函苏联交涉员查复,俟复到再呈等情。已由部函复行政院秘书处。	

(三)关于主管事务之进行事项

(天)关于订立条约事项

(1)商订中国阿根廷通商航海条约案

查阿根廷为南美大国,华人侨寓该国者年来日渐增多,本部迭据旅阿侨商呈请与该国订立通商条约,以资保护。因令驻智利使馆,与该国驻智大使接洽进行,现经双方同意,即在智京开议。本部根据平等互惠之原则,拟具约稿,于本月内,令交驻智利公使张履鳌据向智方商订矣。

（2）中国爱司托尼亚订约案

此案系于民国十八年二月间,据我国驻法使馆报告,驻法爱国公使商请订约。十八年三月间,经本部拟具两国友好通商航海条约草案,令由驻法公使高鲁进行磋议。本年五月,据高使呈送爱国对案及我方答案,请核示前来,现正由部审核。

（3）批准中国波兰友好通商航海条约及附加议定书案（续十九年十一月份）

此案最近准驻华波兰代表来文通知,该约及附加议定书,业经波国政府于本年五月一日批准等因。经呈准行政院转呈国民政府,请将我国尚未批准之中波条约附加议定书,迅赐批准以便订期互换。

（地）关于庚款事项

（1）办理英国退还庚款案

英国退还庚子赔款问题,已于上年九月间,经外部与英使换文解决。兹管理该款董事会业已成立,所有自本年三月份起到期款项,按照换文规定应以一半交该董事会管理,已由本部正式照请驻华英使查照办理。

（玄）关于设领事项

（1）增设驻马沙打冷副领事馆

进行经过:查墨西哥马沙打冷埠为该国四大通商口岸之一,吾国侨民人数众多,向无驻领,每逢该国政变以及排华风潮,因使馆距离太远,保护难周。经前年呈准于该埠增设副领馆,现征得墨政府同意,业于四月三十日派员前往开馆矣。

（黄）关于展览会事项

（1）路市展览会

进行经过:查中华全国道路建设协会,筹备路市展览会,函请本部电令驻外各使领,就近向各国路市机关,征集各种照片模型,以资展览。嗣据驻比代办谢寿康电询:路市展览会,应否正式请比政府参加? 本部当以此项展览会既非由政府举办，自无柬请各国政府参加之必要，电知该代办遵照。

（宇）关于关税事项

（1）英使等请展限施行出口税新税则案

进行经过：准英蓝使来照，以出口税新税则将次公布施行，并无六个月预期通知，请订立一种办法，俾先期订有合同、报运出口者，得仍照原税率纳税。嗣丹、德两国驻使，亦有同类请求。经本部咨准财政部复称：海关出口税则，现奉国府明令公布，并定自本年六月一日起施行，是已有相当犹豫期间，碍难另予酌定限期，再照旧则征税等因。已分行照覆各该使查照。

（2）美使抗议江海关重征美商税款案

总述：十九年六月间冀鲁用兵时，奉国府明令，将津海关临时封闭，对于天津进出口货物，改由江海、胶海等关按照海关税则征税，经公布周知在案。

进行经过：十九年十二月间，美詹使迭次来照，谓美商倪克洋行等，自是年六月以后，有历次货物由津运沪，已在津海关完纳出口税，江海关仍令重纳税款，显非公允，请转饬退还等语。当经本部咨准财政部核复，以天津进出口货物，改由江海等关征税，无论华洋商人，均系一律待遇，与现行条约平等待遇之旨，亦无违背等因，复经本部照复美使去后。兹又准该使来照，奉彼政府训令，声明大致谓津海关系事实上之海关公署，不得将在天津应行完纳之进出口税项，改在其他口岸征收，并援引国际先例及中美条约为证，请将重征各款负责退还，经本部据情转咨财政部核夺办理。

结论：上年因时局关系，发生重征税款事项，在当时原属不得已之举，现美使援据成例及条约，仍请负责退还，自不得不加以考量，应俟财政部核覆施行。

（宙）关于外商商标注册事项

（1）美商斐利滨公司商标案

进行经过：准美詹使来照，以美商斐利滨烟公司商标一案，已经实业部于本年三月二十四日判决维持商标局之原判，将该公司从前所取得之各项商标使用权，准给比商专用，认为不公允之判决，照请转咨重加考虑，并请按照新商标法第四条之规定，仍允该烟公司以原用各项商标注册等因。经本部咨准实业部核覆，称该美商既拟仍用原商标注册，自属另一问题，本部未便于诉愿案中，将此事加以决定，应由该商径呈商标局核办等因。业经照覆美使，转饬遵照办理。

（洪）关于侨务事项

（1）关于海外失业华工登记事项

进行经过：准广东省政府咨称：关于救济失业华工，已在广州市设置招待所，首先维持其生活，然后分别介绍职业或资遣回籍办理，向极审慎，惟香港地方，良莠不齐，难保无游民乞丐冒充华侨，混入招待所，以致往往发见不法行为，亟应通令驻南洋各埠领事，对于驻地失业华工，办理登记，发给执照，以便回国后有所稽考而杜冒滥等语。当经令行驻南洋各埠领事，切实负责办理。

（2）关于巴黎国际殖民展览会拟雇中国人力车夫事项

进行经过：案据驻巴黎总领事呈报：有法人 Alfred Rouoyrol 来馆声称，本年五月，巴黎举行国际殖民展览会，拟雇用中国人力车夫百名，在会场一带载运游人，业由彼与马赛华侨梁忠订名合同，由梁承招，特来征求意见等语，当经驳斥，并警告梁忠取消此项合同，请制止该项车夫出口等情。本部当即向驻华法使交涉，并函广东省政府查禁。旋据该总领事电称，该展览会已允无条件取消招雇我国人力车夫原议矣。

（荒）关于公约事项

（1）批准标明航运重包裹重量公约案

进行经过：国际劳工大会于第十二次开会时，曾通过公约草案及建议书数种，由国际劳工局函送到部后，即经转送前工商部核办。嗣实业部以为其中标明航运重包裹重量公约一种可以批准，经呈请行政院转咨立法院审议通过，呈送国民政府，于本年四月二十四日会议议决照办。所有批准情形，依照对奥和约，应通知国际联合会秘书长，并由秘书长登记，业经本部于五月二十六日，函达该秘书长查明办理矣。

（日）关于查验外人入境护照事项

（1）颁行查验外人入境护照规则案（续四月份）

进行经过：（一）准美使节略，以入境美人无论何种原因被扣，应请当地地方长官通知就近美领，经复可予容纳，并咨达各关系省市政府。

（二）咨财政部：以查验护照事实上需海关协助之处颇多，请转饬总税务司知照各关，遵照办理。该部复称：查验规则前已令发各关知照，兹准来咨，当再饬令总税务司知照，嗣后各关如遇地方官署为查验护照事项请予协助时，应由关与该署会商办法，呈准办理。

（三）咨各关系省市政府：查验外人护照，自各地开办日起，三个月内，凡入境护照未经签证者，除来自香港及各租借地之外人另筹签证办法外，其余可暂由地方官厅补签，所收费用，应根据各国领馆所征收之标准办理，其原住当地外人，如因他往而将护照送验者，应准免费盖戳。

（四）通知驻京英美法日各领，凡查验护照开办以前入境之外人，所带护照如未经签证，在三个月以内，可暂送当地查验机关免费盖戳，在京外人即送本部办理。

（2）中台人民往来持用暨查验护照案

进行经过：据驻台北总领事电称：我国人民来台，均须领带日人所办南国公司填发之渡航证明书，或日领所发之渡台证明书，或我国官厅所发、经日领签证之护照，手续稍有欠缺，非遣送回国，即重科罚金。按之相互主义，则日台人民前往我国，自亦应领用护照，请咨沿海各省市，对于由台湾航来之日台人民入境，同予查验护照等情。当以中日两国人民彼此往来，向不须用护照，台湾既有此项事实，殊与向例不符，更失相互平等之原则，经照会日本重光代办，略称日本政府，倘认为中国人民之往台湾者，以仍持有护照为必须条件，应请将护照签证手续改归一律，以期简便，中国政府对于由台湾来华之日台人民，亦将依照查验外人入境护照规则施行查验，以昭平允，请转达该国政府等语，尚未准复。

（月）关于救护外侨事项

（1）芬兰女教士 Cajender 等在赣被架失踪案（续十九年十月份）

此案准驻华芬兰代办来函,催询中国官厅对于该女教士,是否视为业已死亡等因。经本部电准江西省政府复称:赓续侦查,尚无下落等语。业由本部据复芬兰代办。

（盈）关于情报事项

（1）情报工作案

关于情报事项,本月除招待新闻界,报告外交情状及驻德蒋使,在本部纪念周报告国际现况,均由京内外各报宣载外,其他书面发表之新闻,计英文三件,中文正式与非正式共三十四件,内宣传法权谈判停顿一件,报告事项二件,关于日本事项一件,中苏会议消息五件,关于其他各国事项一件,国际事项三件,中外侨务状况八件,驻华使领及外宾消息二件,驻外使领及奉派人员消息二件,杂项九件。又国内重要政情,分电驻英美德日等使馆,转其他各使领馆,计共三次,每周编寄驻外各使领馆国内时事周报,计共四期。

（2）钞送各部会驻外使领馆报告案

本部逐日所接各项情报,除随时编译、择要发表新闻外,所有驻外使领馆寄到各项重要定期报告,须择优分别抄送中央有关系各部会参考,并将所得各种特殊消息随时核阅,抄送南北各新闻机关,以资传布,而祛误解。本月抄送各部会使领馆报告,计实业部六件,军政部二件,财政部一件,禁烟委员会一件,中央侨务委员会一件,其特殊消息抄送各新闻机关者,计关乎中央政闻四件,关乎中苏消息二件。

（3）法权谈判停顿宣言案

收回法权谈判,原期于国民会议开幕以前结束,乃各关系国藉故延宕,遂不得不于五月四日发表宣言,以明真相,并将该宣言译成英文,昭告各友邦,俾知此次谈判,暂时虽告停顿,但我全国上下,实具有努力完成此项工作之决心也。

（4）审核外国新闻记者请求出席国民会议旁听案

进行之经过:本月国议开幕,迭据驻华外国新闻记者来部,请求介绍入会旁听,当经函达国议秘书处酌办。旋与商定:凡外国记者志愿到会旁听,应先备具二寸照片两张,陈请情报司,由司调查其人略历,审核无异,然后将其姓名开送中央执行委员会宣传部,声请发给介绍书于国议秘书长,经秘书长之批准,始交登记股填发旁听券,准其入场,惟会议情形,只准就秘书处公布消息,传递登报,以符通例。计由司审核欧美日本新闻记者,为之介绍给发此项旁听券者,共十数人。

(5)筹备编印英文《国民会议之经过》案

总述:国民政府遵奉总理遗教,并依照上年四中全会议决,于本月五日,正式开国民会议于首都,集合全国之代表,共同努力于新中国之建设,制定训政时期之根本大法,负继往开来之使命,以求三民五权国家之实现,其意义与关系之重大,为党国空前之盛典。爰将会议经过及重要议案宣言用英文编辑成册,以广流传,而期中外之明确了解。

(辰)关于交涉事项

(1)向法商来成公司交涉抚恤被难船员案

总述:法商来成公司长江轮船,于三月十六日下午二时,在浙江北隅山灯柜附近,遇雾触礁沉没,船员溺毙者十一人,大餐间女客及使女二人,二等舱女客一人,所有财物全数损失。当该船遭难时,二买办凌鸿,曾屡向船主声请发电呼救不允,并不准各人逃生。失事后,被救船员五十余人,经法国兵舰带回上海。被难之人向该公司要求赔偿损失,彼以海防总行为辞,不予救济,经海员工业联合会整理委员会派员交涉,亦置不理。

进行经过:本部据海员工业联合会整理委员会电请对于该案援助进行,当即转行上海市政府查核该案实况,并随时协助办理,以得相当之解决。嗣得上海市政府咨称,此案已由劳资双方在外自行和解,其办法为死者抚恤三百五十元,生者除已给临时救济费每人十五元外,另赔偿八十元、在沪膳宿费二百元,并照给回籍川资云。

(2)天津义领署擅判华人被告讼事案

总述:天津市民韩玉堂,于民国十七年,曾以房产作抵,息借比商义品公司银一万二千两,至去年夏限满,商允该公司再转期二年。该公司嗣又悔约,藉口原抵房屋坐落义国租界内,及借款当时曾在义领署注册之故,在义领署提起债务给付并抵押权行使之民事诉讼。

进行经过:义领署对于义品公司诉讼,遽予受理,并一再传讯韩玉堂,经其迭次用书面抗辩,始终未往受审,该领署径将是案判决,派警以盖有印章之文书三件,先后送交韩玉堂,限令偿还债务,否则即将作抵房产予以标卖。本部据该市民韩玉堂呈请,予以援助,当即据情向驻华义国公使提出抗议,请即严予纠正,责令义领署,取消此种显然越权之行为。

(3)上海工人顾金根被美水兵枪杀案

据上海商务印书馆装订工人顾阿五呈称:胞兄顾金根,在泰昌建筑公司之工作场所,被住居该处之美水兵及勿司枪杀,经由上海特区地方法院检察处派员验明,请求交涉等情。本部向上海特区地方法院检察处调阅检验笔录后,照会美使,请将该水兵及勿司依法惩治,并从优抚恤死者顾金根之家属。

(4)镇江美孚行房屋于一九一七年被军队毁损案

准江苏省政府咨:以准美总领事来函,催询赔偿,请查照见复等因。本部前准军政部咨复,以函准总部经理处复称:无案可稽,无从核办等语。兹又检阅前镇江交涉署旧卷,十八年七月间美领事向交涉署索偿原函,见其所送证据,仅系一面之词,既未邀同我方为之证明,现在事隔多年,委实无从核办,咨请江苏省政府查照婉复。

(5)交涉被扣邮件案之经过(续十九年十月份)

此案准交通部咨:据邮政总局呈转,关于中俄纠纷期间苏俄扣留邮件一案,咨请再行设法切实交涉。已由本部据令驻吉林特派员,迅将办理本案情形呈复。

(6)交涉释放邹振普案之经过(续二月份)

此案据邹绍峰呈,伊兄邹振普在崴被俄方逮捕监禁,请交涉释放。

本部以此事前经令据驻海参崴总领事查复称：该邹振普系经苏联国政局特别会议裁判，按照协助私释罪犯、诈欺取财暨泄露秘密三项罪名，判处十年有期徒刑，经一再交涉释放，并函苏联交涉员质问，要求确切证据，尚未得复等情。已批复该邹绍峰矣。

（7）交涉令俄部赔偿卢布损失案之经过（续三月份）

此案先后据铜山县商会、淮安县商会代电，并准财政部实业部咨转淮安县商会代电，请转致莫代表，提出严重交涉，务必达到以卢布赎回东路之目的等情。均经本部分别咨复，并汇案抄送莫代表。

（8）交涉苏联对于华侨勒索苛捐案之经过（续四月份）

此案据驻海参崴总领事呈复称，苏联征收各项税捐，系与本国人民及所有外侨一律办理。并迭据该领及驻黑河总领事呈报，苏联本年税捐加重，侨民不堪担负，现崴埠多数侨商因此被封，行将拍卖，迭经交涉，而地方诿为无权，请核示等情。当经本部据情函电莫代表酌核办理。嗣复据哈尔滨市商会呈，为苏联苛损侨商，手段愈变愈毒，呈请严重交涉。并准东北政务委员会咨同前情。业经本部分别批示咨复。

（9）东省特别区市政管理局呈拟苏联国营商业登记暂行规则案之经过（续四月份）

此案准实业部咨复：对于拟会呈行政院提交国务会议核议一节，甚表赞同，拟就会稿，并缮正呈文，送请会签会印封发。当经本部分别照办，并咨复实业部矣。

（10）库拉开维赤等请彻查道胜银行清理人员违法案之经过

据驻哈道胜银行存户库拉开维赤等呈，为道胜银行清理人员，殊多违法，恳请彻查等情。已由部据函财政部转饬核办。

（11）驻华捷使请调查道胜银行欠付捷侨存款案之经过

准捷克驻华使馆节略：关于道胜银行欠付捷侨存款一案，请调查真相，并设法清偿等因。已由部据函财政部转饬查明核办。

（12）检举台湾籍民违犯烟禁案之经过

此案业详四月份工作报告。近据福建省政府电称：日领馆以闽侯县北洋乡有台籍伪铸日币,经派警破获华民二名,起出箱床一架,伪造中国辅币三百余角。其箱床一架,经日领馆员借往研究,叠函索取,日领以福泰烟土交换为要挟,抗不交还,请为交涉。已据向日方商洽,彼允电饬日领即将箱床交还。

（13）日人私采海参草案之经过

此案业详四月份工作报告。近据实业部复称,此案已令饬广东建设厅派员查明,依法取缔,并劝导国人,集资采取等因。已据令驻台北总领事知照。

（14）华绸输鲜税率案之经过

此案据中华国货维持会等电,以中日关税条约期满后,输入朝鲜华绸税率应行修改减轻,已电复可由该会召集有关系团体研究,送由本部咨商财政、实业两部核办。

（15）禁止日商贩运华盐案之经过

此案业详二月份工作报告。近选据财政部咨:以仁川华商商会所称,日商三井等在蜊江地方,输运原盐来鲜,每担仅纳出口税一角二分一节,究竟是何情形,已令饬山东运使稽核所查明禁止。又往朝鲜轮运食盐,是否有碍侨鲜华商盐业,请饬查。各等因。已分令驻朝鲜各领事确切查明具复,以凭转咨办理。最近据驻新义州领事呈复盐斤运往朝鲜利害情形到部,已据咨财政部。

（16）福州日商籍民永租屋地税契案之经过

此案业详四月份工作报告。近据福建省政府咨:以永租屋地税契事,自来英美及其他各国侨商,均经遵照办理。日商台湾银行、博爱医院及日本人俱乐部等三家,亦已遵照投税。日方所称该项办法,日本政府从未承认一节,核与事实不符,仍请继续交涉等因。已据函日本代办,查照本部前次去函,转饬遵照办理。

（17）日轮益进丸撞沉许惠源帆船案之经过

此案据江苏省政府咨及浙江船业公会电称:本年四月十日晚八时左右,有许惠源帆船一艘,装载货物,在南通任家港口地方,被大连汽船会社之汽船益进丸撞沉，事后该会社不认赔偿，请为交涉。本部以许惠源帆船夜间停泊，悬有灯火，日轮未加注意，将其碰撞乃复不施救援，遂使船货完全沉没，自应负赔偿责任，已照请日本代办，转饬大连汽船会社，对于许惠源船货损失，负责赔偿。

（18）撤退驻华日警案之经过

此案业详三月份工作报告。近据内政部咨；以据内政会议议决，请交涉撤退驻吉林属地日警一案，请查照办理等因。本部以此事迭经提向日方交涉，请其撤退，日方一味设词推诿，除再继续交涉外，已咨复内政部。

（19）检查沪崎水线案之经过

此案据交通部咨：以上海各水线电报应派员一律检查，除大东、大北、太平洋水线电由上海国际电信局办理外，沪崎水线电报应即一律检查，请照会日使等因。本部已照请日本代办查照。近交通部以检查各水线电报事，上海大东、大北、太平洋三公司已遵令实行，沪崎线亟应一律检查，复咨请转催日使速复。业经再函日本代办，转饬遵照，并即见复。

（20）江海关扣留日本关东厅专卖局鸦片案之经过

此案据日本代办函：以据关东厅报告，该厅专卖局与波斯卜锡尔商人订购鸦片一百箱，于上年十一月间，装载于德国轮船克劳斯利克马斯号，向大连运送，途中在上海被中国海关扣留，迄未放回。请查明此项鸦片是否经中国海关扣留，如系事实，究竟依据如何理由，即为见复等语。已转行财政部转饬查复。

（21）胶济路增收运费案之经过

此案据日本代办函：以铁道部电令胶济铁路局，自五月一日起增收运费二成，作为特别会计，以铁道部名义，每日存入中央、中国两银行，以便铁道部分配提用。日本政府难以承认，请转达关系当局取必要之措置等语。本部以铁道部此次电令胶济路局增加运费二成，作为特别会计，究属若何情形，日方来函，应如何答复，已咨请铁道部查核见复。

（22）日华协信公司积欠胶济路运费案之经过

此案业详一月份工作报告。近据驻日汪公使呈：以此事经派员与公司磋商数次，均无要领。嗣据该公司股东渡部面称：去年所提之按年还洋三千元和解一节，经董事会议决撤回，一俟商情恢复后，再行设法偿还等语。已向日本外务省提出质问，并请其转饬主管官宪，严令该公司从速偿还等情。已据行铁道部。

（23）延聘日本军事教官案之经过

此案业详四月份工作报告。五月十四日接日本代办函，以四路要塞司令部雇聘日本大尉二人，下士五人事，日政府已在进行中等语。已据咨军政部。

（24）日人殴毙马洪成案之经过

此案近据青岛市政府函：以青岛市车夫马洪成被日人小谷太一郎等殴毙一案，久悬未决，请为交涉等因。业经本部商请日方电驻青日领办理，并训令视察专员崔士杰斟酌情形，就近会商市政府，酌定恤款数目，妥与日领商结。

（25）日本渔船入我领海侵渔案之经过

此案业详四月份工作报告。五月四日据青岛市商会电：以青岛渔业股份有限公司已于五月一日早正式开市交易，请贯彻五月一日取缔外轮在我领海捕鱼之明令等语。本部以日轮不得在我领海捕鱼，日方亦所承认。至取缔日本渔轮，不得以中国港为根据地一节，日方援引山东条约既得权之规定，要求继续，现已据理驳复。在此交涉期间，故商准财政、实业两部，暂缓实行。已电复该商会知照。又浙江省政府迭次来咨：以日轮在江浙所辖佘山浪岗海礁洋面及象石海面侵渔，请为交涉。业经将本案办理情形咨复，并请其将侵渔事实翔实咨部，以资交涉。

（四）关于主管事务之计划事项

无。

（五）关于与主管事务有关事项

无。

(六)附表

无。

5. 外交部1931年6月份工作报告(1931年6月)

外交部二十年六月份工作报告

(一)关于法令事项

无。

(二)关于交办事项

(甲)中央党部交件

事由	交办处所	交办		限期		办理情形	备考
		月	日	月	日		
日轮益进丸撞沉许惠源帆船一案,据浙江省执行委员会呈请严重交涉,奉批交本部办理。	中央执行委员会秘书处奉常务委员批交。	六	四	无		此案前据江苏省政府来咨,业经本部备文请日本代办转饬大连汽船会社,对于许惠源船货损失负责赔偿,尚未准复。已据复中央执行委员会秘书处查照。	
日使馆卫队在平操演一案,据河北省及天津市党务整理委员会呈请交涉,奉批交本部办理。		六	十	无		此案先据本部驻平档案保管处呈报,业经指令该处随时注意接洽阻止。已据复中央执行委员会秘书处查照。	

（乙）国民政府交件

事由	交办处所	交办		限期		办理情形	备考
		月	日	月	日		
无							

（丙）主管院交件

事由	交办处所	交办		限期		办理情形	备考
		月	日	月	日		
国府交办安徽全省商联会电陈：务祈坚持卢布赎路以偿损失。	行政院秘书处函奉谕交。	六	六	无		业函复：已汇案抄送莫代表。	
海关缉私界程规定十二里，仰转向各国政府宣告。	行政院。	五	廿六	无		奉令后遵即照会驻华各使，请转行知照。	
朱庆澜等呈送繁荣北平市计划，请采择施行案。	行政院秘书处奉谕交。	六	二			现正研究该计划中关于本部主管各项。	
上海租界房客总会请收回法公廨案。	同上。	六	四			查改组上海法租界会审公廨为中国法院一案，两国代表正在商订办法。	
汉文《天津日报》晚刊造谣一案，行政院准国	行政院训令。	六	十三	无		已由本部备文，请日本代办迅取相当措置。	

事由	交办处所	交办		限期		办理情形	备考
		月	日	月	日		
府文官处函知中央交办宣传部呈请转饬禁止，令由本部办理。							

（三）关于主管事务之进行事项

（天）关于订立条约事项

（1）商订中国多明尼加通商航海条约案

此案前据驻古巴公使凌冰电称：多国驻古巴公使奉该国政府之命，面请商订两国通商条约，可否进行，请核示等情。当经本部电令该公使调查旅多华侨人数及工商业状况，以凭核办去后。嗣据复称旅多侨民约计一千余人等语。已由本部根据平等互惠之原则拟具约稿，于本月十二日令交该公使查收，据向多方商订矣。

（2）中国土耳其订约案（续本年三月份）

此案最近准驻华土代办面交该国政府答案，经本部与该代表迭次开会讨论，酌予修改，缮具答案，已由该代办转寄该国政府。

（地）关于批准条约事项

（1）批准中国波兰友好通商航海条约及附加议定书案（续本年五月份）

奉行政院训令，以该约附加议定书业经国民政府会议议决批准。经据照会驻华波兰代表，一面缮具该约及附加议定书全文，并将发生效力日期呈请行政院转呈备案，并予公布。

（玄）关于解释条约事项

（1）英商联和轮船拒绝江宁地方法院拘捕该轮茶房华人陈大山案

本部据江宁地方法院检察处来函：以英商怡和洋行联和轮茶房陈大山犯贩土嫌疑，该轮以未奉英领通知为理由，拒绝交出该犯，依约应否先向英领通谍再行拘捕，请核复等语。业以中英天津条约第二十一款订明"通商各口倘有中国犯罪人民潜匿英国船中房屋，一经中国官员照会领事官，即行交出，不得隐匿袒庇"等语，该茶房陈大山身犯贩土嫌疑，托庇外轮抗传不到，情同潜匿，现当管辖在华外人实施条例尚未施行以前，仍宜暂照向例办理，备就拘票，将拘提时日、所拘何人、所匿何轮，先期通知驻京英国领事，届时前往拘提，但勿令英国领事会签拘票等语，函复该处知照矣。

（黄）关于征税事项

（1）外商拒缴营业税案

湘鄂等省举办营业税，英美法日侨商拒绝缴纳，本部准财政部及湘鄂省政府咨请，照会驻华有关系各国公使转饬各该国侨商一体照缴，以维税政。业经本部以本国裁厘后，各省收入减少，举办营业税以资抵补，前经财政部拟具各省征收营业税大纲九条及补充办法十三条，呈准通行各省并经中央政治会议通过各在案，此项税收原以抵补裁撤厘金之损失，既不背征税原则，于国计商情又两有补益，且对于中外商民待遇一律平等等语，分别照会转饬遵缴，并已呈复行政院。

（2）英使因江海关废止存票问题请退还经过大连重税案

进行经过：英使节略称：本年二月三日江海关公布，所有对于外国货物已付进口税、预备复出口至中外各埠者发给存票之制度，自四月一日起废止，但未对于各项已付税之货物，预备自上海经过大连转运满洲者特别声叙，以致有甚多商人不知此项货物在四月一日以后如不付第二次进口税，即不准假道大连运入满洲或复行运进上海。兹将各英商运货至哈尔滨经过上开途程而被令照付第二次进口税者开送查阅，请训令各该管海关将此项重复税款一律退还等因。经咨准财政部核复称：存票制度未取消时，所有复出口运往大连之进口洋货，一律予以退税，因大连租借地系属无税区域，故海关对于复运大连之洋货亦按复运外洋者同一待遇，享受退税利益。至洋货于复出口后再由外洋运入国内，向来照征进口税。是存票办法取消后，所有由大连复行运入国内各地之洋货,应予征税系属当然之事。此次英使所开英商运往哈尔滨之货物,其所付之进口税系属应纳税项,碍难发还,其由大连运回上海之货物如能验明确系原货并未改装,姑念该商系将该货退回原关,准予通融免税,以后不能为例。等因。已略复英使查照。

（3）英使请将亚细亚公司在津洋烛运单准予展限案

进行经过:英使节略称:英商亚细亚煤油公司,去年一月五月间依照机制洋货特别待遇,取得海关免税执照,将其沪厂制造之洋烛八百二十五箱,分批运入天津,抵津以后转运内地。应照章开明地点,向津海关请求发给运单,而该公司以未曾觅获主顾延未办理。查运单之发给应在距发给免税执照后一年以内,如过期,津海关向给该公司以一相当延期,但本届津海关则谓须向中央政府呈请办理,是以拟请转行主管机关准予展限。等因。已咨财政部查照办理。

（4）英使请停办河北省产销税案

进行经过:英使节略称:据报告,河北省将开办全省产销税,果尔,恐将摧残商务而复兴已废之厘金,且以海关新出口税税则之将实行,再加以是项产销税,必使河北商务地位较之有厘金时代为更劣,希望中国政府将河北省之产销税即行取消,否则应请订立一种办法,以省烦扰。等因。已咨行财政部核办。

（宇）关于设领事项

（1）增设驻西雅图领事分馆

进行经过:查美国西雅图一埠,商务繁盛,侨民众多,并有直航轮船来华,曾于前年呈准设立领馆在案。兹已商准美外部同意,拟即派员前往开馆。

（宙）关于侨务事项

（1）和属打拿根火灾案（续）

进行经过:旋奉行政院秘书处函交,以打拿根分部函陈该处被灾华侨已渐次复业,可免赈济,惟迁埠事恳切实交涉,奉谕交办,抄检原件,函请查照等因。经令驻三宝垄领事查明,分别交涉办理报部,并函复行政院秘书处转陈。又准内政部咨以赈灾案，经内、外、财三部代表会议决议，由财政部查照前次拟定办法发给三万元。现已由财政部饬司照发到部，业由内政部主稿，会同财政部及本部函复行政院秘书处转陈。又准行政院秘书处函据打拿根支部暨善后委员会电请赈济，并据该领电请速赈等因。又据陈报，辖内三马林达地方被火灾情甚烈，请拟款赈济，等情。当将原请国币三万元分半赈济两处，汇令公平发放，并函行政院秘书处转陈，又分函内政部备案。据电称，该款三万元已领到，遵即饬知各该埠负责机关克日造册具报到馆，以凭发放。关于交涉一节，屡经要求迅速解决。

（2）查禁青田小贩出洋案

进行经过：准上海市政府咨：据市公安局呈称：本局所发护照，自一月迄今青田人赴欧经商已达二百，大都言语不通，旅费微少，日后能否不致流落，殊难断言，拟将此项无资本出国经商之护照一律停发。已指令如拟办理，咨请查核，等因。经本部以无业人民朦混出洋、穷蹙流落情形前据驻德法各使馆迭次陈报，业经转行查禁各在案，值此世界失业问题紧张之际，尤应严加限制，以免无知小贩流落异邦贻羞国体，杜包运诱骗之弊，经通行国内各发照机关一律停发此项护照，并咨复上海市政府。

（3）驻外各使领馆举办华侨登记案（密）

总述：查华侨登记在前清以迄民国北京政府时代，各使领馆已有举办者，朝鲜及日本方面谓之籍牌，其他各地则曰注册，徒以斯时办法纷歧，各馆奉行不力遂难普遍实施。迨本部成立，即经筹议及此，所有华侨登记规则于上年一月经中央执行委员会常会通过，并由本部制定华侨登记办事细则及请求书、登记证式样同时公布，随将办理登记应需费用造具预算呈奉行政院会议通过。惟因经费无着，登记印花迄未领到，迁延至九月，由财政部发给印花十四万元，当即将登记证、请求书及印花等分寄各馆，饬其切实举办。

进行经过：各馆自奉到本部通令后，即经陆续开办，惟同时发生种种困难,概括为下列三点:(一)办理登记费用问题;(二)贴用照片问题;(三)和属各埠土生华侨注册问题。经先后呈请救济,当经本部与财政部商定,在所收印花费内扣提二成,作为各该馆办理登记费用。至贴用照片一项,为规则所订定本属无可通融,惟各该馆既一再签请,当确有困难不得不酌予变通,即经规定地方偏僻、附近未设照相馆或农工贫苦无力摄制照片者,暂均豁免,此外仍应照章贴用,以重法令。又土生华侨登记一节,该侨民情殷内向来馆请求登记,自应予以照准,并应密存勿泄,当不致引起纠纷。经分别指令遵照。复以各馆呈缴已填就之登记请求书及报解印花费办法参差,经通令请求书应按月呈送一次,印花费应每三个月报解一次,以昭划一,而符定章。

结论:此案截至本年六月底止,业据各馆先后将填就登记请求书等呈报在案。此后如不再发生其他问题,当不难推行尽利也。

（洪）关于公会事项

（1）参加国际统计学院第二十次会议案

进行经过:准西嘎使照称:国际统计学院第二十次会议,定于本年九月间在马得里举行,请派代表参加等因。当经函达国府主计处核办。旋准复称:经呈奉国府令派本处主计官兼统计局局长刘大钧为出席会议代表等因,并奉行政院转奉国府令同前因。复经照复西嘎使查照,并令行驻西代办王麟阁接洽。

（2）加入海上人命安全公约案（续三月份）

进行经过:嗣准英蓝使来照:以表示赞成约内修正船舶冲撞章程之国尚不甚多,故欲使各国自七月一日起一律实行,似已无望。多数国家,既尚无如期实行之准备,拟请中国政府将实行之期展缓,俟将来另订日期再行办理等因。经即分咨海军、交通两部查照。

（荒）关于禁令事项

（1）交涉德京演映中国共党反宣传影片案

进行经过:准中央执行委员会秘书处来函:以中国共产党摄制反宣传影片,在柏林演放,对我政府肆行侮辱,奉常务委员批交外交部切实交涉,函达查照办理等因。当经令行驻德使馆向德外部切实交涉查禁去后,旋据复称:蓝快车影片前向德外部正式抗议,嗣准德外部照复已将有碍中国感情之处转饬裁剪。又德共党主办之戏院排演太阳醒了一幕,当由本馆派员调查并向德外部口头抗议,旋由德外部电话通知业已停演,抄呈来往照会,恳转函查照等情。经抄同原件,函请中执委会秘书处查照转陈。

(2)颁行查验外人入境护照规则案(续五月份)

进行经过:(一)咨内政部及各关系省市政府,查验外人入境护照,由海关协助,并经咨由财政部转饬会商办理,请查照饬属遵办。(二)准内政部咨称:欧亚航空以满洲里为第一降落地点,似应按照查验护照规则办理,请主稿会呈行政院核示等因。经复以满洲里本已设有护照检查所,兹拟添设航空检查,系事务之扩充,非地点之增加,似可无庸会呈以省手续,并由部函请东省特区行政长官公署转饬遵照切实办理。(三)据驻吉林特派员电称:吉省虎林、抚远、东宁、密山各县,均与俄境毗连,和龙县之开山屯亦为外人入境要道,应否添设检查处所,请示遵,等情。经复以各县如果认为应设置护照检查所,即可作为绥芬河、延吉、珲春等处之分所,由地方官署派员办理。

(日)关于英国部份庚款之退还事项

(1)奉行政院令发伦敦购料委员会主席施肇基等简任状六件到部,当即检同原件令发驻英施公使查收转发,并分别呈复及照会驻华英蓝使知照。

(2)据驻英施公使来呈,略称购料委员会于本年四月二十九日在伦敦中国公使馆举行第一次会议,决议如下:(一)应聘请一有公务文牍经验及有法律财政知识者,为本会秘书;(二)委员会购料应公开招标投标者,不得以在华经理之佣费包含于价格之内;(三)本委员会应有干事(Director)一人,派王景春博士为本会干事,年薪英金二千二百镑,自本年五月一日起支薪等情到部。经即函达管理中英庚款董事会查照。

（3）据驻英施公使及王景春电称：在最近六个月及一年间，各机关订购材料应需之约略总值请电示，以便支配款项等语。当即分函管理中央庚款董事会及铁道部查明见复。

（4）准英蓝使函，称应付香港大学之赠款连同自三月三日起之利息，共计英金二六六〇〇一镑十八先令四便士，应付董事会之期款连同利息共五一八〇六镑十二先令，及应交伦敦购料委员会之款第一批共五二四八三镑十七先令八便士，第二批三五〇四一二二镑七先令七便士，均已分别拨汇等语。经即函达管理中英庚款董事会查照，至购料委员会收到数目是否与英使所开相符，已电驻英施公使查核报部。

（月）关于情报事项

（1）情报工作案

本月招待新闻界两次，广播报告最近外交形势一次，国内重要政情经分电驻英美德日等使馆转其他各使领馆与编寄各馆时事周报各四次，书面发表新闻稿英文三件，中文分特式、正式、非正式三类计三十七件，内中波条约附议定书一件，法权进行事项二件，报告事项二件，对日事项二件，对俄事项八件，其他各国事项一件，国际事项五件，侨务状况三件，中外使领及奉派人员消息三件，杂项九件。

（2）领馆分呈报告须遵守规则办理案

进行之经过：准六月十二日内政部咨，称据元山副领馆呈送管内两道调查报告，请转饬陆续造送其他驻外各使领馆嗣后凡有关于侨务报告表件，统令分送一份等因。查本部现行使领馆报告规则，仅规定各领馆关涉商务、侨务之报告应分呈工商部（即现在实业部）。元山副领馆此次将报告分呈内政部，于规则并无根据，内政部并欲通令各使馆亦逐件分送，则尤与规则径庭。除已咨复该部于章不合，未便照办，并允将关涉侨务之报告表件等嗣后可随时择要录送外，并已令知元山副领馆以后分呈报告时仍应恪遵规则办理。

（3）日美报章误载军事消息案

总述：本月二十日准陆海空军总司令行营主任来函，略以上海日日新闻载有本月六日何部长应钦在南昌遇匪行刺受伤及临江于九日夜被赤匪彭德怀占领两项消息，均属无稽造谣。关于第一项之消息，上海大美晚报亦有同样之记载，检送原件请并案办理到部。当查大美晚报本月十一日登载该项消息后，次日（十二日）即有"何部长并未受伤"大字之纠正，是该报对于此项消息已有自行否认之表示。至日日新闻方面前以登载谰言，业经本部提请日本代办转行取缔，兹准该代办复称在战时或时局纠纷之际，情报复杂，难免有误传失实之处，但绝非故意扰乱，对于该社已予警告等语。兹再由司径行函致该报社严加警告，尚未据复。已将大美晚报否认前说之消息原文先行函送总司令行营察照。又本月七日上海每日新闻短评语涉中国军事，有宣传共产嫌疑，亦去函严重警告。

（4）抄送各部会驻外使领馆报告暨各项特殊消息案

总述：本部逐日所接各项情报，除随时编译择要发表新闻外，所有驻外使领馆寄到各项重要定期报告，须择尤分别抄送中央有关系各部会参考，并将所得各种特殊消息随时核阅，抄送南北各新闻机关，以资传布而祛误解。本月抄送各部会使领馆报告，计实业部七件，国民政府文官处七件，中央侨务委员会三件，其特殊消息抄送各新闻机关者，计关于英国化学制造应用器品展览会事一件，关于中苏消息二件。

（5）恢复纽约时报驻华访员发电特权案（续三月份）

进行之经过：查此案本已终结，旋以该访员亚本忽致函沪上各英报，谓前次来函系对于彼此之误会，道其歉忱，并非承认造谣，且云纽约时报驻华访员常以正确消息供给，其雇主发表纽纳时报关于此案之评论，谓中国政府以前请美使驱逐亚本，现亦自觉未妥，故特设法恢复其访员之特权等语。文饰其非，故为曲解。乃检查旧卷，将十八年六月十七日部致美使声请驱逐亚本照会内所举该访员发布关于我国最高当局显然失实之消息两则披露报章，以正其妄，并正式申告本国政府现仍维持原有见解，以根据亚本造谣诬谤之事实，所拟驱逐出境为正当办法，一面并函商交通部对于亚本之新闻发电执照（Press card）暂缓发给。

嗣复据表明态度,误会冰释,乃于本月二十四日又经函达交通部照发在案。

(6)参谋本部暂托驻外各馆兼任军事调查案(密)

进行之经过:此案前准参谋本部咨,称驻外武官因经费关系尚未实行派遣,拟制就国外陆海空军调查表,由本部转令驻外各使领馆暂兼调查等因。本部以未悉该调查表内容,当经函复先将各表送部查阅再行核办。旋准该部函送调查表两种到部,细阅各该表所列条目甚为繁颐,事涉军事专门,使领各馆能否为该项调查之适宜机关,殊难臆断,惟该部既称军事重要调查不能延缓,自又不得不委曲变通藉期兼顾,因特一面附表通令各馆斟酌办理,并一面函复该部查照。现已陆续据驻葡、驻芬兰、驻印度各使领馆呈复到部,并已先后转达参谋本部在案。

(盈)关于交涉事项

(1)驻赤塔领事呈送旅莫华侨张殿中等被捕各案请设法交涉案之经过(续二月份)

此案据驻赤塔领事呈送旅莫华侨张殿中被捕各案,以不在管辖区域,请设法与苏联交涉。业经令复以苏联远东以外华侨保护事宜迭经令由驻辽宁特派员提向苏领商洽,迄无结果,现在由德大使代为保护办法亦已终止,所有张殿中等被捕各案,应由该领酌商苏联交涉员转行办理。

(2)交涉释放李修行等被俄扣留案之经过(续四月份)

此案近迭据李书桓来呈并到部面称,以得友人来信,云伊父李修行被囚于度拉汗四克,伊兄李文田则已瘐死五进子狱中,恳请向俄从速交涉等情。已由部再函莫代表查酌,提向俄方交涉。

(3)交涉释放邹振普案之经过(续五月份)

此案据旅崴侨民代表李英洲等呈请严重交涉,已由部据令驻海参崴总领事提向俄方催询办理。嗣复据邹绍峰呈,称伊兄邹振普在狱饮食不充,自上年二月被捕之日起截至本年五月十日止,向由德领馆每月具领日金四十元作为每星期送饭之资,现德领已声明由五月十日以后不再供给,拟请令行驻崴总领事查照德领办法,按月接济等情,复由部据令驻海参崴总领事查明,酌拟办法报部核办。

(4)交涉令俄赔偿卢布损失案之经过(续五月份)

此案准财政部并行政院秘书处先后来函,以据安徽全省商联会电称:中俄会议乞坚持卢布赎路,以偿损失,等因。已分别函复:业经汇案抄送莫代表。

(5)交涉苏联对于华侨勒索苛捐案之经过(续五月份)

此案据哈尔滨市商会呈:据旅海参崴华侨姚富贵、梁廷仁等为苏俄捐税繁重、侨民产业无法保全,恳请政府饬令莫全权严重交涉等情,并准东北政务委员会咨转前情,业由部据函莫代表汇案核办。嗣据驻海参崴总领事呈报,华侨在崴房产因税捐繁重自愿放弃,呈请核示。当由部指令该领仰再向苏方严重抗议,请其取销重捐,一面征询侨民意见,将房产估定最低价额,俟苏方不允取销重捐时,即与商洽核减,本年税捐请其备价收买,惟须用外金,并准将款汇兑出境,如此节亦难办到,则或将苏方在华如哈尔滨等处房产与之交换作为最后办法,若得苏方同意,可径与驻吉林特派员会商办理。旋又准莫代表复电称喀氏已允注意,复由部据令驻海参崴总领事趁机向苏方交涉办理。

(6)交涉东路商务委员会张敏凯等拟装煤油运沪销售案之经过

据本部驻沪办事处电:据东路商务委员会张敏凯偕该路转运部俄员 Vandesen 称,拟由黑海装煤挂苏俄旗运沪销售等语。本部以中俄协定东路并无兼营商业之规定,该张敏凯等是否路局所派,东路向来是否兼营商业,已电东路督办公署详查电复。

(7)交涉李善永、高升瀛二人房产因苏联垫用修理各费过巨未允发还案之经过

据驻海参崴总领事呈报交涉发还冲突期间俄官没收华侨房产经过情形,并称尚有李善永、高升瀛二人房产因苏联垫用修理各费过巨,未允发还,请示办法等情。已令复以苏联官厅既经垫款修理,若不给予相当补偿,势难即将房产发还,仰察酌实在情形,酌定修理用费数目,提向

苏方商洽,饬令房主缴纳,以资结案。

(8)交涉释放华籍俄人温格尔牙哥夫等被俄捕禁案之经过

准陆海空军总司令部函,称据华籍俄人温格尔阿列克等呈,为氏夫温格尔牙哥夫等于十八年被苏俄捕禁,恳转令交涉释放,函移核办等因。已由部据令驻赤塔领事查明交涉释放。

(9)中苏彼此保护利益事项(续二月份)

准驻德使馆电:德外部照会苏联,已接收驻华使馆,请令勾随员退出德使馆等情。本部以苏联接收驻华使馆虽经苏领与本部驻辽宁特派员接洽,但未经我方同意,业由部电令驻德使馆照复德政府,声明对于苏联在华公产中国政府于必要时当取适当办法,并请该政府电德大使知照苏联政府代觅相当房屋,一面电令勾随员仍以原职暂留莫京,保管使馆文卷公产。

(10)多布洛那吉等呈请对于俄亚银行不得以低价出售案之经过

据哈尔滨俄亚银行存户团体代表多布洛那吉等呈:请对于俄亚银行不得以日金四十二万五千元以下之代价出售等情,业由部据函财政部转饬酌核办理。

(11)检查沪崎水线案之经过

此案业详五月份工作报告。六月三日据日本代办略复以此事已报告政府请示等语,当经译录原文转咨交通部查照。嗣据交通部咨称:上海大东、大北、太平洋三公司水线电报,早经实行检查,惟沪崎水线仍未照办,请转催迅为办理等因。复经本部函请日方转达该政府早日见复。

(12)检举台湾籍民违犯烟禁案之经过

此案业详五月份工作报告。六月四日据福建省政府咨以关于检举籍民烟案,日领仍以交还福泰烟土为要挟,请为交涉。已据函日本代办转饬日领按照前定办法,会同检举。最近复据禁烟委员会咨请提出交涉,业将办理情形咨复查照。

(13)江海关扣留日本关东厅专卖局鸦片案之经过

此案业详五月份工作报告。近日方来部催询,已再咨财政部迅予查复。

（14）日轮益进丸撞沉许惠源帆船案之经过

此案业详五月份工作报告。六月十二日据浙江省政府咨请交涉，责令赔偿。已将交涉情形咨复查照。

（15）胶济路中日土地问题案之经过

此案业详四月份工作报告。近据日本代办照称现正调查关于其间权利关系之变更等事务，使从速竣事以便开始交涉等语，已据咨铁道部。

（16）禁止日商贩运华盐案之经过

此案业详五月份工作报告。近据驻清津领事呈复盐斤运鲜舞弊情形到部，已据行财政部。

（17）日使馆卫队在平操演案之经过

此案据本部北平档案保管处呈报，六月一日日使馆卫队一百二三十人径赴朝阳门外野操，警察拦阻不听，经派员前往交涉，据该馆参赞称，已有函致卫戍司令部，此时操演将毕，即派人赴城外阻止亦恐无及等情。已由本部指令该处，嗣后日军操演如未得地方该管官厅许可时，仍应随时注意接洽阻止。

（18）日本军官骑车伤人殴警案之经过

六月二日驻津日本军官某骑自行车，行经一区六所地界将老妇关双氏撞倒轧伤，岗警李德桂上前查询，反受殴击昏倒。经天津市公安局派员向日军司令部交涉，提出惩凶、道歉、赔偿、保证四款，该司令部不独拒绝我方所提条件，反提出无理要求。嗣经天津市政府向日领交涉，结果日方承认：一、被害人之医药费，由肇事者负担，并表示歉意；二、二区六所代表与日本宪兵队长在肇事地点会面，由彼表示歉意，嗣后当特别注意取缔，希望中国区所亦顾全友谊予以注意；三、随后由日领馆派员到市府表示歉意，希望两国感情益加和好，并望中国予以注意。由天津市政府电请核复。本部电复以此事责在日方，如二三两项后段所载我方注意等字句，彼允删去可予结案。嗣接该市府电称，此案已照本部意旨于二十三日解决。

（19）上海日人汽车轧毙人命案之经过

此案据宁波旅沪同乡会函，以甬人陈槐卿之子金官于上年十一月二十二日在上海虹口被日人森村汽车辗伤殒命，经上海市政府向日领交涉，日领规避责任，仅允出洋五十元以恤遗族，请为交涉等情。本部以上海工部局对于此事何以未予起诉，肇事责任究属何方，已函请上海市政府查复，以凭核办。

（20）延聘日本军事教官案之经过

此案业详五月份工作报告。近迭据日本代办照称：关于四路要塞司令部工兵队聘请日本陆军将校二名、下士五名，又将校四名、下士八名，及军用鸽教官陆军下士一名，已由日本首途，请于到达时即与订立必要之契约等语。已转行军政部查照办理。

（21）日人设立天理教堂案之经过

日人宫野三夫在杭州市内涌金门直街设立天理教堂，浙江省政府以该日人既未领有护照，又不遵令出境，应否依照查验外人入境护照规则第四、五两条及同规则施行细则第四条办理，电请核示。本部已电复以日人前往我国通商口岸向无需护照，该项规则及施行细则自不适用，惟来华传教向未允许，该宫野三夫在杭设立教堂应知照日领禁止。

（22）日舰擅入内河案之经过

此案据江苏省政府咨，称五月十八日下午三时日本巡洋舰芙蓉号由灌河口经双港直驶响水口，沿途摄影、停泊约十余分钟，嗣将日旗收下启碇出口，请为交涉等因。本部以日舰未得中国许可擅行驶入内河，且复沿途摄影，实属违背国际惯例，蔑视中国主权，已备文向日本代办提出抗议，请其转达日本政府，严饬日本军舰嗣后勿再擅行驶入中国内河。

（23）天津海河工程局工人罢工案之经过

此案据日本代办照称天津海河工程局工人罢工，该局雇用外人有受工人暴行情事，请转行保护等语。已由本部照复，以此事据天津市政府来电,工人方面尚无越轨行动,现正由党政机关开导,即可解决。

（24）日本购买青岛盐案之经过

此案业详三月份工作报告。近据财政部咨,以日本专卖局对于永裕公司提出之二十年度价格书,迁延日久,不予审定,请向日本政府交涉等因。已由本部函请日本代办转达该国政府,务令专卖局对于二十年度青盐之价格数量以及交货方法,务必容纳该公司主张,速予决定。

（25）日商拒纳营业税案之经过

此案迭据湖南、湖北省政府及青岛市政府先后咨,以日商不愿缴纳营业税,请照会日使转饬日商一律遵章纳税等因。已照请日本代办转饬日商遵照缴纳。

（26）日人在满洲组织自主同盟会案之经过

此案据报载东三省日侨近有组织全满日人自主同盟之举,又该同盟决议案,如闭锁沈海路叉点,中止打通线运转,反对撤废领事裁判权,拒绝中国征收棉纱布等统税等情事。已照请日本代办转达该国政府予以注意,采取必要处置。

（27）废止日本对华文化事业协定及换文案之经过

此案业详四月份工作报告。近据驻日汪公使电,以此事迭经磋商币原,仍希望双方各派员三名在东京商议,往复辩论,彼允中国方面员数不妨增至五人,惟地点仍在东京。本部以员数五人可同意,惟地点仍应在南京或上海,已电令再向币原商洽。

（28）抚顺煤筋加税案之经过

抚顺煤筋向系每吨纳出口税银一钱,近中国海关施行新税率,日本认为违反协定提出抗议。业经本部据理驳复,并请其转知该国煤筋输出业者,一体遵照新出口税率缴纳税款。

（29）青岛观象台日员交代案之经过

此案业详二月份工作报告。近据青岛市政府函请继续交涉迅速解决,已据函日本代办查照本部上次去函迅予办理,并早日见复。

（30）日本渔船入我领海侵渔案之经过

此案业详五月份工作报告。六月五日接日本代办节略,以日本公使馆根据现行条约之规定,希望日本小型船舶及渔船继续从事于正当业务,实盼望中国政府继续维持在现行国际间大多数国家所采用之制度,此项希望极为合宜于中国,国法上并不发生何等障碍等语。业经备文驳复。近准行政院秘书处函,称此事经国务会议决议,交外交、实业、财政三部定期实行禁令等因,现正由本部会同实业、财政两部派员商议定期实行禁令办法。

(31)工人顾金根被美水兵及勿司枪杀案之经过

顾金根系上海泰昌建筑公司之工人,于四月二十二日在虹口工作场所被住居该处之美水兵及勿司枪杀。本部据死者之弟顾阿五呈诉前来,经向上海特区地方法院检察处调阅检验笔录后,即根据枪杀事实与凶手口供,照会美使请将该水兵依法惩治,并从优抚恤死者顾金根之家属。

(32)驻华土耳其代办以所接电报被查请设法制止案

此案本部准土代办来函,经据函准交通部咨复:业转饬主管机关对于该代办往来电报勿再检查,以符国际惯例。

(33)波兰侨商 Harry Puchs 与捷克公司经理法国人 Laurent 发生债务纠葛案

据波兰侨商 Harry Puchs 呈称:沈阳法国领事对该侨商与捷克公司经理法国人 Laurent 发生债务纠葛一案,竟开庭判决,实属破坏中国法权等情。经批复:关于该法国人之经理资格,按照中捷条约,应向中国法院起诉。

(34)商民李荫庭船被美舰撞毁溺毙人命案之经过

此案发生于一九二五年七月三日芜湖附近江面,迭经前特派安徽交涉员向美方一再交涉,经美国国务会议议决,拟给美金二千一百九十九元七角六分作为赔偿一切损失。兹准美使馆照送该赔款开具支票一纸到部,本部即将上项支票令交驻沪办事处,转给李荫庭之继承人李作汉承领,取具收据呈送来部,以凭转送。

（35）洋车夫王二格被美国提督卫兵汽车轧毙案之经过

此案发生于民国十六年一月间北平东交民巷，本部迭向美使馆交涉，经美国国会议决，拨给王二格抚恤费计美金八百七十五元，分期交付。复经本部照会美使要求一次付清，兹准复称拟于此款内立拨殡葬费二百五十元，另付庙内停灵租金，并由付款之日至本年十一月间每月二十元之总数一并交付其家属，余款购买十四年公债票交中国银行代为保管，按期给息等因。本部认为尚属稳固，除照复赞同并函北平中国银行接洽外，咨请北平市政府查照，转知死者王二格之家属。

（36）福建上杭、永定两县浸信会被共党毁坏并抢劫案之经过

此案发生于一九二九年十一月间，福建省政府以准驻厦美领事函请赔偿，咨请核复等由到部。本部以依国际惯例应由该教会诉请主管官厅依法缉匪追贼，政府不负赔偿责任，咨复福建省政府查照转复。

（37）美教士陶华胜在四川秀山县霸买民房案

据四川秀山县公民刘植轩呈诉美教士陶华胜霸买房屋，恳转饬毁约退产，以全民生等情。本部咨请四川省政府，转饬查明，依法办理。

（38）拒绝外人赴我国西北各地考察案之经过

准教育部咨转古物保管委员会呈报拒绝安得思继续赴蒙采集，并以中国政府既已组织西陲学术考查团，自行前往西北各地作种种学术上考查，在此期间内自无允许外人再往工作之必要，请转咨外交部通令驻外各使馆知照等由。本部令行驻外各使馆遵照接洽，并咨复教育部查照。

（39）交涉上海中华国产联合大商场被封事

接实业部及上海各团体电，称中华国产联合大商场于本月九日突被工部局捕房勒令停业，并擅拘职员，请交涉等语。当即令饬本部驻沪办事处就近会同有关各机关办理，并电复知照。

（40）引渡巨匪支小桃案

总述：江北巨匪支小桃在盐城一带犯案垒垒，逃匿上海法租界，经江苏绥靖督办公署派员缉获，寄押法公廨卢家湾捕房，并派员守提

归案惩办，乃该租界当局一再延判，迄未将该犯移交，于是发生引渡之交涉。

进行经过：江苏绥靖督办张之江于四月二十六日来电，请向法公廨交涉，速将该犯引渡。本部当据情电饬驻沪办事处，径向法公廨就近接洽。乃该案始以该犯不服初审判决，提起上诉，法公廨以尚须依法审理为辞，未即移交。旋又以庭审之期适值例假，改迟开审。及期开审，因被告律师有事不克出庭，再行改期。迨至五月二十二日开讯时，该公廨又准被告律师请求展期。其一再延宕，显系故意阻挠，而会审该案之法副领事坚执不允移交。本部一面严饬驻沪办事处，再向法廨接洽，并向法总事据理力争，一面略请法国使馆迅饬该副领事勿得从中阻挠，速予移交。

结论：本案经积极交涉后，法公廨遂于六月十二日下午宣告判决，准将支小桃引渡归案，于十六日晨正式移解，交由江苏绥靖督办公署提去矣。

（四）关于主管事务之计划事项

无。

（五）关于与主管事务有关事项

无。

（六）附表

无。

中国第二历史档案馆藏行政院档案

6. 外交部 1931 年 7 月份工作报告（1931 年 7 月）

外交部二十年七月份工作报告

（一）关于法令事项

无。

（二）关于交办事项

（甲）中央党部交件

事由	交办处所	交办		限期		办理情形	备考
		月	日	月	日		
驻青日本副领事五百木元，因路局扣留日人私运潍县秦汉砖瓦事，对我政府有不当之批评，青岛特别市党务指导委员会以该副领事言语失态，有损国民政府之尊严，呈请中央转饬交涉，奉批交本部核办。	中央执行委员会秘书处奉常务委员批交。	七	四	无		已由本部面告日方，转饬该副领事嗣后务须注意。	
汉口日租界码头工人周春山等，以驻汉日领禁止华工在汉口日租界一二三码头起卸华商货物，并唆使其海军摧残华船华工，呈请中央	中央执行委员会秘书处奉常务委员批交。	七	二	无		已令饬本部视察专员周泽春就近查明具复。	

事由	交办处所	交办		限期		办理情形	备考
		月	日	月	日		
执行委员会迅予收回租界,奉批交本部核办。							
中华民国医药学会以日本在我国内施行对华文化事业之职权,虽经教育当局消极抵制,而日方竟违法进行,呈请中央执行委员会速定方针,向日交涉一案,奉批交本部办理。	中央执行委员会秘书处奉常务委员批交。	七	八	无		已函复:此案现正由本部积极交涉。	
万宝山鲜人强种稻田案。	中央执行委员会秘书处奉常务委员批交。	七	一	无		详关于主管事务之进行事项。	
万宝山鲜人强种稻田案。	同上。	七	十一	无		同上。	

续表

事由	交办处所	交办		限期		办理情形	备考
		月	日	月	日		
万宝山鲜人强种稻田案。	同上。	七	十三	无		同上。	
山西省执行委员会呈为苏联政府对华工汇带款项回国,用种种苛法侵没,甚且枪毙图逃之华工,请转饬抗议一案。	中央执行委员会秘书处函奉批交。	七	八	无		已由部据函莫代表酌核办理并函复矣。	
函商取缔日文上海日报及上海每日等新闻办法。	宣传部	七	六			本部准宣传部来函,即据复拟照会日使请其训诫并派员严重警告去后,旋据复称办法妥善,本部当即照办。	

(乙)国民政府交件

事由	交办处所	交办		限期		办理情形	备考
		月	日	月	日		
无							

(丙)主管院交件

事由	交办处所	交办		限期		办理情形	备考
		月	日	月	日		
山西省党部执行委员会电以中日铁路会议即将举行,请向日本交涉,在最短期内收回安奉铁路旅顺大连及满铁沿线行政权,并令其撤退驻兵一案,奉谕交外交、铁道两部核办。	行政院秘书处奉兼院长谕交。	七	六	无		已咨请铁道部核办,并函复行政院秘书处查照。	
行政院转据蔡郭景鸾电请核示处置五三烈士遗骸一案,奉兼院长谕:可在被难处所建塔保存,交内政、外交两部筹议。	行政院秘书处奉兼院长谕交。	七	十四	无		经咨准内政部复称:烈士遗骸自应遵谕在被难处所建塔保存,并于塔前设立蔡公纪念祠,以殉难诸烈士祔祀,以垂久远,咨商同意,等因。已函复:所拟办法完全赞同。	
万宝山鲜人强种稻田案	行政院秘书处奉兼院长谕交。	七	十五	无		已函复:本案办理情形,业经呈报有案。	

（三）关于主管事务之进行事项

（天）关于收回法权事项

（1）收回上海法租界会审公廨设立中国法院案

查关于收回上海法租界会审公廨、设立中国法院一案，前经本部于上年十一月十九日拟具协定草案，提交法使转达该国政府派员会商去后，旋准该使来部面称，拟派使馆参议赖歌德及驻上海总领事甘格兰为代表等语。本部当派欧美司司长徐谟，会同司法院所派代表吴昆吾，与法方代表商定《关于上海法租界内设置中国法院之协定》草案十四条换文稿一份，经本部审核认为可行，当令该员等代表本部于本月二十八日与法方代表在京正式签字，呈报行政院核转备案，并咨行司法行政部查照。

（地）关于收回租界事项

（1）交涉收回天津等处法租界案

查收回各地租界为本部本年度行政计划之一，法国在华租界计有上海、汉口、天津、沙面等处，法国迄无交还表示。本部因于本月十一日正式照会法使，请其转达法国政府，从速派员会商交收一切手续，尚未准复。

（玄）关于取缔外人租地建筑事项

（1）取缔外商火油公司租建油池及码头案

本部以外商火油公司在我国租地，建筑油池及码头，于居民安危及市政管理均有影响，且与条约上租建权之范围尤有关系，非严加取缔，不足以示限制而维主权。现已商准实业部同意，会同呈请行政院，通令各省市政府及地方军事长官，随时注意，切实取缔，凡未经中央核准径行准许租建之案及所订合同，一律无效。

（黄）关于批准条约事项（续本年六月份）

中国波兰友好通商航海条约及该条约附加议定书，业经两国政府先后批准，于本年七月九日起发生效力。业由部分别函令京外各机关对于该约及附加议定书内主管事项予以办理，并于七月十七日会同波兰代表将双方批准文件在京互换。均经先后呈报行政院转呈备案。

（宇）关于外领事项

（1）驻津外领推举领袖领事

进行经过：准天津市市长张学铭七月七日电：以准驻津德总领事贝斯函称，兹因美国驻津总领事兼领袖领事高斯回国，领袖领事改由该总领继任，已于六月二十九日就职等语。当以现正进行取消不平等条约，关于领袖公使或领袖领事等名称似难承认，本市美总领事高思前兼领袖领事在本市长任内始终未予承认，兹准德领函知，应否承认，或正式拒绝，请核示遵等因。当以按照国际通例，领袖领事除遇有典礼交际时可允推举代表外，倘以领袖名义接洽交涉事项，自应勿予承认，经电复该市政府查照。

（2）取缔旅华立陶宛及拉特维侨民自称该国代表并擅发护照事

进行经过：查近有立陶宛戏曲家夫妇两人由粤到京，持驻华立陶宛领事 Reitz 发给之护照，请求签证前往汉口，细察发照地点系在哈尔滨，按中立两国尚未订约，我国并未允许该国在哈埠设立领馆，前据驻哈特派员呈报调查各国驻哈领事表内亦无该国领事衔名，自应查明究竟哈埠有无立陶宛领馆，抑有其他发照机关。经令据驻哈特派员报称，立陶宛、拉特维等国均有人自称系该国代表，当地官厅均以普通侨民相待，本处亦向未接见该人，此次戏曲家夫妇两人所持护照，或系此人发给，应否取缔其发照，请核示遵等情。当以该立陶宛、拉特维与我国尚未订约，该侨民等何以妄称该国代表，尤不应签发护照，应先予警告，如果不遵，即令其出境，训令该特派员遵照办理，并分行各签证机关注意。

（宙）关于驻外领馆用品免税事项

（1）向英使交涉免纳仰光领馆用品进口税案

进行经过：据驻仰光领事呈报，本部所寄该馆官用物品二箱，仰光海关仍请纳税，实与领馆用品免税办法不符。经本部略致英使交涉，兹准复称，该管机关已取消要求进口税款等因。业经训令驻仰光领事遵照。

（2）印度加城对中国政府礼物征税经向英使交涉退还案

进行经过：前据驻印度总领事呈报，加尔各答海关对于蒙藏委员会赠送藏尼而寄由该总领事收转之礼物征收税款，请交涉退还等情。当经本部开具节略，请英使调查纠正。兹准英使复称，印度政府已令加城该管机关将驻印中国总领事已纳前项之税款予以退还等因。业经本部训令驻印度总领事遵照。

（洪）关于捐税事项

（1）浚浦局免征沿国内各口岸转运土货浚浦捐案

进行经过：据上海浚浦局局长呈称：查土货由通商口岸进口，其复进口半税业于本年一月一日起奉令一律停止，所有按照浚浦局章程由海关代征之由他口运沪及由沪运他口之土货浚浦捐拟请一律免征，以恤商艰而维国货等情。本部以事属可行，仍令候财政部核示。兹准财政部来咨，与本部意见相同，并定于七月二十日起将该项捐税一律免征。业经令饬该局长遵照。

（荒）关于侨务事项

（1）资遣留法勤工俭学生回国案

进行经过：此案于十八年二月据驻法使馆电陈该项学生困难情形，请筹款救济或资遣回国，旋经咨由教育部提出行政院第二十次会议议决应咨送回国，并经领事馆据驻法使馆查明人数及需费确数，并拟定资送办法，会同教育部呈请行政院批交财政部拨给五万元交部汇法，十八年九月奉指令照准，已令行财政部照案拨发，并由部咨催财政部速拨，本年七月又准教育部咨，据留法勤工俭学生归国代表廖弈呈要之困苦情形，请速拨款汇法俾该生等得以早日回国，该款已否如数汇法，及办理情形如何，咨请查明见复等因，本部以该款迄未准财政部咨拨过部，经咨复与教育部，会咨财政部催促办理。

（2）秘鲁政府取缔三等船客入境案

进行经过：据驻秘使馆呈报，五月二日秘政府颁布外人入境新例三款，对于三等船客来秘者取缔尤严，并将该项新例译呈来部。经分别转行国内各发照机关查照，并指令将来倘有藉端限制之事，仍应随时注意。

（日）关于公会事项

（1）呈请简派第十二届国际联合会大会代表案

进行经过：第十二届国联会大会定于九月七日在日来弗开会，经本部呈请行政院转呈国府简派代表届时前往出席，嗣奉国府令派施肇基、蒋作宾、王家桢为代表，复经本部分电国联代表办事处及国联秘书厅知照。

（2）国际联合会邀请参加国际裁军大会案

进行经过：据国联秘书厅来函，以国际裁军大会业经行政院议决于明年二月二日在日来弗开会，特具函邀请派遣代表赴会，并请将代表团组织情形通知等因。当经分函参谋本部、军政部、海军部查照。

（月）关于禁止外人入境事项

（1）颁行查验外人入境护照规则案（续六月份）

进行经过：（一）准威海卫管理专员公署电：据英领函询，该国学童由烟台回中国各地可否免用护照，即开具名单由该领签押作证，乞核示，等语。经复以英领提议办法暂准通融，惟成年学生须单独领照，又前往内地须补领内地游历护照。（二）准山东省政府咨：据烟台公安局呈据日领函请，对于该国商民护照不适用查验规则，咨请查核见复等因。经复以依照查验规则第六条之规定，则该规则第四条第三、四、五、六各款及第五条对于日本人仍应适用。（三）据思明县长电：据美、英两领声称，原住厦门外人如往他处游历，业经部定应准免费盖戳，原收加签印花一元，似应免收，请察核示遵等情。经复以免费盖戳办法，专为该外人往来通商口岸旅行便利而定，如果前往非通商口岸之内地游历，仍应依照向例加签收费。

（盈）关于情报事项

（1）万宝山韩侨强种耕田及韩境暴动惨杀华侨对外宣传案

总述：万案据吉林省政府报告，缘长春长农稻田公司经理郝永德本年三月间承租万宝山荒地五百晌，未俟县府批准，亦未呈报，遽转租于韩人李德熏等。韩人遽往耕种，挖掘水道二十余里，侵占民地，截流筑坝，逼水灌田，官民设法制止，驻长春日本领事派便衣警携带机关枪到场干涉，韩民恃此顽抗更甚。六月底工事将竣，被害农民忍无可忍，七月一日各持锹锄填塞水道，日警遽向民众开枪示威，旋复增警维护霸占，不允停止工作，同时各报张大其词，转谓我压迫韩农，激动韩人仇华。七月三日起遂有汉城、仁川、平壤、元山等处先后暴动、袭击华侨之事发生，暴动绵亘五日，华侨惨毙甚众，财产被毁无算。朝鲜官厅事前既未设法防止，临时又不严重取缔，正不知于保护友邦侨民之谓何。至万宝山地方本非韩民垦居区域，不得前往垦种，日警携带武器擅入内地，破坏公法，蔑视主权，尤为国际非常之事件。爰将事实真相除译播西报外，并撮要密电驻外各使馆向各界进行宣传，以期引起国际间扶持正义人道之同情。

（2）取缔日文报纸案

进行经过：本年七月六日中央宣传部函以上海日报暨上海每日新闻、上海日日新闻等日文报造谣挑拨，煽惑人心，自应取缔，函征意见等由。本部当复以拟由敝部照会日使，请其力为训诫，并派员赴沪严重警告等语，去后，旋据复称办法妥善，本部当即照办。

（3）哈尔滨日报（Harbin Herald）请求复刊案

进行之经过：此案迭据该报主笔兼发行人英人莘卜生（E. Lenox Simpson）英文来函略称：本报遵照中国出版法及地方法律出报，本年三月十九日忽被哈埠警察管理处奉沈阳训令，暂时封闭，原因未奉晓谕，数月以来不能复刊，亦未奉法庭传讯，深用疑惑，经济上已受损失甚大。本报用英、俄文合印，俄文部分内不无赞成苏俄，此因在哈购阅者皆属苏俄人民，于营业上不得不然，与专为宣传主义不同，且每次付印均先送经警察检查，当无不合。满洲中国当局对于苏俄人民颇称友好，本报被封实欠平允。等语，并具关于该报之状况英文节略一件，陈请解释核办前来。当以该哈尔滨日报职何被封，本部无案可稽，此后须有何项条件方可准其复业亦无从悬揣，因由情报司抄录原附件略函达哈尔滨特别区警察管理处查照见复，以凭转复该英人遵办，一面并由情报司先行函复莘卜生在案。

（4）抄送中央各部会驻外使领馆报告暨各项特殊消息案

总述：本部逐日所接各项情报，除随时编译择要发表新闻外，所有驻外使领馆寄到各项重要定期报告，须择尤分别抄送中央有关系各部会参考，并将所得各种特殊消息随时核阅，抄送南北各新闻机关，以资传布而祛误解。本月抄送各部会前项报告，计教育部二件，海军部一件，司法行政部一件，实业部五件，国府文官处三件，其特殊消息抄送各新闻机关者计关于中苏消息三件。

（5）情报工作案

本月由部长向新闻记者报告新闻三次，国内重要政情经分电驻英美德日等使馆转其他各使领馆一次，编寄各馆时事周报三次，书面发表新闻稿英文五件，中文共计八十件，内关于上海法租界设立中国法院协定一件，本部报告事项二件，法权事项二件，日本事项四十六件，俄国事项二件，其他各国事项一件，侨务状况五件，驻华使馆消息二件，驻外使领消息三件及杂项八件。

（戌）关于交涉事项

（1）处置五三烈士遗骸案之经过

此案据蔡郭景鸾电称，在济南旧交涉署后园掘出许多烈士遗骸及鞋衣地图等物，集为一箱，请示如何处置等情。已电复应送山东省政府妥为保存，备会同调查时以资佐证，一面电请山东省政府查照办理。嗣据济南纪念五三烈士筹备委员会电，以所掘烈士遗骸被蔡郭景鸾携带一部回沪，请转饬送回，以便建冢立祠。本部以蔡郭景鸾现不在宁，已电复该会径电接洽办理。

（2）废止日本对华文化事业协定及换文案之经过

此案业详六月份工作报告。七月十一日据驻日汪公使电称：与币原晤商，彼意欲期于事有益，以避免报纸讹传及舆论攻击为第一义，希望中国谅解,速行派员到东京密筹,等情。已由本部咨商教育部,对于派员赴东密筹一节,认为可行,并由该部及本部与驻日使馆,各派委员一人,现已派定汤中、沈觐鼎、江洪杰三人为委员,赴日妥筹解决办法。

(3)抚顺煤筋加税案之经过

此案业详六月份工作报告。七月三日接日本代办节略:以抚顺煤筋应继续享受特别协定之向来待遇,希望中国政府对于本案煤筋出口税遵守条约之义务,迅为必要之处置等语。已由本部咨请财政部,关于该代办所称各节,是否属实,饬查详复,一面咨请实业部酌核应付办法,以备对日方来文,再予驳复。

(4)日本渔船入我领海侵渔案之经过

此案业详六月份工作报告。七月二日本部备文驳复日本代办节略,请其严饬日本渔轮遵照海关禁令。旋准财政部电:以准实业部电称:渔业登记为取缔冒籍编制统计之唯一善法,本国渔轮均已遵行,若将外国渔轮除外,则所藉以取缔冒籍渔轮者反成为优待外籍渔轮,如此办法,易致纠纷等因。请核示施行。此项法令如与以前所主张在交涉时期暂缓实行一节并无妨碍,即可令海关执行等因。本部以实业部如认施行渔业法,必先取缔日本渔轮,为刻不容缓之举,而海关执行禁令,不致发生阻碍,似可径由财政部会商实业部酌定执行禁令日期,咨行本部知照日方转饬遵照。已分电财政、实业两部酌核办理。

(5)万宝山鲜人强种水田案之经过

此案准吉林省政府电称:长春长农稻田公司经理郝永德,于本年四月间在万宝山屯租得荒甸四百余响,拟招入籍韩人种稻,经县批饬先查契约内容,未准立案。讵郝永德即擅引韩人百八十名入境,挖掘水道,长二十余里,达伊通河岸,侵占民田甚多,更在河中截流筑坝,逼水灌入水道,以培稻苗。附近人民,目睹所有熟地无故被截两段,河坝既成,水无宣泄,势必由水道中漫溢两岸,数万亩田地又必毁弃,当集代表百余,请县府暨市政处制止,经县处派警前往弹压,解散韩人。乃驻长日领先已派警六人到场干涉,韩人恃此顽抗更甚。嗣经吉林省主席向驻辽日总领事提商,结果双方撤警再议,当令县将警撤回。越二日,日警始退。复由长春市政处长与驻长日领约定,韩人应先停工,俟双方会查定夺。迨会查后,即由市政处拟具解决方法,知照日领。讵日领对我所提恢复掘毁农田、停筑河坝等项,完全拒绝,反责我方妨碍鲜人民事,一面又令大帮韩人前来,并派便衣警察五六十人,携带机关枪,占据民房,托言保护工作及河坝工事完成。遂有民众三四百人,于七月一日各持锹锄,往填水道。乃日警遽向民众开枪,群情大愤,经我警极力弹压,未致滋事。而日方反谓我警暗助民众,不许再来,一面增派日警二十余名前往。经长春市政处据理抗争,彼悉悍然不顾。请向日方严重交涉。等因。当以万宝山非垦居地域,韩农不得前往,地方官负有保护外侨之责,日警何得擅入内地,此两点拟由部照会日方,转饬韩农退出,即时撤回日警,至租约侵害筑坝等问题,可由地方会商日领持平调处,否则按照司法手续解决。以上办法,经电商东北政务委员会同意后,已于七月二十二日照会日本代办迅予分别办理,尚未准复。

(6)日轮益进丸撞沉许惠源帆船案之经过

此案业详六月份工作报告。近迭据浙江船业公会电催交涉赔偿,并要求行文海关将该日轮予以扣留。已由本部函催日本代办,迅予转令该大连汽船会社负责赔偿。

(7)日商拒纳营业税案之经过

此案业详二月份工作报告。经据日本代办照会,复称征收日商营业税,实违反条约规定,碍难承认等语。本部以营业税性质,系对于商业行为课以相当之税,与货物之征税完全不同,按诸现行条约,亦并无关于商业行为不能征税之规定,已备文驳复,并请其转饬各地日商遵照缴纳。

(8)胶济路增收运费案之经过

此案业详五月份工作报告。本月七日据铁道部咨称:此次胶济铁路增收运价二成,原为金价飞涨,支出骤增,藉以弥补损失。至增收运价特别存储一节,则因银价暴落,备以支付利息及外洋料价金银兑换不足之用。将来提取此项存款，支付各款时，自须经过会计处签字，与山东悬案铁路细目协定并无抵触。等语。本部以细目规定，路局收入每月须积存一个月利息相当之金额于正金银行分行，近来存入该行金额是否足数，未据咨明，已咨请该部查复。

（9）禁止日商贩运华盐案之经过

此案业详六月份工作报告。近据驻元山副领事呈复盐斤运鲜详细情形到部，已据行财政部。

（10）日人设立天理教堂案之经过

此案业详六月份工作报告。近据浙江省政府咨：以据驻杭日领称，宫野三夫系来杭游历暂住，因自身礼拜，在私室内安置拜坛，并无公开传教情事等语，请核复等因。本部以杭州现有日本租界，在同一地方不得谓之游历，已咨复该省政府转知日领，饬令该宫野三夫迁往租界并由该管地方官厅严重取缔。

（11）日本购买青岛盐案之经过

此案业详六月份工作报告。近据财政部咨：以本年度日本专卖局应购永裕公司盐斤数量、价目，仅表示购量一百万担，每担只给日金六十钱六厘，购买数量既属最低之额，购价又任意减低，不比照金州盐公平给价，实属违反协定，请为交涉等因。本部已据函日本代办，转达该国政府，饬令专卖局，务将青盐价格比照金州盐价重行公平审定，并将购买数量增加，以符协定。

（12）日舰擅入内河案之经过

此案业详六月份工作报告。近据日本代办照会：以据日本海军方面称，日舰芙蓉号虽有由灌河口经双港直驶响水口沿途摄影情事，但并非有任何敌意之行为，且摄影系在要塞地带以外，并无违背国际惯例，或侵害主权等语，请谅解等因。本部以日本海军方面所称各节，殊难承认，已备文驳复。

（13）龙井村邮局长亏款潜逃案之经过

此案业详一月份工作报告。近据交通部咨：以此案发生已逾一年，日本代办函允查缉,迄无结果,请转催从速缉获究追等因。已据函日本代办转催该管官厅,从速缉拿到案。

(14)日本增兵北鲜国境案之经过

此案据驻清津领事呈称:日本决以京都第十六师团一师团增驻朝鲜,其师团司令部及特科队,拟设于大田;旅团司令部及步兵一联队,配置大邱;其余步兵一联队,分驻木浦;原有驻鲜十九师团、二十师团二师团,全部调驻咸镜北道。其主力部队集中北鲜国境,目的完全对华,请转行军事当局注意等情。已分别密达张副司令及军政部查照。

(15)驻渝日领馆馆屋纳税案之经过

此案据四川巴县县长电:以驻渝日领馆永租地基房屋,不允完纳契税及地方附加各款,请核示等情。已电饬查复其他各国驻渝领署,是否一律照章完税,并令将重庆关监督与日领交涉案卷寄部,以凭核办。

(16)日轮姬岛丸撞沉朱阿良渔船案之经过

此案业详三月份工作报告。近据驻长崎领事电陈与纪平会社社长山野边氏交涉情形,已指令该领事再向该会社据理交涉,务使负责赔偿。

(17)华绸输鲜税率案之经过

此案业详五月份工作报告。近据实业部咨:以据吴县商会呈,为华绸销鲜失败,系因税率高下悬殊,请对于中日修约预为筹备,务达到双方税率互惠平等之原则等情,咨请查照等因。已咨复华绸运日进口税率俟三年期满时,自当提议磋商,酌予修改。

(18)上海日人汽车轧毙人命案之经过

此案业详六月份工作报告。近据宁波旅沪同乡会函请严重交涉,务严惩凶手,保障将来,并给赔偿洋八千元等情。已据函日本代办,请其严惩开车人,优恤被害者遗族。

(19)外舰停泊案

接江苏省政府电,称英国梯尔军舰舰长,以书面通知省会公安局,谓该军舰停泊镇江以保平安,并在旧租界英领事署内设海军俱乐部等语,请查照核办等由。本部以镇江外人,省府当负保护之责,无停驻军舰之必要,且水兵登陆易生误会,当即略请驻华英使,转饬该军舰即日离开镇江,并电复江苏省政府查照。

(20)湖南津市芬兰教堂被正式军队占住案

此案准驻华芬兰代办函送该处教会损失赔偿请求书,请查照办理前来。经据函湖南省政府查复。

(21)外人欠款案

据天津市民徐殿甲呈称:和兰人杜连泰(J. J. C. Dunrentydt)所欠伊弟徐殿元之保证金五百元,连同息金及薪水等款迄未发还,请交涉,等情。当即略请驻华和使馆,转饬该和人迅予偿还。

(22)德州博济医院副院长美人德福兰枪杀工人王国庆案之经过

据德县王国庆惨案后援会电呈本月十一日晨德州博济医院副院长美人德福兰,将工人王国庆用手枪击毙等情。当经本部电准山东省政府、德州县政府等,电复枪杀原因与当时详情,照会美詹使转饬驻济美领事秉公审讯,依法惩办,并令给予死者家属以相当赔偿,仍希见复。

(23)交涉苏联对于华侨勒索苛捐案之经过(续六月份)

此案据驻海参崴总领事呈送俄财厅公布征收建设住房一次临时捐之章程,本部以该项章程税率苛重,侨民自无余力担负,已令该领向苏方提出抗议,请其酌予免缴。嗣复据该领呈报崴埠侨产被苏联苛捐案莫京交涉情形,拟恳再电莫代表向俄方交涉先行停止,逾期罚款,并要求俄方为具体解决办法。已指令复仍仰遵照本部前令办理。

(24)华民私越俄境被俄兵枪击毙命案之经过

据驻海参崴总领事呈报华民私行越入俄境,被俄兵枪击毙命,没收车马,珲春县政府查复情形。已由部指令该领,酌复苏方转行俄卡员,嗣后如有华民私入俄境,非至必要时,不得实弹枪击,以重人命。

(25)侨民在苏工作无法汇寄钱款案之经过

据驻黑河总领事函陈,侨民在苏工作,无法汇寄钱款,现值中苏会议商订正式条约之际,正可藉此将侨民寄款数额载入约内,以资补救,并附苏联国外汇兑法令到部。已据函莫代表查照参考。

（26）交涉欧亚航空公司二号飞机陷落外蒙案之经过

迭准交通部咨电：为欧亚航空公司二号飞机陷落外蒙，机师受伤，请迅电莫代表，就近向外蒙驻俄代表商洽释回。本部以外蒙驻俄代表，我方向不承认，若由莫代表商洽，俨然敌体，殊非所宜，业电莫斯科本部胡司长，以个人名义往商办理。

中国第二历史档案馆藏行政院档案

7. 外交部 1931 年 8 月份工作报告（1931 年 8 月）

外交部二十年八月份工作报告

（一）关于法令事项

无。

（二）关于交办事项

（甲）中央党部交件

事由	交办处所	交办		限期		办理情形	备考
		月	日	月	日		
青岛日人暴行案。	中央执行委员会秘书处奉常务委员批交。	八	二十四	无		详关于主管事务之进行事项。	

（乙）国民政府交件

事由	交办处所	交办		限期		办理情形	备考
		月	日	月	日		
无							

（丙）主管院交件

事由	交办处所	交办		限期		办理情形	备考
		月	日	月	日		
古巴总支部呈请转国府派舰赴古参加本年十月十日华侨纪功碑开幕典礼并宣慰华侨案，奉谕交外交、海军两部核议具复。	行政院。	七	三十	无		海军部拟派海容巡洋舰前往，该舰应于何时出发、所需经费由何处支领，函请派员约期会议。经派员前往会议，议决将来该舰回国，即可顺道前往南洋群岛宣慰华侨，拟具概算书，需费共壹百伍拾捌千柒百陆十元，会呈行政院核办。	
处置五三烈士遗骸案。	行政院训令。	八	七	无		详关于主管事务之进行事项。	
日文天津日报造谣一案，奉行政院令，由本部照会日使训诫该报。	行政院密令。	八	三			此事业经本部面告日方，请其谕知该报以后记载，务须慎重注意，并已呈复。	
日轮武陵丸不守航线，在刘公矶江中将裕金声等所雇运载瓷货赴汉之陈生喜民船撞沉，损失四千余元，	行政院秘书处奉兼院长谕交。	八	十五	无		此案本部检阅原呈，前经湖南省政府向日清公司交涉有案，究竟详情如何，已咨请湖南省政府查复，以凭核办。	

续表

事由	交办处所	交办		限期		办理情形	备考
		月	日	月	日		
裕金声等呈请行政院交涉追赔，奉谕交本部查明办理。							
青岛日人暴行案。	行政院秘书处奉兼院长谕交	八	二十三	无		详关于主管事务之进行事项。	
哈尔滨保侨会电诉哈尔滨一部分之中国官员专横舞弊，请饬查办一案。	行政院秘书处奉谕交内政、外交两部。	八	五	无		已函复：此事前据该会来电，经由部分别函请司法行政部核办，并训令驻吉林特派员详查在案。	

（三）关于主管事务之进行事项

（天）关于水灾事项

（1）电令各使领馆劝捐助赈之经过

总述：此次水灾为百年来所仅见，亟图拯救，需款浩繁，我政府既筹备巨款，仍须群策群力，以谋共济。查侨民对于内地善举，极具热心，即外国慈善家办理义振，亦素表同情，设法劝导实不容缓。

进行经过：本部业经电令驻外各使领馆，斟酌当地情形，组织救灾分会进行劝捐，并接受外人捐赠，以期不分畛域，广事募集。

结论：此事发生后，教皇及日皇业有巨款助赈，此外各国元首亦继续来电慰问。华侨方面，则多有发起自动募捐，向驻在领馆商洽及汇款前来者，努力进行，必有相当成效。

（地）关于订约事项

（1）中国爱司托尼亚订约案（续本年五月份）

此案前经我国驻法使馆缮具条约对案呈请核示前来,经参照现在我国与他国订约情形,酌为修改,令发该使馆,据向驻法爱使提出。

(2)中国腊特维亚订约案(续本年二月份)

此案最近本部准腊特维亚外交部长电称:中腊条约腊方最后对案,已提交中国驻英使馆,希望早日签订等因。旋据该使馆将上述腊国对案呈送前来。除电覆腊外长外,现上述腊国对案,正由部详加审核。

(玄)关于派使事项

(1)任命王广圻为驻波兰公使案

奉国民政府命令,任命王广圻为驻波兰特命全权公使等因,经由部照会驻华波兰代表查照。

(黄)关于维护国货事项

(1)美林公司运销货品被斐利滨海关禁阻案

进行经过:据上海制造化妆品商美林公司呈称,小吕宋华商承销头腊两箱,当地海关以仿冒司丹康商标为词,阻止进口,请求交涉,并称该货装潢字样,并无与司丹康雷同之处等情。经本部咨准实业部查复,该公司前用商标,已于十八年呈准撤消,惟所用装潢字样,如果与司丹康确无雷同之处,即无注册商标亦不应被禁运销。业经批令该商,速将装潢样本径寄驻斐领馆查核,并训令驻斐总领事就近查明交涉。

(宇)关于关税事项

(1)我国拟再加入关税税则国际事务局案(续四月份)

进行经过:此事自四月间训令驻比使馆去后,旋据呈复:以我重行加入关税国际事务局,并无不便之处,惟应列第一等国每年会费为四千一百金佛郎,入会后须俟七年期满,始克退会,再加入以后缴费手续,拟请令饬海关按期拨交比国驻华使馆转付等情。经本部咨准财政部核复,决定加入,所有该局寄送刊物,应力求简捷,我国应缴会费亦依照手续办理。业经指令驻比使馆遵照,转知比国政府。

(2)英使请展亚细亚公司洋烛运单限期案

进行经过:英使馆来略,以英商亚细亚煤油公司由沪运抵天津、转运内地之厂制洋烛，津海关未予援例延期发给运单，请转行主管机关，仍准展限等语。经本部咨准财政部复称：机制洋式货物转运内地，请领运单，应以一年为期，津海关前因天津附近区域发生战事，商人无法在规定期内请领运单，故对于请求展期案件，曾经通融一二次，此次亚细亚公司所请，并无充分理由，未便照准等因。已经本部略复英使。

（3）法使请减酒税案

进行经过：法韦使来照，以新税则法国汽酒与义国阿思梯酒征税不同，香槟酒税亦希望减轻。经本部咨准财政部复称：汽酒与阿思梯酒之价格，系根据民国十七年即一九二八年编订货价委员会（有各国代表参加）所订定，当时之订定则系根据民国十四年之货价，阿思梯酒价格稍低，他种汽酒价格稍高，故税率亦因之略有差异，至香槟酒税率，就货品性质论，尚不过高等因。业经照复法使查照。

（宙）关于签发护照事项

（1）捷克人民领取游历内地护照案

进行经过：案据捷克驻华使馆略称：上海发给护照机关要求捷克人民旅行中国内地须领取中国护照，而对于其他各有约国人民旅行中国内地，仅须在各该国人民之护照加以内地旅行签证，请转知上海及各地护照机关取销此项要求等语。当以我国对于各有约国人民旅行中国内地，均须领取内地游历护照，或在各该国人民原有护照加以内地旅行签证，并函准上海市政府复据市公安局呈报，对于捷克人民领照加签，概系按照有约国人民同一办理，并无歧视之处，该使馆来略所称，未免误解，答复查照。

（2）济南德教士呈验证明书盖戳案

进行经过：准山东省政府咨：以查验及签证外人入境护照规定自本年八月起实行，业经函达驻济各领分别呈报在案。兹准驻济德国领事希古贤函开：查山东省内所住德国男女教士颇多，不时来济，大半无德国护照，有者多已过期，内有多数由德国驻华使馆领取护照，经外交部盖戳，此项文件并非入境护照，皆系教士居住证明书，若以外人护照签证规则对于教士施行,恐有困难,对于此事应如何办法,函请示知等语。查德领所称各节,似不能援照查验外人入境护照规则第四条之规定予以处分,惟该证明书能否按照部令一律免费盖戳,抑或如何办理之处,请核示遵等情,咨请查核见复等因。当以该德教士,既持有该国驻使发给护照或证明书,经本部签证者,如来呈验,自可予以免费盖戳,咨复转饬遵照办理。

(洪)关于查验外人入境护照事项

(1)颁行查验外人入境护照规则案(续七月份)

进行经过:(一)准驻华美使节略以天津查验护照开办日期过于迫促,北戴河避暑外侨多无护照,回抵天津时请予通融办理等语。经本部规定,北戴河外侨如未带护照,可向该地公安局领取证明书,证明确系在该地避暑,暂代护照,限二个月缴销,在过渡期间未及领取者,如经相当证明,可从宽办理,电请天津市政府转知遵办。(二)分函驻京英、法、美领,并通行各关系地方最高行政官署,转知当地各国领事,护照免费盖戳办法,展至十月底止,自十一月一日起入境护照未经签证者,应照规则第四条切实办理,其原住当地之外人护照未经签证或盖戳者,一律补签收费,嗣后外人前往内地游历,请领游历护照,或以该管使领所发护照请求加签者,应同时呈验入境护照,以杜流弊。(三)规定驻外各使领馆签证护照有效期限,在亚洲至多以半年为限,其余以一年为限,通行遵照。

(荒)关于取缔外领签证事项

(1)取缔立陶宛及拉特维国人在华自称领事签发护照案

进行经过:据报称立陶宛及拉特维等国,均有人在哈尔滨自称系该国代表,设立领馆,签发护照等情。当以我国与立陶宛、拉特维两国并无条约关系,亦未允许各该国在哈埠设置领事,显系该侨民等假借名义,意图招摇,为维护我国主权计,此项情事断难容其存在,经令饬驻吉林特派员先予警告,如果不遵,应即驱逐出境,并通行国内各发照机关,嗣后如有外人持各该国驻华领事所发护照,前来中国官署请求加签,应概予拒绝,并将护照扣留,报部核办。

(日)关于侨务事项

(1)缅甸精弄厅驱逐华侨案

进行经过:案据驻云南特派员代电,称准腾越第一殖边督办署咨,据英缅属八募华侨商会呈,缅属精弄厅近欲见好缅甸野人,忽派人将所属芭蕉寨、茅草地、小田坝三处华侨驱逐,并拆毁房屋,请向英领严重交涉。经照会英国驻滇总领事,速转缅政府查明保护,并电该督办署将此次华侨被逐损失数目,预向英方声明保留,以备提出要求赔偿。旋据殖边督办署咨复,该地方官因我方迭次严重交涉,亦觉悟所行不合公理,已出资修复房屋,招回华侨,俟将损失数目具报,即向英方要求赔偿,惟英属官厅现每户发给居住许可证一纸,并宣布此后华人皆须受其地村长、山官等野人头目之节制,应否向英使抗议,或就近向英领进行交涉,请示遵等语。经电令就近向驻滇英总领事交涉,取消居留证,恢复旧状,尚未据复。

(月)关于公会事项

(1)太平洋国际学会(原名太平洋国交讨论会)在杭州开会案

进行经过:北平各界暨察哈尔省党务特派员办事处,迭电反对太平洋国际学会在杭州开会,奉行政院谕交外交、教育两部核办。本部以该案前经呈奉国府核准有案,现在似无变更办法之必要,经于八月二十六日会同教育部函达行政院秘书处转陈。

(盈)关于禁烟事项

(1)国际鸦片会议拟在暹京举行案

进行经过:国联秘书长函请派遣代表参加本年十一月暹京鸦片会议,本部以此项会议专为召集签订一九二五年日来弗禁烟协定各国,以讨论该协定第十二条之意旨,我国于上次日来弗会议时,对于前项协定曾加反对,致与美国同时出会,未将协定签字。又此次会议拟以远东调查团之报告为讨论根据,而我国对于该报告亦未能满意,是否可以接受似应加以研究。当经函达禁烟委员会核复,由该委员〔会〕呈请行政院核示。嗣奉行政院训令，交本部与该委员会再加审核。现正在遵令审核中。

（戼）关于外舰来华事项

（1）核准葡巡舰 Adamastor 拟来华访问中国各海口，请转行海军机关予以便利等因。当以该舰来华系属友谊访问，按照国际通例应予照准，经呈请行政院核示暨咨海军部，并电询葡使该舰来华路程。旋奉行政院指令，准予令行海军部，通饬所属照例办理。并准葡使电复该舰访问口岸，系汕头、厦门、福州、上海、青岛、烟台、天津等处，经咨达海军部并分电各关系省市政府暨东北舰队司令部。

（辰）关于情报事项

（1）牛兰秘密文字宣传案

第三国际东方部主任牛兰，前在沪被捕后，国内外均甚属目，各关系方面，纷电我国请求保释，但我方认此案关系重大，未可草率了结。关于牛兰受第三国际指挥之秘密文件，已被搜获者有六百余件，内有赤化中国计划，及赤化日本、菲律宾、印度、安南、台湾、朝鲜等地之个别计划，又有指挥赤军在华屠杀、煽惑工人暴动、支配各地苏维埃政府经费账单，以及牛兰与共党要人谈话记录等秘密重要文件，计分英、法、德、俄四国文字印写，现已由中央宣传部、会同本部情报司分别翻译整理，嗣经中宣及中组部与本部会商结果，已择其重要之英文部份，于七日在国内各外报公布矣。

（2）驻沪通信员梅其驹与纽约间来往电报无庸检查案

进行之经过：据本部驻沪通信员梅其驹呈称，七月下旬本部驻纽约通信员，关于广东造谣事曾拍彼要电，转询真象，始终未见递到，致未克及时指示，更正少数不明中国事实之美报，竟因之为不利党国之批评。该项要电未见递到，当系为上海检查员所扣留，此独仅发现之一端，是外或尚不乏例，所关非浅，请设法救济等情到部。查本部为对外宣传起见，上海、纽约均有通信专员，梅其驹即上海之通信专员，其英文名称为 E. K. Moy，今既据称前情，当即由部函致淞沪警备司令部，请其转饬检查人员,嗣后遇有以梅之名义致电纽约或由纽约致电梅处者,均予一律放行,藉免延误,并经该司令部函复照办在案。

(3)警告路透社及上海各西报案

进行之经过:准陆海空军司令部参谋处、中央宣传部、中央执行委员会秘书处先后来函,以近来路透社关于讨石军电讯多不实在,于华北军事之行动颇有淆惑观听之影响,字林西报并载有蒋总司令在南昌遇刺未伤之消息,尤属捏造煽动,迭请设法追究到部。当由情报司分向上海各西报用书面或口头加以警告,并向路透社面诘消息之来源,切实致以警告,各令嗣后发布及登载此类消息,务必特加审慎,均据答称注意照办。

(4)查禁行动周报案

总述:本月二十四日,据驻棉兰领事馆呈称:近由邮局自沪寄到行动周报一卷,外面仅有英文送达地址,并无发信处所,报内系反动言论,词气激烈,含有共产色彩,关系党国至重,断难膜视。南洋本多反动分子,倘为此种邪说所蛊惑,更易滋生枝节。除请驻地政府注意截留,以免散布外,将该行动周报第二十三期一册连同英文封面纸,呈送核办前来。经将原件转行上海市政府酌核办理,设法查禁矣。

(5)调查适合国际宣传之电影备寄美京商务经济局案

总述:据美京商务经济局 The Bureau of Commercial Economics 来函,略以该局每届冬季,于每星期晚映演各国关于风景或经济状况汇集之活动电影,专供外交团暨政府高级官吏,以及冬季为酬酢而至美京之富豪之鉴赏。创始迄今,已有七载。此种影片,向由各国收集汇寄,每次映演某国影片,即请该国驻美大使或公使为首席来宾,并奏该国音乐影片。在此映过后,由局赠送全美各大学、各高等学校及其他教育机关以次演映。本届冬季,甚愿中国亦可加入,请将拟寄何种影片及何时可寄先予见复。等语。当以该局搜罗各国影片,映诸国际代表社会最高人士之前,非徒在博观者之玩赏与娱乐,凡国力民俗亦将于此互见短长,所请寄片加入,本部为国际宣传起见,自表赞同,惟国内目下有无适合此项需求之佳片,足以显扬国力、宣传文化、寄往美京演映,似应先行调查,加以研究。经函请上海市政府饬查核办。

(6)抄送中央各部会驻外使领馆报告暨各项特殊消息案

总述:本部逐日所接各项情报,除随时编译择要发表新闻外,所有驻外使领馆寄到各项重要定期报告,须择尤分别抄送中央有关系各部会参考,并将所得各种特殊消息随时核阅,抄送南北各新闻机关,以资传布而祛误解。本月抄送各部会前项报告,计实业部十件,财政部、军政部各二件,侨务委员会、东北政务委员会各一件。

(宿)关于交涉事项

(1)元和昌盐号盐船被美舰撞沉索偿案

此案向由前特派安徽交涉公署办理,兹准美使照送支票一纸,计偿款美金二千一百四十一元一角四分,请予转给等因。当经本部令行驻沪办事处查明转给去后,据呈复称:查该盐号经理系朱缙侯,经由该盐号股东及上海裕通面粉厂用书面证明,当将美国公使原送之赔款支票一纸,交由该盐号经理朱缙侯收领,并由该经理在收据上签名盖章,合将该项收据备文呈请鉴核转送等情。业经本部检同该盐号经理朱缙侯签名盖章之收据,照送美国公使查收。

(2)关于外轮撞沉中国民船案

准江苏省政府咨称:亚细亚公司汽油船,于七月十一日在吴淞口外撞沉金万利钓船,损失颇巨,请交涉赔偿等由。当即令行本部驻沪办事处就近查明损失确数,迅向驻沪英总领事交涉,转饬该亚细亚公司悉数赔偿,并咨复江苏省政府查照。

(3)义炮舰卡洛多号潜入衡州案

本月十八日准湖南省政府删电称:昨日义大利炮舰卡洛多号,驶赴衡州,请向义使抗议等因。业经本部以该炮舰擅行驶入衡州,殊属违背惯例,国民政府不能认其行动为正当,应请义国政府严饬制止,并告诫义国各军舰,嗣后勿得再有类此行动等语,照达义使查照办理矣。

(4)交涉撤去巴黎国际殖民地博览会黄种巡察团照片案

总述：此次巴黎国际殖民地博览会开会,将中法科学考察团照片列为黄种巡察团,与黑种巡查团并置一室,事经我国古物保管委员会以该博览会此项举动侮辱我国国体,电驻法使馆查询,并请本部向法方严重交涉。

进行经过：此案本部既据古物保管委员会电请交涉,又准中央执行委员会秘书处来函转请交涉,当于七月二十三日电饬驻法使馆查明,如果属实,即就近向法外部抗议,并取消黄种巡察团字样,撤去所陈列之照片,一面函复古物保管委员会及中央执行委员会秘书处。去后,旋据驻法使馆电复,该案经与法外部交涉后,允为转令该博览会取消黄种巡察团字样,但其所陈列之照片,是否撤去,来电未经叙明。复于八月十一日再电该馆查询,嗣据复称该博览会现所陈列者,仅属中法考查团团员肖像,其侮辱我国之照片,已悉数撤去云云。

(5)中法学术考查团发生纠纷案

总述：法国西托安汽车旅行团与中国学术团体协会合组一学术考查团,前往新疆、甘肃等处考查。本部根据国府照准命令转知法方,准其出发,乃法方团员与华方团员会合出发后,并不按照所订合同行事,视华方团员如无物,法团长卜安且将华方团员欧辱,引起纠纷,华团员姚锡九等将详情呈报到部,决心退出。舆论哗然,纷纷电请本部对法抗议,取消合作。

进行经过：本部第一步手续,即电北平、肃州、哈密等处,查询该案之真相,以凭办理。旋经国务会议议决,对于该考查团禁止其考察,保护其出境。当即根据该项议决案,电新疆省政府,说明处置该考查团之详细办法。八月一日驻华法使馆节略到部,对于卜安举动表示歉意,并保证此后与华方诚意合作,惟申述驻边团员进退维谷,请准予通过。本部将此情报告政府,又经议决中法学术考查团两批团员自西入新者由原路回平。八月十八日驻京法领来部面称,东去团员在迪化被省当局严予监视,令即离新,西来法团员亦无法前进,法使电令转请设法等语。同月二十二日法韦使又电本部,据称得法团员报告,新疆省政府因奉中央命令,绝对拒绝法团员前进,西来团员将到边境,须准东去团员前进,以期会合。法政府与本公使意见,以为中国政府如坚持上项态度,将使法方团员发生危险之结果,应请电饬该省当局,毋任此种情势日趋严重,以维两国邦交云云。本部以法使此电意在使考查团仍得继续工作,而前此团员发生纠纷一案,就此作为解决,未便同意,仅电新省府准东队车辆开往喀什噶尔,迎接西队到省,俾东西两队团员同时由迪化回北平。一面并电复法韦使,告以已电新疆省政府按照中央议决案妥为办理。八月二十七日新疆省政府来电,谓中法考查团虽经奉令停止其考察,在该团员未离新疆前,所有来往邮电及一切安全均予以保护及便利,并未加以限制等语。亦经转致法韦使知照。

(6)交涉释放邹振普案之经过(续六月份)

此案据驻海参崴总领事呈复称,邹振普在狱饮食不充,确系实情。并据华侨王日南及在押邹振普之妻邹孙氏呈请按月接济等情,呈请训示。业指令复该邹振普,应准予每月酌给生活费二百卢布。

(7)交涉令俄赔偿卢布损失案之经过(续六月份)

据驻釜山领事呈:据釜山中华商会呈请核转行政院,令饬全国商联会展限登记俄币存数等情。已指令复此事应由该商会径函全国商联会办理。

(8)交涉苏联对于华侨勒索苛捐案之经过(续七月份)

此案据驻海参崴总领事呈,复与苏方接洽,收买华侨房产,苏联交涉员诿之于中央办理,该馆苦于无法与莫京交涉,呈请训示。业指令复仍仰遵照六月二十七日部令,酌向苏联交涉员交涉。

(9)交涉香港道胜银行清理余款应付中国案之经过

准财政部长函:以中国政府对于道胜银行伦敦分行,关于善后借款项下,具有六十四万余磅优先债权,兹闻香港道胜银行清理后,尚余港币三十余万元,请知照英使迅取有效方法,勿将该款处理。当经本部撮要电请英使办理并照会去后,旋准英使署参赞函转蓝使电称,已电香港办理。业由部据函财政部长。

（10）驻华捷使请调查道胜银行欠付捷侨存款案之经过（续五月份）

此案准财政部咨复称：转据哈尔滨道胜银行清理处函称，所欠捷侨保大奈存款，已拟有相当办法，请核转捷使，通知该存户持据到哈接洽等情。已由部据函捷使查照转知。

（11）哈尔滨保侨会电请彻查哈尔滨公安局及法院待遇外人不合案之经过

据哈尔滨保侨会电陈哈尔滨公安局长、护照科长、侦缉队长及法院与监狱待遇外人种种不合情形，请派员彻查。当经本部分别函请司法行政部核办，并训令本部驻吉林特派员详查。嗣复准行政院秘书处函转前情，奉交内政、外交两部。业由部将办理情形，函复并分咨内政部查照。

（12）俄侨普济会呈请救济在济被拘俄侨案之经过

据本部驻沪办事处代电：据俄侨普济会呈称，在济被拘之俄侨 Dr. Michael M. Potapoff 确被诬陷，请设法援助等情。已指令复该白俄如确被诬陷，该管官厅自能持平办理，所请由部设法援助，应毋庸议。

（13）波兰代表团电报被检查案

准驻华波兰代表团节略，以所收电报被查，请设法勿使此等情事再行发生等因。经据函交通部饬属照办。

（14）腊特维亚人民 Moskovskis 在哈尔滨被拘案

此案据驻英施公使转呈驻英腊使节略，请为查明前来。经电令驻吉林钟特派员查复。

（15）抚顺煤筋加税案之经过

此案业详七月份工作报告。近准财政、实业两部咨复应付此案之意见到部。本部现正综合财、实两部意见，备文驳复日使。

（16）处置五三烈士遗骸案之经过

此案业详七月份工作报告。嗣据蔡郭景鸢呈请派员到沪将烈士遗骸迎护来京安置，烈士祠设灵公祭，并以明令国葬等情。当经本部与内政部会同核议,佥以蔡公时死事虽烈,惟尚不合于国葬法之规定,碍难照准。现遗骸既已在沪,自应由部派员会同蔡郭景鸾护送至济南,妥为保存。已与内政部会呈行政院,对于五三烈士遗骸,拟在济南殉难地点建塔保存,并于塔前设立蔡公祠,以殉难诸烈士附祀,请令饬山东省政府,迅予拨款筹备,克日兴工。

(17)徐世藻乘日轮大贞丸坠水殒命案之经过

此案业详四月份工作报告。近准日公使复函,仍以徐世藻落水系在移乘驳船以后,在驳船上发生之事,日清公司不负责任为言。本部已据咨安徽省政府,将徐世藻坠水情形,再饬切实查复。

(18)日军在图们江滨习架桥行军案之经过

此案准东北政务委员会电称:日本在朝鲜会宁工兵队,自八月四日起,预定三星期在城川江岸演习架桥行军。图们江日岸城川开到日兵三百余名,八日中国江岸,见城川日兵增舟四百余,搭帐棚八座,并从会宁驶下风船三十只,日兵百余,前赴城川,请为交涉等因。本部以图们江系中日两国共管河流,日军在该流域内演习架桥,不特违反国际公法,抑且侵害中国主权,当经照会日使,请其转电该国政府,电饬该处军队停止架桥演习,嗣后不得再有此种举动。旋复准东北政务委员会电:以十五日午后一钟余,日工兵六七名,在江中心放水雷二十五响。四钟余,工兵三十名,乘小火轮两只,在江心游行。九钟余,日守备队三十余名,带机关枪两架过我江岸,演习放响三次。请核办。等因。本部已再向日使提出抗议,请其查照本部上次照会,迅电该国政府严饬遵照。

(19)日人贩运军火案之经过

此案据驻长崎领事电称:日人冈本时次郎与中谷政之助二人,向居大连,以营商为名,暗中私运军火图利,近在北九州各处收买大批军火,为马关警察署侦悉,密电各县警察署协同侦缉,嗣在长崎捕获,在冈本时次郎怀中搜出与山东潍县公署所订合同一纸,计军火价值二十余万元,此必反动份子假托县署名义所为,现该日犯等已移交马关警署讯究,请转行军事当局,密饬各海口严加防范等情。本部已据函军政部核办。

（20）日军官中村大尉失踪案之经过

此案据日报载，日本陆军大尉中村，于六月二十六日左右，在洮索线终点葛根庙附近苏鄂公爷府山中，被兴安屯垦队第三团官兵杀害等语。本部以此事实情如何，未据地方报告，已电请东北政务委员会查复。嗣准复称已由边防长官公署派员确切调查，俟得报再行电达。

（21）龙井村邮局长亏款潜逃案之经过

此案业详七月份工作报告。近准交通部咨：以亏空公款潜逃之邮局长日人福屋正男，在上海美丰银行尚有存款三百余元，请设法商请驻沪美领，饬令该银行将款扣押，又福屋正男在该行所立之账，对于本案不无线索可寻，并请准予邮局前往查阅等因。已据令本部驻沪办事处，先向美丰银行商洽办理。

（22）日本守备队压迫安东市电灯厂之经过

此案据全国民营电业联合会呈称：安东市电灯厂，于四月二十八日派工至八道沟口铁路之北换立木杆，正在施工之际，为日本护路警瞥见，当调来守备队数十名，将工人看守，并将施工绳索取去。厂长闻讯，立即偕同县政府黄秘书前往理论。时路警及守备队集合五六百人，荷枪实弹，百般威吓，勒令黄秘书当场立据道歉，其队长蛮横尤甚，迨其暴行尽兴，始将工人放回。请令行主管机关，向安东路局严重交涉等情。已电请东北政务委员会，饬将此事实情查复，以凭核办。

（23）青岛日人暴行案之经过

此案准青岛市政府电称：八月十八日下午九时，青岛辽宁路，日本渔行门前有华人孟吉瑞，与该行庖役华人刘姓问话，该行经理日人志摩证彰加以驱逐，遂起冲突。该日人以木屐将孟吉瑞面部击伤，在旁华人群抱不平，围聚渐众。当由该管巡官带警驱往弹压，适日人志摩证彰已招到日本浪人所组织之国粹会百余人携带刀棍到场，向在旁华人乱打，伤者十余名，并有弹压警士二名亦受重伤。后经公安局加派保安、警察队到场，极力镇压，双方民众始各散去。此事衅自彼开，并非民众有意反日，已向日领提出严重抗议等因。并据日方面称：此事因双方口角而起,彼此均有受伤,日人房屋被毁三十余间等语。本部以日人宣传,谓此次冲突系中国人之计划的排日行为,与官厅有充分联络,亟须查明本案真相,以资应付,免为日方片面宣传所蒙蔽,当经电请青岛市政府详细查复。嗣准该市府先后电称:日伪宣传,均与事实不符。本案系日人志摩起衅,纠集国粹会日人持械行凶,日方自应负责。经双方派员会勘,并邀德医检验出具报告存案。至破坏日侨店铺一节,并无其事,仅玻璃窗破碎者十五处,究为人多挤坏,抑系砸破,无从辨明。连日积极交涉,日领亦愿早日解决。经数度接洽结果,双方决定择地会晤,共同表示谅解意旨。爰于二十三日市府由秘书长胡家凤出席,日方由代理总领事掘公一出席,在国际俱乐部正式会晤。双方对十八日事件,彼此表示歉意,对于此后防范,双方表示切实注意。至当日肇事人,双方承认各自侦查严惩。大体可告解决,其他细目俟后协商办理等因。本部已将本案详情非正式宣布。

(24)日舰擅入内河案之经过

此案业详七月份工作报告。八月二十四日接驻华日使照会:以外国军舰在条约上可以驶入中国无论任何之港口,征诸历来之惯例,对于上述之原则,亦无任何疑问之余地,又在要塞以外之地域摄影,并非侵害主权等语。本部以来照所称外国军舰在条约上可以驶入任何港口一节,按诸早已满期之中日商约,亦并无此规定,已备文驳复。又最近准湖南省政府电称:日本炮舰鸟羽号驶赴湘潭,请为交涉等因。亦经并案提出抗议。

(25)日轮益进丸撞沉许惠源帆船案之经过

此案业详七月份工作报告。近接日本使馆节略:以据大连汽船会社复称,许惠源帆船当时并未张灯,迨益进丸发见该帆船时,已无法避免冲突,故大连汽船会社对此事件,并不负任何责任,如该帆船方面,关于本案有再行谈判之事,务直接与大连汽船会社交涉等语。请转达。等因。本部已转咨江苏省政府,将当时实在情形详晰查复,以凭对日使馆来略再行驳复。

(26)胶济路增收运费案之经过

此案业详七月份工作报告。近准铁道部咨:以此次胶济路增加运费二成,既系储备支付利息及外洋料价金银兑换不足之用,并非供内债及其他外债之担保,以后提取此款支付库券利息时,须经会计处长签字,与山东悬案铁路细目协定第九条之规定并无不合,请转复日使等因。已据函日本公使。

(27)日本在沈阳苏家屯建筑兵舍案之经过

此案据济南市反日护侨会电:以报载日本在苏家屯浑河一带建筑大规模之营房,占地二千五百余亩,又驻本溪县日本军警六十余名包围本溪石桥公安局,请对日提出严重抗议等情。本部以此事实情如何,未据地方报告,已电请东北政务委员会查复。

(28)万宝山鲜人强种水田案之经过

此案业详七月份工作报告。八月四日据吉林特派员钟毓电称:日方愿自动撤警,惟以保护鲜人、维持工事原状为言,我方坚持日警无条件撤退,再三声辩,彼无异议。八日又据电告:日方通知八日撤警,经省府派员前往监撤,残余日警二十七名,携带机枪一架,步枪二十六枝,于是日正午悉数撤退,鲜农尚余八十二名未动,闻拟听候交涉各等情。又八月二十六日接日使复照,对于本部去照多强辞置辩,并称日本政府希冀万宝山案,以中国方面因韩农开垦水田及其附属工事所受损害,当责令其适当赔偿为条件,以图圆满解决,至于阻止韩农安居该处之中国官宪之态度,该国政府对于其国民职责上有到底不得默视之处,亦希谅解等语。本部正在准备驳复。

中国第二历史档案馆藏行政院档案

8.外交部1931年9月份工作报告(1931年9月)

外交部二十年九月份工作报告

(一)关于法令事项

无。

（二）关于交办事项

（甲）中央党部交件

事由	交办处所	交办		限期		办理情形	备考
		月	日	月	日		
上海特别市执行委员会呈，据第三区党部呈以报载苏俄擅移东宁界碑，侵占我国土四百里，恳转饬查明严重交涉一案。	中央执行委员会秘书处奉批交查明交涉。	八	二十八	无		已函复：业咨请吉林省政府转饬详细查明，俟复到，再行核办。	

（乙）国民政府交件

事由	交办处所	交办		限期		办理情形	备考
		月	日	月	日		
无							

（丙）主管院交件

事由	交办处所	交办		限期		办理情形	备考
		月	日	月	日		
蒙藏委员会呈为据本会专门委员郭文田等呈，拟请准由察绥两省政府与外	行政院秘书处函：奉谕应由蒙藏委员会会同外交、实业两部核议具复。	八	二十八	无		准蒙藏委员会函同前因：定于九月三日开会，请派员会商。当由部函复：派参事徐东藩、亚洲司帮办许念曾出席会议。	

续表

事由	交办处所	交办		限期		办理情形	备考
		月	日	月	日		
蒙商订暂行通商办法一案（续三月份）。							
中央侨务委员会函：据驻釜山领馆转据中华商会呈，请令饬全国商联会俄币登记处再展两个月限期，并请通饬驻外各领馆一律遵照办理（续八月份）。	行政院训令，仰遵照办理。	九	一	无		本部以办理上项登记并未经部备案，已呈复行政院。业咨请实业部令饬全国商联会遵照，并通知国外各中华商会。嗣奉行政院指令，已函侨务委员会查照。又准实业部咨复称业经令饬全国商联会遵照办理。	
古巴总支部呈请转国府派舰赴古参加华侨纪功碑开幕典礼并宣慰华侨案，奉谕交外交、海军两部会同核议具复。	行政院。	七	三十			会呈，奉行政院指令，本案经院提出国务会议，金以水灾筹振万急，军舰需用正殷，经费尤难筹拨，所有派舰宣慰华侨一节，当经决议缓议，并由部指令遵照转知（续上月份）。	

（三）关于主管事务之进行事项

（天）关于中日事件

据各方面报告，以九月十八日午后，日本军队突然攻击北大营中国军队，并炮击沈阳城，于十九日占领该处，安东亦被占领，事前我方绝无挑衅行为，迨事变发生，我国军队亦绝未抵抗等语。当经本部电查明确，即迳向驻华日本公使及日政府同时提出紧急严重抗议，要求日军立即撤退，并声明保留将来提出正当要求之权。一面电令国际联合会中国代表团，向该会行政院提出，请其按照盟约决定制止办法，并训令驻扎签字凯洛格非战公约各国使馆为适当宣传，并向驻在国切实接洽，而尤注重发起该约之美国。嗣虽据日本使馆声称日政府已电令日军长官勿令事变扩大，惟事实上日军仍向各处进展，长春、吉林、营口等处相继被占，遂提出第三次的抗议，认为日本方面故意使此事扩大，其破坏东亚和平之责任，应更加重大，仍要求立即撤退，日军将占领各地完全交还。九月二十二日据驻美代办容揆电称，美政府对于此事深为惊异，静待确切消息再定方针。据出席国际联合会代表施肇基电称，行政院开会，英代表提议即刻恢复原状，并将此次会议录送美国，统观大势于我有利等语。又接国际联合会行政院主席电告开会通过情形，其要点：（一）从速请求中日两国政府停止一切行动足使现在局势愈加严重或足以害及本问题和平之解决者；（二）商同中日代表，觅得适当办法，俾两国将各本国军队速予撤退，同时不妨碍各本国人民之治安及其所有财产之保护；（三）行政院并表决将该院每次开会时之会议记录，及关于此事之文件，转达美国政府参考。行政院于九月三十日闭会前并通过议决案九项，其内容如下：（一）中日政府对于所接紧急声请之答复及为应此种声请所取之步骤，行政院对之业已阅悉；（二）日本政府之宣言，谓对于满洲并无领土野心，行政院认为重要；（三）日代表宣言军队业经开始撤退，日政府在可能范围内，以日本人民生命财产之安全得有切实之保护为比例，仍继续将其从速撤至铁路区域以内，并希望在可能范围内从速完全实行此种意愿，行政院对之业已阅悉；（四）中国代表之宣言,谓该区域以外之日侨,其生命财产之安全,在日军继续撤退,中国地方官吏及警察再行恢复中国政府当负责任,行政院对之业经阅悉;(五)深信双方政府均极愿避免采取任何之行动足以扰乱两国间之和平及和好谅解者,并阅悉中日代表既保证该两国政府将采取一切必要之步骤,以防止因时局愈加严重致扩大事变之范围;(六)请求双方尽力所能速行恢复两国间通常之关系,并为求达到目的之速完成上述任务之实行;(七)请求双方时常并充分供给行政院以关于时局发展之消息;(八)表决如无意外事件发生必须立即开会者,则于十月十四日在日内瓦再行开会,以考量此时之局势;(九)如主席经向各同僚尤其两关系国代表谘询后,认为根据从关系国或从其他各会员方面所得关于时局进展之消息,无须再行开会时,主席有权取消已定召集之会议。以上九项中最重要之后点,即表决如无意外事件发生必须立即开会者,则于十月十四日在日内瓦再行开会。

(地)关于赈济事项

(1)驻外各使领馆劝捐助赈案(续八月份)

进行经过:此次劝募水灾赈款,前已电令驻外各使领馆斟酌当地侨情组织救济分会,所有经募手续、汇交日期及搏节费用、明定责任各节,均须妥慎进行,以期功归实济。业经训令各该使领馆遵照办理。

(玄)关于关税事项

(1)与日本交涉海关缉私界程案

总述:财政部以近来沿海各处,每有走私船只,恃强偷越,为维护税收、防杜偷漏计,经核订海关巡轮在本国领海内检查华洋船只应守规程,并奉行政院训令,以国务会议决议领海范围定为三海里,缉私界程定为十二海里,由本部分行照会驻华各国公使转行知照在案。

进行经过:各关系国驻华公使接到前项照会后,均无有异议,惟日本公使迭次来照抗议,大致谓历来沿海国家于领海三里以外,对于他国人民行使任何权力,日本以其有背公海自由原则,素持反对,今中国政府决定十二海里为海关缉私界程,日本国民不应受此拘束等语。本部查领海以外之海洋，虽以自由为原则，惟国家于财政、警察、卫生上有时行使其正当之权力须及于领海以外者，如最近编纂国际法会议中具有事例，中国政府将海关缉私界程规定为十二海里，确为正当主张，业经据此理由切实驳复日使。

结论：总之，领海范围与缉私必要界程系属两事，不能并为一谈，日使虽极狡辩，而我所持之理由固甚充分也。

（黄）关于签发护照事项

（1）签发德律师来华案

进行经过：据驻德使馆电称：德律师 Apfel 博士称，现由在华被捕牛兰之母聘其来华研究此案，审度后再以正当手续请求我政府准其出庭，并据德外部密称，如中国政府不允签证，德政府不致抗议云云，应否准其入境，请电示。当以德人来华本无限制，若为牛兰作律师，勿予签证，电复遵照。

（2）无约国人民领取游历护照案

进行经过：案据山东省政府函据济南市长呈称：以无约国外人由本市赴各地游历，请领护照，向由公安局颁发，其请领手续须取具当地妥实铺保，并缴纳照费印花各一元，方能核给执照，以资保护，业经办理在案。兹该局在本府市政会议提议，无约国外人请领游历护照，如系贫困无力缴纳照费暨人地生疏、无处觅得铺保者，似应变通办理，免予收费，亦不令其取具铺保，以免留难。经议决，如不能取具铺保，即令其觅在济有职业人员作保，或呈验以前护照及其他证明文件，查明无他，方准通融给照，否则停发并令其出境，应缴照费一元。果系贫乏无资者，准予免收，至印花一元仍照旧缴纳等情。函请查照转饬遵照。等因。经咨复以无约国人民确系贫乏无力缴纳照费暨人地生疏不易觅保者，自可按照该市会议议决案通融办理。

（宇）关于侨务事项

（1）华侨教育基金募集案

进行经过：案奉行政院训令：准文官处函准中央执委员〔会〕函送

中央训练部拟具华侨教育基金募集办法、华侨教育基金捐募奖励办法、华侨教育基金管理委员会组织条例，奉主席谕交行政院照办，抄检原件令仰遵照等因。经通令驻外使领各馆遵照妥慎办理，如经募有成数，即行解部，并函行政院秘书处转陈。

（2）交涉黄鼎之在古巴被逐案

进行经过：前据侨务委员咨据职员黄鼎之呈，在古为党努力，被古巴政府于一九二七年一月十二日以文字扰乱罪名驱逐出境，请交涉撤消。迭经令电驻古巴公使交涉，恢复入境，本年九月十六日始据该使电陈，该案已取销，经函达侨委会查照转知。

（宙）关于公约事项

（1）防止战争公约签字案

进行经过：国联为保持国际安宁起见，曾订有防止战争公约，大致谓缔约国间发生争议已请求国联行政院解决时，则对于行政院之临时建议应即服从，又缔约国间已发生冲突，而行政院以为尚有和平希望时，则对于行政院停战撤兵之劝告应即遵守等语。前准国联会函询我国对于该约意见，经商准军政部可表赞同。兹出席本届大会代表等以该约即将提出大会，电询应否签字，当即复以俟大会通过后可即签字。

（洪）关于公会事项

（1）当选国联行政院非常任委员并派施肇基为代表案

进行经过：我国自国联行政院非常任委员任满、出院已足三年，照例本年第十二届大会时又须选举。本部于事前曾分电驻外各使向各会员国政府接洽，临时又令出席代表先期驰往日来弗布置，选举结果我国于五十国投票中以四十八票当选。当经本部呈请行政院转呈国府，援照向例令派出席大会首席代表施肇基为国联行政院代表。嗣奉行政院转奉国府令照派，复经分电施代表及国联秘书长知照。

（2）参加瑞士京城万国民众美术展览会案

进行经过：据驻瑞士使馆来呈，国联文化合作委员会拟组织一万国民众美术展览会，瑞士政府要求膺此组织之任，国联会表示同意，该会定一九三四年在瑞士京城举行,瑞士政务部邀请中国政府参加等情。当经函准教育部复称,经呈奉行政院令由教育、财政、外交三部审查,因该部遵于九月十八日召集三部代表公同审查,佥以此会目的在发扬民众美术、沟通国际文化,经议决应予参加,并暂定参加费用为国币二十万元,此项决议业已由三部会同呈报行政院。

(荒)关于查验外人入境护照案

(1)颁行查验外人入境护照规则案(续八月份)

进行经过:(一)准河北省政府咨据临榆公安局呈询,北戴河联峰山避暑外侨能否免予查验护照。经会同内政部咨复,可免予查验;(二)准湖北省政府咨据汉口公安局呈询,免费盖戳后如有前往国内各地方时应否再行送局加签,又已经签证之护照可否准其来往各省市县或各通商口岸,请核复等因。经复以凡由我国驻外使领签证之护照及经地方官厅盖戳证明居住之护照,均可准其前往各通商口岸,无庸另行加签,惟外人游历内地仍须依照向例请领内地游历护照,或就该管领事所发护照加签,同时并呈验入境护照,以杜流弊;(三)准内政部咨称,查验护照各省市遵章办理列表报部者固居多数,而未遵章查验或虽已查验仍不按时将表送部者亦复不少,拟会衔咨行应办各省市遵章办理,并请本部主稿等因。经拟具会稿一件送请核签;(四)据驻伦敦总领馆呈据 Canadian Pacific Railway 公司函称:上海护照局公布,凡外人通过上海,抵埠时不登岸,或在沪停留不满三十日,或在沪三十三哩范围内游历者,均免签证手续,是否属实,请予证明。等语。当以查验规则内并无是项规定,本部亦未定有此种办法,该公司所称各节如果属实,则与所定规章不符,经咨请上海市政府转饬查复;(五)准上海市政府咨据市公安局呈询:昌兴轮船公司周游世界班轮旅客在华短期勾留,所持护照是否必须中国加签,请核复等因。经复以该项外人护照仍应由我国驻外使领签证,至由沪再往秦皇岛及北平等处,则加签、查验均可免除。

(日)关于情报事项

(1)每周编送世界政治经济状况案

进行之经过:本月一日准中央执行委员会政治会议秘书处函称:敝处每周编印国内外政治经济报告列入政治会议报告事项,以备各委员议政之参考,贵部对世界各国政治经济状况谅多采访,请将所得材料每周抄送过处,其驻外各使领馆报告足供采择者,并希一并检送。等因,到部。当于八日起将各国政治经济状况及所得使领馆重要报告逐周分别编辑,撮要函送该秘书处。

（2）中国评论周报函请查示中墨关系案

进行之经过:本月八日准该报函称对于墨西哥最近驱逐华侨将有所论列,其旅墨华侨现状、交涉真相及条约、历史等,特开列问题四项,拟请查示等情。当以所请虽属私家撰著,亦可藉以宣传事实,爰就所列四项逐一查明,连同中墨条约一份开送该报。

（3）汇录日军暴行案

进行之经过:本月十八晚日军突以暴力侵占沈阳以来,其残暴行为指不胜屈,除官方消息均经随时电达国联办事处外,复于政府确切调查以前先将报载各消息按日汇录,五日一寄该办事处备考。

（4）警告大陆报案

总述:中央宣传部来函,以本月十五日上海大陆报特讯载有唐生智军业于十四日入衡阳等语,此种与事实不符之消息,殊足淆惑听闻,应请迅饬注意,嗣后对于军事纪载务求审慎等因。当经照函该报注意,严令嗣后对于军事消息务必审慎登载,并诘以前项消息有何根据,尚未据复。

（5）抄送中央各部会驻外使领馆报告暨各项特殊消息案

总述:本部逐日所接各项情报除随时编译择要发表新闻外,所有驻外使领馆寄到各项重要定期报告,须择尤分别抄送中央有关系各部会参考,并将所得各种特殊消息随时核阅,抄送南北各新闻机关,以资传布而祛误解。本月抄送各部会前项报告计实业部十一件,教育部一件,军政部二件,蒙藏委员会一件,侨务委员会二件,国府主计处一件。

（月）关于交涉事项

（1）关于川鄂商人排外事件

接英使馆节略称：宜昌商运联合会受重庆商会之鼓动，阻止工人往英商轮上装运货物，请制止等由。当即电请湖北及四川省政府转饬查明制止。

（2）关于外人在内地建造厂栈事件

迭准河南省政府咨称：据许昌县商会等机关呈称，英美烟公司假借华人任伯彦名义在许昌建设烟厂，并派员常川居住该处，收买烟叶，有违约章，请分别收回并制止等情，请核办见复等由。本部以外人在内地建厂有违约章，自应劝令该商迁移商埠，否则不负保护之责，至假借名义一节，应查有确实证据依法办理，当即咨请河南省政府查照，转饬许昌县长妥慎办理。

（3）关于外商使用岸线规则事项

关于上海市政府于本年一月间颁布上海市市民使用岸线规则一案，准英美两使先后来照表示异议。当经本部转函上海市政府核复去后，旋准复称：查本市岸线之名始于清光绪三十二年四月，所谓岸线系沿岸水面停泊船只之线，而非实地，故亦称水岸线，其岸线使用费即系使用水面权之代价，与陆地滩地之产权并不相悖。至上海市市民使用岸线规则，业于本年七月三十一日修正公布，其条文共为九条，此外并无章程，英国公使照会内所称十二、十六、十八等条，已经删除在案，检同规则，请查照等由。业已抄同修正规则，分别照复英美两使查照，转饬遵照。

（4）挽救外蒙封锁华商人货案之经过（续三月份）

此案准行政院秘书处函：奉发下蒙藏委员会呈为据本会专门委员郭文田等呈，拟请准由察、绥两省政府与外蒙商订暂行通商办法，请核示等情一案，奉谕应由蒙藏委员会会同外交、实业两部核议具复等因，函达查照。旋复准蒙藏委员会函同前因，定于九月三日开会，请派员会商。当由部函复派参事徐东藩、亚洲司帮办许念曾出席会议。

（5）交涉被扣邮件案之经过（续五月份）

此案准交通部咨:据邮政总局呈准朝鲜邮政局公函,查有挂号信四件亦在被扣邮件之内,请从速交涉等情,咨请迅再设法交涉,俾便饬复。已由部训令驻吉林特派员提向苏领交涉,迅将被扣邮件放还。

(6)华民私越俄境被俄兵枪击毙命案之经过(续七月份)

此案据驻海参崴总领事呈送苏联守卫国境章程摘要到部,并称该项章程限制綦严,对于在苏俄边境地界内之人不服制止时,虽非武装,亦得使用武器等规定。业由部函送东北政务委员会请转饬沿边各县,晓谕居民勿得私越俄境,以免危险,并拟订我国边防章程,以固边圉。

(7)交涉令俄赔偿卢布损失案之经过(续八月份)

此案奉行政院训令:准中央侨务委员会函据驻釜山领馆转据釜山中华商会呈请,令饬全国商联会俄币登记处再展两个月限期,并请通饬驻外各领馆一律遵照办理等情,令仰遵照办理。本部以办理上项卢布登记并未经部备案,已呈复行政院,业咨请实业部令饬全国商联会遵照,并通知国外各中华商会。嗣奉行政院指令,已函侨务委员会查照。又准实业部咨复称,业经令饬全国商联会遵照办理。

(8)交通部拟暂行规定热察绥蒙区自相往来及与国内各处往来之俄文电报一律改用华英文明语函询意见案之经过

准交通部函,拟暂行规定热察绥蒙区自相往来及与国内其他各处往来之俄文电报,应一律由发报人改用华英文明语,函询本部意见。业经函复:此事与国际电报公约并无窒碍,自属可行。

(9)报载驻哈苏领向部要求改善苏侨待遇案之经过

据本部驻吉林特派员钟毓呈称:准东省特警处函,据报载驻哈苏领照会本部,要求改善苏侨待遇,略叙该处待遇经过事实及调查状况,请严驳等情,呈请核示。已指令复:本部并未接到该项文件,此后如遇上项情事,自应严予拒驳。

(10)俄国、土耳其商代办思牙宜等呈为房产租金镠辖请为主裁案之经过据驻四川俄国、土耳其商代办思牙宜等呈为房屋租金镣辖,曾被拘押,请为主裁等由。本部以来呈所称各节完全属于司法范围,已批复:既据称向法院控诉有案,如不服判决尽可向上级法院依法上诉,毋庸向本部渎陈。

中国第二历史档案馆藏行政院档案

9. 外交部1931年10月份工作报告(1931年10月)

外交部二十年十月份工作报告

(一)关于法令事项

无。

(二)关于交办事项

(甲)中央党部交件

事由	交办处所	交办		限期		办理情形	备考
		月	日	月	日		
暹罗政府增加人口税案。	中央秘书处。	九	十一	无		此案迭准中央秘书处及行政院秘书处函交暨各处纷纷函请交涉,经部以暹政府借口增加国库收入,加收税额,虽系普通性质,而华人在历史地理上均有特殊情形,华人侨居该国者特众,是不啻专对华人而设,电令驻日公使向驻日暹使切商,转达该国政府,务将是项新例变通取消或延缓施行。旋据复称暹使允为转达。	

事由	交办处所	交办		限期		办理情形	备考
		月	日	月	日		
划一邮电检查事宜案。	宣传部。	十	一			详关于主管事务之进行事项。	

（乙）国民政府交件

事由	交办处所	交办		限期		办理情形	备考
		月	日	月	日		
无							

（丙）主管院交件

事由	交办处所	交办		限期		办理情形	备考
		月	日	月	日		
暹罗政府增加入口税案。	行政院秘书处。	九	二十四	无		此案迭准中央秘书处及行政院秘书处函交暨各处纷纷函请交涉，经部以暹政府借口增加国库收入，加收税额，虽系普通性质，而华人在历史地理上均有特殊情形，华人侨居该国者特众，是不啻专对华人而设，电令驻日公使向驻日暹使切商，转达该国政府，务将是项新例变通取消或延缓施行。旋据复称暹使允为转达。	

事由	交办处所	交办		限期		办理情形	备考
		月	日	月	日		
关于南京市党部执行委员会呈谓嗣后国民如私将土地售与外人者,以卖国论罪案。	行政院秘书处奉谕交。	十	二十四	无		此案现由本部与内政部定期会商办法。	

（三）关于主管事务之进行事项

（天）关于中日事件（续九月份）

自上月日本以暴力侵占东北各地,国联行政院议决,要求日本速行撤兵,乃日本不愿决议案,继续东省军事行动,轰击锦县,并派大批军舰来华示威,十月九日且遣公使重光来京送达节略,以中国反日排货运动日益激烈,若致日本人民生命财产及利益之保护义务不能完成,则因之一切责任应归我国负担云云。我国对于节略痛加驳斥,大致谓日本军队不顾国际公法,违反国联盟约、巴黎非战公约及华盛顿九国条约之规定,突然侵入占领中国辽宁及吉林省各部,且作多种军事行为及其他即在战争时亦为国际公法所不许之举动,中国政府以最严格之方式,遵守国联行政院之决议,慎密保护日人生命财产并制止各种足使局势愈趋严重之行为,其结果无论任何日本人民均迄未遇有不幸之事,在此两国政府已将案件提交国联行政院及国联行政院已规定两国应循方针之际,日本倘仍用兵力以为其国家政策之工具,将来所有不幸结果,日本政府应完全负其责任,中国政府因深信中日两国人民间感情之隔阂及两国通商上之困难,全为日本军队种种非法举动所造成之当然结果,以为日本政府倘能努力将其所以致此之原因设法解除,于改善两国间之关系而维持东亚及世界之和平,当有良好之结果也。嗣因日本既不顾一切,绝无撤兵之意,乃由施代表要求行政院提前开会,行政院依我国之请，提前于十月十三日开会，施代表声明对于九月三十日之议决案，我国业已切实履行，日本非但不履行，且继续施其侵略，日本代表则藉词抗日运动、日侨安全可虑不欲撤兵，我方则力保日侨安全，经行政院主席竭力斡旋，结果由大会决定请美国参加行政院会议，以期举世一致对日。初时日本反对此举甚力，嗣经表决以全会十三票对日一票通过，美国遂派 Gilbert 以正式观察员资格列席行政院，乃于十月二十四日决议要求日本即日开始撤兵，于十一月十六日以前完全撤退，要求中国切实保护在华日侨，俟撤兵完成后，中日两国开始交涉设立调解机关，解决中日间纠纷。决议案全文如下：（一）兹特重申各政府在该决议案中向行政院所作之允诺，尤其日本代表之声明，谓日政府当依照切实保证日人生命财产安全之程度，继续令速撤兵至铁路区域以内，及中国代表之声明，谓中国政府当负保护铁路区域以外日侨生命财产安全之责任，此项允诺包括切实保护在满之日侨；（二）再重申两国政府已保证避免凡足令现有状态愈趋严重之任何举动，故两国政府不得诉于任何侵略政策或举动，并须采取办法消除敌对运动；（三）重申日方之声明，谓日本在满洲并无领土目的，并知悉此项声明与国联盟约及九国条约之规定相符合，九国条约各签字国曾保证尊重中国主权与独立及土地与行政上之完整；（四）深信实践此项保证及允诺为恢复两方通常关系所必要：（甲）要求日本政府立即开始并顺序进行将军队撤至铁路区域以内，俾在规定之下次开会日期以前完全撤退；（乙）要求中国政府履行其保证负责保护在满洲一切日侨生命安全之允诺采定办法，于接收日兵撤退地面之时，得能保证在该地日侨生命财产之安全，并请中国政府令因此事委派之中国官吏会同各国代表，俾各该代表得观察此项办法之执行；（五）建议中日两国政府应立即指派代表协定实行关于撤兵及接收撤退区域所有各事之细目，俾得顺利进行，不致延缓；（六）建议一俟撤兵完成后，中日两国政府开始直接交涉两方之悬案，尤其因最近事件所发生之问题及关于现在各项困难之问题，此种困难因满洲铁路状况而发生者，为此目的，行政院提议双方设立调解委员会或类此之永久机关;(七)决议延会至十一月十六日,如届时行政院对于时局将重予考量,惟授权于行政院主席于渠认为有必要时,得提早召集会议。同时,日方提出对案,要求我国制止抗日行动,先行成立基本交涉原则,然后撤兵,我方则坚决反对撤兵前开始谈判,日方提案卒以十三票对一否决,与决议案之十三票对一通过,两相映对,亦以见公理之战胜强权也。国联行政院决议案通过后,签字非战公约国家如英、法、美、德、那威、意大利、波兰、南斯拉夫等国,先后分别向我国与日本政府双方同时劝告以和平方法解决国际纷争。我国答复各国,声明我国向遵守国际公法与公约,故迄未采取战争步骤,并愿与签约各国共同维持公约尊严之努力。自国联行政院于十月二十四日再休会后,日方迄无撤兵表示,二十六日复发牒文,重申日军不能撤退理由。我国电由施代表驳复,大致谓中国代表曾对行政院声明表示中国政府意见,谓日本当局现在所声诉之危险,实适由日本军队屯驻中国领土所造成。该项声明,复经行政院主席白里安氏予以补充,谓"若以军事占领作为和平办法之一种,余恐为世界舆论所不许,余以为军事占领应在此类办法之外,故延长该项之占领,其势必致延长现已历久之不安状态"。行政院之决议案及中国政府对于行政院之允诺,已予日本军队撤退各地方日本侨民生命财产之安全以最广大之保障,欲图此项保障及允诺之生效,则惟有就地定出一种局部办法,随日本军队撤退之程度同时并进,正如白里安君在行政院中所云,需时至多不过数日而已。中国政府以为欲求收国联会处理之效果,欲防止危及远东和平各争端之再见,其惟一方法在于如中国政府之提议设立永久调解机关,以求和平,并公正解决两国间万一纠纷。中国政府须重为说明者,即现在先决问题为日本军队应依照行政院决议案立即开始撤退,而于十一月十六日前完成其撤退也,并由中国政府发表宣言,希望日本履行国联行政院决议案,俾中日问题得进行谈判。宣言全文如下:国际联合会行政院已于二十四日决议,拒绝日本之提案,而通过该院原案,虽日本坚决反对,而其余行政院会员,如英、法、德、意、爱尔兰、瓜得马拉、南斯拉夫挪威、巴拿马、波兰、秘鲁、西班牙等十二国,一致与中国拥护行政院原决议案,于此可知中国坚持日军即速完成撤退一节,实合国际公道与正义,而为世界各国所确认,并予以完全赞助也。依照国联行政院议决案,日军应于十一月十六日前完全撤退,是国联对于任何国家凭借武力而图解决国际纷争,其反对之意益,可于此证明。而决议案又建议俟撤军后,中日组织调解委员会或其他类似之永久机关一节,尤足表现国联努力促进和平之意。国民政府深望国联行政院决议案能及早实行,并盼国际联合会继续努力,务使目的能完全达到。吾国国民自当刻意忍耐,恪守法律,以助正义公道之成功。国民政府深信日本终能尊重世界公意,依照国联决议于十一月十六日前将军队完全撤退,俾其他问题得赓续进行,以谋恢复中日两国国民间之良好友谊,而东亚永久和平之基础,亦得赖以巩固焉。

（地）关于订约事项

（1）中国腊特维亚订约案（续二十年八月份）

准腊特维亚代表函,称该国已有中腊条约新草案送交中国驻英使馆,可否接受本代表为议约代表等因。经覆以俟接到腊国新草案后,再行核办。

（玄）关于税务事项

（1）中国与瑞典两国领事官相互免税案。

进行经过:准驻华瑞典代办来函,以按照一九三一年瑞典关税命令,凡驻在瑞典之领事官享受免税之权,与外交官同等待遇,即无论领事个人或家属自用物品但声明无经营商业之事即准予免税,请我国对于驻华瑞典领事相互办理。业经本部函复照允,并咨由财政部饬关遵照办理。

（黄）关于通商事项

（1）外人在内地收买丝茧案

进行经过:准实业部咨以外人投行采办鲜干茧事,虽据江苏农矿厅查复,属于普通贸易行为,事关外交,应否禁止,请核复等因。本部以此种贸易行为既未在内地开设行栈,与条约尚无违背,自未便加以禁止,业经函复实业部查照。

（宇）关于护照事项

（1）海员登陆护照案

进行经过:据国际联合会代表办事处呈称:准国联会秘书长函,称以据一九三〇年九月交通转运专门顾问委员会第十五届会议,对于航海官员及水手在外国登陆,免除呈验寻常护照及签证手续等问题,加以注意。此项办法于海员登陆诸多便利,各国间多已实行,并请本秘书厅准备报告,将所有沿海国家对于该问题之现行制度均为列入。又据本年五月间该委员会第十六届会议之决议,将上年九月之决议范围扩及内地航行人员之证明书。等因。特函请贵政府,于一九三二年以前将所有关于上述人员登陆问题,对外缔结之多方或双方公约及国家法律行政章程之规定,及现行制度等逐一见复,如有何意见,并请见示等语,呈请转咨主管机关核办等因。经咨准财政、交通、海军三部先后复称,外国海员登陆向依条约办理,未订有别项章程,至海员受雇佣契约之约束,有服务证书可以证明,应准任便登陆,但美国借口移民法律,不以服务证书为凭,然对日本近年有免除签证准予登陆,此次国联所提办法,正值有机可乘,似应附加理由,予以赞同各等语。查欧洲对于中国海员登陆虽无问题,惟我方应向国联声明,凡中国海员至外国登陆,应享相互之便利,现美国尚未加入,国联如将来与美另案商议时,亦可较有依据。已令仰该代表办事处遵照,转复该国联会秘书长查照。

（2）变更签发护照机关案

进行经过:准山东省政府咨:据福山县县长具呈,自奉令接办填发出国护照暨查验入境护照补签事宜,颇形困难,良以烟台距县城辽远,遇事往返深感不便,自宜特设专科驻烟,遴委对外人才专司其事,造具预算,呈送鉴核令遵等情,经省府政务会议议决咨请核办见复等因。当以该县长所称各项困难,既属实情,另设专科经费亦不易筹,自应酌予变通,将签发出国护照及外人入境护照签证事宜,仍归烟台公安局办理,以节经费而资便利,除照会驻华各使知照外,咨复该省政府查照,转饬遵照。

（宙）关于侨务事项

（1）法属大溪地苛例案

进行经过：案据驻法属大溪地直属支部报告，该地政府于本年七月三十一日颁布法属海洋洲大溪地之亚细亚洲外人所应守之法律十四条，异常严苛，请严重交涉取消，并奉行政院训令切实办理。业经迭令驻法公使妥为交涉改善，尚未据报。

（洪）关于军备事项

（1）停止增加军备一年案

进行经过：本年国联大会开会时，义国代表为使明年裁军大会易于成功起见，曾提议请求各国自本年十一月一日起停止增加军备一年，各国均表赞同，经通过议决案一件，该会秘书长函询我国对于此项议决案是否接受，当经咨行参谋本部会商军政、海军两部核办。

（荒）关于禁烟事项

（1）暹京鸦片会议案（续八月份）

进行经过：嗣本部据告美国于此次会议中只派旁听员一人列席，因即致函禁烟委员会，请其对于我国应否参加会议一节主持决定。同时该委员会亦致函本部，谓本年洪水为灾，东省又遭惨劫，此项并无条约限制出席之会议拟不派员参加，如何？请复。等语。经本部复表赞同，旋即由该委员会主稿，会同本部呈复行政院鉴核。

（日）关于外国飞机入境事项

（1）规定外国飞机入境应于五日前通知以免误会案

进行经过：准航空署来函，以外国飞机飞航来华，其标志式样均难一致，陆地不易辨认，每致发生误会，请通知各国使馆，转令各外机须于入境前五日直接通知地方官厅及该署，以便先期知照各部队等因。当以外机来华应先期一月，由该管使领通知本部转行航空署核准后方能入境，早经函达各国使馆在案，近来时有外国飞机并不依照原定日期入境，易使地方发生误会，惟现经核准入境者，只有美法德三国飞机，经分函各该使馆,嗣后各外机来华,除先期一月请求核准一层仍照向例办理外,应于入境前五日再行通知本部,以便转达各地方知照,如因时期迫促,可直接通知各地方官署,一面仍报知本部,以资接洽而免误会,并函复航署空查照。

（月）关于军械事项

（1）兵工署向德商雅利洋行购买军火货款纠葛案

进行经过:准驻华挪威公使电称:中国政府向德商雅利洋行购买军火一批,由那威 Tenerifa 船装载到沪,近被海关截提,移送兵工厂,查该项军火由中法工商银行代理,货款尚未付清,因何为中国官厅截提,请查复等因。经分电关务署及兵工署查询,旋准关务署复称:该项军火系准军部陈次长函请扣留,当经令关遵办。又准兵工署复称:该军火定货单规定,须先交货,俟检验合格后,方能付清货款,而该洋行忽函称须先付货款方得提货,本署以该洋行中途不能履行契约,为保全我方利权起见,只得在可能范围内,采取相当处置,电请海关即予截提以待检验,至应付货款,业经本署按照定货单规定,将货品检验合格后,如数付给该洋行各等因。当以此事原系双方一时误会,现已货款两交,完全了结,经函复那威使。嗣又准该使照称:该项军火提单尚在中法银行,货款九万五千美金并未付清,认为违背国际商法,奉本国政府令,提出抗议,并保留要求补偿货款及因此事发生所负担之费用。经再函准兵工署复称:该项货款确已付清。复以兵工署与雅利洋行间欠款关系早已完全了结,所称九万五千美金一款,应由中法银行径向雅利洋行清算,实与兵工署无涉,函复那威使查照。

（盈）关于情报事项

（1）哈尔滨日报(Harbin Herald)请求复刊案(续七月份)

进行之经过:此案旋据省特别区警察管理处复称:英俄文哈尔滨日报,系英人辛博森创办,其始尚无逾越本处定章,嗣则渐有宣传共产文字之登载,经本处查明处罚三次。迨本年三月十四日以前,该报复逐日登载含有宣传社会革命消息及关于各国工人暴动之事,并刊画各国政治人物，附以考语短评及苏联赤化宣传标语，不一而足，此外并载苏联工人之优美情形，红军实力之增加等论文，凡属是项报稿均未遵例送处检查，三月十八九两日仍复作反动宣传之登载。当以该报违反法令，屡戒不悛，若不根本制裁，贻祸不堪设想，当经本处限制各报登载条款第二及第七条之规定，定于三月十九日将该报暂行封闭，听候处分，并呈奉行政长官公署指令据呈已悉在案。旋据幸博森呈以该报被封日久，损失甚巨，恳乞体恤启封，并面称前因感冒风寒，精神恍忽，以致失检登载违法文字，实非有意宣传，恳请宽宥，后当服从法令等语。本处经拟宽严两种办法，一则令其出具悔过切结声明，以后永不再登宣传共产之文字图画，并恪遵中国现行法令，如违，甘愿依法处分，然后许其启封继续出版；一则该报既因违法登载宣传共产文字图画停刊，应即永远封闭，不准再行出版，免供苏联利用等由，呈请核示。旋奉行政长官公署训令内开：奉张副司令佳电内开：接吴委员铁城鱼电，转刘芦隐支电，哈尔滨日报迭为反动宣传，危害党国，遗祸地方，影响至巨，务请迅予查封，以遏乱萌等因。查前据该处呈报，哈尔滨日报登载过激，含有宣传赤化意义，业于三月十九令该管警署将该报暂行封闭，以示儆惩等情，当经指令在案。兹奉前因，合亟令仰该处迅即遵照，将该报封闭经过情形克日具复，以凭核转等因。奉此，正拟复间，复奉行政长官公署指令，对于本处前呈请示饬照所拟严厉办法办理，予以永远封闭具报等因。遵令饬属照办，呈奉指令准予备案，并转呈东北政务委员会各在案。查迭据探报，哈尔滨日报主笔明为辛博森，其实暗中操主笔实权者，确系苏联藉之其托夫及喀林喏夫司基二人，辛原函亦自认所载稿件，确有迎合苏联人民心理之倾向，被封之初，该侨呈请英领向我提出异议，该领悉其真相，遂默无一言，尤足证我方处置之允当。至该侨所称情愿依照本处定章将各项报稿逐日送请检查，然对方于有关宣传共产之各种报稿图画则匿不送检，径行刊载此等报纸，几费周章，始达停刊目的，且系副司令、吴委员、刘部长展转电令查封之案，似难准其再行复业，致坠前功而贻后患。相应详叙经过情形，函复查照酌核等因前来，业于十月八日照转该英人辛博森遵照。

（2）中宣部互换情报案

进行之经过：准中宣部函开：对日问题日趋严重，为求各种重要消息之准确及敏捷以利宣传起见，贵部嗣后如接有国内外重要消息，请于每日上午十二时以前用书面或电话通知敝部，以便汇齐整理后发表，而宏宣传效能等因。除由情报司照办外，并由司电属上海新闻社，关于时事重要消息，凡发本部之电，并径行照发程部长一份，以资敏捷，业已遵行在案。中宣部每日印行之对日外交情报，亦按期送达本部，藉以互资参证。

（3）中宣部与本部情报司合组特别情报部案

进行之经过：准中央执行委员会秘经处函开：自东北事件发生以来，关于外交事件之情书骤形繁复，若无统一之组织，不但影响外交前途，且足淆惑国人听闻，爰经中央第一六六次常会议决，由中央宣传部与外交部会同组织一特别情报部，所有涉及外交方面之情报，由宣传部程天放同志会同外交部情报司司长切实负责。关于发出通信办法、办事地点及时间，由宣传部、外交部商定。录案函达，即希查照办理等因。当经派员会同程同志先拟暂行办法：（一）每日由情报司将中文发表新闻送达中宣部，午后二时一次，八时一次；（二）洋文发表由情报司随时送达；（三）中宣部方面发表中文消息，即中央新闻稿不另送本部，洋文消息则亦随时送达情报司。目前即照此办理，以期情报之统一，而资彼此之接洽。

（4）出席中宣部讨论特种宣传事项及情报会议案

总述：本月一日中宣部来函通知：现定每星期一、三、五在中央党部党务委员办公室讨论特种宣传事项；又函通知：现定每星期二、四、六在中央执行委员会秘书处开情报会议，分别讨论提议特种宣传及关于情报各问题，并请分别出席各等因。当经派李科长迪俊分别按时出席，参与讨论。

（5）纽约广播无线电公司拟请接收中国放音案

进行之经过：本月十五日接驻纽约总领事呈称：准美国广播无线电公司国际部函称，拟请中国广播无线电台将放音节目预告，以便接收重放，并且请将关于中国无线电节目新闻等印品名称、出版地址等代为介绍，以资接洽等语，理合转呈鉴核，祈转商各电台斟酌办理令知等情，并呈附该公司英文来函抄稿到部。当经抄录该公司英文函稿，据情函请交通部酌核办理。

（6）筹拨驻德使馆宣传费案

进行之经过：据驻德使馆电称：日使馆不时发表新闻，淆乱听闻，可否在德设一宣传机关，聘一二专门人员办理其事，每月经费约需一千五百马克等。当以德国在欧地位日见重要，对我素表好感，梁秘书所请拨款办理宣传，似应照准，现值本部经费支绌万分，此项额外支出，实属无款可拨，缘函请中央宣传部设法按月筹拨的款发交该馆，专作驻德宣传费用，以期有裨国际在案，尚未准复。

（7）组织情报综合所案

总述：自东省事件发生后，陆海空军总司令部为使军事、外交联络及各方情报收集正确起见，设情报综合所于总司令部参谋处，由外交部、海军部、参谋本部及总司令部参谋处各派一至二员联合组织之。各部处所派工作人员，应将该机关所得情报先事整理，于每日上午十时前至综合所综合整理后，由总部参谋处汇纂油印。至极机密之军事、外交情况，密交总司令部参谋处第二科长汇登机密日记，密呈总司令阅核，藉明真情。

进行经过：本部接总司令部参谋处来函，并附情报综合所业务简则一份，该综合所准定十月十九日正式开始办公，嘱本部派员会同组织，并将派往该所工作人员之职别、姓名示复，以便随时联络等由。当由部派情报司副科长贺家骅为该所工作人员，逐日将担任收集外交上之情况及外国军事企图并其他与军事有关事项，汇送综合所。至综合所调制之日军情况表，除由情报司密存一份备查外，并由该司逐日密呈部次长，并密送亚洲司司长参阅。

（8）抄送中央各部会驻外使领馆报告暨各项特殊消息案

总述：本部逐日所接各项情报，除随时编译择要发表新闻外，所有驻外使领馆寄到各项重要定期报告，须择尤分别抄送中央有关系各部会参考，并将所得各种特殊消息随时核阅，抄送南北各新闻机关，以资传布，而祛误解。本月抄送各部会前项报告计实业部十二件，军政部三件，财政部二件，侨务委员会一件，最高法院一件，其特殊消息抄送各新闻机关者一件。

（9）划一邮电检查事宜案

进行之经过：本年十月一日准中央宣传部函：为划一部邮电检查事宜开会，请派代表出席等由。本部当派情报司科长范汉生于二日前往中央党部出席，到有中央秘书处、卫戍司令部暨交通部等机关代表，当场决议二案：（一）关于邮电检查事宜，仍请卫戍司令部及中央宣传部负责办理，如遇有外国文字难于明了者，由外交部代译；（二）关于邮电取缔事宜请交通部负责。

（10）发表新闻工作案

关于情报事项，本月书面发表之新闻，计中文、英文、特式、正式、非正式共一百三十件，内本部报告事项三件，关于日本事项九十三件，中苏会议消息及关于苏俄事项六件，关于其他各国事项二件，国际事项及国际新闻六十四件，华侨及外侨状况五件，驻华使领及外宾消息十件，驻外使领及奉派人员消息四件，杂项四十三件。

（戊）关于交涉事项

（1）上海曹荣宽等被美国海军车撞致死伤案之经过

前准美国公使照会，以对于此案允予拨款解决，该受伤华人姚阿根、蒋阿二等，各给予一千五百元，该已死曹荣宽之家属，亦给予一千五百元等由。当经本部咨行上海市政府查照，转知各该当事人去后，准该市政府咨复：以据被害人之律师顾忍呈称，美国政府所拟解决此案之办法，被害人姚阿根、蒋阿二已无异义，惟死者曹荣宽系青年学生，不能与姚被害人阿根、蒋阿二等苦力工人并论，假定学业成就后，赚钱能力为每月国币二百元，以四十年计之，共合国币九万余元，况死者系三房兼（姚）〔桃〕之独生子，将来负担甚重，请交涉照数赔偿等因。本部现又据向美国公使交涉，并咨复上海市政府查照。

（2）福建福清县美教会与渔溪小学争执地产案之经过

前准美公使照会：以福清县美教会地产，被渔溪小学占用，并筑有围墙，请设法将此项地产交还等由，业经本部咨行福建省政府查明办理。嗣据福清县教育会暨福建旅沪同乡会先后电称：福建省政府一再派队勒令拆卸福清渔溪小学围墙，群情愤激，乞电制止等语。而美公使来照，复以福清县渔溪小学占用教会地产一案，尚无圆满解决，拟请于省府指派负责官员，会同福州美国领事前往监视拆除围墙，将地产交还教会，以期解决为言。本部当以此项地产双方争执已久，自应调验契据，藉明产权谁属，因又咨请福建省政府查照核办。

（3）英商亚细亚公司在福建嵩屿建设油池事

英商亚细亚拟在嵩屿建池，当地各团体加以反对，而英方以租地建池系属特许性质，请设法解决各等语。经本部与实业部派员会商，拟定办法三项：（一）该地面积应如何加以限制，租金如何增加，应由省府斟酌当地情形，与亚细亚公司商办，惟海滩填成之码头，应留为公有；（二）租地年限定为二十五年，期满系经双方同意决定可否续租；（三）地点须勿侵及铁路地或妨碍该路将来建设。经即电请闽省府转饬海澄县与该公司会商，并将会商情形报候核办。

（4）外人被掳事

英教士胡尚施在湖北天门县被掳，准英使驻京代表面请从速营救。经本部电准湖北省政府电请该处驻军及天门县长、公安局长，火速设法营救该教士出险等由到部，经即略达英使馆查照。

（5）保护湖南荷兰教士案

准荷兰驻华代办电称：湖南土匪活动，请对于津市等处荷兰教士妥予保护等因。经电准湖南省政府电覆：业已饬属办理。

10. 外交部 1931 年 11 月份工作报告(1931 年 11 月)

外交部二十年十一月份工作报告

(一)关于法令事项

无。

(二)关于交办事项

(甲)中央党部交件

事由	交办处所	交办		限期		办理情形	备考
		月	日	月	日		
无							

(乙)国民政府交件

事由	交办处所	交办		限期		办理情形	备考
		月	日	月	日		
无							

(丙)主管院交件

事由	交办处所	交办		限期		办理情形	备考
		月	日	月	日		
国府交办宋殿魁呈续请向苏俄交涉放回被掳华兵一案(续四月份)。	行政院秘书处奉谕交。	十一	六	无		业经函复:已训令驻黑河总领事详查,遇有被俘士兵仍在该处工作者,随时交涉放还。	

（三）关于主管事务之进行事项

（天）关于中日事件（续十月份）

日本前于十月三十日致我国照会一通，内称日本政府之方针，希望开始商议确立中日平常关系基础大纲，经本部于十一月三日驳复，内容略谓中国政府极愿依照行政院之建议，俟撤兵完成后，开始交涉两国间之悬案，并设立调解委员会或类此之永久机关，但在撤兵尚未完成前，所有商议自应限于撤军及接收之细目等语，由蒋公使送达日外务省。

十一月二日，白里安致芳泽函，答复日本政府十月二十六日之宣言，对于日本五点之答复，谓前四点已包括于十月二十四日行政院之决议案，至第五点则包括于中国提议用仲裁办法以确定现行条约之效力以内，请注意行政院十月二十四日决议案之第五节，该节建议两国政府应立即指派代表，协定关于实行撤兵及接收撤退区域之细目，俾得顺序进行，不生延缓。

嗣以日本政府拒绝指派代表与中国代表讨论，依照九月三十日决议案双方保证之撤兵详细办法，当经施代表于十一月三日致通牒于国联秘书长，以日本此种态度是破坏盟约第十条及非战公约第二条，中国政府必须重申其坚定决心，即在军事占领压力之下，断不同意著手交涉，并信望国联会员国及美国不至任盟约及非战公约及九国协约之横被蹂躏云云。

因日本军队借口修理嫩江桥，集中洮南至昂昂溪之铁路沿线，谋攻黑龙江省城，当由本部将详情电致施代表，由施代表于十一月五日致通牒于国联秘书长达拉蒙，请国联注意关东司令代表林氏称日本决置国联行政院之决议案于不顾，而以武力改变黑龙江之政情。十一月三日日军渡嫩江桥，攻击马将军营垒。通牒内并申述日军在通辽、锦州各处之活动。嗣以日本军队随同马贼向中国军营射击，日本飞机二架并翱翔于军营之上投掷炸弹，死伤中国官长、兵士逾二十名，复利用联日之土匪围困华军，逼与交战，复由本部急电施代表致通牒于秘书长达拉蒙，请其立刻通知行政院主席干涉，日本军队此种挑拨之活动，势将造成最严重之纠纷,而日本应负其全责云云。七日因日军攻江省事,复由施代表提交国联秘书长牒文,以日军在东省之行动,毁坏任何各处中国政府合法之官吏,并假治安维持会之外貌,以独裁之治理,树立并维持甘为日军司令官傀儡爪牙之人民及团体,此种政策造出并酿成东省无秩序之状态,破坏盟约及非战公约,否认国联之告诫,耻辱日本向行政院屡次正式表示不扩大争端之允诺也。

嗣由本部于十一月八日电国联秘书长,以日本不遵守国联决议案,请转达白里安依照盟约制止日军行动,同时并电告施代表接洽此事。并以日本派遣军队至黑龙江省强修嫩江桥梁,竟要求中国军队由嫩江桥撤退至十公里外,并诱胁张海鹏叛众同时进攻,中国军队不得不采取自卫必要手续。日本军队似此积极扩大事态,不独违反国际公法与国际公约,且又违反国际联合会行政院决议案,日本政府之责任愈形重大,应请急电当地军事长官,立即制止此项违法行为,并迅速履行国际联合会行政院议决案。遂于十一月十日对日提出抗议照会,电达驻日蒋公使,即递送日外务省,并将抗议日军非法进攻黑龙江事之照会致日本驻使重光。复以急电通知施代表,以暴日寇我黑龙江事,已向日抗议,日应负完全赔偿责任。

十一月十日,据河北省政府主席王树常、天津市长张学铭来电报告:据密报,天津日军司令部召集我国失意军人林鹤翔、张璧等组便衣队,由日军给械,密谋于本月八日暮时攻我省府等机关,我即预为防范,届时果实现。及便衣队为我击退,日方即限我军队退距日租界三百米突以外。我退去后,炮弹向我界轰炸,甲车向我界出动。等语。本部当以天津暴动,纯系日人指使,一方面请各国驻使派代表赴津调查,同时即电达日内瓦施代表,宣布日方阴谋,并将国联对此事意见电复本部。嗣接施代表复电:已将牒文送交秘书长特拉蒙,内容略谓据所接政府消息,表露天津流血之祸乱,实为日本当局教唆人民反对中国政府再进一步之举动,华界竟被海光寺日本兵营炮轰,发弹逾三十枚,日本司令答复我方,称对不幸事件茫无所知,但向各国代表解释,则谓炮击实起因于吉林军队二十九旅与天津警察间之冲突，经我方充分之解释，指明天津并无吉林军队，亦并无第二十九旅云云。

十一月十一日，本部致函英、法、美、德、义、挪威、西班牙使馆，函送接收被日军强占东北各地办法及组织规程暨接收委员名单。同日施代表复致特拉蒙秘书长三件牒文，系关于天津事件、江省事件及复洲湾矿区事件，内容大要系据报日本发给各著名无赖以枪械子弹，令其组织便衣队，攻击中国政府机关，被捕诸暴徒证明日军唆使进攻，所缴枪械系日本所制，弹壳上刻有日文，在中国城内检查某汽车时，搜获沈阳兵工厂所制之枪及有日文之手榴弹。日本企图推翻黑龙江省政府，嫩江形势极形严重。援引八日本庄向马占山之要求，吉林大佐对黑龙江省政府之建议。又日本分遣队占据中国复洲湾矿区，并委任日本职员，矿区系公司私有，位置在租借地以外，故其夺取系劫掠行为，要求行政院主席令日本政府饬令交回，并训令军人使满洲形势不至加重，并不致再生同样之非法行为。十一月十三日，本部以本庄对黑省最后通牒显系有意启衅，日政府应负责迅速从严制止，电由驻东京蒋公使照会日政府。同日，日本重光公使致本部照会一件，以天津发生暴动事，张副司令于十一月九日公然发出通电，登载各报，故意中伤日本政府官宪及日本军队以及宣传日本人与本事件有关系等情，要求政府与张副司令以充分之告诫云云。

同日，本部急电驻东京使馆，以本庄最后通牒要求马主席立即下野，退出齐齐哈尔，希紧急要求日政府即刻制止。

十一月十六日，据日本重光公使复照，大意谓关于嫩江铁桥附近中日两国军队冲突事件，来照所称各节业已阅悉，此项驻满军队之行动，系为拥护在满蒙本条约上之权利及保护侨民之生命财产，南满铁路公司对于洮昂铁路有担保权，十月中旬黑龙江军队之恣意破坏该铁路嫩江桥梁，为侵害南满铁路公司利益，日本军队为保护上述南满铁路公司重大权利，固属正当合法之行动，万一江省军队自恃众多，对日军出以挑战之态度，有惹起与日军从此事实发生之一切，结果贵国政府应负全责云云。嗣经本部复于十一月十八日致照会于日使重光，并由驻东京蒋公使致同样之照会于日本外务省，内容略谓本庄司令一再向黑龙江省马主席为无理之要求，而此次所提条件，竟声明系奉日本政府之训令，中国政府殊为诧异，中国政府在中国领土内当然有自由调派其军队之权，日本政府何得干涉？洮昂路线完全为中国经营之铁路，关于该路之运行，日本政府何得过问？中国政府对于此次黑龙江省事件，已迭向日本政府指明日军行动之非法与日本政府责任之重大，并又声明如日军继续攻击，中国仍当采取必要之自卫手段，兹特再向日本政府声明，如日本军队不顾一切，因欲强令中国军队实行其所提无理之条件，而引起之一切行动，日本政府仍应负其完全责任云云。

同日，国联行政院在巴黎开会情形，据施代表来电报告如下：今日下午，行政院先开公开会议，继开非公开会议。白里安谓必须将东省各事变及时局之发展通知行政院，并声称日本政府虽不承认十月二十四日之决议案，故决议案只具有高尚无形之旨趣，但曾明晰宣言实行依照九月三十日决议案应行举办之事业。中国代表曾以公函保证中国意愿尊重一切条约之义务，履行盟约之义务，并以仲裁裁判或以法律之决定解决中日一切之争端。日本代表曾正式发表其基本大纲，白里安氏以为各该大纲除第五大纲似可依照施代表公函中所提各节设法探索以外，其余似均已包含在十月二十四日决议案之内。白里安向日本代表解释因关于某某各约之效力问题，华方之解释，日代表不无疑义。转而论现在满洲之时局，白里安继续引各方注意九月间之决议案及华方对于日本扣留盐税之声诉，观于双方准备供给要求之消息，可见忠实愿望扶助争执之解决，行政院致力以客观及大公无私之方式求得一种之决议，避免急遽之评判，行政院切愿依照国联盟约，求和平公义及尊重国际之义务。白里安结论谓本日之会议仅系一种正式之会议，某某诸会员曾暗示愿望在公众讨论之前，不如由行政院各会员间先行谈话，以求达到同意，以为此实为完成所愿望之目的最佳之方法及手续，渠并不反对此种提议，故行政院决议先开非公开会议，以讨论手续，然后再开公开会议以讨论本质。施代表谓深知本日之会议与以前各会议不同，表示愿望常开公开会议，因中国舆论要求早日之解决也，芳泽并未发言。

十一月十七日，我国政府发布宣言，其全文大意为日人屡次嗾使匪徒扰乱地方秩序及日人劫持溥仪至沈组织伪政府事，应由日政府负全责，并当将内容大要电知施代表。

十一月十八日，本部以本庄向马主席提出要求事，特向日本政府提出严重抗议，内容略谓关于本庄向马主席提出要求事，而引起之一切行动，日本政府仍应负其全责云云。一方面电达驻东京蒋公使，将抗议照会全文递送日本外务省，一方面由本部照会重光公使。同日施代表以中国政府名义，致意见书于勒乐，内容共有十一条，其结论则为关于在军事占领压力之下决不交涉之重要原则，如不变更，则中国当依其稳健和好之政策，准备以极端友谊精神，考量提出最后解决根据之任何提案，如此项提案以国联及其工具为根据，并充分切实规定迅速撤兵，除公共安全地方办法外，并无附带其他条件，则此项提案或可作为可以接受之解决云云。

十一月十九日，日本复照会一通，内容略谓关于嫩江铁桥附近中日两国军队冲突事件，马占山将军从中东铁道沿线各地续增援军数万，集合昂昂溪以南，对该方面日军继续其包围之姿势，有据强固阵地俟机而行总攻击之实情，故此件冲突一切之责任，应归马占山负之，且同时贵国政府不管我方再三之要求，最近且升任马占山将军为黑龙江省政府主席，而于马占山将军之行动并无何等之抑制，于此一点贵国政府亦不能解免其责任云云。

自四全大会关于日本侵略行为之宣言由本部电达施代表后，施代表于二十日电复如下：已于十八日加具公函转送国联秘书长特拉蒙，该公函之内容略如次述：该宣言实为中国人民心理可靠之解释，至军事占领威迫之下绝对不能接收五点之直接交涉，因第五点与日侨之安全无关，而一切各点苟其会商与撤兵相连，则不啻构成一种政治上与经济上之方案，以树立日本对于满洲之保护权，且因中国决不接受任何地位使中国重行签字于二十一条，以为日本履行依照国联盟约及巴黎非战公约之条件也。如行政院提议撤兵，须以直接交涉为条件，中国将立即援引盟约内其他条文，中国充分信赖国联，对于国联之权能势将予以绝大之试验，如国联竟告失败，则中国将被迫责难列强不愿为国联盟约稍尽维护之责，此实中国问题国联及军缩会议存亡之问题也。

十一月十九日，施代表来电报告，十一月十八日下午行政院会议时始先无中国方面参加，嗣后无日本方面代表列席。

十一月二十日，本部复日本之照会，大要分为三点：（一）依照国际联合会行政院九月三十日决议案及十月二十四日行政院会员十三国一致通过之决议案，中日两国政府各负避免侵略政策及扩大事态之责任，而十月二十四日之决议案已经行政院主席正式指明具有完全道德上之力量，来照又特别提及九月三十日决议案第五第六两项，是日本政府亦深知其在行政院决议案规定下应尽之义务。乃自九月三十日起直至今日，日本政府管辖之军队，无时不在中国领土内扩张其作战行动及即在战事中亦为国际法所不许之行动，十月八日飞机轰炸锦州之举，各国已深为震骇，近复变本加厉，竟至勒取中国国家税收，勾结匪类供给枪械，嗾使扰乱侵略区域及其附近之治安，天津日本租界当局利用其租界地位，容许大帮武装便衣队集合出发攻击政府机关，杀伤公务员及人民，一面假修理无权修理之嫩江桥为名，进兵黑龙江省，向中国军队攻击，并协迫省政府当局，业经中国先后提出抗议，并指出日本政府重大之责任在案。据最近报告，日军于本月十八及十九日竟已攻陷昂昂溪与齐齐哈尔，并先以飞机在齐齐哈尔抛掷炸弹，发散传单宣告攻取黑龙江省城坚决之意，显系违反前项行政院决议案。如上述一切武力侵略行动，为日本政府之既定方针，则日本政府对于国联行政院九月三十日决议案欣然参加，殊不可解；（二）日本政府不先反省自责，而反谓中国人民自然而消极的属于情感之表示系违反行政院决议案，中国政府不能承认中国人民处于日本积极侵略之下愤慨已极，但对于日本侨民所取态度，亦仅自动偏向于商业关系，并无故意加害于生命或财产之事，而中国政府除被日军侵占之区域外，对于日本人民尤尽力予以保护。公平之第三者，鉴于中国政府与人民确守非战公约及其他国际公允之信条，始终在法律范围内应付日方之横暴，方以为可异。而日本政府未能先自觉悟其种种侵略行为之非计，反于日军侵占威逼严重情形之下，强欲中国人民恢复其平常之友谊，是倒果为因。中国政府亦不得不指明于日本政府者，即侵占中国各地之日本军队一日不撤，原状一日未复，侵略一日不止，则中国人民对于日本人民之感情无从恢复，是当为日本政府所了解者也；（三）日本政府在国际公法、国联盟约、非战公约及华盛顿九国条约之下，又在国联行政院九月三十日之决议案及十月二十四日具有完全道德上力量决议案之下，早应依时完成撤兵，实无再加辩论之余地。中国政府兹仍请日本政府查明迭次去文及国联行政院主席十一月十一日致日本政府之复文，急速改变既往方针，与中国业已派定之接收委员商订撤退及接收细目，俾现在侵占东北各地之军队即日尽数撤退，而已破坏之东亚和平庶可因此得有转机也。

十一月二十日，本部致日使重光照会，内容略谓为日方不遵国联行政院决议案及种种非法军事行动，请日政府急速改变方针，与中国业已派定接收委员商定日军撤退及接收之办法。此照会全文同时电达驻日蒋公使，即刻递送日外务省。

十一月二十三日，接施代表来电，报告本日下午行政院会议经过。"白里安提及日方撤兵之宣言与中国政府保证负日侨生命财产安全之责任，力请余及芳泽提出提议，并表示愿中日双方勿使情势愈趋扩大。芳泽谓日本政府完全遵守九月之决议案，并指出中国国民党公开宣布之政策，即不履行条约及反日运动，使日本之权利利益均受危害，日政府因注重采取东省及其他各部公正不偏消息之必要，故提议国联派遣调查委员团，此项委员团无权干涉中日两方之谈判，亦不能监察军事之动作，此种委员团之组织及派遣并不变更日政府于最短可能时间内依照九月之决议案撤兵之始愿，日本政府已撤之军队不在少数，旋朗诵以下宣言。为表示极愿与诸君合作起见，余仅对于余等之地位作一简单之宣言,日军武力占领中国领土,破坏庄严之条约及盟约,实为局势之症结,任何办法若不规定立即停止各种军事行动,立即开始撤退日军,并在最短可能时期内接续实行,殊不能假定为此项问题之解决,中国政府不能对于撤兵事有何种之磋商,亦不能承认令撤兵一事,除商订细目用以保证在撤退区域内生命财产之安全外,系于一切其他任何事项。

重申前次宣言,中国准备负完全责任,维持在南满铁路区域以外东省各地之公共治安及日侨生命财产之安全,如谓必须更作进一步之保证,则任何公理办法如在国联赞翼之下包含中立国之合作未尝不可接受。当前之事实,已迅速更趋恶劣,吾等在此辩论,除仅使行政院前之问题或更为明了以外,无何种有效之结果。问题现已明了,采取行动之时期已到,因当吾等辩论之际,痛苦时有增加,无可补救之损失已见实现,苟再为延缓,仅足使吾人之职责愈加困难。中国为求在其领土内迅速完全撤兵起见,有坚决之意愿在情况所需要时要求予以一切权利及救济之办法,此项权利与办法为中国以国联会员国之资格,依据盟约第十一条及其他任何一条或各条可予要求者。薛西尔谓时局之确实报告实为紧要,并谓目前再不论其他事项,惟议如何能接受日本之提案。施代表问中立国人已否依照九月间之决议案,前往嫩江齐齐哈尔一带搜集报告,是项报告是否可以公开,并谓在表示意见以前将研究事件之全部。复重行声称,现在主要之点在于立即撤兵,停止战争。薛西尔谓在向施代表发表消息以前,请求征询其他会员意见。白里安谓法政府可以将此种报告供给行政院,于是其余各行政院会员发言,赞成派遣调查团之提议,惟爱尔兰代表未曾发言,西班牙代表问用武力是否与国联盟约及非战公约相符合,并指出安全问题应以显明及最近之意义了解之。白里安谓行政院中有一提案,至少在原则上业已明确无疑,渠了解余之慎重保留,指明遣派委员团将使紧急状态稍为和缓,谓应筹划办法,保证在派遣委员团时战事行动不至发生。关于此项委员团之组织及其责任之详细节目,将于明日讨论。施代表谓中国政府与人民曾竭力不作任何举动,使白氏之职责更加困难,惟关于所提议之调查委员团一事,余不惜冒重复之弊病,将中国政府之地位设法使之明了,中国政府虽不反对此种提议,但赞成以任何方法取得东省事变之较确消息,然若此项调查委员团之成立,将在任何方面成为一种之托辞,延缓日军完全撤退之开始及在最短时期内之接续进行,则中国政府不能片574以同意,中国政府将不愿以其他之根据,讨论调查委员团之提议,无论调查委员团指派与否,依中国政府之意见,行政院前急迫必要之职责,为采取行动使局势不致扩大,即立即停止战事,并保证日军撤退,是项撤退因立即开始继续逐渐进行,以求得迅速完成。芳泽谓渠所举出各节,仅系原则性质之大略,渠与本国政府商议,并续称一俟时局上对于日方生命财产能予安全保障之时当即撤兵。"

同日施代表来电报告:"特拉蒙于本日下午五时十五分将决议案草案交余,草案如次:(一)行政院重行提及并重行证实九月三十日一致通过之决议案,该决议案经双方宣告正式受其约束,请中日两国政府采取一切必要步骤,以保证其执行,俾日军从速撤退至铁路区域以内;(二)鉴于自十月二十四日行政院会议以来,满洲事变其情状甚且更为严重,爰请求两国政府严厉命令各该国军队长官制止任何动作能使更有战事及生命之牺牲者,并应采取一切必要之方法以避免再使情势之扩大;(三)请两国政府常使行政院得知情况之进展,行政院继续处理时局;(四)请行政院其他各会员以所接在当地该国代表之消息供给行政院;(五)他一方面鉴于事件之特殊情形甚愿从中协助,以求两政府间争执各问题切实及根本之解决;(六)决定指派委员团委员三人前赴当地从事研究,并将任何情形足以影响国际关系,扰害中日和平或两国间友好之谅解,而为和平所藉以维系者报告于行政院;(七)中日政府各有权指派辅佐人员,以为该委员会之辅助,若双方开始任何谈判,此事自不在委员会办事范围之内,该委员会亦不得干涉双方所采之军事办法;(八)再委员会之派遣及会商自不得认为一种之理由延缓该决议案第一节所载日军撤至铁路区域内之事。(注意)主席于议案通过后将宣告:(甲)两国政府有权向委员会主席表示其所特别愿望审查之问题；(乙)委员会如愿意时得向行政院作临时之报告决议案。终。"

十一月二十四日接施代表来电："昨日下午见特拉蒙，渠交余以决议案草案，并向余询问是否将该草案转达南京，抑或该草案不能接受，竟至于不堪转达之程度，余答称实际上实无讨论之可能，但余当然应将与渠谈话情形报告本国政府。"

(地)关于通商事项

(1)中斐商务推展案

进行经过：据驻南斐洲总事呈，以据约翰堡武宾斯坦博士来函，拟推广中斐商务，促进两国贸易，先在斐筹设一进口公司以专其事，开列商询办法三端：(一)华货输入南斐，何种可以获利及货价与运费等所需几何？(二)中国对于南斐出产品以何种为需要？海关能否酌予减税以资鼓励？(三)公司拟派代表来华，中政府能否予以便利？乞代转示复。经本部咨准实业部核复，除减税一层恐难办到外，余均逐条答复，表重视之意，业经令行该领馆遵照转复。

(玄)关于限制进出口事项

(1)津海关扣留德人运品案

进行经过：前准驻华德使馆来函，以侨平德人米和伯运有瓷绣册页画品等件，被津海关扣留，请准予出口等因，经咨准财政部核复，以该德人所运各件，多系价值低廉海淫之物品，并无时代关系，不得以古玩论，已饬津关照章扣留销毁云，业经函复德使馆查照。

(黄)关于驻外领馆管辖区域事项

(1)驻新加坡槟榔屿两领馆划分管辖范围案

进行经过：案查英属马来各馆管辖范围，前经规定有案。兹因吉隆坡领馆尚未成立，原有管辖区域自应重加分配，以明权限。Singapore, Johore, Malacca, Sernlulan Pahang, Kalantan, Treggaun 归驻新加坡领馆管辖；Penarg, Perlis, Wellesley, Dindings, Perak Selangor, Kedak 归驻槟榔屿领馆管辖。已电驻英使馆知照英外部，并令行各该领馆遵照。

(宇)关于侨务事项

（1）瓜地马拉移民苛例案

进行经过：迭据瓜地马拉华侨总会呈，请委派干员速往瓜国交涉苛例，并从速实行设领，经电令驻巴拿马代办李世中就近详查拟办。据电复，经与驻巴拿马瓜国总领事接洽，瓜政府对于前往洽商侨务表示欢迎。经即电令前往视察侨务，向瓜政府磋商一切。李代办到瓜后电陈，觐见总统要求改善移民苛例各条，瓜总统答复取消苛例国会恐有困难，不如依互惠精神议订友好通商条约，移民问题自可解决，国会易于通过；设领一节，业经同意，并表示虽未订约，中国如能派使驻瓜亦极欢迎云云。经电令先交换意见，并先磋商改善侨民待遇条件，至于中瓜新约大体可用中巴约稿为讨论基础，惟中巴第七条应加一句，"但此项税捐不得异于或高于所在国本国人民所缴纳者"，全稿仍俟邮寄，磋商情形随时报部。

（2）接运旅日华侨回国案

进行经过：案接驻日公使电据驻横滨总领事呈报：失业华侨亟待资遣回国，共计一千七百余名，经会商商会八党部，恳电政府派船接送等语。经电饬驻日公使迅向日关系方面妥为接洽，并咨请交通部即饬上海航政局准备如期派轮前往接运。旋准交通部派定新铭轮于三十日开往横滨，经电蒋公使转饬接洽办理。

（宙）关于国际联合会事项

（1）派遣国联陆海空问题经常顾问委员会代表案

进行经过：据国联秘书厅裁军股来函，以本届大会中国已当选为行政院会员，照例当选之后，可派代表一人或数人服务于陆海空问题经常顾问委员会，嘱我国将拟派之代表名单开送等因。当以此项代表关系重要，似应设法派遣，以便研究国际军备状况，经函达参谋本部会商军政、海军两部核办。

（2）国联派专家来华办理建设事业案

进行经过：据驻汉堡唐领事呈称：据此间市政府来函，谓中国政府曾请国联遴选各项专门人员前赴中国办理建设事业，国联共派专家三人，一为英人 Coude，一为法人 Normandin，一为该市府工程局长 Wilhelm Siareking 等语，并由该市府派人带同该局长来馆面洽，经询悉英法二专员将取道西伯利亚赴华，彼则拟乘轮船启程，约于年底或年初抵沪，又彼赴华系属初次，人地生疏，嘱转呈政府于其抵沪时派人照料，理合呈请转行主管机关核办等情。当以聘请国联专家来华一案，系全国经济委员会主持办理，该德国专家既系初次到华，自应酌予派员照料，经即函达该委员会酌度办理。

（洪）关于外人入境事项

（1）颁行查验外人入境护照规则案（续九月份）

进行经过：（一）会同内政部咨催各关系省市政府，迅将查验外人入境护照开办日期查明见复，并于每月十日前将上月份查验表送部备查，以符规则；（二）通行各关系省市政府，自十一月一日起，原住当地外人护照未经我国驻外使领馆签证，并未经地方官署盖戳者，经查明确凿，一律收费二元，补行盖戳，其余仍照该规则各项规定切实办理，请转饬所属遵照，并通知当地各国领事；（三）准山东省政府咨：据济南市政府呈送该市公安局查验外人入境护照暂行办法及预算书，请查核见复。经复以济南地方不在查验外人入境护照规则施行细则第三条查验地点之内，原送办法应作一种内地验照办法，自可斟酌当地情形办理，惟对于验照手续，务必力求简捷，以利进行；（四）准上海市政府函复：以准函据驻伦敦总领馆呈询上海护照局公布外人通过上海不登岸或在沪停留不满三十日或在沪三十三哩范围内游历均免签证手续各节，经令据市公安局呈复：前项办法本局向未公布，惟在事实上除不登岸者无从嘱令补签外，其余所有入境外人一律施以查验护照手续，并未另定例外办法，函复查照等因。经指令驻伦敦总领事遵照转知；（五）准北平市政府电询无约国人及苏俄人请求补签入境护照应如何办理，经复以应补行盖戳，收费二元。

（荒）关于军械事项

（1）兵工署向德商雅利洋行购买军火货款纠葛案（续十月份）

进行经过：准驻华那威公使照称：关于那威船 Teneriffa 运械货款纠葛一事，该项军械提单持有人为上海中法工商银行，该行为军械之所有权人，中国兵工署虽将全部货款付清于雅利洋行，但对于真正所有权人并未交付，特提抗议，请查照等因。经以兵工署与雅利洋行所订之买卖契约规定须先交货检验，然后付款，因雅利洋行未能履行契约，买主不得已仍为强制履行，自不能认为违法行为，且该项货款已全部交清，雅利洋行并无异议，则当事人间已无问题，现中法工商银行因持有提单提出所有权争议，此系该银行与雅利洋行间另一问题，中国兵工署不负若何责任，如中法工商银行与雅利洋行发生货款纠葛，尽可另谋法律上正当之解决等语，照复那威公使。

（日）关于护照签证事项

（1）比水手登岸手续案

进行经过：准驻华比代办照会：以调查凡遇比国国籍之船员及水手在中国各海口登岸时，持有各该本人业务证书即可登岸，抑必须持有经由中国领事官签证之本国正式护照方准上岸，特祈示复等因。当照复以海员等如持有业务证书，在所泊口岸自可登岸，惟由口岸复往他处，必须持有中国领事官签证之护照方能前往。

（月）关于情报事项

（1）奖励五权宪法论文案

进行之经过：据驻比使馆呈据该馆随员兼副领事孔庆宗陈称：为著五权宪法博士论文，以优等考得比京大学政治学博士学位之文凭，因念五权宪法为我国今后政治建设之定规，总理以我中华民国之伟大先觉创此完善宪制，开世界宪法之新论，遗华夏中兴之宝筏，不特国人应加研究知其大旨，以正指趋，即对外宣传亦不容忽视，惟五权宪法之大义幸有总理之遗教，而其细旨及其与欧西宪法原理、政府制度等之比较研究诸类著作尚不多见，便于宣传之西文作品犹觉寥寥，庆宗学识浅陋，对于五权宪法之博大精深管蠡之见，研习之作论列所及只求不致歧误，敢云有所阐发，但为尽党员职责、助党义宣传之微忱所鼓动，决将五权宪法（De la Constitution des Cing Pouv oirs：Theorie–Application）论文原著托巴黎书局印行，据书局估计，以一千本计算，即须费数千元，供职海外，清苦异常，益以兼学数载，安有余力印此巨册？再四思维，只有一面与书局接洽刊印，一面检原稿一册呈请钧核，请外交部核行中央宣传部审查，依照党义著述奖励办法酌予奖励，拨助印费，俾得及早出版，寄赠若干册以助宣传之需，可否之处，敬祈卓裁等语。查该员所著五权宪法论文，既属研究党义之作品，复以优等考得比京大学政治学博士学位，如能印行，于对外宣传不无裨益。理合检同原稿一册，敬祈钧部察核，转行中央宣传部审查，酌予奖励，拨助印费，可否之处，仍乞卓裁，训示转知等语，并附呈法文五权宪法论文稿一册到部。查该项论文搜集资料备极丰富，除第二百二十三页主席不得兼行政院长之意见外，余均妥切，经函请中央宣传依部照党义著述奖励办法酌予奖励，尚未准复。

（2）联络来华巴黎报界代表案

总述：本月二十七日中宣部派员来部，面告巴黎右派报界代表勒谷老克劳氏约在本月底或下月初来沪，并将赴我国各地调查，前已由中宣部职员陈君在安南与之接洽，因日本现正拉拢此等人，请为设法探悉，届时妥为联络等因。当由情报司函达驻沪办事处，于该代表抵沪时派员以情报司名义善为照料，以示联络，并将其调查目的、行止如何，随时注意报告备案。

（3）更正日报造谣案

进行之经过：查日本联合社稿十一月四日奉天电，有标题《牛兰潜入长春》之新闻一则，核与事实不符，因牛兰夫妇仍在南京拘押，并未释放，当由本部情报司第四科去函联合社上海支局，据情更正，免淆观听。

（4）采购苏俄出版品案

进行之经过：此案准财政部称：国民政府经济委员会声请代觅自苏联政府成立以来所有关于中国之经济、财政或社会、政治各出版品暨领事报告、特种报告及苏联五年计划等，无论英俄文均可，请为转托驻苏联莫代表设法每种代觅二份，以资应用，该项书件，除可向该国政府索取外，如须出资访购，将来尽可开示价目，自当连同运费照数拨还等因。当经函请莫代表查照办理在案。

（5）抄送中央各部会驻外使领馆报告暨各项特殊消息案

总述：本部逐日所接各项情报，除随时编译择要发表新闻外，所有驻外使领馆寄到各项重要定期报告，须择尤分别抄送中央有关系各部会参考，并将所得各种特殊消息随时核阅，抄送南北各新闻机关，以资传布而祛误解。本月抄送各部会前项报告计实业部五件，国府主计处一件，中央侨务委员会一件，其特殊消息抄送各新闻机关者十三件。

（6）宣传东省事变日军日侨非法行动案

进行之经过：自东省事变发生后，日本军队之横暴及侨华日人之非法行动，曾由本部根据官方消息编辑小册，计已印行者有《日军行动一览表》一、二集及《日人非法行动》第一集，本月特分送多份于国内外各级党部、国府各处、中央各部院会、驻华各公使馆、驻外各使领馆、各省市政区及市政筹备处、各报馆、各新闻社、各图书馆、各银行、国际联合会代表办事处、中苏会议全权代表办事处、首都警察厅、威海卫管理公署、汉口特区市政管理局、北平研究院、励志社等机关，统计每集发出将及三千册，以广宣传。

（7）组织情报综合所案（续十月份）

进行之经过：陆海空军总司令部联合本部及海军部、参谋本部成立情报综合所后，本部派兼该所工作人员，仍将担任收集外交情况、外国军事企图等项，逐日汇送综合所，而综合所调制之日军情况表，亦逐日送达本部情报司，除由该司密存一份备查外，并密呈部次长、密送亚洲司司长各一份，以供参阅。

（8）发表新闻工作案

关于情报事项，本月由书面发表之新闻计英文十九件、中文特式、正式与非正式共二百七十九件，内中国致国际联合会牒文暨向国联及各友邦声明否认东省叛乱机关文件二件，关于日本事项一百二十八件，关于俄国事项四件,关于其他各国事项一件,国际事项及国际新闻七十九件,华侨及外侨状况三件,驻华使领及外宾消息七件,驻外使领消息一件,杂项五十四件。

(盈)关于交涉事项

(1)交涉释放现仍留苏俘兵案之经过(续四月份)

此案复据中俄战役被俘士兵代表宋殿魁来部呈称:现有被俘兵士马玉堂潜逃回国,谓同逃者共十余人,过界时被俄方尽行捕杀,马玉堂幸得不死,其经过之俄界名为三新(译音),距黑河约二百里等语。复准行政院秘书处函奉国府交办事同前情,请查照等因。当经函复:已训令驻黑河总领事详查,遇有被俘士兵仍在该处工作者,随时交涉放还,并查明潜逃被杀详情,就近交涉,办理报部。

(2)取缔事项

巴黎 Dupont 银行持有中东路股票计值金鲁布五百万元拟出卖案之经过

据驻法使馆电称:据 Dupont 银行称,该行持有中东路全数股权,其证明书两件,各五百股,均系无记名,由道胜银行发出,票价共计金鲁布五百万,如有意购买,请即答复,否则出售他人等语,乞示。当经电复:东路股票早成废纸,中国并无购买之意,希本此旨婉复。去后。又准铁道部代电:请查询此项股票如何转入该行之手,以便办理等情。复经电复:中东路股票自中俄协定成立后已无形失效,此项股票如何转入该行之手,似可置之不问。

中国第二历史档案馆藏行政院档案

11. 外交部1931年12月份工作报告(1931年12月)

外交部二十年十二月份工作报告

(一)关于法令事项

无。

（二）关于交办事项

（甲）中央党部交件

事由	交办处所	交办		限期		办理情形	备考
		月	日	月	日		
无							

（乙）国民政府交件

事由	交办处所	交办		限期		办理情形	备考
		月	日	月	日		
无							

（丙）主管院交件

事由	交办处所	交办		限期		办理情形	备考
		月	日	月	日		
京市执委员呈：嗣后如有私将土地售与外国人者，即以卖国罪论，处以极刑案。	行政院秘书处函奉谕交。	十二	二十五	无		经本部咨商内政部会同派员集议，咸主国人于约许范围以外，私售土地于外人，《民法》《土地法》上均有专条规定，足以制裁，无须另定治罪办法。	

（三）关于主管事务之进行事项

（天）关于中日事件

（甲）关于国联方面事项

（一）电告施代表催促国联制止日本侵占东省之行动

关于国联行政院决议草案及行政院主席之宣言，我国政府已迭令施代表坚持重要之保留，例如日本保证将其军队撤退至铁路区域内，所谓铁路区域，中国声明绝不承认日本得根据任何条约或协定在该区域内驻扎队伍，中国并保留要求其退出该区域之权。又关于中日双方承诺避免扩大事态一节,中国政府说明:此项承诺,在日本方面实已包含一种义务,即应制止从事或扶助任何图谋,足以引起政治上之纠纷,而影响中国领土或行政上之完整,例如嗾使所谓独立运动或利用不法之徒以图达此种运动之目的。又中国对于日本要求在中国领土内执行中国当局之警察权,自当绝对予以否认。

(二)国联行政院十二月十日之决议

(1)行政院重申九月三十日一致通过之决议,该决议经中日两方声明各受其庄严约束,故行政院要求中日政府采取必要步骤,实行该项决议,俾日军得依照该决议内所开条件尽速撤退至铁路区域内。

(2)行政院认为自十一月二十四日会议后,事态更为严重,知悉两方担任采取必要办法防止情势之再行扩大,并避免任何行动致再令发生战事及丧失生命之事。

(3)行政院请两方继续将情势之发展随时通知行政院。

(4)行政院请其他会员国将各该国代表就地所得之消息随时供给行政院。

(5)行政院鉴于本案之特殊情形,欲协力促进两国政府谋两国间各项问题之最后根本解决,故并不妨碍上述办法之实行,决定派遣一委员会,该委员会以五人组织之,就地研究任何情形影响国际关系而有扰乱中日两国和平或和平所维系之谅解之虞者,并报告于行政院。中日两国政府各得派参加委员一人,襄助该委员会,两国政府对于该委员会应予以一切便利,俾该委员会所需之任何消息,均可得到了解。如两方开始任何商议,该项商议不在该委员会职务范围之内。又该委员会对于任何一方之军事办法无干涉之权,该委员会之委派及其考量,对于日本政府在九月三十日决议内所为日军撤退之铁路区域内之保证,并无任何妨碍。

(6)在现在及一月二十五日举行下次常会之间,行政院仍在受理本问题中,请主席注意本问题,并于必要时再行召集会议。

(三)国联行政院十二月十日会议时施代表之声明

本国政府拟以诚意履行其所同意之决议案内之义务,如行政院主席所解释者,此项整个办法既为应付紧急状态之一种实际办法,则为谋得充分了解起见,本席实有就原则上将以下数项之观察及保留载诸纪录之必要。

(1)中国必须保留并实行保留在国联盟约下、在中国为缔约国之一切现行条约下及在国际公法、国际惯例公认之原则下,中国所应行或可行享有之任何一切权利补救办法及法律地位。

(2)现经决议案及行政院主席宣言所证实之办法,中国认为系一种实际上之办法,包括四项互相关连之要点如下:

(甲)立即停止战事;

(乙)日本占领东省在最短期内终了;

(丙)中立人员对于今后一切发展之视察及报告;

(丁)行政院所派遣之委员会对东省全局作实地详核之调查。

本办法在实际上及精神上,均基于上述四要点而成立,此四要点中若有一点不能如原来之期望而实现,则本办法之完整性显将为之破坏无余。

(3)中国了解并期望决议案内所规定之委员会,如于其到达目的地时,日本军队之撤退尚未完成,该委员会将以调查该项撤退情形并附具建议提出报告为其首要之职责。

(4)中国推定本办法对于中国及中国人民,因东省事件而发生之损害及赔偿问题,无论直接或间接均不生影响,中国关于此点特提出特别之保留。

(5)中国于接受本决议案时,对于行政院防止再启战争及流血之努力,告诫中日两方避免再启战争之任何举动,或足使情势愈形扩大之其他任何行为表示感佩,然有须明白揭示者,行政院告诫一节,不得借口于现在事态所造成之无纪律情形,而予以破坏,盖决议案之目的,原在于解除该项事态也。尤应注意者,东省现有之无纪律情形,实因日军侵入使生活失其常轨之所致,恢复寻常平安生活之惟一妥善办法,厥惟迫促日军之撤退，而使中国当局得负维持治安与秩序之责任，中国不能容忍任何外国军队侵略并占领其领土，更不能容许此类军队攫夺中国当局之警察职权。

（6）各国代表之中立视察及报告，其现行办法将行继续并改善。中国得悉此旨颇为满意，中国并将就情势之需要，随时指示各该代表应行前往之地方。

（7）有应了解者，中国对于本决议案规定日本军队应向铁路区域内撤退一节，表示同意者，绝非对于在该铁路区域内驻扎外国武装队伍一事，退让其向来所取之态度。

（8）中国对于日本所有任何之图谋，足以引起政治性质之纠纷，影响中国领土及行政之完整者（如嗾使所谓独立运动或为此种目的而利用不法分子），认为显系违背避免再行扩大情势之承诺。

（四）十二月十一日本部之对外声明

（1）此次国联行政院开会时，日本迭次要求行政院承认日军在东省有剿匪之权，初拟明白规定于决议案内，经中国坚决拒绝，行政院亦因日本此项主张系属国际创例，不予容纳。继日本要求剿匪一节移入主席宣言内，施代表当将此节草案电达政府，请示办法，复经政府电令严行拒绝，日方遂知中国态度至为坚决，对于原拟决议案及主席宣言稿不得不予接受，仅对于决议案第二条声明片面之保留。当经施代表完全驳复，其宣读之声明书第五节，称依照决议案第二节，双方不得有再启战争或扩大事态之行动，此项规定自不得借口于无法纪状态而予以破坏，须知东省现有之无法纪状态，实为特殊之情形所造成，而此特殊之情形即决议案所欲铲除者也。东省受日军之侵略，使人民之生活失其常轨，恢复通常平安之生活，其惟一妥善办法，厥为迫促日军之撤退，而使中国当局得及早回复其维持治安之责任，中国不能容忍任何外国军队侵略并占领其领土，更不能容许此项军队攫夺中国当局之警察权。

（2）日本于九月三十日及十二月十日两次决议案内，均承认于最短期内将军队撤退至铁路区域内，但所谓南满铁路区域内驻军一节，中国始终未尝承认有任何条约,根据华盛顿会议时并经中国郑重声明在案,故吾方对于日军撤至铁路区域内一语,不得不为显明之保留。施代表迭奉电令后,于其声明书第七节内说明关于在该铁路区域内驻扎武装队伍一事,中国对于其始终所持之地位绝对不稍让步。

(3)日军侵占东省各地后,以利诱威胁从事所谓新政权之组织,我方不独不能承认,且视为违反不得扩大事态之保证,故亦迭次电施代表,嘱向行政院切实声明。施代表于其声明书第八节内谓中国对于日本所有任何图谋,足以引起政治性质之纠纷,影响中国领土及行政之完整者,如唆使所谓独立运动或为此种目的利用不法分子,认为显系违反避免再行扩大局势之约言云。

(乙)关于锦州问题事项

十一月二十六日,国联行政院主席白里安依据日方提议,将下列提案提交中日两国及其他行政院各会员国政府:"凡能派遣视察员前往锦州之政府,须以下列训令转令各该视察员:(一)视察员须相互商洽研究能否于中日两军间划分一中立区域,或采定其他办法,以避免两军之接触;(二)又视察员须协力谋一与中日军队司令长官互相联络之方法,以便作必要之处置。"白氏文中续称:"为使此项训令能得到如所期望之效果起见,甚望授权于中国司令长官,与视察员时相接洽。此节至关重要,请中国政府予以注意。"

政府接到此项提案后,立即通知行政院赞同此项提案,一面并电令锦州军事长官与视察员随时接洽,俾能达到如行政院所称之办法,嗣本部以舆论反对设立中立区之议甚为激昂,乃电令施代表拒绝日本提案。

(地)关于税务事项

(1)征收救灾附加税案

进行经过:本年水灾奇重,办理急振需款浩繁,经立法院议决救灾附加税征收条例:"自民国二十年十二月一日起,至二十一年七月底止,按照关税税率征收百分之十,专为救灾振款之用,自二十一年八月一日起,按照关税税率征收百分之五,专为偿还美麦价款本息之用,至偿清之日为止。"呈奉国民政府明令公布施行。准财政部将该项条例录送到部,业经照会驻华各使查照。

（玄）关于华货出口事项

（1）检验运斐火腿案

进行经过:准实业部咨据上海中国制腿两合公司转据驻斐利滨办事处报告:屡有无识商人收买恶劣之火腿运销斐岛,致被斐政府查出处罚,呈请迅予取缔。经令饬各地商品检验局,遇有未经宰前宰后检验之火腿,不得准其运销斐岛。并咨财政部饬令各海关,以后运斐火腿必经商品检验局给有检验证书,方准报关出口。请转令驻斐总领事,向斐政府声明。等因。业经训令该总领事遵照办理。

（黄）关于侨务事项

（1）墨西哥排华案

总述:据驻墨使馆电称:墨国顺省各处排华党特有后援,提倡抵制华商,复以工例为口实,迫令华商停业,并限期全体离境,地方官厅畏其威势不敢取缔,迭经严重交涉,墨中央政府允为制止并保护,惟无实力,经商请驻墨美使出任斡旋,该使以美墨交涉亦正在棘手,不能为力,复经照会墨外部,声明所有骚扰事件,应由墨政府负其全责,并保留要求赔偿损失之权各等情。据查,各处失业商农难侨达数千人,善省华商亦多停业。

进行之经过:经电饬该馆继续设法交涉,并商由美政府根据第二次海牙盟约负责调处,乃墨外部表示反对,始再令饬顺、善两省省长切实保护华侨,顺省排华始稍缓和。限期清盘一节,迄未实行。惟失业华商因工例苛税均不敢复业,当由部呈奉行政院拨款五万元,汇交驻墨使馆分别救济,并商由救济水灾委员会转商由美国麦船分期运载难侨回国,正在接洽中。

（2）遣送旅日难侨案（续）

总述:旅日难侨除上次由交通部派遣新铭轮赴日装运回国者外,续据驻日公使呈报,神户等处尚有一千余人,请转咨再派轮前往接载等语。

进行经过:经咨准交通部复称已再令招商局派轮克期出发等因。

（宇）关于检查电影事项

（1）美使请变通检查电影办法案

进行经过:前准驻华美使照会:以中国电影检查法解释过严,在华经营影片进口之美商及同业华商损失甚巨,嗣后遇有影片不合者,请指明其不合之部分并示以理由,庶不致全部受损,并可使此种影片不再运来以省运费,希查照予以协助等因。当经分咨内政、教育两部核办,旋准十二月二十六日会同咨复,以据电影检查委员会查核具复,大意谓依照电影检查法及同法施行规则,遇有影片不合者,视情节轻重分别取缔,并于不合部分及禁演或修剪之理由详为指示,以恤商艰,并非一概抹杀等语,请查照转知前来,本部经于十二月三十一日函复美使查照。

（宙）关于国联事项

（1）东省俄难民请领护照案

进行经过:前据国联代表办事处呈转国联秘书厅节略一件,以东省俄难民于请领护照时,常遇下列各种困难:（一）有效期间太短;（二）手续太繁;（三）用费太巨,嘱将来仿照津沪等处办法办理,使全国归于一致等因。当经分行驻辽、吉两特派员查复,嗣据该员等先后呈复到部,本部详加核阅,东省各处除哈尔滨外,所有发照手续与津沪等处,尚无甚出入,而哈尔滨一埠关于护照有效期间,虽经特派员声明延长一年。至出境请领证明执照手续及觅保办法,特区警察管理处仍以该处情势迥殊为词,未允变更。本部以出境与入境不同,但使查无刑纠葛未完案件,即可准其领照出境,经再令该特派员切实筹划,兹据复称该特区警察管理处业允以有无民刑纠葛未完案件为取具保证标准等情,复经令饬国联代表办事处转复国联秘书厅。

（洪）关于签证护照事项

（1）关于坎拿大政府取消华人赴坎签证费事

进行经过:据驻日本使馆呈称:准驻日坎使知照奉政府令取消中国

人赴坎签证费美金十元规则,并请酌定坎人来华签证按照相互主义办理,祈核示等情。当以坎政府既取消征收我国人赴坎签证费美金十元规则,嗣后坎人来华自可按照相互主义免费签证,业经分行驻外使领各馆及国内发照各机关遵照办理,并指令遵照转复。

（荒）关于保护外侨事项

（1）英教士胡尚施被掳案

准英使馆节略:以胡尚施教士在湖北天门县被掳已逾三月,尚未救出,请速营救等语。经即电准湖北省政府转饬驻军火速设法营救,并略复英使馆查照。

（2）西班牙教士哀思台巴被掳案

准西班牙公使照会:以居住安徽婺源县教士哀思台巴被共匪掳至江西德兴县,请从速设法营救等由。当即电请安徽、江西两省政府严饬当地军警火速设法营救该教士平安出险,并电呈。

（二）关于交涉事项

汉口义品银行受押房屋被占案

汉口比商义品银行之房屋,前被汉口市政府宣告没收后,又为当地军政机关占住。该银行以该项被占之房屋受有抵押,是否逆产并未判明,市府遽予没收,与法令不符,出而主张权利。本部迳准驻华比使馆节略,请转令当地军政机关迅予迁让,并要求各被占房屋所受之损失。本部咨行湖北省政府核办外,并呈请行政院转令迁让。现是案关于没收部份,经湖北省政府议决发还,至被各机关占住之房屋,亦已由军政部转饬迁让,本部已将上述情形略复驻华比使馆矣。

（日）关于情报事项

（一）办理海外宣传案

进行之经过:查真茹国际无线电台,于每日在世界标准时间十六点至十七点中,用英语广播我国政情,其呼号为 XGL 波长三十七米突点六四电力二十启罗华特,均经本部电知各驻外使领馆转告当地新闻界去后。兹据驻比使馆呈称,经询据比国中央广播电台答称,此间波长无少于二百米突者，不知中国波长三十七米突系用如何电机云云。复经函询驻德使馆准复称：部电所指系一种短波线，须有特种接电机方能收到等语，兹为便于详答新闻界询问，俾能切实收到消息以利宣传起见，敬祈转行中央广播电台将应行详细通知新闻界各要点及所用特种接电机之名称，用英文或法文开示，以备需用等情。当由本部据情函达中央宣传部详予查询矣。

（二）协助参谋本部谍报勤务案

进行之经过：准参谋本部函开：查谍报勤务关系重要，兹为求军事上各种消息搜集便利、宣传迅捷并补助防止敌人间谍起见，特订是项勤务统系表，加附说明，送请协助进行等因，附同谍报勤务统系表及说明各一份到部。除饬知情报司凡与军事直接间接有关各情况每晚收集油印专送一份外，并函复该部查照。

（三）更正鲜报造谣案

进行之经过：案查十二月四日驻朝鲜总领事馆呈送之朝鲜汉城报载轰炸北平日使馆新闻一则，事属无稽，当由本部情报司致函驻朝鲜总领事馆，嘱其就便饬该报馆更正，并嘱嗣后对于朝鲜各报随时注意谬误，予以更正去后，旋据复称业已照办。

（四）发表新闻工作案

进行之经过：关于发表新闻工作事项，本月除招待记者报告外交情况，由京内外各报宣载外，其他书面发表之新闻计英文四件，中文一百另一件，内本部宣言一件，报告事项一件，关于日本事项五十二件，国际事项七件，中外侨务状况一件，驻华使领及外宾消息五件，驻外使领及奉派人员消息五件，杂项二十九件。

（五）印发《目前紧急外交问题之简要说明》案

进行之经过：查最近对日问题外交方面至为严重，本部欲使国人明了真相并为唤起共同对外起见，爰就事实编印《目前紧急外交问题之简要说明》多份，除分送各院部会各省市政府各学校各报馆各商会外，并函送中央宣传部一千五百册，嘱发由各省市党部转送各民众团体，以广传播。

（六）抄送中央各部会驻外使领馆报告案

进行之经过：本部逐日所接情报，除随时编译择要发表新闻外，所有驻外使领馆寄到各项重要定期报告，择尤分别抄送中央有关系各部会参考。本月抄送各院部会前项报告计实业部五件，侨务委员会四件，财政部、军政部、参谋本部各一件。

（四）关于主管事务之计划事项

无。

中国第二历史档案馆藏行政院档案

二、外交体制的变革

说明:1925 年 7 月 1 日,中华民国国民政府成立,1927 年 4 月 18 日,宣布奠都南京,史称南京国民政府。1928 年 10 月 3 日,国民党颁布《训政纲领》,1931 年 5 月 20 日,又颁布《中华民国训政时期约法》,训政体制下的外交体制,即外交决策权由国民党行使,国民政府行使外交权向国民党负责,建立起来。同时,在这种体制之下的《外交部组织法》和《外交部处务规程》等法规的颁布,又将外交部的职能及其运作、外交部内部工作规程等作出了规定。训政体制下的外交体制基本建构起来。

本章主要资料来源:

蔡鸿源编:《民国法规集成》第 33 卷,黄山书社,1999 年

外交部参事厅编:《外交部法规汇编》,1937 年。

(一)外交体制

说明:外交体制一般由两部分组成,一是外交决策,主要包括决策机构及决策程序等,一是外交的执行。中华民国南京国民政府在外交体制上与北京政府最大的不同在于,南京国民政府明确了国民政府是在国民党指导训政下的"行政",因此,南京国民政府的最高外交权力不在国民政府,而在国民党全国代表大会,全国代表大会闭会时期,以国民党中央委员会代行;国民政府下的五院中,虽然立法院有包括外交立法在内的"立法权",也有外交最高权力的制衡机制,但是,在"训政"体制下,外交权力的运行完全是由国民党中央掌控。本节主要史料包

括,训政体制下的外交最高权力的确立及运作;外交部的设立及其
职能。

训政纲领

1928 年 10 月 3 日

中国国民党实施总理三民主义,依照建国大纲在训政时期训练国
民使用政权至宪政开始,弼成全民政治制定左之纲领:

一、中华民国于训政期间由中国国民党全国代表大会代表国民大
会领导国民行使政权。

二、中国国民党全国代表大会闭会时,以政权付托中国国民党中央
执行委员会执行之。

三、依照总理建国大纲所定,选举、罢免、创制、复决四种政权应训
练国民逐渐推行以立宪政之基础。

四、治权之行政、立法、司法、考试、监察五项付托于国民政府总揽
而执行之以立宪政时期民选政府之基础。

五、指导监督国民政府重大国务之施行,由中国国民党中央执行委
员会政治会议行之。

六、中华民国国民政府组织法之修正及解释,由中国国民党中央执
行委员会政治会议议决行之。

《民国法规集成》第 33 卷,第 33 页

中华民国训政时期约法

1931 年 5 月 12 日

第一章　总纲

第一条　中华民国领土为各省及蒙古西藏。

第二条　中华民国之主权属于国民全体。

凡依法律享有中华民国国籍者为中华民国国民。

第三条　中华民国永为统一共和国。

第四条　中华民国国旗定为红地左上角青天白日。

第五条　中华民国国都定于南京。

第二章　人民之权利义务

第六条　中华民国国民无男女种族宗教阶级之区别,在法律上一律平等。

第七条　中华民国国民依建国大纲第八条之规定,在完全自治之县享有建国大纲第九条所定选举罢免创制复决之权。

第八条　人民非依法律不得逮捕拘禁审问处罚。

人民因犯罪嫌疑被逮捕拘禁者,其执行逮捕或拘禁之机关至迟应于二十四小时内移送审判机关审问,本人或他人并得依法请求于二十四小时内提审。

第九条　人民除现役军人外,非依法律不受军事审判。

第一〇条　人民之住所非依法律不得侵入搜索或封锢。

第一一条　人民有信仰宗教之自由。

第一二条　人民有迁徙之自由,非依法律不得停止或限制之。

第一三条　人民有通信、通电秘密之自由,非依法律不得停止或限制之。

第一四条　人民有结社、集会之自由,非依法律不得停止或限制之。

第一五条　人民有发表言论及刊行著作之自由,非依法律不得停止或限制之。

第一六条　人民之财产非依法律不得查封或没收。

第一七条　人民财产所有权之行使,在不妨害公共利益之范围内受法律之保障。

第一八条　人民财产因公共利益之必要,得依法律征用或征收之。

第一九条　人民依法律得享有财产继承权。

第二〇条　人民有请愿之权。

第二一条　人民依法律有诉讼于法院之权。

第二二条　人民依法律有提起诉愿及行政诉讼之权。

第二三条　人民依法律有应考试之权。

第二四条　人民依法律有服公务之权。

第二五条　人民依法律有纳税之义务。

第二六条　人民依法律有服兵役及工役之义务。

第二七条　人民对于公署依法执行职权之行为有服从之义务。

第三章　训政纲领

第二八条　训政时期之政治纲领及其设施依建国大纲之规定。

第二九条　地方自治依建国大纲及地方自治开始实行法之规定推行之。

第三〇条　训政时期由中国国民党全国代表大会代表国民大会行使中央统治权。

中国国民党全国代表大会闭会时，其职权由中国国民党中央执行委员会行使之。

第三一条　选举、罢免、创制、复决四种政权之行使，由国民政府训导之。

第三二条　行政、立法、司法、考试、监察五种治权，由国民政府行使之。

第四章　国民生计

第三三条　为发展国民生计，国家对于人民生产事业应予以奖励及保护。

第三四条　为发展农村经济，改善农民生活，增进佃农福利，国家应积极实施左列事项：

一、垦殖全国荒地，开发农田水利。

二、设立农业金融机关，奖励农村合作事业。

三、实施仓储制度，预防灾荒充裕民食。

四、发展农业教育，注重科学实验，厉行农业推广，增加农业生产。

五、奖励地方兴筑农村道路便利物产运输。

第三五条　国家应兴办油煤金铁矿业,并对于民营矿业予以奖励及保护。

第三六条　国家应创办国营航业,并对于民营航业予以奖励及保护。

第三七条　人民得自由选择职业及营业,但有妨害公共利益者国家得以法律限制或禁止之。

第三八条　人民有缔结契约之自由,在不妨害公共利益及善良风化范围内受法律之保障。

第三九条　人民为改良经济生活及促进劳资互助得依法组织职业团体。

第四〇条　劳资双方应本协调互利原则发展生产事业。

第四一条　为改良劳工生活状况,国家应实施保护劳工法规。

妇女儿童从事劳动者,应按其年龄及身体状态施以特别之保护。

第四二条　为预防及救济因伤病废老而不能劳动之农民工人等,国家应施行劳动保险制度。

第四三条　为谋国民经济之发展,国家应提倡各种合作事业。

第四四条　人民生活必需品之产销及价格,国家得调正或限制之。

第四五条　借贷之重利及不动产使用之重租,应以法律禁止之。

第四六条　现役军人因服务而致残废者,国家应施以相当之救济。

第五章　国民教育

第四七条　三民主义为中华民国教育之根本原则。

第四八条　男女教育之机会一律平等。

第四九条　全国公私立之教育机关一律受国家之监督,并负推行国家所定教育政策之义务。

第五〇条　已达学龄之儿童应一律受义务教育,其详以法律定之。

第五一条　未受义务教育之人民应一律受成年补习教育,其详以法律定之。

第五二条　中央及地方应宽筹教育上必需之经费,其依法独立之经费并予以保障。

第五三条　私立学校成绩优良者,国家应予以奖励或补助。

第五四条　华侨教育国家应予以奖励及补助。

第五五条　学校教职员成绩优良久于其职者,国家应予以奖励及保障。

第五六条　全国公私立学校应设置免费及奖金学额,以奖进品学俱优无力升学之学生。

第五七条　学术及技术之研究与发明,国家应予以奖励及保护。

第五八条　有关历史文化及艺术之古迹古物,国家应予以保护或保存。

第六章　中央与地方之权限

第五九条　中央与地方之权限依建国大纲第十七条之规定,采均权制度。

第六○条　各地方于其事权范围内得制定地方法规,但与中央法规牴触者无效。

第六一条　中央与地方课税之划分以法律定之。

第六二条　中央对于各地方之课税为免除左列各款之弊害以法律限制之:

一、妨害社会公共利益。

二、妨害中央收入之来源。

三、复税。

四、妨害交通。

五、为一地方之利益对于他地方货物之输入为不公平之课税。

六、各地方之物品通过税。

第六三条　工商业之专利专卖特许权属于中央。

第六四条　凡一省达到宪政开始时期,中央及地方权限应依建国大纲以法律详细规定之。

第七章　政府之组织

第一节 中央制度

第六五条 国民政府总揽中华民国之治权。

第六六条 国民政府统率陆海空军。

第六七条 国民政府行使宣战媾和及缔结条约之权。

第六八条 国民政府行大赦特赦及减刑复权。

第六九条 国民政府授与荣典。

第七〇条 国家之岁入、岁出由国民政府编定预算决算公布之。

第七一条 国民政府设行政院、立法院、司法院、考试院、监察院及各部会。

第七二条 国民政府设主席一人,委员若干人,由中国国民党中央执行委员会选任委员,名额以法律定之。

第七三条 国民政府主席对内对外代表国民政府。

第七四条 各院院长及各部会长,以国民政府主席之提请由国民政府依法任免之。

第七五条 公布法律、发布命令,由国民政府主席依法署名行之。

第七六条 各院部会得依法发布命令。

第七七条 国民政府及各院部会之组织以法律定之。

第二节 地方制度

第七八条 省置省政府,受中央之指挥综理全省政务,其组织以法律定之。

第七九条 凡一省依建国大纲第十六条之规定达到宪政开始时期,国民代表会得选举省长。

第八〇条 蒙古西藏之地方制度得就地方情形另以法律定之。

第八一条 县置县政府,受省政府之指挥综理全县政务,其组织以法律定之。

第八二条 各县组织县自治筹备会,执行建国大纲第八条所规定之筹备事项。

县自治筹备会之组织以法律定之。

第八三条　工商繁盛、人口集中,或有其他特殊情形之地方,得设各种市区其组织以法律定之。

第八章　附则

第八四条　凡法律与本约法牴触者无效。

第八五条　本约法之解释权由中国国民党中央执行委员会行使之。

第八六条　宪法草案当本于建国大纲及训政与宪政两时期之成绩,由立法院议订,随时宣传于民众,以备到时采择施行。

第八七条　全国有过半数省份达到宪政开始时期即全省之地方自治完全成立时期,国民政府应即开国民大会决定宪法而颁布之。

第八八条　本约法由国民会议制定交由国民政府公布之。

第八九条　本约法自公布之日施行。

《民国法规集成》第 33 卷,第 30—32 页

中华民国国民政府组织法
1932 年 3 月 15 日

第一章　总则

第一条　国民政府依据中华民国训政时期约法第七十七条之规定制定中华民国国民政府组织法。

第二章　国民政府

第二条　国民政府总揽中华民国之治权。

第三条　国民政府统率海陆空军。

第四条　国民政府行使宣战媾和及缔结条约之权。

第五条　国民政府公布法律发布命令。

第六条　国民政府行大赦特赦及减刑复权。

第七条　国民政府授与荣典。

第八条　国民政府以左列五院独立行使行政、立法、司法、考试、监察五种治权:

一、行政院。

二、立法院。

三、司法院。

四、考试院。

五、监察院。

前项各院得依据法律发布命令。

第九条　国民政府于必要时,得设置各直属机关,直隶于国民政府,其组织以法律定之。

第一〇条　国民政府设主席一人,委员二十四人至三十六人;各院设院长、副院长各一人,由中国国民党中央执行委员会选任之。

第一一条　国民政府主席为中华民国元首,对内、对外代表国民政府,但不负实际政治责任。

第一二条　国民政府主席不得兼其他官职。

第一三条　国民政府主席任期二年得连任一次但于宪法颁布时应依法改选之。

第一四条　国民政府所有命令处分以及关于军事动员之命令,由国民政府主席署名行之,但须经关系院院长、部长副署始生效力。

第一五条　宪法未颁布以前,行政、立法、司法、监察、考试各院各自对中国国民党中央执行委员会负责。

第三章　　国民政府委员会

第一六条　国民政府委员会以国民政府主席及委员组织之。

第一七条　院与院间不能解决之事项,由国民政府委员会议决之。

第一八条　国民政府委员会会议规程另订之。

第四章　　行政院

第一九条　行政院为国民政府最高行政机关。

第二〇条　行政院设各部,分掌行政之职权,关于议定之行政事宜得设委员会掌理之。

第二一条　行政院各部设部长一人,政务次长、常务次长各一人,各委员会设委员长、副委员长各一人,委员若干人。

行政院各部长委员长之人选,由行政院院长提请国民政府主席依法任免之。

各部之政务次长、常务次长及各委员会之副委员长、委员,由行政院院长提请国民政府主席依法任免之。

第二二条　行政院院长因事故不能执行职务时由副院长代理之。

第二三条　行政院会议由行政院院长、副院长、各部部长、各委员会委员长组织之,会议时以行政院院长为主席。

第二四条　左列事项应经行政院会议议决:

一、提出于立法院之法律案。

二、提出于立法院之预算案。

三、提出于立法院之大赦案。

四、提出于立法院之宣战媾和案。

五、委任以上行政司法官吏之任免。

六、行政院各部及各委员会间不能解决之事项。

七、其他依法律或行政院院长认为应付行政院会议议决事项。

第二五条　行政院所有命令及处分其关于一般行政者,须经全体部长之副署;其关于局部行政者,须经各关系部部长之副署始生效力。

第二六条　行政院之组织以法律定之。

第五章　立法院

第二七条　立法院为国民政府最高立法机关。

立法院有议决法律案、预算案、大赦案、宣战案、媾和案及其他重要国际事项之职权。

第二八条　立法院院长因事故不能执行职务时,由副院长代理之。

第二九条　立法院会议时,各院院长及行政院各部会长得列席说明。

第三〇条　立法院设立法委员四十九人至九十九人,由立法院院长提请国民政府主席依法任免之。

第三一条　立法院委员任期二年,但得连任。

第三二条　立法院委员不得兼其他官职。

第三三条　立法院会议以立法院院长为主席。

第三四条　立法院之组织以法律定之。

第六章　司法院

第三五条　司法院为国民政府最高审判机关。

关于特赦减刑及复权事项,由司法院院长依法提请国民政府主席署名行之。

第三六条　司法院设最高法院、行政法院及公务员惩戒委员会。

第三七条　最高法院院长得由司法院院长兼任,公务员惩戒委员会委员长得由司法院副院长兼任。

第三八条　司法院院长对于行政法院及公务员惩戒委员会之审判,认为有必要时得出庭审理之。

第三九条　司法院院长因事故不能执行职务时,由副院长代理之。

第四〇条　司法院关于主管事项得提出议案于立法院。

第四一条　司法院之组织以法律定之。

第七章　考试院

第四二条　考试院为国民政府最高考试机关,依法行使考试诠叙之职权。

第四三条　考试院院长因事故不能执行职务时由副院长代理之。

第四四条　考试院关于主管事项得提出议案于立法院。

第四五条　考试院之组织以法律定之。

第八章　监察院

第四六条　监察院为国民政府最高监察机关,依法行使弹劾审计之职权。

第四七条　监察院长因事故不能执行职务时由副院长代理之。

第四八条　监察院设监察委员二十九人至四十九人,由监察院院长提请国民政府主席依法任免之。

第四九条　监察委员之保障以法律定之。

第五〇条　监察院会议以监察委员组织之监察院院长为监察院会议之主席。

第五一条　监察委员不能兼任其他公职。

第五二条　监察院关于主管事项得提出议案于立法院。

第五三条　监察院之组织以法律定之。

第九章　附则

第五四条　本法自公布日施行。

《民国法规集成》第 33 卷，第 359—360 页

训政时期国民政府施政纲领
1929 年 7 月

（前略）

关于外交部者：

一、统一外交事权。

1. 裁撤交涉员；2. 监督并指挥地方政府对于外交政策之执行。

二、取消不平等条约并订平等条约。

1. 与不平等条约已满期各国另订平等条约；2. 与不平等条约未满期各国另订平等条约；3. 与无约各国缔结平等条约。

三、增高国际地位。

1. 改派驻重要国之公使为大使；2. 参加与我国有关之各种国际会议。

四、整理使领馆。

1. 酌量增设或裁并各使领馆；2. 举行使领馆职员任用考试；3. 划定使领馆经费。

五、保护华侨。

1. 调查侨民生活及各种事业之状况；2. 整理关于侨务各机关；3. 增进侨民地位。

六、整理界务。

1.组织界务委员会研究界约事宜;2.测绘各处界图;3.规划领海及海湾范围;4.已定约未勘界者分别实行勘划。

七、扩大国际宣传。

1.设立国际宣传机关;2.遣派国外宣传专员。

八、促进世界永久和平。

1.促进世界各民族之平等;2.努力为世界永久和平之宣传。

（后略）

《民国法规集成》第33卷,第35页

行政院组织法
1932年8月3日

第一条　行政院以左列各部各委员会组织之:

一、内政部。

二、外交部。

三、军政部。

四、海军部。

五、财政部。

六、实业部。

七、教育部。

八、交通部。

九、铁道部。

一〇、蒙藏委员会。

一一、侨务委员会。

一二、禁烟委员会。

一三、劳工委员会(民国二十四年六月行政院第二一九次会议决议咨请立法院将本款删去)。

第二条　行政院经国务会议及立法院之议决得增置裁并各部各委

员会及其他机关。

第三条　院长指挥全院院务及其所属机关。

第四条　行政院内置左列各处：

一、秘书处。

二、政务处。

第五条　秘书处置左列各职员：

一、秘书长一人简任。

二、秘书八人至十四人其中八人简任余荐任。

三、科员十人至二十人委任但其中四人得为荐任。

第六条　秘书处掌左列事项：

一、关于文书收发编制及保管事项。

二、关于文书分配事项。

三、关于文件之撰拟翻译事项。

四、关于本院委任职员之任免事项。

五、关于典守印信事项。

六、关于会计庶务事项。

七、其他不属于政务处主管事项。

第七条　政务处置左列各职员：

一、政务处长一人简任。

二、参事六人至十人简任。

三、科员十人至二十人委任但其中六人得为荐任。

第八条　政务处掌左列事项：

一、关于本院会议事项。

二、关于应提出于国务会议或国务会议发交本院之议决事项。

三、关于应提出于立法院或立法院咨送本院事项。

四、关于诉愿事项。

五、撰拟命令事项但属秘书处主管者不在此限。

第九条　秘书长及政务处长均得列席本院会议。

第一〇条　行政院会议规则及处务规程另定之。

第一一条　本法自公布日施行。

《民国法规集成》第 33 卷,第 366 页

行政院组织法
1936 年 5 月 12 日

第一条　行政院以左列各部各委员会及署组织之：

一、内政部。

二、外交部。

三、军政部。

四、海军部。

五、财政部。

六、实业部。

七、教育部。

八、交通部。

九、铁道部。

一〇、蒙藏委员会。

一一、侨务委员会。

一二、卫生署。

各部各委员会及署之组织法另定之。

第二条　行政院经行政院会议及立法院之议决得增置裁并各部各委员会及其他机关。

第三条　院长综理院务并监督所属机关。

第四条　行政院置左列各处：

一、秘书处。

二、政务处。

第五条　秘书处置左列各职员：

一、秘书长一人特任。

二、秘书十人至十六人其中十人简任余荐任。

三、科长四人至七人荐任。

四、科员二十人至二十五人委任。

第六条　秘书处掌左列事项：

一、关于文书收发编制分配及保管事项。

二、关于本院职员任免及迁调之记录事项。

三、关于典守印信事项。

四、关于出纳及庶务事项。

五、其他不属于政务处主管事项。

第七条　政务处置左列各职员：

一、政务处长一人简任。

二、参事六人至十人简任。

三、科长四人至八人编审六人至十二人均荐任。

四、科员二十人至二十五人委任。

第八条　政务处掌左列事项：

一、关于本院会议事项。

二、关于审核所属各机关行政计划及工作报告事项。

三、关于调查事项。

四、关于设计及编译等事项。

第九条　行政院为审核撰拟各项文件，由秘书长及政务处长呈请院长指派简任秘书参事分组办事，每组设主任一人，由院长就简任秘书参事中指定兼任之。

第一〇条　行政院为处理诉愿案件得设诉愿审议委员会，其委员由院长指派院内简任人员兼任之。

第一一条　行政院为促进行政效率及其他重要行政事务，得于院内设立委员会，其委员除以院内职员兼任外，并得聘任专任委员一人至三人。

第一二条　行政院因事务上之必要得酌用雇员。

第一三条　行政院设会计主任一人,统计主任一人,荐任会计科员一人或二人,助理员二人至四人,统计科员一人或二人,助理员二人至四人,均委任分别办理,岁计、会计、统计事务受主管长官之指挥,并依国民政府主计处组织法之规定,直接对主计处负责,办理前项事务于必要时得酌用雇员。

第一四条　秘书长及政务处长得列席行政院会议。

第一五条　行政院会议规则及处务规程由行政院定之。

第一六条　本法自公布日施行。

《民国法规集成》第 33 卷,第 367 页

(二)外交部机构

说明:外交部由国民政府组织法确定设立,外交部的职掌及其运行体制机制,由《外交部组织法》确定,外交部内部的运行则由《外交部处务规程》规定,而外交部内设机构及其职掌,则由外交部设定并确定其具体工作内容及工作方式、要求。

外交部组织法
1928 年 12 月公布

1928 年 12 月 8 日国民政府公布,1931 年 2 月 21 日国民政府修正第十三条。

第一条　外交部管理国际交涉及关于在外侨民居留外人中外商业之一切事务。

第二条　外交部对于各地方最高级行政长官执行本部主管事务有指示监督之责。

第三条　外交部就主管事务对于各地方最高级行政长官之命令或处分认为有违背法令或逾越权限者,得请由行政院院长提经国务会议

议决后停止或撤销。

第四条　外交部置左列各司：

一、总务司。二、国际司。三、亚洲司。四、欧美司。五、情报司。

第五条　外交部于必要时得置各委员会，其组织另定之。

第六条　外交部经国务会议及立法院之议决得增置裁并各司及其他机关。

第七条　总务司掌左列事项：

一、关于收发分配撰译保存文电事项。

二、关于部令之公布事项。

三、关于典守印信事项。

四、关于本部及所属各机关职员之任免考成惩戒事项。

五、关于外交官领事官之进退及其甄录事项。

六、关于刊行出版物及编发书报并统计事项。

七、关于对外交际事项。

八、关于本部经费之预算决算及会计事项。

九、关于稽核直辖各机关之经费及会计事项。

十、关于本部官产官物之保管事项。

十一、关于本部庶务及其他不属各司之事项。

第八条　国际司掌与东西诸国关联之左列事项：

一、关于通商交涉事项。

二、关于领事官职务及管辖区域事项。

三、关于贸易及海外经济调查并公布事项。

四、关于保护在外之本国侨民游学事项。

五、关于国籍问题交涉事项。

六、关于外国人之出入国境事项。

七、关于国际公约事项。

八、关于国际公会赛会及其他事项。

第九条　亚洲司掌关于亚洲各国及苏联之左列事项：

一、关于政治交涉事项。

二、关于军事之外交事项。

三、关于侨寓外人之保护及取缔事项。

四、关于财政借款及铁路之外交事项。

五、关于订立及解释条约事项。

第十条　欧美司掌关于欧美及澳非各国上条所列第一项至第五项各事项。

第十一条　情报司掌左列事项：

一、关于搜集国内外情报事项。

二、关于宣传外交策略事项。

三、关于撰译中外新闻稿件事项。

四、关于招待接洽新闻记者事项。

五、关于其他属于情报事项。

第十二条　外交部部长综理本部事务监督所属职员及各机关。

第十三条　外交部政务次长、常务次长辅助部长处理部务。

第十四条　外交部设秘书四人至六人，分掌部务会议、外使会晤及其记录并长官交办事务。

第十五条　外交部设参事二人至四人，撰拟、审核关于本部之法律命令。

第十六条　外交部置司长五人，分掌各司事务。

第十七条　外交部设科长、科员各若干人，承长官之命分掌各科事务。

第十八条　外交部部长为特任职，次长、参事司长及秘书二人为简任职，秘书、科长为荐任职，科员为委任职。

第十九条　外交部因事务上之必要时得聘用顾问及专门人员。

第二十条　外交部处务规程以部令定之。

第二十一条　本法自公布日施行。

外交部处务规程

1936 年 2 月 20 日公布

第一章　总则

第一条　本规程依外交部组织法第二十条之规定制定之。

第二条　各司分科办事其科额视事之繁简得酌量增设或裁并之。

第三条　各厅处司科之科员及书记官办事员录事等名额视事之繁简酌定之。

第四条　本部对外文件应以本部名义行之,但各厅处司就其主管事务如有查询接洽事件,其性质不必经部长、次长核准,或不必以本部名义行之者,得以各该部份之名义行之。

第五条　依照本部组织法第五条设置之条约委员会其处务规程另定之。

第二章　职务分配

第六条　参事厅掌理左列事项:

一、撰拟本部主管之法律命令。

二、审核本部主管之法律命令,凡各司处拟具有关法律命令之文件应先送参事厅审核。

三、解释本部主管法律命令事项。

四、研究本部重要案件并办理部长次长特交事项。

第七条　秘书处掌理左列事项:

一、部务会议通知及纪录事项。

二、外宾会晤传译及纪录事项。

三、办理机要文件及编撰事项。

四、办理与各国使馆接洽事项。

五、部长次长特交事项。

第八条　总务司掌理本部组织法第七条所列事项,除会计室之组织及职掌另有规定外分设左列六科:

一、文书科

（一）中央法令之转行及部令公布事项。

（二）典守印信及校对事项。

（三）本部所属机关及驻外使领馆请颁印章事项。

（四）收发文件摘由编号登簿分类事项。

（五）编管档案及保管约章事项。

（六）管理图书刊物事项。

（七）外交公文专差之派遣事项。

（八）编印本部及驻外使领馆职员录事项。

（九）撰拟酬应文件事项。

二、典职科

（一）本部及所属机关暨驻外使领馆人员之任免升降迁调及奖惩事项。

（二）本部及所属机关暨驻外使领馆人员请假及考勤事项。

（三）本部所属机关及驻外使领馆之组织事项。

（四）分发人员存记人员及审查合格人员之登记事项。

（五）调查登记本部及所属机关暨驻外使领馆人员履历事项。

（六）本部及所属机关暨驻外使领馆人事统计事项。

（七）会同有关系各司审核及编存所属机关暨驻外使领馆工作报告事项。

三、电报科

（一）来往电报之收发登记翻译分送事项。

（二）电码及专号之查询校对事项。

（三）发给印电纸事项。

（四）代译代转驻外使领馆与国内各机关之电报事项。

（五）来往电报归档及编制索引事项。

（六）编印分发密码电本事项。

（七）核对电报费事项。

（八）管理本部所属无线电台事项。

四、交际科

（一）撰译及保管各项国书及证书事项。

（二）本国驻外及驻华各使呈递国书事项。

（三）各国遣使驻华接洽事项。

（四）承认新国家或新政府通告事项。

（五）关于国府举行国际典礼襄助事项。

（六）各国专使驻使及外宾觐谒宴会游览接待事项。

（七）各国国庆国讳及其他国际庆吊事项。

（八）关于本国勋章之颁赠及外国勋章之收受佩戴事项。

（九）赠答国礼及纪念品事项。

（十）驻华使领各种优待及协助事项。

（十一）编制驻华外交官衔名录事项。

五、出纳科

（一）本部及所属机关暨驻外使领馆经费之领收事项。

（二）本部及所属机关暨驻外使领馆经费之支发事项。

（三）护照费货单签证费及其他各项收入之经收保管事项。

（四）各项收入之解拨事项。

（五）各项专款之经理保管事项。

（六）账目簿籍登记事项。

（七）收支表册编制事项。

六、庶务科

（一）应用物品之采购分发及保管事项。

（二）订购报章及办理印刷事项。

（三）本部建筑修缮消防及卫生事项。

（四）本部及所属机关暨驻外使领馆财产之登记事项。

（五）本部财产之保管事项。

（六）警卫及工役之管理事项。

（七）不属于本司其他各科事项。

第九条　国际司掌理本部组织法第八条所列事项分设左列六科：

一、国联科

（一）关于国际联合会事项。

（二）关于国际法庭及公断事项。

（三）关于国际劳工事项。

（四）关于国际禁烟及国际禁令事项。

（五）关于国际协约公约事项。

（六）关于国际公会赛会事项。

二、通商科

（一）关于通商及河海港务交涉事项。

（二）计划驻外领馆之设废及管辖区域事项。

（三）关于驻外领馆工作指导事项。

（四）关于国外经济商务及贸易之调查事项。

（五）关于各国驻华领馆之设废并领事到任离任及证书事项。

（六）外交官领事官之免税及其他免税事项。

三、侨务科

（一）在外侨民之保护及救济事项。

（二）在外侨民之登记事项。

（三）在外侨民遗产事项。

（四）关于留学事项。

（五）关于国外党务之交涉事项。

四、法令科

（一）国籍事项。

（二）本国逃犯引渡事项。

（三）军火运输事项。

（四）航空器入境事项。

（五）涉外禁令之实施事项。

五、护照科

（一）核发出国护照事项。

（二）驻外使领馆及国内发照机关护照签证事项。

（三）无约国人民及无国籍人民入境出境事项。

（四）查验外人入境护照事项。

（五）在华外人内地游历护照事项。

（六）护照签证及各项证明费之核算收解及登记事项。

六、货单签证科

（一）发给领事签证货单事项。

（二）领事签证货单费核算收解及登记事项。

（三）货物输入之稽核及调查事项。

（四）领事签证货单交涉事项。

（五）使领馆人员办理签证货单之指导考核及奖惩事项。

第十条　亚洲司掌理本部组织法第九条所列事项分设左列二科一室：

一、亚一科（日本、暹罗）

（一）政治交涉事项。

（二）军事交涉事项。

（三）在华侨民之保护及管理事项。

（四）经济财政路矿邮电等项之交涉事项。

（五）条约之订立及解释事项。

二、亚二科（苏维埃联邦、土耳其、阿富汗、伊朗）

（一）政治交涉事项。

（二）军事交涉事项。

（三）在华侨民之保护及管理事项。

（四）经济财政路矿邮电等项之交涉事项。

（五）条约之订立及解释事项。

三、研究室

（一）本司主管各项法律问题之研究事项。

（二）边疆及其他特殊问题之研究事项。

（三）本司主管各国之调查事项。

（四）本司特种编译事项。

第十一条　欧美司掌理本部组织法第十条所列事项分设四科：

一、欧一科（法兰西、义大利、德意志、比利时、瑞士、奥地利亚、捷克斯拉夫、腊特维亚、立陶宛、爱梭利亚、及巴尔干半岛各国）

（一）政治交涉事项。

（二）军事交涉事项。

（三）在华侨民之保护及管理事项。

（四）经济财政路矿邮电等项之交涉事项。

二、欧二科（英吉利、和兰、西班牙、葡萄牙、丹麦、瑞典、挪威、芬兰、波兰）

（一）政治交涉事项。

（二）军事交涉事项。

（三）在华侨民之保护及管理事项。

（四）经济财政路矿邮电等项之交涉事项。

三、美洲科（北中南美各国）

（一）政治交涉事项。

（二）军事交涉事项。

（三）在华侨民之保护及管理事项。

（四）经济财政路矿邮电等项之交涉事项。

四、法律科

（一）本司主管各项法律问题及其他专门问题之研究事项。

（二）本司主管各国条约之订立及解释事项。

（三）本司主管各国之调查事项。

（四）本司两科以上之共同事项。

第十二条　情报司掌理本部组织法第十一条所列事项分设左列四科：

一、国内科

（一）国内情报事项。

（二）编辑本部公报及其他中文宣传刊物事项。

（三）中文新闻稿件之撰译事项。

（四）中文报章及其他资料之搜集检阅保存事项。

（五）本国出版物涉外记载之取缔纠正事项。

二、日苏科

（一）日苏情报事项。

（二）编辑日苏文宣传刊物事项。

（三）关于日苏新闻稿件之撰译事项。

（四）日苏报章及其他资料之搜集检阅保存事项。

（五）日苏出版物涉及本国记载之交涉事项。

三、欧美科

（一）欧美情报事项。

（二）西文新闻稿件之撰译事项。

（三）编辑西文宣传刊物事项。

（四）西文报章及其他资料之搜集检阅保存事项。

（五）欧美出版物涉及本国记载之交涉事项。

四、新闻科

（一）报界之接洽及新闻之发布事项。

（二）外籍新闻记者注册事项。

（三）办理本部统计事项。

（四）考核驻外使领馆报告及编印情报事项。

（五）宣传刊物之征集分发事项。

（六）海外华侨出版物涉及本国记载之取缔纠正事项。

第三章　文书处理

第十三条　普通文件到部后，由收发人员拆封、摘由，并于总收文簿各栏详细填入，依性质径行分送各主管厅、处、司、科；如收件封面上有密件字样者,收发员应即编号登记,送由总务司司长开拆,按照性质拟定分配办法封交总收发室分送;如收件封面上有速件或要件字样者,收发员应即分别普通或密件,按照上述规定办法随到随送,不得延搁。

第十四条　主管厅、处、司、科收到各项文件后,应由各该长官核定分交拟稿人员拟具办法,同时叙稿依次呈核,如遇重大事件,应依次呈阅或签注意见请示办理,并按性质在稿面注明速件或最速件字样,以免延搁。

第十五条　拟稿人员于分到文件后,应分别重要次要,即时拟办,依次送请核签,如须查案或案由复杂及查复未到者,或有特殊原因者,得呈明理由延长办稿时间。

第十六条　各厅、处、司、科遇有互相关联事件应协商办理者,应以会稿行之,如因管属发生疑义或意见参差时得请部长核定。

前项会稿缮发后,仍由主办厅、处、司、科将原稿及来件,抄送会稿厅、处、司、科存查。

第十七条　本部与各部会会稿文件除用咨文或公函外,概用行政院规定之会签簿行之。

第十八条　各项文稿呈经长官核签后,仍发还主管厅、处、司、科,分别缮正,交监印室校对登记用印,并加盖校对及监印员章,送交总收发室编号填明年、月、日,登入总发文簿封发并将原稿送还归档。

第十九条　凡收到明、密电报,电报科应即加盖时刻印,编号登记,翻译校对,抄写留底,分呈部长、次长核阅,并按照性质分送有关系之厅、处、司、科及条约委员会。

主管厅、处、司、科及条约委员会收到各项来电,其处理程序与收文同。

第二十条　各项电稿呈经长官核签后,仍发回主管厅、处、司、科送由电报科翻译校对,留底编号,登记发出,并仍将原稿送还归档。

第二十一条　凡未经部长核签文电,监印员不得盖印,电报科不得拍发,如遇有紧急待发之件得由次长或主管司长标明先发字样,署名或盖章行之，但印发后仍应检呈补签归档。

第二十二条　总收发室对于每日收发文除分别登记外，应登入收发文索引簿，并缮印收发文表呈部长、次长核阅，分送各厅、处、司、科密存备查。

第二十三条　各厅、处、司、科收发由各该长官指定人员办理。

第二十四条　凡应发表之文件，由各承办人员于稿面标明拟发表字样，呈请核准后即送情报司办理。

第二十五条　凡送发本京各机关文件，应备送文簿，由收受机关盖章签字于送文簿上，邮寄文件应将邮局单据粘存，加盖日戳。

第二十六条　凡检阅各项文卷，应用调卷证填明，调取发还时应将原证收回。

第二十七条　本部应备之各种簿册以另表列举之。

第四章　会计及出纳

第二十八条　本部及所属机关暨驻外领事馆经费由出纳科依照预算及请款手续领取。

第二十九条　本部及所属机关暨驻外领事馆之经费收支，由会计室依照中央各机关统一会计制度之规定，依据凭单制具传票呈奉批准后，由出纳科在传票上盖章证明，收讫或付讫，将传票送还会计室记账保管。

第三十条　本部收支情形由会计室及出纳科按日编制库存表，呈送长官核阅。

第五章　庶务

第三十一条　本部应用物品之购备，其价值在五十元以下者由庶务科科长核定；五百元以下者由总务司司长核定；五百元以上者由部长次长核定。

第三十二条　庶务科备用金不得超过二千元。

第三十三条　庶务科应备具请求购置单及领物凭单，装订成册分发各厅、处、司、科依照统一会计制度分别填用之。

第三十四条　庶务科购置之财产或物品,应分别性质随时填入财产登记簿或物品登记簿,并根据财产登记簿编制财产增加表、财产减损表及财产目录。每半年将购置及营造两项之财产,照目录点验一次,又根据物品登记簿编制现存物品表,每月将现存物品照表点验一次。

第三十五条　本部印刷由庶务科主办,各厅、处、司特种印刷品应由主管人员核定,将纸质式样及数量期限等通知庶务科办理。

第三十六条　本部汽车之保管调用由庶务科办理,如因公务须雇用汽车应由常务次长核准。

第三十七条　警卫工役之管理及消防事项,另以细则规定之。

第六章　服务通则

第三十八条　本部办公时间为上午八时至十二时下午二时至五时,必要时得变更之。

电报科办公时间另定之。

第三十九条　本部职员应按时到部办公,不得迟到早退。

第四十条　本部职员每日到部办公时,应在考勤簿上亲笔签到并于散值时亲笔签离,如有托人代签情事,应由主管长官查明呈请处分。

因公出差者,由主管长官在考勤簿上注明事由及日期。

第四十一条　本部职员考勤簿于每日上午九时、下午三时,由典职科送呈总务司司长转呈常务次长核阅,并于簿内将迟到、未到及请假人员分别注明,以备考核。

第四十二条　本部职员对于未经公布之文件不得泄露,机要文件由承办人员负责严守秘密。

第四十三条　例假日如有紧要事件得临时召集办公。

第四十四条　本部总务司每日轮派值夜人员时间自下午五时至十一时,其他各司轮值办法由主管长官酌定,并通知总务司司长。

例假日轮值人员时间与平日办公时间同。

第四十五条　值夜及例假轮值人员应于考勤簿上亲笔签到、签离,不得迟到、早退,如因事故不能当值时应呈报主管长官请假,并委托同人代理。

第七章 请假规则

第四十六条 本部职员请假应填明请假单,并将所任职务请托同人兼代,呈请主管长官核送典职科,呈请总务司司长转呈常务次长批准后,方得离部。

参事、秘书、司长请假时,其请假单径送典职科转呈核定。

第四十七条 请假种类及期限如左逾期按日扣薪:

一、事假每年合计十四日。

二、病假每年合计三十日。

三、婚假十四日。

四、丧假三十日(以直系尊亲属及配偶之丧为限)。

五、生育假五十日。

前项假期除去例假,计算因婚假或丧假离京者,其往返日期依其路程远近另计。

第四十八条 职员请假事由非有充分之证明者概不准假。

第四十九条 有左列情事之一者经查明后以旷职论:

一、未经请假擅离职守者。

二、请假未奉核准先行离职者。

三、假满未回职亦未续假者。

第五十条 职员旷职应受左列之处分:

一、一日至六日者每过一日扣薪二日。

二、七日至十四日者除依前款扣薪外并记过一次。

三、十五日至二十九日者除按第一款扣薪外降等或降级。

四、三十日以上者免职,其薪俸算至旷职日止。

第五十一条 职员在职已满一年,经主管长官证明勤劳称职而请假合计不过三日者,得准假十四日;在职已满二年,请假合计不过六日者,得准假三十日。其假期内俸薪照常支给。

第八章 会议

第五十二条　部务会议每月举行一次部长次长,认为必要时得随时召集之。

第五十三条　部务会议之出席人员为参事司长简任秘书及条约委员会副会长,必要时得由长官指定其他关系人员列席会议。

第五十四条　各司由司长随时召集司务会议,其出席人员为各科科长,必要时长官得指定列席人员。

第九章　附则

第五十五条　本部各附属机关应依照本规程另订办事细则呈部核准。

第五十六条　本规程自公布日施行。

《外交部法规汇编》,第5—24 页

外交部条约委员会暂行组织规程

1931 年 8 月 11 日通过

1931 年 8 月 11 日行政院三十四次国务会议议决通过,国民政府第九次常会决议准予备案。

第一条　外交部依照本部组织法第五条之规定设条约委员会,担任关于条约改定之研究与规画及国际法问题之讨论事宜。

第二条　条约委员会设会长一人,综理会务由外交部长兼任之。

第三条　条约委员会设副会长一人襄理会务,由外交部长聘任之。

第四条　条约委员会设专任委员三人至五人,通常委员十二人至二十人,请国民政府就具有左列第一项或第二项所开资格之人员中简派之。

一、曾任高级外交法律行政职务具有条约上之经验者。

二、对于公法约章或国际经济关系具有专门学识者。

第五条　条约委员会专任委员分担关于第一条所列事项之责任。

第六条　条约委员会通常委员秉承会长办理第一条所列事宜。

第七条　条约委员会设秘书一人由专任委员兼任。

第八条　条约委员会得由部酌调人员,司收发拟稿管卷校对及缮写油印等事务。

第九条　条约委员会会计庶务事务由外交部会计、庶务两科分别兼理。

第十条　会长有事故时由副会长代行其职务。

第十一条　本规则自公布日施行。

《外交部法规汇编》,第 25—26 页

外交部条约委员会处务规程
1937 年 3 月 23 日部令公布

第一条　本规程依外交部条约委员会暂行组织规程及外交部处务规程第五条之规定制定之。

第二条　条约委员会会长综理会务副会长襄理会务。

第三条　条约委员会开会时,由会长主席;会长不能出席时,由副会长主席。

第四条　条约委员会掌理左列事项:

一、拟具条约草案。

二、规划改订条约方案。

三、解释约章疑义。

四、审议有关条约之法律案件及部长次长特交案件。

五、研究有关国际法之问题。

六、研究各国新订条约。

七、研究国际公约国际会议有关国联及其他国际事项。

八、编纂中外条约外交专案及各国涉外法令。

九、其他有关条约事项。

第五条　条约委员会所办事项除各委员个别担任及有特殊情形者外,须经会议决定议案送呈部长鉴核施行。

第六条　条约委员会每星期开常会一次,必要时得开临时会其议事细则另定之。

第七条　本规程如有未尽事宜得随时修正之。

第八条　本规程自核定公布之日施行。

《外交部法规汇编》,第27—28页

外交部条约委员会议事细则
1937年3月23日部令公布

第一条　本细则依据本会处务规程第六条订定之。

第二条　本会须有全体委员过半数之出席始得开会,须经出席委员过半数之同意始得决议。

第三条　本会议案除主席特别交议者外,须以书面提出,并于开会前编列议事日程,油印分送各委员,但遇有紧急事项得临时动议。

第四条　凡议案如与厅、处、司有关系时,得通知各该主管人员列席。

第五条　凡议案认为有审查之必要时,得组织审查委员会审查之。

第六条　本会决议案除主席提交复议者外,经委员三人提议,五人以上联署,亦得提出复议。

第七条　本会会议记录事宜由主席派员担任,议事记录须记明左列事项:

一、开会之次数年月日时。

二、所在地。

三、出席者姓名。

四、列席者姓名及职务。

五、主席姓名。

六、记录者姓名。

七、各项报告及议案之事由。

八、讨论之要点。

九、决议。

第八条　每次议事记录于下期开会时宣布之。

第九条　本细则如有未尽事宜得由主席或委员三人以上提议修正之。

第十条　本细则自核定公布之日施行。

《外交部法规汇编》,第29—30 页

外交部会计室组织规程

1936 年 2 月 28 日第 451 号指令照准

第一条　本规程依照国民政府主计处组织法及国民政府主计处办理各机关岁计、会计、统计人员暂行规程暨中央各机关会计室组织及办事通则制定之。

第二条　外交部会计主任办事处所定名为外交部会计室。

第三条　会计室之职掌如左:

一、关于概算决算之核编整理事项。

二、关于预算内各款项依法流用之登记事项。

三、关于制定统一会计表册书据等格式事项。

四、关于制具记账凭证事项。

五、关于帐目登记事项。

六、关于支收凭单之核签事项。

七、关于编送会计报告书表事项。

八、关于财务上增进效力及减少不经济支出之建议事项。

九、其他有关岁计会计事项。

第四条　会计室对于所在机关之所属机关岁计会计事务经主计处之指定应负责办理左列各事项:

一、关于所属机关会计人员之指导监督事项。

二、关于所属机关岁计会计工作之分配事项。

三、关于所属机关概算、决算、会计、表册、书据等格式及帐目登记、报表编制之审订统一事项。

四、关于所属机关计算书审核事项。

五、关于所属机关其他一切岁计、会计事务之指导监督事项。

第五条　会计主任承主计长之命受主计处主管局长之指导，并依法受外交部长官之指挥，主办外交部岁计、会计事务。

第六条　会计主任得出席外交部有关其职掌之各项会议。

第七条　会计室设科员八人至十人，书记官一人至二人，办事员二人至四人，录事四人至八人，均由主计长任用，承长官之命佐理各项事务。

第八条　会计室视事实上之需要得呈请外交部主管长官调员襄助。

第九条　会计室遇有会计组织之更改及则例帐册表格之修订，应拟具方案呈请主计处核办。

第十条　会计室对于主计处之岁计会计报告及工作报告应依照主计处之规定办理。

第十一条　会计室办事细则另定之。

第十二条　本规则自呈准之日施行。

《外交部法规汇编》，第 31—33 页

外交部会计室办事细则
1936 年 5 月 29 日主计处令发

第一条　本细则依照外交部会计室组织规程第十一条之规定制定之。

第二条　本室事务由会计主任分配所属职员办理之，遇有事务增繁原有职员不敷分配时得按照组织规程第八条之规定，呈请调员襄助。

第三条　本室遇特殊事项须严守秘密者，会计主任得临时指派职员办理之。

第四条　本室人事事项由会计主任呈报主计处核办。

第五条　本室应行请示或报告主计处及外交部各事项，应按其性质分别行之。

第六条　本室收入文件由收发员摘由登记,注明收到年、月、日、时、附件件数,送会计主任核阅后分交主管职员签具意见,再分别核转办理。

第七条　办理文件应查案者得填具调卷单,向管卷员调取,阅毕送还仍将原调卷单收回。

第八条　文件经主办职员办竣后送由会计主任核阅判行,其属部稿者送经会计主任核签后依部定判稿手续办理。

第九条　本室收到文件如与外交部各部份有关联性质者应会核办理之。

第十条　凡发出文件由收发员摘由编号,填注发出年、月、日、时、附件件数,登入发文簿分别送发,将稿件连同来文归档编存,如属于外交部之文件应依照部定发文归档手续办理。

第十一条　本室行文程式规定如下:

一、对外行文以外交部名义行之。

二、对内行文:

甲、关于主计处方面:

对主计处用呈。

对主计处各局用呈。

对主计处各局部分组织用函。

对主计处所派其他机关之主办计政人员用函。

乙、关于外交部方面:

对于外交部主管长官用呈。

对所属职员用函。

对外交部所属机关经指定受本室指导监督之办理会计人员用函。

对外交部其他各部分组织视其性质或依照部内向例办理或呈请交办。

第十二条　关于款项收支本室依照中央各机关统一会计制度之规

定,由主管职员依据凭单制具传票,送经会计主任盖章,如系现金收付,同时须由出纳人员在传票上盖章证明,收讫或付讫后,交还本室会计主任加盖印章转交各主管职员记帐保管。

第十三条　每日现金结存数应与当日之库存表相互核对。

第十四条　每旬款项收支由本室主管职员缮具旬报分呈备核。

第十五条　每月编制收支对照表及支出计算书连同单据粘存簿由会计主任呈由外交部总务司司长转呈部长核署后,送审计部核销。

第十六条　本室办公时间依外交部之规定。

第十七条　本室职员须按时到室办公,不得迟到、早退,但因公外出者不在此限。

第十八条　本室置考勤簿,各职员每日到室办公均须亲自签到,考勤簿由指定职员管理按时呈阅。

第十九条　本室职员请假办法依部定规则办理。

第二十条　本室对于主计处岁计、会计报告及工作报告,依照主计处之规定办理。

第二十一条　本细则如有未尽事宜得随时修改呈报主计处备案。

第二十二条　本细则自呈奉主计处核准之日施行。

《外交部法规汇编》,第34—36页

外交部图书委员会简章
1933 年 8 月 15 日修正

第一条　本会受本部之监督决定本部图书之购置及其他关于管理图书事宜。

第二条　本会设委员八人,除本部总务司长为当然委员外,余就本部高级职员中由部长遴派兼任,并指定一人为主任委员(此条系一九三五年五月十一日修正)。

第三条　本会应需人员得由主任委员就本部关系科职员中遴选,请部长令派兼任。

第四条　购置图书款项由部拨交本会主任委员负责保管,但动支款项须经半数以上委员签字,主任委员倘遇更换须将前项款目移交后任接收清楚,汇报本部备案。

第五条　凡购置图书须经本会会议决定,但遇急切需用者得由主任委员征求其他委员一人同意后先行购置,于下次常会请求追认。

第六条　本会开支帐目每月造册报部核销。

第七条　本会每月开会一次,如遇必要时得由主任委员召集临时会议。

第八条　本简章经部长批准后公布施行。

《外交部法规汇编》,第37页

外交部图书室规则
1928年3月15日公布

第一条　凡本部职员均得入图书室阅览书报。

第二条　在本室中阅览书报须一律静默。

第三条　借阅书报如须携出室外者,须在借书单上签名,未经签名手续,擅将书报携出室外者,本室职员应加阻止。

第四条　本室所有书籍杂志公报小册及报章出借之期均以两星期为限(自借出日起算),但如期满后尚未阅毕得再向本室签名续借,续借期限仍不得逾两星期。

第五条　已经借出之书报如有他人因公需用时得由本室酌量情形向原借书人随时索回,原借书人一经本室索取,须将所借书报即行送还。

第六条　借阅书报如系因公用作参考者,得于参考完毕后送还本室,不受第四条期间之限制,但须于借出时先向本室用书面通知。

第七条　借阅书报每人同时不得逾三册或三份,但系因公用作参考曾向本室用书面通知者不在此限。

第八条　当日沪宁日报及最近期之定期出版物仅可在本室内阅

览,不得携出室外阅毕仍应归还原处。

第九条 本室阅书及借书时间与本部勤务时间同,但因工需用有紧要情形者于勤务时间外亦得随时借阅。

第十条 除本室服务人员外,无论何人不得自由翻检书柜或书架。

第十一条 凡有遗失或损坏本室之书报者须照市价赔偿。

前项赔偿数目经部长核定后,由本室通知会计科在本人俸薪项下扣除,以便补购该项书报。

第十二条 本规则自奉部令公布日施行。

《外交部法规汇编》,第38—39页

外交部统计室组织规程
1936年2月15日主计处公布

第一条 本规程依照国民政府主计处组织法、国民政府主计处办理各机关岁计、会计、统计人员暂行规程及中央各机关统计室组织及办事通则制定之。

第二条 外交部统计主任办事处所定名为外交部统计室。

第三条 统计室之执掌如左:

(一)关于外交部统计册籍图表格式之装订及编制统计统一办法之推行事项。

(二)关于外交部统计材料之登记调查及整理汇编事项。

(三)关于外交部统计报告之编纂事项。

(四)其他有关统计事项。

第四条 统计室对于外交部之所属机关统计事务经主计处之指定应负责办理左列各事项:

(一)关于所属机关统计人员之指导监督事项。

(二)关于所属机关统计工作之分配事项。

(三)关于所属机关统计册籍图表格式之审查制订及编制统计方法之统一事项。

（四）关于所属机关统计报告之审核汇编事项。

（五）关于所属机关统计工作及人事报告之核转事项。

第五条　统计主任承主计长之命受主计处主管局长之指导，并依法受外交部主管长官之指挥主办外交部之统计事务。

第六条　统计室设科员二人至三人，雇员一人至三人，均由主计长任用，承长官之命佐理各项事务。

第七条　统计室视事实上之需要，得呈请外交部主管长官指定人员在部内各部分组织中负责担任登记统计工作。前项人员对于办理统计工作应受统计主任之指挥。

第八条　统计室于必要时，得呈准外交部主管长官委托部内及其所属机关职员代行登记及调查或调用职员，佐理各项事务。

第九条　统计室得派定职员在部内各部分组织中抄录有关统计之表册文簿从事登记。

第十条　统计主任得出席外交部有关其职掌之各项会议。

第十一条　统计室为谋统计事务与行政事务之联络起见，得呈请外交部主管长官设置外交部统计委员会其组织规则另定之。

第十二条　统计室办事细则另定之。

第十三条　本规程自呈准之日施行。

《外交部法规汇编》，第40—41页

外交部统计室办事细则
1936年2月22日主计处令发

第一章　总则

第一条　本细则依照外交部统计室组织规程第十二条之规定制定之。

第二条　本室事务除遵照国民政府主计处办理各机关岁计、会计、统计人员暂行规程及中央各机关统计室组织及办事通则所规定者外，悉依本细则办理，其有与外交部各部分组织有关联之事项，于不抵触上项范围内并依外交部处务规程办理之。

第二章　职务

第三条　本室事务由统计主任分配所属职员办理之,遇有事务增繁原有职员不敷分配时,得按照组织规程第八条规定呈请调员襄助。

第四条　本室对于经主计处指定直接指导监督之外交部所属机关统计人员,或呈经外交部指定之统计工作人员,均得直接分配其工作。其未经指定者,得呈请外交部主管长官令行交办。

第三章　统计工作

第五条　本室每届外交部编制年度概算之前,应拟具下年度统计工作计划,经外交部统计委员会或会同外交部各部分组织审议后,呈送主计处核准。

第六条　本室统计工作由统计主任分配于各职员后,承办职员应按其资料之性质分别登记于登记册中,或编制图表及说明等,送呈统计主任核办。

第七条　本室之统计资料登记,由统计主任指定本室职员或委托外交部各部分组织中职员随时办理之,并按期送统计主任核阅。

第八条　本室统计报告之造送,除主计处交办者应径行呈复外,其经规定之经常统计报告应依统计法施行细则之规定行之。

第九条　本室于各项册籍图表格式之制定与统计结束公布以前,应先呈送主计处核定。

第四章　文件处理

第十条　本室收到文件,由收发员摘由编号,填注收到日期、时刻、附件件数,登入收文簿,按日送统计主任核阅。其封面有密件或亲启字样者,应即送统计主任亲自拆阅。

第十一条　本室收到文件经统计主任核阅后,批明办法分交职员办理。

第十二条　本室文件应视其性质,分别最要、次要,最要者即日办竣,次要者期限办毕,如须查卷或因其他情形,得由承办职员陈明理由,酌予延长之。

第十三条　本室承办文件职员收到交办文件后,应即分别拟稿,其有疑难者应随时签呈请示,其应付存查者,送统计主任核准归档。

第十四条　本室承办文件职员于文件办竣后,签名负责,送统计主任核阅,判行其属部稿者经统计主任核签后,依部定判稿手续办理。

第十五条　本室发出文件由收发员摘由编号,填注发出日期、时刻、附件件数,登入发文簿,分别将文件送发,稿件归档。其属部稿者应依部定发文及归档程序办理。

第十六条　本室关于统计资料及其他应单独保管之档案,由统计主任指定职员分门别类妥为保管,并依类登录于登记簿。

第十七条　本室未经核准公布之文件各职员应绝对严守秘密,如有泄露从严惩办。

第五章　行文程式

第十八条　本室对外行文以外交部名义行之。

第十九条　本室对内行文程式如下:

(一)关于主计处方面:

对于主计处用呈。

对主计处各局用呈。

对主计处各局部分组织用函。

对主计处所派其他机关之主办计政人员用函。

(二)关于外交部方面:

对外交部主管长官用呈。

对外交部指定之指挥监督长官用呈。

对外交部所属机关经指定受本室指导监督之办理统计人员用函。

对外交部其他部分组织视其性质或依照部内向例办理或呈请交办。

第二十条　本室应行请示或报告各项事件,应按其性质分别行之,凡属主计处主管者,呈由主管局转呈;属外交部者呈由外交部主管长官指定之指挥监督长官转呈。

第六章　工作报告

第二十一条　本室每月应报告之工作事项如下：

(1)关于工作之成绩事项。

(2)关于有关统计事务之会纪记录事项。

(3)关于所属职员之任免迁调奖惩事项。

(4)关于所属职员之考勤事项。

凡经主计处指定,受本室指挥监督之外交部所属机关统计人员之各种工作报告,由本室核转。

第二十二条　本室于每月上旬将上月之各种工作报告造具二份送呈主计处统计局存转,其有规定格式者依照规定办理。

第二十三条　本室各种工作报告除呈报主计处外,并应视其性质分呈外交部备查。

第七章　服务

第二十四条　本室办公时间依外交部之规定于必要时得延长之。

第二十五条　本室职员须按时到室办公,不得迟到早退,但因公外出者不在此限。

第二十六条　本室职员在办公时间不得会客,但因公接见者不在此限。

第二十七条　本室职员除于外交部考勤簿按照签到外,并应于本室考勤簿签到,不得托人代签。

第二十八条　本室职员请假,依政府职员给假条例办理,并应于事前呈准及请派代理人。

第二十九条　本室职员请假手续依外交部规定行之,但统计主任请假时并须呈经主计处统计局转呈核准。

第三十条　各种例假循例休息,但有紧急事件仍得临时召集办公。

第三十一条　本室值班出勤办法依外交部规定行之。

第八章　附则

第三十二条　本细则如有未尽事宜由统计主任呈请主计处修改之。

第三十三条　本细则自呈奉主计处核准之日施行。

《外交部法规汇编》,第 42—47 页

外交部发给出版物简章
1929 年 1 月 12 日公布

第一条　本部出版物依本简章之规定发给之。

第二条　本部出版物类别如左:

一、各种条约。

二、外交公报。

三、外交文牍。

四、外交统计。

五、外交年鉴。

六、其他书类。

第三条　本部所属机关需用出版物时得呈请部长次长核发。

第四条　京内外各官署或团体或个人需用本部出版物时,除非卖品由部长次长酌量赠送外,均应按照原定实价购买。

第五条　京内外各官署或团体因办理事务与外交有密切者,得呈请部长次长酌核发给,但每种以一部为限。

第六条　凡属本部职员,如欲购买本部出版物者除本部公报可以半价订购外,其他刊物概照原价八五折购买,但每人每种以一部为限。

第七条　本简章如有未尽事宜得随时呈请部长次长修改。

第八条　本简章自公布日施行。

《外交部法规汇编》,第 51—52 页